긍정심리학의 행복

긍정심리학의 행복

당신이 모르는 행복의 9가지 과학 도구

우문식 지음

도서출판 물푸레

추천사
긍정심리와 행복의 체험
−문용린(서울대 교수, 긍정심리학회 회장)

우리나라가 지금 스트레스와 부정적인 감정으로 넘쳐, 행복지수가 낮다고들 이야기한다. 물론 주관적인 행복을 정확한 잣대로 잴 수는 없다. 그러나 경제협력개발기구(OECD)가 발표한 '행복지수'를 보면 조사 대상국 중 호주가 1위, 한국은 26위다. 우리나라 자살률은 인구 10만 명당 21.5명으로 OECD 평균(11.7명)의 두 배다. 어린이 행복지수는 OECD 회원국 중 꼴찌라는 매우 놀라운 결과가 나타난 것을 보면 분명 우리나라가 문제가 있는 것 같기는 하다. 그러나 이것은 오래전부터 예측되었던 당연한 결과다.

지금까지 우리나라 교육은 영어, 수학 등 학업 성적과 좋은 대학 가는 것에만 초점이 맞춰져 있었기 때문이다. 아이가 무엇을 하고 싶다고 하면 "대학만 가라, 그 후는 네 마음대로 해."라며 공부를 최우선으로 두는 부모들을 흔히 보고 있지 않은가.

막상 대학을 가면 캠퍼스의 낭만이나, 인성 함양, 교우 관계보다는 좋은 직장에 취업하는 것을 목적으로 스펙이나 인맥 관리에 치중하고 학업과 사회적인 지위 성취욕을 부추기도록 사회 분위기를 조성했던 것이 사실이다. 그러다 보니 위기에 처해 있는 아이들 문제는 뒷전으로 밀려났고 학교 폭력, 부적응, 왕따 등으로 신음하는 아이들은 급격히 늘어났다. 이른바 행복과는 거리가 먼 삶을 살고 있는 게 오늘날 우리나라의 현실이다.

그러나 물론 학교 폭력도 문제이고, 아픈 청춘들도 문제이지만, 그런 젊은이들은 '행복 교육'을 받을 기회가 있고, 아프다고 인정해 주는 어른들이 있는 한 희망은 있다.

진정한 행복이란 무엇이고 행복 교육이란 무엇인가? 이제는 우리도 이런 질문을 교육에서, 전반적인 삶 속에서 제기해 볼 때가 되었다. 행복감이 경제력과 비례한다고 생각하는 사람이 많이 있지만, 꼭 그렇지만은 않다. 연세대 서은국 교수의 연구에 의하면, 어느 정도까지의 소득 예컨대, 월 300만 원 정도까지는 소득이 행복과 비례하지만 그 이상일 때에는 소득이 행복에 별 영향을 미치지 못하는 것으로 나타났다.

그렇다면 과연 무엇이 행복감을 결정하는가? 지난 20여 년 동안 세계의 여러 긍정심리 연구자들은 이 호기심 어린 질문에 답을 찾고자 노력해 왔다. 우리나라에서도 그 질문에 매달려 밤을 지새우는 사람들이 한둘이 아니다. 대학 연구실에서 교수와 학생들이 이 화두에 매달리고 있고, 민간연구소에서 전문가들이 또 활발히 활동하고 있다.

이 책의 저자 우문식 소장도 바로 그런 긍정심리 전문가의 한 분이다. 그는 늘 미소와 함께 남을 챙기는 부지런한 모습 때문에 '행복 메이커'라 불린다. 그는 좋은 환경에서 좋은 교육을 받고 자라 어려움 없이 사업하는 사람처럼 보인다. 행복해 보이기 때문이다. 그러나 실상은 다르다. 알고 보면 그는 어린 시절 어려운 환경 때문에 남들보다 일찍 학업을 그만두어야 했고, 나름대로 꿈도 있었으나 일찍 접을 수밖에 없었다. 세상의 잣대로 보면 그는 불행해야 맞는 사람이다.

그런데 그는 항상 행복한 얼굴로 행복하다고 자부하며 산다. 그는 생활에 지치고 바닥으로 내몰렸을 때 긍정심리학을 우연한 기회에 접했고, 그 안에서 행복이 무엇인지 배웠다고 한다. 긍정심리학이 알려 주는 이론들을 하나하나 실천해 가며 늦은 나이지만 포기하지 않고 사업과 학업을 병행했다. 긍정심리학을 마음을 추스르고 단련하는 데에, 그리고 사업 경영에 진지하게 응용하고 도입하고자 애쓴 이 분야의 흔치 않는 전문가다.

긍정심리학이 본격화된 것은 1990년대 후반 미국 펜실베이니아 대학교 심리학 교수인 마틴 셀리그만에 의해서다. 짧은 기간임에도 전 세계적인 관심 속에 이 분야의 연구는 급성장하고 있다. 긍정심리학이 세인의 주목을 받는 이유는 일상생활 속에서 누구나 쉽게 적용할 수 있고, 행복해질 수 있는 긍정 정서, 성격 강점 같은 신뢰할 만한 도구를 함께 제공해 준다는 점에 있다.

지금까지 긍정심리학과 관련된 책이 여러 권 나와서 이 분야에 대한 대중의 인식을 넓혀 왔지만, 이 책은 저자가 지난 10여 년간 긍정심리학을 배우고 연구하고 체험한 내용을 중심으로 쉽고 재미있게 썼다는 점에서 그간의 책들과 차별성이 있다. 그런 점에서 이 책이 긍정심리학의 유용성을 개인이나 사회 곳곳에 전파하여 실생활에 적용됨으로써 개인들이 더 행복해지고, 우리 사회가 더 행복해질 수 있기를 바란다.

우리는 누구나 행복을 소망한다. 그 행복을 어디에서 어떻게 찾을까. 자신이 원하는 행복이 무엇이고, 그 행복을 찾기 위해서 무엇을 어떻게 해야 하는지에 대해서 이 책은 분명 도움을 줄 수 있을 것이다.

추천사

진짜 부자가 되는 슈퍼 행복 테크
— 윤은기(중앙공무원교육원장)

지난 20세기에 지그문트 프로이트 등의 영향으로 정신의학자들이 마음의 부정적인 면에만 몰입한 경향이 있었다. 이러한 경향에 대해 반성하고 마음의 밝은 면을 규명해서 북돋우려는 심리학의 새로운 분야가 바로 긍정심리학이다. 미국의 경우 긍정심리학자들은 정부로부터 수백만 달러의 지원을 받아 행복의 실체를 찾고 있는데, 다행히 긍정심리학은 우리의 행복감을 높일 수 있는 실용적인 방법을 제시하고 있다.

우리나라에 꼭 필요하고 더 깊이 연구되어야 할 학문도 긍정심리학이다. 우리는 지난 수십 년 동안 전쟁을 극복하고, 산업화, 민주화, 정보화를 거쳐 선진국 초입에 진입하면서 신화적 발전을 해 온 것으로 유명하다. 그러나 경제성장을 강조하다 보니 사회적 분노와 갈등은 오히려 심해지고 개인의 내적 성장을 외면해 온 것 또한 사실이다.

사람들은 오래전부터 더 많은 빵, 더 맛있는 빵이 아니라 더 많은 행복, 더 깊은 행복을 추구하고 있었는데, 정치인들과 행정가들은 국민총생산지수의 시대가 지나면 국민총행복지수를 높이는 시대가 오는 것을 이제서야 인식하기 시작했다.

당장 미국처럼 정부로부터 경제적인 지원을 받을 수 없는 상황에, 또 우리나라의 긍정심리학 역사가 짧음에도 불구하고 이처럼 훌륭한 책이 나오게 되어 무척 기쁘고 감사하게 생각한다.

  내가 아는 한 저자만큼 긍정심리학의 세계적 추세를 성실하게 접한 사람은 드물다. 그는 해외 긍정심리학과 국내 긍정심리학의 기존 이론들을 성실하게 거듭 연구하고 국내 사례와 자신의 경험까지 보태 슈퍼 행복론을 찾아냈다. 그리고 독자에게 아낌없이 털어놓고, 함께 가자고 행복의 지도를 펼쳐 놓았다.

  이 책 한 권을 읽는다면 1부에서 세계 석학들의 행복론 다이제스트를 통해 행복이 과연 무엇인지 독자 스스로 정의를 내릴 수 있고, 2부에서는 과학적으로 증명된 행복의 연습 도구들을 접하고, 3부에서는 행복이 현실에서 어떤 변화와 역할을 하는지 알 수 있다. 그러므로 행복의 처음과 끝을 보게 된다. 당신은 책을 펼치는 순간 당신을 괴롭히는 모든 것을 물리칠, 행복이라는 다이아몬드로 코팅된 보호막을 마음에 두를 것이며, 책을 덮는 순간 스트레스와 불안을 강력 바람으로 날려 버리는 행복 에어컨도 갖게 될 것이다.

  나도 긍정심리학의 작은 실천으로 교육원에 공무원들을 위한 '긍정심리 교실'을 개설하였다. 공무원들도 경제적으로는 예전보다 풍요로워졌지만 분노, 우울증, 갈등, 공황장애 등 행복을 파괴하는 현상에 시달리기는 마찬가지다. 이 과정에 참여한 많은 교육생들이 좋은 효과를 보고 웃음을 되찾아 돌아가는 것을 보면 긍정심리학이 참으로 놀라운 마술 같다란 사실을 새삼 깨닫는다.

  나는 이 책의 저자를 한국의 데이비드 카퍼필드라고 말하고 싶다. 세계적인 마술사처럼 사람들에게 꿈과 희망을 주는 사람이니까. 그러나 그가 전하는 행복은 마술처럼 순간적으로 사라지는 눈속임이 아닌 실체로서 우리가 소유할 수 있는 행복이라 더 의미 있다. 『긍정심리학의 행복』이 놀랍고 고마운 이유가 바로 이것이다. 이 책은 행복을 추구하는 개인뿐만 아니라 우리 사회의 행복지수를 높여주는 데도 크게 기여할 것으로 확신한다.

차례

추천사 : 긍정심리와 행복의 체험(문용린) • 4
진짜 부자가 되는 슈퍼 행복 테크(윤은기) • 8
프롤로그 : 행복하려면 행복에 대한 시각부터 바꾸자 • 16

1부 행복의 과학

**행복의 과학 1
행복에 대한
오해 7가지**

한국인의 행복지수 • 25
행복에 대한 오해 1 행복은 조건이다 • 30
행복에 대한 오해 2 행복은 순간의 기분(쾌락)이다 • 32
행복에 대한 오해 3 행복은 마음먹기에 달렸다 • 36
행복에 대한 오해 4 행복을 내일로 미룬다 • 38
행복에 대한 오해 5 성공하면 행복은 따라온다 • 40
행복에 대한 오해 6 자식이 행복하면 부모는 행복하다 • 42
행복에 대한 오해 7 행복은 궁극적인 목표다 • 44

**행복의 과학 2
행복도
진보한다**

행복 가설 1 행복은 원하는 것을 얻는 데서 나온다 • 46
행복 가설 2 행복은 안에 있다 • 49
행복 가설 3 행복은 안과 밖에서 온다 • 50
행복 가설 4 행복은 사이에 있다 • 52

행복의 과학 3
행복 공식

행복 요인 1 설정 값 • 55
행복 요인 2 삶의 조건 • 58
행복 요인 3 자발적 행동 • 64

행복의 과학 4
행복의 과학 도구

과학 도구 1 긍정적 정서 • 70
과학 도구 2 강점 • 84
과학 도구 3 몰입 • 88
과학 도구 4 삶의 의미 • 92
과학 도구 5 성취 • 98
과학 도구 6 긍정적 인간관계 • 103
과학 도구 7 낙관성 • 106
과학 도구 8 회복력 • 111
과학 도구 9 긍정심리 치료 • 129

2부 행복 연습

연습 도구 1 축복 일기 • 145
연습 도구 2 감사 방문 • 148
연습 도구 3 친절 • 151
연습 도구 4 용서 • 154
연습 도구 5 대표 강점 • 159
연습 도구 6 최상의 자기 • 183
연습 도구 7 최고의 자화상(사명 선언서) • 186

연습 도구 8 낙관성 키우기 • 190
연습 도구 9 회복력 키우기 • 197
연습 도구 10 명상 • 203
연습 도구 11 음미하기 • 206
연습 도구 12 적극적이고 건설적인 반응 기술 • 209
연습 도구 13 숨 관찰하기 • 213

3부 행복 프로젝트

**행복 프로젝트 1
환경**

- 돈 • 221
- 학력 • 232
- 외모 • 239
- 가족 • 245

**행복 프로젝트 2
정서**

- 정서적 현금 • 259
- 과거의 긍정적 정서 • 262
- 현재의 긍정적 정서 • 267
- 미래의 긍정적 정서 • 279

**행복 프로젝트 3
육체**

- 스트레스 • 287
- 노화 • 296
- 질병 • 305
- 죽음 • 313

**행복 프로젝트 4
직업**

- 기업은 행복한 인재를 원한다 • 322
- 천직 • 336
- 행복 리더십 • 345

**행복 프로젝트 5
사랑**

- 사랑 • 360
- 공감 • 374
- 배려 • 382

**행복 프로젝트 6
회복력**

행복한 사람은 자살하지 않는다 • 389
- 회복력 기술 • 392
- 강점 활용하기 • 412
- 관계 구축하기 • 414
- 트라우마 스토리텔링 • 418
- 긍정 교육과 회복력 훈련 • 422

**행복 프로젝트 7
나**

- 나는 인간인가 • 431
- 나는 살아 있는가 • 435
- 멋진 나 • 443

에필로그 : 행복 여행 티켓이 잘 전해졌기를 • 459

당신의 삶에 대한 평가

당신은 당신의 삶에 대한 평가를 해본 적이 있는가? 현대의 불안전함 속에서 미래를 예측하고 계획하기는 쉽지 않다. 걱정하지 말자. 방법이 있다. 지난날 당신의 삶의 흔적을 돌이켜 보면 큰 도움이 된다. 지난 일 년 동안의 삶, 10년 동안의 삶도 좋다. 최하를 1로 하고 최상을 10으로 정한 점수표를 기준으로 당신이 소중하게 여기는 덕목들에 대한 만족도를 평가하고, 두 줄 정도로 정리하여 총평을 적는다. 사람마다 소중하게 여기는 덕목들은 다를 수 있다. 아래 목록을 참고해서 당신만의 목록을 만들자.

매우 불만족 ……								…… 매우 만족	
1점	2점	3점	4점	5점	6점	7점	8점	9점	10점

- ____ 사랑
- ____ 직업
- ____ 친구
- ____ 성취
- ____ 건강
- ____ 경제력
- ____ 여가 활동
- ____ 자녀 양육
- ____ 삶의 의미(종교, 기부, 봉사)
- ____ 전체적인 삶

▶ 총평

평가해 보았는가? 지난날의 삶은 현재의 삶을 정확하게 평가하는 잣대로서 스스로를 속일 수 없는 행동 지표가 된다. 만일 평가 점수나 낮게 나왔거나 불안하면 사는 방법을 바꾸어 보자. 이 책은 당신의 삶의 방식을 바꾸어 주는 책이다. 당신이 어떤 결정을 하든 문제 해결의 열쇠는 오직 당신 자신이 갖고 있다.

프롤로그
행복하려면 행복에 대한 시각부터 바꾸자

우리 인생에서 책 한 권이 차지하는 무게는 얼마나 될까? 보통은 읽는 동안 느끼는 행복, 책을 다 읽은 뒤 며칠간 감도는 여운과 감동, 또 다른 사람에게 추천해 주고 싶은 애정 정도라고 할 수 있을 것이다. 하지만 나는 책 한 권이 인생 전체를 송두리째 바꿔 버릴 만큼 강력하고 무서운 존재라고 믿는다. 나한테 그런 책이 한 권 있기 때문이다. 2003년, 지인을 통해 건네받은 『authentic happiness』라는 영어 원서였다. 평소 행복에 관심이 있었기에 이 책을 『완전한 행복』으로 출간했다. 몇 년간은 특별한 주목을 받지 못했다가 2006년, 저자가 한국을 방문한 것을 계기로 책을 다시 기획하여 재출간했다. 그가 바로 긍정심리학의 창시자인 마틴 셀리그만이었다. 그 덕분에 우리나라에서 처음으로 '긍정심리학'이라는 용어가 알려지고 같은 제목의 책도 출간되었다.

본격적으로 긍정심리학을 공부하면서 점점 더 빠져들었다. 긍정심리학이라는 단어를 듣거나 보기만 해도 설레었고 관련된 책과 자료는 모조리 수집하고 구입했다. 그때만 해도 우리나라는 긍정심리학의 불모지나 다름없어서 공부하거나 조언을 구할 만한 곳이 마땅치 않았다. 그래서 마틴 셀리그만을 중심으로 유명 긍정심리학자들의 도서, 논문, 영상을 구해서 어렵게 독학했다. 남들이 보기에는 거의 '미친' 수준이었다. 나는 책 속에서 다시 태어난 것이나 마찬가지였다. 그리고 행복이 무엇인지, 행복은 어디서 비롯되는지, 행복해지려면 어떻게 해야 하는지 그제야 비로소 깨닫기 시작했다.

긍정심리학은 과학적이라는 점 외에도, 내가 살아온 삶과 일치하는 부분이 많았기에 더욱 신뢰가 갔다. 평생 평탄한 길만 걸어온 사람도 있겠지만 나는 살아오면서 어려운 역경들을 많이 겪었다. 그 역경들을 극복할 수 있었던 것은 바로 긍정의 힘과 회복력 덕분이었다. 이제 누군가 행복하냐고 묻는다면 망설임 없이 그렇다고 말할 수 있다.

주변을 둘러보면 하나같이 힘들어한다. 열심히 직장 다니고, 사업하고, 공부하면서 각자 맡은 바 최선을 다하는데도 희망이 보이지 않는다고 한다. 앞날에 대한 기대감이 없단다. 젊은이들은 대학을 졸업해도 취직하기가 힘들고, 허리띠를 졸라매도 경제는 나아질 기미가 보이지 않고, 다양한 시대적 문제들 역시 우리를 지치게 한다. 어떻게 하면 미래의 희망을 되찾을 수 있을까? 어떻게 하면 더 행복해질 수 있을까?

그래서 이 책을 썼다. 지난 10년 동안 긍정심리학을 배우면서 깨닫고 실행하면서 얻은 결과들을 나누고 싶다. 긍정심리학이 나의 행복을 만들어 주었기 때문이다. 특히 시행착오를 겪느라 더 힘들고 아픈 20대와 30대 젊은이들에게, 행복한 삶과 의미 있는 삶을 찾는 사람들에게, 행복한 환경을 갖추고도 행복이 무엇인지 모르고 무의미하게 살아가는 사람들에게 알려 주고 싶다.

지금, 힘들고 아픈가? 청춘은 아프고 힘든 시기가 아니라 마냥 그 시절이고만 싶은 즐겁고 활기차고 행복한 한때이기도 하다. 요즘 이슈로 떠오르는 세대, 마혼에 대해 말해 보자면 아프다고 말할 수도 없을 만큼 힘들다고 한다. 내가 겪어 온 시간이기에 또 여러 연구를 통해 밝혀졌기에 분명하게 말할 수 있다. 요람부터 무덤까지 나이를 떠나 사람이란 언제나 힘들고 아픈 것이다. 그렇기에 긍정심리학이 필요하다. 긍정심리학은 내면의 긍정성을 확장시켜 역경을 이겨 낼 수 있게 하고 스스로 행복을 만들어 갈 수 있게 지원하는 과학 도구를 갖고 있기 때문이다.

긍정심리학이 말하는 행복은 우리가 흔히 말하는 추상적인 개념의 행복이 아니라 주관적·객관적으로 측정이 가능한 실체가 있다. 오랜 실험과 현대 과학으로 검증된 결과들이다. 이미 미국을 비롯한 유럽에서는 긍정심리학을 통해 더 많은 사람들이 웰빙의 삶을 살고 있다. 잘못 알려진 개념 중 하나인 웰빙도 맛있는 것을 먹고 건강하게 사는 것을 말하는 것이 아니다. 사전적인 의미를 살펴봐도 정신적, 신체적인 건강의 조화를 통해 행복하고 아름다운 삶을 영위하는 태도를 말한다. 그렇기에 긍정심리학을 통해 더 행복해졌으며 또 적극 행복한 삶을 찾아 나갈 수 있는 것이다.

미국의 100개 이상 대학에서 정식 과목으로 채택되었고, 하버드 대학교에서는 행복학 열풍이 계속 이어지고 있다. 뿐만 아니라 군대, 고등학교까지 이루어지고 있다. 긍정심리학을 통해 분명 더 행복해질 수 있기 때문이다. 비단 개인뿐 아니라 기업, 사회, 국가적인 관심도 높아서 국가별로 행복지수, 웰빙 지수, 플로리시 지수를 측정해 GDP와 함께 발표한다. 그에 비하면 우리나라의 긍정심리학은 아직 걸음마 단계에 불과하다. 하지만 희망은 있다. 우리 국민 모두가 행복하게 살기를 원하기 때문이다. 그 방법을 모르는 것뿐이다.

당신은 어디에서 행복을 찾고 있는가? 행복해지려고 어떤 노력을 하고 있는가? 누구나 행복을 배우고 깨닫고 실천하면 행복해질 수 있다. 그 방법을 알려 주고 행복의 문으로 들어갈 수 있도록 길잡이 역할을 하는 게 긍정심리학을 연구하는 나의 사명이자, 이 책을 쓰게 된 이유다. 지난 3년 동안 책을 준비하면서 긍정심리학과 행복 이야기만 나와도 가슴이 떨리고 행복했다. 함께 나누고 싶은 얘기들을 메모하고 어디를 가나 주의 깊게 관찰했다. 그 모든 과정이 나에게는 행복이었다. 그리고 드디어 당신과 만나게 되었다.

이 책은 크게 3부로 나뉘어져 있다.

1부 「행복의 과학」에서는 긍정심리학을 소개하고 과학이 밝혀낸 긍정심리학의 행복을 다룬다. 행복에 대한 오해와 행복의 진보, 행복의 공식 그리고 숨겨진 행복을 찾아주는 9가지 과학 도구를 통해 행복에 대한 좀 더 명쾌한 답을 얻을 수 있을 것이다.

2부 「행복 연습」에서는 일상에서 행복을 증진시킬 수 있는 13가지 행복의 연습 도구를 소개한다. 자전거 타는 기술과 바이올린 연주하는 법을 배우듯 누구나 간단한 방법을 실천함으로써 행복을 배울 수 있게 알려 줄 것이다.

3부 「행복 프로젝트」에서는 긍정심리학의 행복을 위한 7가지 주제를 선정해서 1, 2부를 일상에 적용시켜 당신이 살아가는 동안 만나게 되는 크고 작은 역경을 극복하고 스스로 행복을 만들어 갈 수 있도록 이야기했다. 또한 긍정심리학의 행복은 도덕성을 중요시한다. 그래서 당신은 인간인가, 동물인가? 당신을 살아 있는가, 죽어 있는가? 멋진 나는 어떤 모습인가?에 대한 답을 스스로 찾을 수 있도록 이야기할 것이다.

이 책이 나올 수 있도록 지금까지 나를 인도해 주신 하나님께 감사 드리며, "넌 잘생겼어. 신익희 선생 닮았어."라고 늘 격려해 주시던 어머니, 천국에서 보고 계시지요? 또 긍정심리학으로 내 인생의 터닝 포인트를 제공해 주신 마틴 셀리그만 교수님, 늘 용기와 열정을 갖고 긍정심리학을 연구할 수 있도록 이끌어 주신 서울대학교 문용린 교수님, 용문상담심리대학원대학교 김인자 전 총장님, 내가 누구인지도 모른 채 세상을 살던 나에게 진정한 나를 찾게 해 주신 안양대학교 김승태 총장님께도 감사를 드린다. 사업적으로 신앙적으로 힘들 때마다 격려와 도움을 주시고 기도해 주신 삼보 김성태 사장님, 오랜 친구 고장재 오스람 코리아 부사장께 감사를 드리며, 청소년 시절 방황할 때 멘토가 되어 주셨던 송인수 선생님, 중학교 진학을 포기하고 시골에서 농사일을 할 때 하루도 빠짐없이 신문을 보내 주셔서 세상에 눈뜨게 도와주신 우문웅 큰형님, 가난했지만 꿋꿋하게 사회 곳곳에서 제 몫을 다하며 살아가는 자랑스러운 우리 8남매 문천 형님, 문순·문자 누나께 감사 드리며, 문애·문희·문길 동생, 사랑하고 존경하는 아내 김기숙, 멋진 미래를 만들어 가는 두 아들 정현과 정훈에게도 감사의 마음을 전한다.

2012년, 4월.
행복 메이커 우문식

1부

행복의 과학

● 대학 입시를 앞둔 학생에게 꿈이 뭐냐고 묻는다면 뭐라고 대답할까? 그때 당신의 꿈은 무엇이었는가? 아마 대다수는 "명문대에 가는 것."라고 답할 것이다. 왜 명문대에 가려느냐고 물으면 좋은 직장을 얻기 위해서, 어떤 직장이 좋은 직장이냐고 물으면 높은 연봉, 쾌적한 작업 환경 등등을 들 것이다. 왜 높은 연봉을 받고 싶으냐고 물으면 "큰 집도 사고, 좋은 자동차도 사고, 해외여행도 자주 다니고, 가족들과 잘살고······."

대부분의 사람들이 행복을 추구하며 산다고 말을 한다. 그런데 행복이 무엇인지 당신은 알고 있는가? 당신이 생각하는 행복은 무엇인가? 많은 사람들이 행복해지고 싶어 하지만 정작 행복이 무엇인가는 깊게 고민하지 않는다. 나도 긍정심리학을 만나기 전까지는 그랬다. 오랫동안 행복을 갈망했으면서도 행복하지 못했던 건 엉뚱한 곳에서 행복을 찾아다녔기 때문이다. 행복해지려면 행복이 어디서 오는지, 행복이 무엇인지 알아야 한다.

혹시 당신은 행복에 대해 이미 충분히 알고 있다고 생각하는가? 물론 행복만큼 역사가 깊은 것도 없다. 아리스토텔레스, 플라톤, 석가모니 등 수많은 철학자와 종교인들이 내놓은 행복론이 다양하게 존재한다. 하지만 주관적인 체험과 사유를 바탕으로 하는지라 주장하는 바가 저마다 달랐고 방법도 달랐다. 더구나 추상적이고 관조적이었다. 그래서 들을 때는 고개를 끄덕이다가도 돌아서면 막막할 수밖에 없었다. 손으로 잡을 수 없는 행복은 우리를 변화시키지 못한다. 이제 행복도 과학이다. 긍정심리학은 실험과 연구를 통해 행복에 접근한다. 당신은 행복을 과학적으로 측정하고, 과학적으로 접근하는 게 가능하다고 생각하는가? 아마 내가 그랬던 것처럼 그런 생각조차 해보지 않았을 것이다.

긍정심리학은 인간의 긍정적인 심리적 측면과 강점, 미덕 등을 과학적으로 연구하여 개인과 사회의 번성을 지원하는 학문이다. 긍정심리학이라는 분야가 탄생할 수 있었던 건 수많은 과학자와 긍정심리학자들의 선구적인 노력 덕분이기도 하겠지만, 당신과 나, 그리고 수많은 사람들의 행복해지고자 하는 열망이 보태진 결과물이다. 이제 기쁜 마음으로 행복 여행을 떠나 보자.「행복의 과학」에서는 왜 당신이 지금 행복하지 않은지, 행복이 무엇인지, 행복한 사람들과 행복하지 못한 사람들의 차이는 무엇인지, 그동안 긍정심리학이 밝혀낸 실험과 연구 결과를 토대로 소개하려고 한다. 행복에 대해 좀 더 명쾌한 답을 얻을 수 있을 것이다.

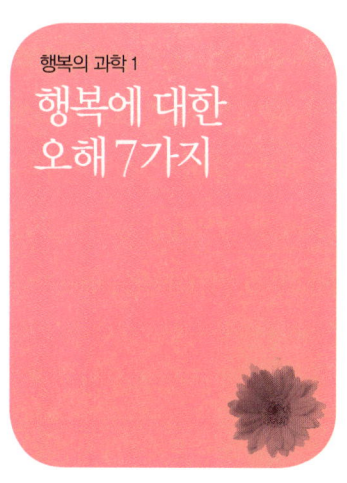

행복의 과학 1

행복에 대한 오해 7가지

한국인의 행복지수

2006년 내가 마틴 셀리그만을 만난 건 어떤 부름 같은 것이었다는 생각을 지울 수 없다. 그 만남을 계기로 행복과 긍정심리학의 세계로 들어올 수 있었다. 한국심리상담연구소 김인자 소장님의 주선으로 인터뷰를 진행할 당시, 그가 한 첫마디는 "행복해지려면 행복에 대해 지금껏 갖고 있던 시각부터 바꾸라."였다. 나는 오랫동안 행복을 찾아다녔다. 부를 쌓고 사회적 명성을 얻고 좋은 집에서 건강하게, 가족들과 화목하게 지내면 행복한 것이라고 여겼다. 또 내가 하고 싶은 걸 하면서 사회적으로도 좋은 일을 하면 된다고 생각했다. 그런데 이런 시각을 바꾸라는 것인가?

그는 행복이 무엇이며, 긍정심리학이 어떻게 개인의 행복도를 측정하고 어떻게 행복을 과학적으로 연구했는지 긴 시간 이야기했다. 나는 인터뷰 내내 눈빛을 반짝이며 귀를 기울였다. 그런데 점점 혼란이 왔다. 내가 생각하던 행복과 무척 달랐기 때문이다. 당신이 생각하는 행복은 무엇인가? 조금씩 차이는 있겠지만 나와 크게 다르지 않을 것이다. 그렇다면 당신은 100년 전과 지금 사람들의 행복지수를 비교해 본다면 어떤 차이가 있으리라 생각하는가? 물질적으로 풍요로워졌으니까 더 행복할 것이라고? 한 기자가 질문하자 마틴 셀리그만은 이렇게 대답했다.

"나는 그것을 실험적으로 측정해 보았습니다. 그 결과, 모든 문화권의 사람들이 100년 전에 비해 더 행복해지지도 덜 행복해지지도 않았습니다. 50년 전에 비해 많은 국가가 물질적으로 풍요로워졌다는 사실을 감안한다면 놀랍지 않습니까? 내가 다시 한 번 확인할 수 있었던 건 물질적 풍요만으로는 행복해질 수 없다는 것입니다. 이를테면, 아이스크림을 처음 한 입 먹을 때는 아주 맛있습니다. 하지만 계속 먹다 보면 맛을 느낄 수 없는 것과 같습니다. 물질적 풍요로부터 얻는 쾌감에 길들여지기 때문이죠. 물질적 빈곤이 해결된 후 삶의 의미를 찾기 위해 노력하지 않으면 오히려 우울해질 수도 있다는 것입니다."

"그렇다면 지금 한국 사람들에게 긍정심리학이 필요한 이유가 있을까요?"

"한국은 세계에서 11번째로 부강한 나라라고 알고 있습니다. 어느 정도 부를 축적했기 때문에 이미 획득한 부를 어떻게 더 의미 있게 사용할 수 있는지에 관심을 가져야 할 것입니다. 의미 있는 삶을 생각하는 데 긍정심리학이 필요합니다. 이제는 정신적이고 정서적인 웰빙이 필요한 시기라고 생각합니다."

그 대답 속에는 우리 현실이 고스란히 담겨 있었다. GDP(국내총생산)는 상승하는데 왜 사람들 생활은 더 어려워지는가? 한 명 한 명 들여다보면 다들 열심히 살아가는데, 왜 막상 행복하다거나 희망이 보인다는 얘기는 없는가? 1분마다 교도소가 하나씩 늘어나고, 1분마다 부부 한 쌍이 이혼하며, 한 사람이 자살하고, 교통사고가 일어나는 지금도 GDP는 상승하고 있다. 뭔가 이상해도 한참 이상하지 않은가?

그래서 프랑스의 대통령 니콜라 사르코지는 국가의 발전 정도를 GDP가 아니라 행복지수로 평가해야 한다고 주장했다. 그는 행복지수를 개발하기 위해 노벨경제학 수상자인 조지프 스티글리츠를 중심으로 연구위원회를 가동하고, 2009년 국제 모임에서 그 결과를 발표했다. 이를 계기로 유럽에서는 GDP 대신 행복 수치(웰빙 수치)나 플로리시 수치를 함께 평가한다. 지금껏 경제적 가치를 가장 우선시해 왔지만 삶의 질을 묻는 질문에 대해서는 아무런 대답을 해 주지 못했기 때문이다. 그래서 국민생활과 밀접한 관련을 맺고 있는 주거, 소득, 일자리, 교육, 안전 등 11개 항목을 평가해 삶의 질을 수치화한 것이 행복지수다.

영국의 신경제재단(NEF)에서 발표하는 행복지수를 살펴보면 2011년 143개국 가운데 1위는 부탄, OECD 33개국 중에서는 호주가 1위를 차지했다. 우리나라는 68위, OECD 국가 중에서는 하위권인 26위였다. 경제성장에 비해 우리나라 행복지수는 턱없이 낮다. 당신은 이유가 무엇이라고 생각하는가?

우리나라는 교육(2위), 일자리(11위), 안전(11위) 항목에서는 높은 점수를 얻었지만 주거(28위), 환경(29위), 일과 생활의 조화(30위), 공동생활(33위) 등에서는 하위권을 차지했다. 우리나라의 학력 수준은 OECD 평균보다 높다. 못 배워서 불행한 건 아니다. 그렇다면 일을 많이 해서? 그럴 수도 있다. 우리나라는 연평균보다 517시간을 더 일하지만 평균 가계 실소득은 연평균인 2,500만 원에도 못 미친다. 그렇다고 돈을 적게 벌어서 불행하다고 할 순 없다.

가장 행복한 나라로 꼽힌 히말라야 산맥의 작은 나라 부탄은 GDP가 1,400달러 수준인 가난한 나라다. 나라 전체에 백화점은 두 곳에 불과하고 생필품은 거의 자급자족한다. 그런데도 행복하다고 한다. 국민의 97퍼센트가 삶에 만족하고 행복해한다는 수치를 보고 입이 쩍 벌어졌다. 우리 현실과는 너무도 달랐기 때문이다. 우리나라 사람들이 삶에 만족하는 수준은 OECD 평균에도 못 미친다. 그런데 부탄의 국민들은 물질의 풍요보다는 정신의 풍요를 최우선으로 꼽는다고 한다. 물질적으로는 풍요롭지 못해도 국가의 복지, 문화, 분위기에 심리적 안정을 느끼면서 행복을 느낀다. 국가적으로도 GDP 대신 GNH(Gross National Happiness), 즉 국민총행복지수를 국정 운영의 기준으로 삼는다. 삶의 질 향상을 최우선 정책 과제로 삼고 모든 정책을 국민의 행복에 어떤 영향을 주는지 검토해서 짠다. 행복에 대한 국가적 노력이 이루어지고 있는 것이다. 그에 비하면 우리는 어떤가?

내가 한국긍정심리연구소에서 성인 500명을 대상으로 일반 행복도 검사와 포다이스 검사를 한 결과 일반 행복도 검사는 평균 점수 4.75였고, 포다이스는 평균 점수는 6.89였다. 시간으로 보면 행복한 시간 50퍼센트, 불행한 시간 11.7퍼센트, 보통 38.3퍼센트였다. 이는 미국인보다 낮은 지수이다. 우리나라 사람들의 행복지수가 낮은 이유는 무엇인가? 당신이 생각하는 행복의 기준은 무엇인가? 먼저 당신도 행복지수를 간단히 검사해 보기 바란다. 이 검사는 포다이스 박사가 개발한 것으로 이미 수많은 사람들이 이용하고 있다.

이 검사를 받은 미국 성인 3,050명의 평균 점수는 10점 만점 가운데 6.92였다. 시간으로 보면 행복한 시간 54퍼센트, 불행한 시간 20퍼센트, 보통 26퍼센트로 나타났다.

포다이스의 행복도 검사[1]

당신은 스스로 얼마나 행복하고 얼마나 불행하다고 느끼는가? 평소에 느끼는 행복을 가장 잘 설명해 주는 항목 하나를 골라 √표를 하라.

- ☐ 10. 극도로 행복하다(말할 수 없이 황홀하고 기쁜 느낌).
- ☐ 9. 아주 행복하다(상당히 기분이 좋고 의기양양한 느낌).
- ☐ 8. 꽤 행복하다(의욕이 솟고 기분이 좋은 느낌).
- ☐ 7. 조금 행복하다(다소 기분이 좋고 활기에 차 있는 느낌).
- ☐ 6. 행복한 편이다(여느 때보다 약간 기분 좋을 때).
- ☐ 5. 보통이다(특별히 행복하지도 불행하지도 않은 느낌).
- ☐ 4. 약간 불행한 편이다(여느 때보다 약간 우울한 느낌).
- ☐ 3. 조금 불행하다(다소 가라앉은 느낌).
- ☐ 2. 꽤 불행하다(우울하고 기운이 없는 느낌).
- ☐ 1. 매우 불행하다(대단히 우울하고 의욕이 없는 느낌).
- ☐ 0. 극도로 불행하다(우울증이 극심하고 전혀 의욕이 없는 느낌).

이제 감정을 느끼는 시간에 대해 생각해 보라. 평균적으로 당신은 하루 중 얼마 동안이나 행복하다고 느끼는가? 또 얼마 동안이나 불행하다고 느끼는가? 행복하지도 불행하지도 않은 보통 상태는 어느 정도인가? 당신이 생각하는 시간을 아래 빈 칸에 퍼센트로 적어라. 세 가지의 합계는 100퍼센트가 되어야 한다.

▶ 평균적으로 행복하다고 느끼는 시간 _____ %
　　　　불행하다고 느끼는 시간 _____ %
　　　　보통이라고 느끼는 시간 _____ %

행복에 대한 오해 1 **행복은 조건이다**

● 당신은 행복하려면 무엇이 가장 필요하다고 생각하는가? 큰 집을 사고, 좋은 자동차를 사고, 주말이면 골프를 치고, 부부가 함께 전 세계 크루즈 여행을 떠날 수 있을 만큼의 돈? 행복해지는 데 가장 필요한 게 무엇이냐는 질문에 고3 학생의 26퍼센트가 돈이라고 대답했다는 데 크게 놀란 적이 있다. 혹시 당신도 돈이 많아야 행복하다고 생각하는가?

이런 사고를 피부로 느낄 때가 많다. 긍정심리학 강의를 시작하기 전에 수강생들에게 행복이 뭐냐고 물으면 사회적 성공이나 경제적 여유 정도로 대답한다. 어떤 때 행복할 것 같냐는 질문에는 취직을 하면 혹은 내 집을 장만하면 행복할 것 같다고 대답한다. 돈을 행복의 가장 큰 조건으로 삼는 것이다. 이게 우리 사회가 생각하는 행복의 수준이다. 대부분은 행복을 '조건'에서 찾고 현재 상태에서 뭔가 더 채워져야 행복할 것이라고 생각하는 것이다.

행복 심리학의 창시자인 에드 디너가 한국심리학회가 개최한 학술회의에 참석해 한국인이 경제적 성장에도 불구하고 행복도가 낮은 이유에 대해 발표를 한 적이 있다. 그가 한국, 미국, 일본, 덴마크, 짐바브웨 5개국을 비교한 결과 한국인의 물질주의 성향이 가장 높았다. 요즘은 젊은이들이 고가의 명품백 하나 정도는 들어야 행복하다고 생각하는 듯하다. 하지만 이것이 오히려 행복에는 방해물이다. 인생의 목적이 오직 부를 쌓는 것이고, 돈이면 다 할 수 있다고 생각하는 사람들은 그렇지 않은 사람들보다 삶의 만족도가 떨어졌다. 또 미국에서 가장 돈이 많은 300명의 행복 수준이 에스키모로 알려진 이누이트 족 성인과 똑같다. 무엇을 의미하겠는가?

행복은 조건이 아니라는 것이다. 당신은 로또에 당첨만 되면 평생 행복할 것이라고 생각하는가? 많은 사람들이 인생역전을 꿈꾸며 매주 복권을 산다. 미국 노스웨스턴 대학교의 심리학자 브릭만이 거액의 복권 당첨자 22명을 대상으로 추적 조사한 결과를 보면 당첨 초기에는 대다수가 실제로 행복감이 급격하게 상승했다. 고급 자동차를 사고 넓은 집으로 옮기고 고급 음식을 처음 먹어 보는 덕분에 만족감이 높아진 것이다. 그런데 매일 고급 음식을 먹고 매일 고급 자동차를 탄다면 처음처럼 한결같지는 않을 것이다. 일 년도 못 가 행복도가 당첨 이전 수준으로 복귀했다. 고급 생활에 익숙해지면서 더 이상 특별한 행복감을 못 느끼는 것이다.

많은 사람들이 부를 쌓고 조건을 갖추면 행복할 것이라고 생각하지만 실제로는 그렇지 않다. 내 집 한 칸 마련하는 게 평생의 소원이던 사람도 얼마 못 가 좁은 집이 답답하게 느껴지고 더 넓은 집을 원한다. 조건은 욕심이다. 욕심에 끝이 있는가. 공자는 '탐(貪)'이라는 동물로 욕심의 속성을 이야기했다. 탐(貪)이라는 동물은 머리는 용, 뒷부분은 원숭이의 꼬리, 가죽은 기린, 그리고 소의 발굽을 가졌다. 이 정도면 좋은 건 다 갖춘 셈이다. 탐은 어느 것 하나 부러울 게 없었지만 만족하지 못했다. 결국에는 태양까지 집어삼키려다 열기에 타죽고 말았다. 가져도 가져도 욕심은 끝이 없다.

욕심을 깨닫고 용기 있게 행동으로 옮긴 예도 있다. 비움, 나눔, 다움을 삶의 지표로 삼고 중소건설업체를 경영하는 40대의 문유효 대표이다. 박사 과정 후배인데 비우고 나누고 나다운 삶을 살고 싶다고 한다. 바쁜 와중에도 좀 더 의미 있는 삶을 찾아 지난 12월, 시간을 내어 유럽 여행을 한 달 동안 다녀왔다. 여행 첫 도착지가 파리 드골 공항이었단다. 비우고자 여행을 갔는데 집에서 준비해 간 짐과 공항에서 구입한 짐들을 챙기고 옮기고 올리고 내리고 메고 끌고 몇 번을 풀었다 쌌다 반복하며 공항 검색대를 겨우 통과했다. 비행기 안에서 마음을 가다듬고 땀을 뻘뻘 흘리고 낑낑거리며 그 많은 짐을 옮기는 모습을 떠올려 보니 비우기 위한 여행인데 오히려 채우려고만 하는 모습이 한심스럽더란다. 그래서 드골 공항에 도착해서 모두 버리고 가볍게 유럽 11개 나라 여행을 마치고 돌아와서 곧바로 기업 경영에 비움, 나눔, 다움을 실천하고 있다.

욕심은 우리 의식과 행동 속에 오랫동안 자리 잡고 있어서 쉽게 떨쳐 버리지 못한다. 행복을 조건으로 생각하는 것도 그 때문이다.

행복은 조건이 아니다. 긍정심리학이 밝혀낸 사실도, 내 경험으로도 조건으로 얻을 수 있는 행복은 그 지속 기간이 짧다. 행복이 조건이라면 나는 행복할 수 없는 사람인지 모른다. 하지만 나는 왜 행복한가? 행복은 조건에 있지 않을 뿐만 아니라 행복을 조건에서 찾는 한 당신은 계속해서 행복을 찾아다녀야 한다는 뜻이다. 성경 마태복음 5장 3절에 보면 "마음이 가난한 자는 복이 있나니 천국이 저희의 것이요."라는 구절이 있다. 욕심을 부리지 않는 사람이 행복하고 행복의 만개에 이른다는 것이다.

행복에 대한 오해 2 ## 행복은 순간의 기분(쾌락)이다

● 당신도 혹시 내가 그랬던 것처럼 기분이 좋을 때는 행복한 것 같고, 기분이 나쁠 때는 행복하지 않은 것 같은가? 당신이 행복하다고 느낄 때를

떠올려 보자. 쇼핑을 하면서 느끼는 행복, 장미꽃 한 송이를 보면서 느끼는 행복, 초콜릿 한 조각으로 느끼는 행복, 사랑하는 사람과 눈빛이나 스킨십을 통해 느끼는 행복 등등. 구체적인 경험은 다르겠지만 기분이 좋을 때, 기쁠 때, 평화로울 때, 사랑을 할 때 행복하다고 느꼈을 것이다.

그래서 많은 사람들이 순간적으로 기쁨을 주는 감각적 즐거움이 행복이라고 생각한다. 행복만큼 남용되는 단어도 없을 것이다. 즐거움은 분명 행복의 일부분이지만, 몇 천 년 동안 철학자들과 심리학자들은 행복의 의미를 신중하게 고찰하였고, 쾌락주의 같은 일시적 감정 이상의 매우 폭넓은 개념으로 확장시켜 왔다.

행복은 순간적인 기분이나 무엇을 이루고 성취한 그 결과보다 그 과정에서 경험으로 느끼는 긍정적 정서이다. 좋은 회사에 취직을 하고, 좋은 사람을 만나고, 의미 있는 일을 했을 때처럼 당신이 살아가면서 경험하는 긍정적 경험들에 의해 생기는 좋은 감정으로 인해 행복을 느끼는 것이다.

긍정심리학자들이 전 세계적으로 행복한 사람들과 그렇지 못한 사람들을 연구한 끝에 알아낸 사실도, 행복한 사람들은 그렇지 않은 사람들보다 일상에서 긍정적 정서를 훨씬 많이 느낀다고 한다. 슬픔이나 분노, 우울함과 같은 부정적 정서를 잘 다스리면서 만족감, 평온함, 자부심, 기쁨, 희망, 낙관성 등의 긍정적 정서를 최대한 누리며 살아간다.

당신은 용돈을 듬뿍 받았을 때의 행복과 평화롭게 자는 아기를 보면서 엄마가 느끼는 행복이 같다고 생각하는가? 새 옷을 샀을 때의 기쁨과 새로운 친구를 얻었을 때의 기쁨이 같다고 생각하는가? 당신이 초콜릿 한 조각을 입에 넣으면서 얻는 행복은 한순간일 뿐이고 그 기분(쾌락)도 금방 사라진다. 그게 당신 삶에서 어떤 변화를 가져다주는가? 그렇진 않을 것이다. 엄마가 아기를 보면서 느끼는 사랑이나 평화와 같은 긍정적 정서와는 확연히 다르다. 특히 이런 긍정적 정서는 어린아이들에게 아주 큰 영향을 준다. 갓난아기가 젖을 먹으면서 엄마와 얼굴을 마주하고 정서를 공유하면 엄마와 아이 사이에는 사랑이라는 유대감인 안정 애착이 생긴다. 이렇게 안정 애착이 생긴 아이는 쑥쑥 자라는데 또래들보다 훨씬 끈기 있고 문제 해결을 잘하고, 독립심과 호기심도 강하며, 거의 모든 면에서 우월하다고 한다. 이처럼 행복은 일시적이 아니라 지속적이어야 한다. 그렇지 않다면 행복지수도 기분에 따라 좌우되지 않겠는가?

또 긍정적 정서가 행복을 이루는 중요한 요소인 건 분명하지만 그것만으로 진정한 행복을 누릴 순 없다. 나중에 살펴보겠지만 마틴 셀리그만은 웰빙의 다섯 가지 요소인 긍정적 정서, 몰입, 의미, 성취, 긍정적 관계를 균형 있게 증진시키는 게 행복을 꽃피우는 플로리시(flourish)라고 했다. 당신이 인생의 즐거움을 추구하느라고 하고 있는 일에서 형편없는 결과물을 냈다면 행복하겠는가? 또 살아가면서 본의 아니게 겪게 되는 수많은 역경에는 어떻게 대처할 것인가? 그 모든 게 행복과 연관되어 있다. 행복은 우리가 남용하는 것처럼 간단한 것도 아니고, '행복은 무엇이다'고 쉽게 정의 내릴 수 있는 일원론적인 것도 아니다. 그보다 훨씬 복합적이고 순간의 기분이나 쾌락은 더욱 아니다. 오히려 쾌락은 행복에 방해가 될 때도 있다. 혹시 어떤 일에 흥미를 갖고 시작했다 얼마 못 가 시들해진 경험이 있는가? 그게 쾌락의 늪이다. 그래서 쾌락은 잘 사용하면 약이지만 잘못 사용하면 독이 되므로 깊이 빠져들어서는 안 된다.

앞의 포다이스 검사가 순간적인 행복을 측정할 수 있는 검사였다면, 다음에 소개하는 것은 지속적이고 영속적인 행복을 측정할 수 있는 일반 행복도 검사이다. 캘리포니아 리버사이드 대학의 심리학과 교수인 류보머스키가 고안한 것이다. 당신의 일반 행복도를 검사해 보자.

일반 행복도 검사[2]

아래 진술이나 물음에 대하여, 본인이 해당되는 수에 V 표시를 하라.

1. 나는 대체로 내 자신에 대해 이렇게 생각한다.
   - ☐ 1점. 굉장히 불행한 사람이다.
   - ☐ 2점. 불행한 사람이다.
   - ☐ 3점. 조금 불행한 사람이다.
   - ☐ 4점. 보통이다.
   - ☐ 5점. 조금 행복한 사람이다.
   - ☐ 6점. 행복한 사람이다.
   - ☐ 7점. 굉장히 행복한 사람이다.

2. 내 동료들과 비교했을 때, 나는 내 자신을 이렇게 생각한다.
   - ☐ 1점. 훨씬 불행하다.
   - ☐ 2점. 불행하다.
   - ☐ 3점. 조금 불행하다.
   - ☐ 4점. 보통이다.
   - ☐ 5점. 조금 행복하다.
   - ☐ 6점. 행복하다.
   - ☐ 7점. 굉장히 행복하다.

3. 일반적으로 아주 행복한 사람들이 있다. 이런 사람들은 현재 일어나는 일은 상관없이 최대한 삶을 즐긴다. 당신은 삶을 얼마나 즐기는가?
   - ☐ 1점. 전혀 즐기지 않는다.
   - ☐ 2점. 즐기지 않는다.
   - ☐ 3점. 조금 즐기지 않는다.
   - ☐ 4점. 보통이다.

☐ 5점. 조금 즐긴다.
☐ 6점. 즐긴다.
☐ 7점. 아주 많이 즐긴다.

4. 일반적으로 항상 불행하다고 생각하는 사람들이 있다. 비록 우울해 보이지는 않지만 그렇다고 행복하지도 않다. 위의 경우에서 당신을 정확하게 대표하는 것은?

☐ 1점. 아주 비슷하지 않다.
☐ 2점. 비슷하지 않다.
☐ 3점. 조금 비슷하지 않다.
☐ 4점. 보통이다.
☐ 5점. 나와 조금 가깝다.
☐ 6점. 나와 가깝다.
☐ 7점. 나와 아주 가깝다.

위의 답을 모두 더한 뒤 4로 나눈 결과가 바로 당신의 일반 행복도 점수이다. 참고로, 미국 성인의 평균 점수는 4.8점이다. 검사를 받은 사람들 중 3분의 2가 3.8점 이상을 받았다. 한국긍정심리연구소에서 성인 500명을 대상으로 일반 행복도 검사를 한 결과 평균 점수 4.75였다.

주의 4번 문항은 점수가 낮을수록 더 행복하다.

행복에 대한 오해 3 **행복은 마음먹기에 달렸다**

● 종종 만족을 찾아 집과 일자리와 도시와 결혼 생활 모두를 등지고 홀로 깊은 산속으로 들어가는 사람들이 있다. 도시에서 온갖 스트레스에 시

달리면서 마음 불편하게 사느니 자연과 벗 삼아 자유롭게 살아가는 삶을 택한 것이다. 그 속에 행복이 있다고 믿기 때문이다. 요즘은 부쩍 많아졌다. 행복은 마음먹기에 달렸으니 욕심을 버리고 세상을 내려놓으면 행복해질 수 있다고 믿는다. 그리고 그들처럼 훌쩍 떠나지 못하는 대다수는 부러워하면서 자신도 언젠가는 꼭 답답한 도시를 떠나겠다는 다짐도 한다. 당신은 어떤가? 매사에 욕심내지 않고 물질에 집착하지 않고 살아가는 삶이 행복한 삶이라고 생각하는가? 만약 그것이 행복한 삶을 보장한다면 당신은 집과 일자리와 모든 걸 버리고 산속으로 들어가겠는가?

선뜻 그러겠다는 대답은 나오지 않을 것이다. 당신에게는 사랑하는 부모와 형제, 자매 혹은 자식이 있고 이루고 싶은 꿈과 목표가 있고, 소중한 친구도 있을 것이다. 가족의 생계를 책임져야 하는 한 가정의 가장이나 주부일 수도 있다. 또 가끔씩 뮤지컬 공연이나 재미있는 영화도 보고, 맛있는 음식도 먹고 싶을 것이다. 당신이 꿈꾸는 삶은 초연한 삶이 아니라 행복한 삶이 아닌가? 물론 행복을 조건에서 찾거나 순간의 기분이라고 생각하는 것보다는 훨씬 행복에 가까운 모습이다. 하지만 설사 그 삶이 행복을 보장한다고 해도 모든 사람들이 일상을 버리고 산속으로 들어가는 데는 한계가 있다.

더 큰 문제는 마음만 편하다고 해서 행복할 수 없는 게 현실이기 때문이다. 쌀통에 쌀이 없는데 아무리 마음을 비운다고 한들 어떻게 행복하겠는가. 설상가상 만약 당신의 어린아이들이 밥을 굶어야 하는 상황이라면 부모로서 마음을 다스릴 수 있겠는가. 빈 쌀통을 들여다봐야 하는 부모 심정은 미어진다. 그래서 나는 돈이 전부는 아니지만 돈이 없어도 행복할 수 있다고 말하진 않는다. 기본적인 의식주가 해결되지 않으면 행복을 유지하기 힘들다. 그래서 일정량의 부는 필요하다. 과학적 통계를 봐도 일정량의 부를 쌓는 동안에는 행복지수가 지속적으로 증가한다. 다만, 그 시점을 지나면 아무리 큰 부를 축적해도 큰 차이가 없을 뿐이다. 행복이 전적으로 마음먹기에 달렸다는 것도 행복의 참모습은 아니다. 행복은 다양한 관계를 맺으며 행동과 실천으로 만들어 가는 것이다.

행복에 대한 오해 4 **행복을 내일로 미룬다**

● 당신이 지금 열심히 일하고 돈 버는 이유는 무엇인가? 돈을 벌어 놓으면 훗날 노년에 행복할 것이라는 생각 때문에? 아마 대부분의 사람들이 일하고 돈 버는 이유는 풍족한 노후를 대비해서일 것이다. 그러면 당신은 노후를 대비해 얼마만큼 돈이 있었으면 좋겠는가? 직장인들이 이상적으로 생각하는 노후 생활 자금은 7억 3,000만여 원이라고 한다. 이 돈을 마련하려고 허리띠를 졸라매고 살면서 나이가 들어서는 더 행복할 것이라고 생각한다.

노후 대비뿐만 아니라 이번 일이 끝나면, 내일이면, 다음 달이면, 내년이면 더 좋아지고 행복할 것이라고 생각하면서 산다. 행복을 미루면서 사는 것이다. 우리나라 사람들이 유독 결과에 집착하는 것도 마찬가지다. 더 좋은 결과가 행복을 가져다줄 것이라는 믿음이 깔려 있기 때문이다. 당신도 그렇게 생각하는가?

에드 디너는 한국인이 주관적 행복을 느끼지 못하는 이유로 세 가지를 들었다. 경쟁을 과도하게 조장하는 교육과 삶의 방식 때문에, 고가의 사치품을 과하게 추구하기 때문에, 과정과 결과에 대한 그릇된 인식 때문에. 당신이 지금껏 살아오면서 거쳐야 했던 수많은 경쟁이 무엇을 의미하겠는가? 청소년 시절에는 성적에 시달리면서 입시 경쟁을 뚫어야 했고, 대학에 입학해서는 남들보다 더 많은 스펙을 쌓으면서 취업 경쟁을 뚫어야 한다. 그걸로 끝인가? 다시 끝없는 경쟁이 기다리고 있다. 경쟁의 가치는 이기는 데 있다. 문제는 일등이 되고 취업에 성공하는 승자가 되는 사람은 소수에 불과하다는 것이다. 대다수는 패자가 되어 비관적인 기분에 휩싸일 수밖에 없다.

더 좋은 결과를 만드는 건 중요하다. 하지만 과정을 즐기지 못하면 어떻게 행복하겠는가? 오늘이 행복해야 삶에 만족할 수 있다. 미래를 낙관적으로 보고 노력하는 건 좋지만 아무 즐거움도 여유도 없이 오늘을 살아야 한다면 진정한 행복이라고 하긴 어렵다. 그래서 어느 순간 체념하고 자포자기하는 것이다. 요즘에는 젊은층을 중심으로 명품 구매가 유행이다. 과거에 명품을 구매하는 사람은 상위 10퍼센트의 부유층뿐이었지만 이제는 평범한 직장인, 아니 대학생까지 합세했다. 월급쟁이가 강남에 30평대 아파트 한 채를 사려면 평균 생활비만 쓰고도 132년을 모아야 한다는데, 그럴 바에는 명품으로 현실을 과대포장하고, 또 스스로 위안이나 삼자는 것이다.

오늘이 행복해야 내일도 행복하다. 내일의 행복을 위해 오늘의 행복을 미루지 말라는 것이다. 그러나 행복해 보이는 게 아니라 진짜 행복해야 한다. 명품이나 외적인 조건이 아닌 진짜 행복, 당신이 잘 모르고 있지만 당신은 행복할 수 있는 요인들을 갖추고 있다. 그걸 찾아 즐기자. 어떤 환경이나 조건을 갖춰야 행복하다는 오해만 버리면 당신은 충분히 행복할 수 있다.

당신은 뱃사람들이 가장 행복한 순간은 언제일 것이라고 생각하는가. 고기를 많이 잡았을 때? 대부분의 사람들이 고기를 많이 잡았을 때라고 생각하며 인생을 산다. 하는 모든 일이 부와 명예, 좋은 결과를 얻는 수단이라고 생각하기 때문에 일을 즐기지 못한다. 하지만 뱃사람들은 그저 배 위에 있을 때 행복하다. 고기를 많이 잡아 만선일 때의 기쁨은 순간의 행복일 뿐이다. 인생을 살아가는 과정 자체가 행복할 때 진정 행복하지 않겠는가?

행복에 대한 오해 5 **성공하면 행복은 따라온다**

많은 사람들이 사회적으로 성공하면 당연히 행복이 따라온다고 믿는다. 아니면 성공한 다음에 행복을 찾겠다고 하고, 그도 아니면 행복이 만족스러운 삶을 살아가는 데 필요하다는 건 인정해도 성공과는 무관하다고 생각한다. 성공과 별개라고 여기면서 행복은 제쳐 두고 성공을 좇는 것이다. 당신도 성공이 행복을 보장해 준다고 생각하는가?

당신은 지금 왜 일을 하고 있는가? 돈을 벌기 위해? 아니면 경력을 쌓기 위해? 자기만족과 세상에 기여하기 위해? 어느 쪽이든 당신의 일이 만족스러운가? 사회학자인 로버트 벨라에 따르면 직업 정체성은 크게 생계직, 전문직, 천직의 세 가지로 구분된다고 한다. 생계직은 우리나라 과거 세대가 대부분 그랬듯 먹고살기 위해 어쩔 수 없이 일하는 것이고, 전문직은 지식이든 돈이든 많은 투자를 해서 소수만 얻는 일이다. 그만큼 돈도 지위도 명성도 뒤따른다. 이들이 흔히 말하는 성공한 사람이다. 당신도 전문직을 꿈꾸는가?

직업에서 만족하고 행복감을 느끼는 사람들은 생업도 전문직도 아닌 천직이다. 천직은 일에 모든 열정을 쏟아붓는다. 자기 직업을 천직이라고 생각하는 사람들에게 직업은 돈 버는 수단이 아니라 자기만족이다. 그 일이 즐겁고 만족을 느끼면 의미 있는 것이 된다. 그래서 소명으로 생각하며 물질적 보상이나 명예가 보장되지 않아도 계속하는 것이다. 당신은 자기 일을 천직이라고 여기는 택시 기사와 소득에만 관심 있는 생계직 의사가 느끼는 만족감이 같을 것이라고 생각하는가? 엄청나게 다를 수밖에 없다. 직업에 만족하면서 행복을 느끼는 사람이야말로 삶 전반에 걸쳐 행복지수가 높다.

일이든 사랑이든 행복은 함께 추구할 수 있고, 또 그래야 한다. 행복을 함께 추구했을 때 성공도 따라오는 것이다. 자기 직업을 천직이라고 여기는 택시 기사라면 어떻겠는가? 승객의 발이라는 생각으로 최대한 빠르고 편안하게 목적지까지 가는 방법을 다양하게 연구할 것이다. 시간이 날 때마다 시내 지리를 익히고 손수 고객의 짐을 트렁크에 실어 주기도 할 것이다. 자발성은 천직이라고 여길 때만 가능하다. 남보다 부지런하고 남보다 노력하고, 그래서 남보다 실적이 좋을 수밖에 없다. 행복은 성공과 무관한 게 아니라 성공을 이끌어 내는 원동력이다.

당신은 어떤 태도로 일하고 있는가? 만약 당신이 생업이나 경력을 위해 일하는 사람이라면 직업에 만족하지 못하고 삶도 전반적으로 행복하지 않을 가능성이 높다. 무의식 속에서는 평소 성공해야 행복이 뒤따른다고 믿었을 가능성이 높다는 뜻이다.

행복에 대한 오해 6 자식이 행복하면 부모는 행복하다

● 당신이 쉰이 되고 이순이 되었을 때 얼굴 표정이 어떻게 달라져 있을지 잠깐 생각해 보자. 지금처럼 얼굴에 웃음이 많고 밝을 것이라고 생각하는가? 지금 우리나라의 40대는 비슷비슷한 인생을 살아간다. 어쩌다 나이가 무색하게 밝고 즐거워 보이는 사람을 만나면 오히려 이상하게 느껴질 정도다.

많은 부모들이 회사 일에 치이고 자식들을 위해 모든 걸 희생하면서도 그것을 행복으로 가는 유일한 길이라고 믿는다. 당신 부모도 그랬을 것이다. 그런데 만약 집 안에 가스가 퍼지는 위급한 상황이라면 당신은 누가 산소통을 먼저 차야 한다고 생각하는가? 부모? 자식? 대부분의 부모는 자식에게 먼저 산소통을 건넨다. 그게 부모의 마음이다. 그런데 당신이 부모가 됐다고 하면 당신 역시 아이들을 위해 어떤 희생도 마다하지 않겠는가? 아이에게 먼저 산소통을 건네는 심정으로 자식 행복이 곧 내 행복이라고 여기며 살겠는가?

여기서 중요한 건 그래서 당신 아이들이 행복하냐는 것이다. 아마 그랬다면 우리 아이들 상당수가 지금 행복해야 할 것이다. 하지만 현실은 전혀 그렇지 않다. 많은 부모가 자식을 사랑하고 행복하길 바라지만, 정작 아이 자신은 무엇이 필요하고 진정으로 원하는 게 무엇인지도 모른다. "다 널 위해서"라고 말하면서도 실은 부모가 원하는 모습을 아이에게 강요하는 경우가 많다. 집에 가면 어떤가? 당신이 학창시절 가장 많이 들었던 말은 공부하라는 말이 아니었는가? 부모는 자녀가 밤늦게까지 의자에 앉아 있는 모습을 보면 마음이 놓이고, 컴퓨터 게임을 하거나 일찍 잠자리에 들면 괜히 불안하고 울화통이 터지고 커서 뭐가 되려나 걱정스럽다. 나도 부모라서 그 마음을 이해

한다. 그러면 학교에서는 무엇을 가르치는가? 좋은 대학에 가고 좋은 직장 잡고 싶으면 공부하라고 가르친다. 부모도 학교도 아이들에게 지식과 기술은 가르치지만 행복은 가르쳐 주지 않는다.

그래서 아이들은 어떤 현실이 되었는가. 상처받은 마음을 감당하지 못해 좌절하거나 분노하고 심지어는 그 감정을 행동으로 옮긴다. 성적 때문에 부모가 무시하자 자신의 유일한 안식처였던 아이팟을 함께 묻어 달라는 유서를 남기고 자살한 아이, 섭식 장애로 친구마저 잃어버린 아이 등 극단적인 선택을 한다. 인터넷 포털 사이트에는 현재 60여 개의 자살 사이트가 있고, 우리나라 청소년 자살률은 OECD 회원국 가운데 최고라고 한다. 최근 일 년 사이 스트레스를 받았다고 답한 아이들은 한국이 90퍼센트에 달할 만큼 높았고, 원인도 살인적인 학업 스트레스 때문이란다. 그런데 더 놀라운 건 아이들의 상담 결과였다. 당신은 아이들에게 가장 무서운 사람이 누구였을 것이라 생각하는가. 다름 아닌 부모였다. 과도한 공부도 힘들지만, 공부를 강요하면서 비난하고 몰아붙이는 부모 때문에 상처받고 더 힘들다는 것이다.

아이들이 본인 삶이 아닌 부모의 기대에 따른 삶을 살다 보면 쉽게 좌절하고 무너질 수밖에 없다. 자녀의 행복과 불행은 자녀만의 것이 아니라 부모의 것이기도 하다. 행복한 부모 곁에 행복한 아이가 있다. 그런데 당신은 행복을 어디에서 찾고 있는가. 좋은 학교에 다니고 좋은 직장을 얻어야 행복하다고 생각하진 않는가? 그렇다면 아이에게 그런 삶을 강요할 수밖에 없다.

당신이 먼저 행복해야 당신의 자녀도 행복하다. 집 안에 유독 가스가 퍼지는 상황이라면 부모가 먼저, 당신이 먼저 산소통을 차야 그다음에 아이를 구할 수 있지 않겠는가?

행복에 대한 오해 7 **행복은 궁극적인 목표다**

● 　사람들이 나이가 들수록 동창 모임을 꺼린다. 오랜만에 만나 반갑고 좋은 시간을 보내야 하는데, "누구는 이번에 승진했다더라." "누구 아들은 이번에 어느 대학 갔다더라." "누구는 강남에 아파트를 샀다더라." 같은 얘기들만 주고받는다. 오죽했으면 동창 모임 있는 날은 부부 싸움하는 날이라는 말이 있겠는가. 이처럼 사람들에게 행복은 상대적이다.

　당신도 다른 사람을 보면서 스스로를 불행하다고 느낀 적이 있는가? 새 아파트에 입주한 친구 집에 다녀오면 작고 낡은 본인 집이 한없이 초라하게 느껴지고, 멋진 외제차를 타고 출근하는 동료를 보면 본인 소형 자동차가 부끄러워지는가? 재능, 연봉, 능력 등 점차 비교의 범위를 넓혀 가다 보면 끝이 없다. 특히 우리나라는 타인의 시선에 민감하다. 보이는 데 신경 쓰다 보니 형편에 맞지 않게 좋은 차를 타고 명품을 입고 들고, 심지어 성형 수술까지도 불사한다. 당연히 고달프고 불행할 수밖에 없다. 우리나라 사람들의 행복지수가 낮은 이유이기도 하다.

　이쯤에서 물어보자. 누구나 행복하기를 원하는데 당신은 왜 행복해지고 싶은가? 혹시 행복이 당신의 최종 목표인가? 아니면 행복도 어떤 결과처럼 남보다 더 행복해야 한다고 생각하진 않은가? 학교에서 2등 한 학생이 1등을 보면서 느끼는 감정처럼 당신보다 더 행복해 보이는 사람들을 보면서 스스로를 불행하고 초라하다고 느끼고 있진 않은가? 그건 행복이 아니다. 당신이 생각하는 행복과 내가 생각하는 행복이 같을 순 없다. 그런데 어떻게 비교하고 경쟁할 수 있겠는가.

나는 행복이 무엇이라고 쉽게 단정 지을 수 없다. 행복은 한마디로 명쾌하게 답변할 수 있는 것이 아니기 때문이다. 굳이 말한다면 행복은 좋은 관계와 기쁨, 만족이다. 언제 어디서 누구와 만나든지 좋은 관계를 갖고 항상 기쁨을 느끼면서 하루하루가 만족스럽다면 행복한 삶이라 할 수 있을 것이다. 추가한다면 삶의 의미와 성취이다. 아마 당신이 생각하는 행복은 나와는 또 다른 모습일지도 모른다. 행복은 한 가지 답안지를 놓고 정답을 고르는 문제가 아니다. 행복은 정의가 아니라 살아가는 방법이다. 당신이 도달해야 하는 목표가 아니라 어떻게 살아가는지에 대한 과정이다. 그 과정이 한 가지일 수가 있겠는가? 당신과 내 인생이 다른 것처럼 사람마다 각자 처한 환경에 따라 여러 갈래 길이 있는 법이다. 그래서 행복은 애초부터 비교나 경쟁의 대상이 아니다. 그러므로 다른 사람과 단순 비교를 하면서 스스로 초라하고 불행하게 만들 필요가 없다. 그것만큼 불행한 건 없다.

많은 사람들이 행복을 추구하면서 또 나름대로 행복해지는 방법을 찾으면서 산다. 당신이 행복해지기 위해 과학적인 근거를 활용하든 경험에 따른 학습을 따르든 그건 선택이다. 하지만 어느 쪽을 택하든 행복은 그 자체로 목표는 아니다. 그보다 더 중요한 건 당신 스스로가 한 인간으로서 자신을 찾아 행복하게 살아가는 일이다.

행복은 당신이 인생의 큰 그림을 그리는 데 가장 신뢰할 만한 여정이다. 나에게 행복은 어떻게 살아야 하는지 삶의 나침반이 되어 주고, 매 순간 갈림길을 만날 때마다 어디로 가야 하는지 이정표가 되어 준다. 만약 그 이정표와 나침반이 없다면 어디로 가야 할지도, 어디로 가고 있는지도 모른 채 무작정 끌려갈 수밖에 없다. 당신은 지금 어디를 향해 가고 있는가? 당신이 가려는 그 길로 제대로 가고 있는가? 그 길에 행복을 동행하라는 것이다.

행복의 과학 2
행복도 진보한다

● 　지금껏 살펴본 행복에 대한 몇 가지 오해들을 통해서 그동안 생각하던 행복이 진정한 행복이 아니었음을 조금 알게 되었을 것이다. 그렇다면 행복이 어디에서 온다고 생각하는가? 행복한 사람들은 왜 행복하고, 불행한 사람들은 왜 불행한가? 행복에 대한 가설은 몇 가지가 존재한다. 이 가설들을 하나씩 검증해 보자.

행복 가설 1 **행복은 원하는 것을 얻는 데서 온다**

● 　혹시 피트 베스트라는 이름을 들어본 적이 있는가? 그는 비틀스의 원년 드러머였다. 그런데 비틀스의 매니저가 그를 해고하면서 링고 스타를 영

입했고, 이후 비틀스는 전설이 되었다. 당신이 피트 베스트라면 승승장구하는 비틀스를 보면서 어떤 생각이 들었겠는가? 비틀스의 멤버로 계속 남았다면 큰 축복 속에 살 수 있었을 것이라 생각했겠는가? 그래서 끝없이 자기 삶을 불행하다고 생각했겠는가? 그런데 피트 베스트는 한 인터뷰에서 "저는 비틀스와 함께하지 않았기에 더 행복합니다."라고 대답했다. 아쉬움과 원망으로 살았을 것이란 우리 예상을 보기 좋게 뒤엎어 버린 것이다.

많은 사람들이 원하는 걸 얻어야 행복하고 원하는 걸 얻지 못하면 불행하다고 생각한다. 이것이 첫 번째 행복의 가설이다. 행복은 내가 원하는 걸 얻는 데서 나온다는 것이다. 그러면 피트 베스트처럼 원하는 걸 얻지 못해도 행복한 사람은?

이런 가정을 해보자. 만약 당신이 어느 날 불의의 교통사고로 사지가 마비되어 꼼짝 못하게 된다면 평생 불행할 것이라고 생각하는가? 아니면 아무리 긍정적으로 생각해도, 적어도 복권에 당첨된 사람보다는 더 불행할 것이라고 생각하는가? 복권 당첨자들을 추적 조사했던 브릭만은 사지가 마비돼 회복될 가능성이 없는 29명을 함께 조사했다. 실제로 이들 대부분은 사고 직후 절망감에 휩싸여 자살까지 생각했다. 그런데 시간이 흐르면서 행복도는 서서히 회복되었다. 또 다른 연구에서는 전신마비 환자들 가운데 84퍼센트가 자기 삶을 보통이거나 보통 이상이라고 생각한다는 조사도 있다. 이걸 어떻게 설명하겠는가. 아무리 열악한 환경에서도 행복한 사람들이 있다는 것이다. 그들이 대단한 의지의 소유자라서 가능했다고 생각하는가?

인간의 뇌는 200만 년 만에 배로 커졌다고 한다. 인간의 뇌가 커지면서 크기만 커진 게 아니라 구조도 변했는데, 새로 생긴 구조가 전두엽과 전전두엽이다. 그런데 전두엽과 전전두엽에는 흥미로운 기능이 있다. 정신적 충격을 안겨 주는 부정적 경험을 지워 버리는 것이다. 이걸 심리적 면역 시스템이라고 한다. 당신의 머릿속에도 이 시스템이 작동하고 있다. 예를 들어 당신은 데이트하는 남자가 코를 후빈다면 어떻게 하겠는가? 그 모습이 끔찍하고 정말 꼴 보기 싫다면? 두 번 다시 안 만나면 된다. 그런데 결혼한 후라면? 매력은 좀 떨어지겠지만 방귀 뀌고 트림하고 그보다 더한 것도 눈감아 줄 것이다. 그렇지 않으면 어떻게 결혼 생활을 유지하겠는가? 평소에는 이런 기능이 있는지 없는지 모르고 살지만, 당신이 앞뒤로 완전히 갇힌 상황이 온다면 이 기능이 발휘된다는 것이다.

혹시 당신은 원하는 회사의 입사 면접에서 떨어지고 승진하지 못했다고 자책하거나 스스로를 몰아붙이고 있는가? 더 나은 미래를 위해 노력하는 건 분명 가치 있는 일이다. 원하는 회사에 취직하거나 승진했다면 더 행복할 수도 있었을 것이다. 불행한 사고를 당하지 않았으면 더 행복할 수도 있었을 것이다. 하지만 그렇다고 해서 곧 불행한 삶을 의미하는 건 아니다. 지금은 원하는 회사에만 들어가도 소원이 없겠다고 하겠지만, 막상 회사에 들어가면 그 기쁨이 얼마나 오래 가겠는가? 원하는 걸 얻지 못한다고 불행이 지속되는 것도 아니고, 내가 원하는 걸 얻었다고 행복이 지속되는 것도 아니다.

그래서 하버드 대학교 심리학 교수인 댄 길버트는 「우리는 왜 행복할까요?」라는 제목의 한 강연에서 선택한 것과 포기한 것의 차이를 과대평가하지 말라고 했다. 그 차이는 생각만큼 크지 않다. 그런데도 당신은 포기하거나 얻지 못한 걸 생각하면서 후회하고 아쉬워하느라 현재의 행복을 놓치겠는가?

행복 가설 2 **행복은 안에 있다**

● 　　석가모니는 인도 북부 지방을 다스리는 한 왕의 아들이었다. 그가 태어날 때, 한 선인이 찾아와 "집에 있으면 왕위를 계승하여 전 세계를 통일하는 왕이 되고, 만약 출가하면 반드시 부처가 될 것이다."라고 예언했다. 불안해진 왕은 아들이 성인으로 장성하자 그를 감각적인 쾌락으로 묶어 두고 그의 마음을 어지럽힐 어떤 것과도 접촉하지 않게 했다. 젊은 왕자는 아름다운 공주와 결혼했고 그 외에도 아름다운 후궁들에 둘러싸여 왕궁의 상층에서만 생활이 허락되었고 성장하는 내내 왕궁에서만 지내 왔다. 아버지는 호사와 안락을 아들에게 제공함으로써 그를 만족시키려고 전력을 다했지만 젊은 왕자의 생각은 언제나 다른 곳에 가 있었다. 결국 그는 아버지를 설득해 성 밖으로 나가도 좋다는 허락을 받았다. 마지못해 왕은 마차로 외출을 허락하면서도 어명을 내려 늙고 병들거나 몸이 불구인 자들은 집 밖으로 절대 나오지 못하게 하면서까지 왕자를 왕위 계승자로 남기고 싶어 했다.

　　마차 산책을 나가는 날 아침, 어명에도 불구하고 한 노인이 길가에 나와 있었고 왕자는 그를 포착했다. 왕자는 마차꾼에게 '저 이상하게 생긴 생명체'가 무엇인지 물었고 그는 왕자에게 모든 인간은 늙는다고 답했다. 왕자는 큰 충격을 받은 채 궁궐로 돌아왔다. 다음 날 소풍에서는 병에 걸려 몸을 제대로 못 가누는 한 남자를 만났다. 이에 대해 그는 더 많은 설명을 들었고 역시 놀란 마음으로 궁궐에 돌아왔다. 셋째 날에 왕자는 거리에서 시체가 실려 가는 것을 보았다. 이것이 마지막 결정타였다. 늙음과 질병과 죽음이 인간의 피할 수 없는 운명이라는 사실을 깨달은 순간 왕자는 비통하게 외쳤다. "마차를 돌려라! 지금은 소풍이나 즐길 때가 아니다. 어떻게 생각 있는 사람이 자신의 임박한 파멸에 무심할 수 있단 말이냐?"[3]

  결국 왕자는 젊은 나이에 아내와 후궁들, 그리고 예언에 나타난 대로 왕으로서의 미래를 뒤로 한 채 길을 떠났다. 그는 숲으로 들어가 깨달음을 향한 여행을 시작했다. 드디어 도를 깨친 후 인생은 고해이며 이 고해의 바다에서 벗어날 수 있는 유일한 길은 우리를 쾌락, 성취, 명성, 그리고 생명에 매이게 하는 모든 집착으로부터 벗어나는 것이라고 가르쳤다. 이 같은 깨달음이 현대까지 이어지면서 행복 역시 내 안에 있다고 믿는 사람들이 많다. 이것이 두 번째 행복의 가설이다. 행복은 내부로부터 나오기 때문에 욕망을 버리라는 것이다.

  석가모니, 노자, 그리고 동양의 현자들처럼 내려놓는 삶과 명상을 통해 평화와 고요에 이르는 일은 분명 가치 있는 일이다. 해탈의 경지에 이른 사람들은 극소수에 불과하지만 많은 이들이 어느 정도 평화, 행복, 그리고 영적인 성장을 경험한다. 하지만 정말 이것이 행복의 전부일까?

행복 가설 3 행복은 안과 밖에서 온다

●   긍정심리학자 로버트 디너가 전 세계를 돌면서 보통 사람들이 보기에 비참한 삶을 살아가는 사람들을 인터뷰한 적이 있다. 만약 당신이 석가모니가 동정했던 사람들처럼 가난하고 늙고 병들었다면 어떻겠는가? 절대 행

복하지 못할 것이라고 생각하는가? 로버트 디너는 그린란드에서 캘리포니아에 이르기까지 집 없는 자들을 제외한 대부분의 사람들이 삶에 만족하는 편이라는 뜻밖의 사실을 발견했다. 가난한 사람, 사지가 마비된 사람, 노인, 윤락 여성들까지 남들이 보기엔 견딜 수 없는 고통을 겪고 있었지만, 그들은 함께하는 친구가 있고 가족과도 잘 지내며 나름대로 의미 있는 삶을 살아가고 있었던 것이다.

서양의 많은 사상가들도 질병, 노화, 죽음 등 석가모니와 똑같은 현실을 목격했지만 아주 판이한 결론에 도달했다. 인간은 사람을 사랑하고 목표나 즐거움을 열정적으로 추구하며 인생을 최대한 만끽해야 한다는 것이다. 그리스와 로마의 수많은 철학자들이 옹호한 지적인 사색과 감정적인 부동심의 삶, 석가모니가 주장한 차분한 무위의 삶은 모두 열정을 피하기 위해 고안된 삶의 방식이다. 그런데 당신은 열정이 빠져 버린 인간의 삶을 상상할 수 있겠는가? 집착이 항상 고통만 낳는다고 생각하는가? 아마 열심히 노력해서 좋은 성적을 냈을 때, 친구들과 즐거운 시간을 보낼 때, 원하던 일을 이루어 냈을 때도 당신은 행복했을 것이다. 집착은 고통을 낳지만 기쁨도 낳는다. 오히려 기쁨과 열정을 느끼면서 살아가는 삶이 인간의 삶이자 행복한 삶이다.

그래서 버지니아 대학교의 심리학자인 조너선 헤이트는 저서 『행복의 가설』에서 음양 공식으로 확장할 것을 제안했다. "행복은 안에서 온다. 그리고 행복은 밖에서도 온다." 행복해지기 위해 명상과 고요를 길잡이 삼아 마음을 다스리는 일은 인정하지만, 한편으로는 행동, 노력, 그리고 열정적인 집착에 대한 서양의 이상도 석가모니가 생각하는 것만큼 오도된 것은 아니라는 것이다. 더구나 살아가면서 고통은 피할 수 없고 고통스러운 삶 속에서도 충분히 행복한 삶을 살 수 있지 않은가? 행복해지기 위해서는 동양의 지혜에서 얻을 수 있는 균형 감각과 현대 심리학에서 배울 수 있는 노력하고 추구해야 할 대상에 대한 구체적 지침 모두가 필요하다.

죠셉 프리스틀리라는 영국의 화학자는 1774년 산소를 처음 발견했다. 그는 밀폐된 용기 안에 촛불을 넣어 두면 촛불이 다 타서 꺼져 버리지만, 박하나무 가지를 안에 넣어 주면 촛불이 계속해서 타오른다는 사실을 발견했다. 촛불이 타면서 고갈되는 공기를 박하 가지가 회복시켜 준 것이다. 행복도 마찬가지다. 안과 밖, 음양이 함께 이루어질 때 그 불꽃을 활활 태울 수 있다.

행복 가설 4 **행복은 사이에 있다**

● 당신은 선하고 행복하고 의미 있는 삶을 위해 무엇을 할 수 있다고 생각하는가? 과연 행복은 어디서 오는가?

내가 원하는 걸 얻는 데서 오는 행복은 그 지속 기간이 짧다. 또 행복해지기 위해 마음을 다스리는 일은 분명 가치 있는 일이지만, 세상에는 분명 우리가 얻으려고 애쓸 만한 가치 있는 것들이 있고, 외부적인 조건 가운데는 우리를 더 행복하게 만드는 것도 있다. 그 대표적인 것이 관계에서 오는 행복, 사랑이다. 사랑을 주고받을 때 분명 더 행복해진다. 이렇게 행복은 내부에서도 오고 외부에서도 온다. 그래서 조너선 헤이트는 행복은 '사이(between)'에 있다고 결론 내렸다. 행복은 관계에 있고, 나머지 행복의 요인이나 도구들을 주변에 잘 배열하는 것이라고 한다. 행복의 요인들 가운데 일부는 당신 안에 있다. 그것이 당신의 성격이다. 당신은 성격의 각 부분과 차원 사이에 올바른 관계를 정립해야 한다. 마음은 여러 갈래다. 어떤 때는 자기만족과 기쁨을 위해 애쓰는 이기적인 존재였다가, 또 어떤 때는 함께 어울려 살아가는 사회적인 존재가 되기도 한다. 안팎으로 부딪히고 갈등하다 보면 가끔은 본인이 뭘 원하는지도 모르고, 하루에도 수십 번씩 감정 상태가 오르락내리락할 때도 있다. 그래서 조너선 헤이트는 인간의 마음이 무수히 분열되어 있고, 인간의 삶을 코끼리와 코끼리 위에 올라탄 기수라고 표현했다. 기수는 자신이 원하는 방향으로 코끼리를 몰고 가야 하지만, 더러 코끼리는 기수가 가리키는 방향과는 다른 곳으로 제멋대로 갈 때가 있다. 당신의 마음이 항상 당신의 뜻대로 움직여 주던가? 그럴 때에도 중심은 본인이어야 한다. 본인에 대해서 당신은 얼마나 이해하고 있는가? 행복한 삶을 위해서는 당신의 내부를 들여다봐야 한다.

행복의 다른 요인들은 밖에 있다. 식물이 잘 자라기 위해서는 햇빛과 물과 좋은 토양이 필요하듯 당신에게는 사랑과 일, 그리고 자신보다 더 큰 어떤 것과의 접속이 필요하다. 그것이 삶의 의미다.

당신이 얽혀 있는 것들을 생각해 보자. 가족, 친구, 또 하는 일과 직장 동료, 당신이 살아가는 사회와 종교, 신까지……. 그 모든 관계에서 당신이 올바른 관계를 정립하기 위해 애쓰고 노력하는 일은 충분히 가치 있는 일이다. 만약 당신이 안팎으로 어느 정도 통일성을 갖춘 인생을 만들어 내는 데 성공한다면, 행복과 의미는 자연히 뒤따를 것이다. 그것이 인생의 목적이 아닐까? 나는 당신에게 안팎으로 행복해질 수 있는 방법을 알려 주는 길잡이가 되고 싶다. 그래서 당신이 행복의 세계로 들어갈 수 있기를 바란다.

행복의 과학 3
행복 공식

● 당신은 행복에도 공식이 있다는 것을 아는가? 행복을 측정할 수 있다는 사실도 생소한데, 행복에 공식이 있다니 아마도 어리둥절할 것이다. 하지만 행복이 안팎으로 온다는 건 분명 내부에도 외부에도 행복에 영향을 미치는 게 있다는 말이다. 당신은 무엇이 행복에 결정적인 영향을 준다고 생각하는가? 이 행복 공식은 긍정심리학자들이 행복에 영향을 미치는 요인을 연구하고, 긍정심리학자가 아닌 과학자들의 발견까지 더해져 산출된 것이다.

- H(행복)= S(설정 값) +C(삶의 조건) +V(자발적 행동)

여기에서 H(Happiness)는 앞서 말한 대로 순간적인 기분이 아니라 영속적인 행복의 수준, S(Setpoint)는 이미 설정된 행복의 범위이자 설정 값, C(Coditions)는 삶의 조건, V(Voluntary)는 개인이 스스로 통제할 수 있는 자발적 행동을 가리킨다.

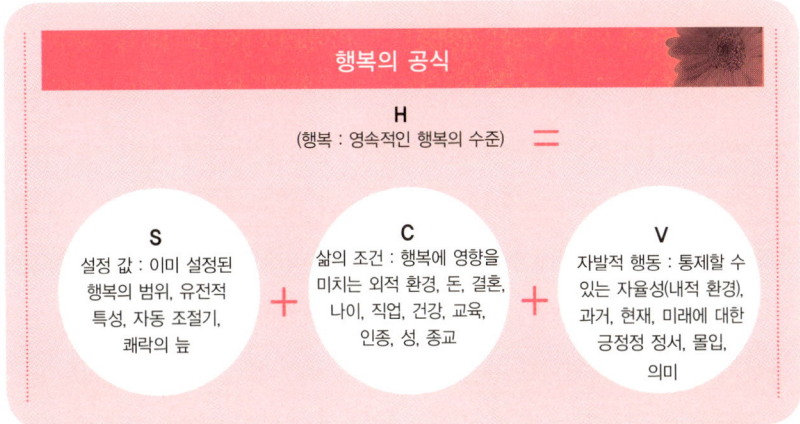

행복 요인 1 **설정 값**

● 　　오늘의 당신 모습이 환경의 영향이라고 생각하는가, 아니면 유전의 영향이라고 생각하는가? 최근 들어 아버지 학교와 어머니 학교 프로그램이 특정 종교를 떠나 인기를 얻고 있다. 이 프로그램 중에 아버지, 어머니에게 편지를 쓰는 코너가 있는데 가슴 뭉클한 사연들이 많다. 그런데 참여한 사람들은 하나같이 이렇게 말을 한다. 자라면서 부모에게 물려받고 싶지 않았던 싫은 모습들을 어느 날 성인이 되고 부모가 돼서 보니 자기가 똑같이 하고 있더라. 당신도 그런 경험이 있는가? 그러면 행복은 어떨 것이라고 생각하는가? 부모의 영향을 받는다? 전혀 상관없다?

1990년대 심리학자들을 통해 행복과 관련된 두 가지 큰 발견이 이루어졌다. 그 하나가 유전과 행복의 관계였는데, 미네소타 대학교 심리학 교수인 라이켄과 텔레겐이 중년기가 된 쌍둥이 2,300여 쌍의 행복도 일치 정도를 연구한 것이다. 이 연구는 행복에 대한 기존의 관점을 뒤엎어 버렸다. 런던에서 성장한 일란성 쌍둥이 자매 대니프와 바바라[4]의 사례를 보면 둘 다 14세에 학교를 떠나 지방 관청에 취직을 하고, 16세에 미래의 남편을 만났고, 동시에 유산을 한 후 둘 다 아들 둘과 딸 하나를 출산했다. 또 둘에게는 피와 높은 곳을 두려워하고 냉커피를 마신 후 손바닥으로 자기 코를 밀어 올리는 공통된 버릇이 있었다. 특이한 건 이 둘은 각각 다른 가정에 입양돼 자랐고 심지어 40세에 다시 만날 때까지는 서로의 존재조차 몰랐다는 사실이다. 그런데도 그들은 만날 당시 거의 똑같은 옷을 입고 있었다.

대니프와 바바라뿐만 아니라 어린 시절 다른 가정으로 입양돼 성장한 일란성 쌍둥이 75쌍이 생활이나 습관이 비슷했고 중년기의 행복 수준도 상당히 일치했다. 하지만 이란성 쌍둥이는 지능, 외향성, 두려움, 행복도 등 일란성 쌍둥이에 비해 비슷한 점이 훨씬 적었다. 이게 무엇을 의미하겠는가. 유전이 행복에 영향을 미친다는 것이다. 연구에 따르면, 긍정 정서의 40퍼센트, 부정 정서의 55퍼센트, 그리고 전반적인 행복감의 48퍼센트가 유전적 요인 때문이라고 한다. 이처럼 행복도 유전이 된다. 당신은 이미 50퍼센트가 친부모의 성격에 따라 이미 결정되었다는 뜻이다. 그게 당신에게 이미 설정된 행복의 범위[5]다. 실망스러운가? 더 실망할 결과도 있다. 당신은 신체의 왼쪽과 오른쪽 가운데 어느 쪽의 활동성이 높은 것 같은가? 뇌파 연구에 의하면 인간의 전두엽 피질은 왼쪽과 오른쪽이 불균형을 이루고 있다. 이마 왼쪽에서 나오는 특정 뇌파가 많은 사람은 오른쪽의 활동성이 더 높은데, 행복을 더 많이 느끼고 두려움이나 불안, 수치심을 덜 느낀다고 한다. 반대로 오른쪽 뇌파가 많은 사람은 부정적 정서를 훨씬 많이 느낀다고 한다. 대니프와 바바라는 둘 다 명랑하고 갑자기 웃음을 터뜨리는 습관이 있어서 '킥킥 쌍둥이'로 불렸다. 뇌파 연구로 보면 킥킥 쌍둥이는 왼쪽 전두엽 피질이 발달했을 가능성이 높고, 결국 그들의 뇌는 처음부터 세상의 밝은 면을 보도록 구성되어 있었다는 말이 된다. 이 정도면 '피질 복권'에 당첨된 행운아라고 불러도 되지 않겠는가?

만약 당신이 사교적이고 걱정을 별로 안 하는 성격이라면 부모님께 감사해야 한다. 이런 사람은 신경증적인 사람보다 행복할 가능성이 훨씬 높으며 유전된다. 그런데 이것도 모자라서 라이켄과 텔레겐이 쌍둥이 연구에 근거해 '행복 기준점'이라는 개념을 제안했다. 사람들은 살아가면서 긍정적 경험이나 부정적 경험을 하면서 일시적으로 강렬한 정서를 경험하지만, 결과적으로 되돌아가게 되는 행복감의 평균 수준, 즉 기준점이 있다는 것이다. 어떤 사람은 이 기준점이 긍정 쪽으로 기울어져 있어서 전반적으로 긍정적이고 활기찬 편이지만, 어떤 사람은 부정 쪽으로 기울어져 있어서 전반적으로 비관적이고 부정적이다. 당신은 어느 쪽인 것 같은가?

마틴 셀리그만에 의하면 이미 설정된 행복의 범위란 자동 조절기와 같아서 엄청난 행복을 느끼다가도 이내 자기 본래의 행복도로 되돌아가게 하는 역할을 한다. 또한 이미 설정된 행복의 범위에서 쾌락의 늪도 행복 증진을 가로막는 또 하나의 장벽이 된다. 자신도 모르는 순간에 쾌락에 빠져들면 그때부터 아주 당연한 것처럼 받아들인다는 것이다.

이처럼 설정된 행복의 범위(유전적 특성, 자동 조절기, 쾌락의 늪)는 행복 증진에 아무런 도움이 되지 않는다. 그래도 희망을 갖자! C(삶의 조건)와 V(자발적 행동)는 당신의 행복도를 높여 주는 강력한 도구가 되어 줄 것이다.

행복 요인 2 **삶의 조건**

● 당신 지갑에 지금보다 두둑한 현금이 들어 있고, 지금보다 더 예쁜 얼굴과 멋진 몸매를 갖게 되고 더 똑똑해지면 더 행복할 것이라고 생각해 본 적이 있는가? 지금보다 환경이나 삶의 조건이 좋아진다면 과연 어느 정도나 더 행복해질 수 있다고 생각하는가? 대부분 환경을 탓하는 경우가 많다. 돈부터 시작해서 지능, 교육 수준, 사회 계층, 종교, 결혼, 나이……. 당신을 둘러싼 환경은 한두 가지가 아니다. 이 모든 삶의 조건들이 당신의 행복을 좌우할 만큼 중요하다고 생각하는가?

성별과 연령

당신은 혹시 내가 여자라서, 혹은 남자라서 불행하다고 생각해 본 적이 있는가? 여자로 태어났으면 가족의 생계를 책임져야 하는 의무감에서 자유로웠을 것이라거나, 남자로 태어났으면 집안일과 아이를 키우는 일, 명절 스트레스에서 벗어날 수 있었을 것이라 생각해 본 적이 있는가? 성 역할 때문에 힘들었다면 한번쯤 고민했을 것이다.

일반적으로 여성이 남성보다 정서를 더 강하게 자주 느낀다. 남성은 무덤덤하고 본인이나 타인의 정서 변화에도 둔감한 편이다. 그에 비하면 여성은 기쁜 것도 훨씬 더 기쁘게, 우울하거나 불안한 감정도 더 강렬하게 자주 경험하는 편이다. 어느 쪽이 더 행복할까? 여성이 남성보다 약간 더 행복하다는 결과들은 있다. 그런데 그 차이는 무시해도 좋을 정도다. 한국심리학회가 발표한 지난해 한국인의 행복지수를 보면, 여성이 62.7점으로 남성보다 1.8점이 높았을 뿐이다. 전 세계적으로는 오히려 남성이 높은 곳도 많다. 당신이 남자로 태어났든 여자로 태어났든 행복에는 큰 상관이 없다.

그렇다면 연령은? 당신은 혹시 젊음을 잃고 늙어 가는 일이 불행의 시작이라고 생각하는가? 일반적으로 젊은 사람들이 나이 든 사람에 비해 좋은 감정이든 나쁜 감정이든 훨씬 강렬하게 느낀다. 사람들은 좋은 감정이 들 때 행복하다고 느끼기보다는 나쁜 감정이 들 때 불행하다고 인식하는 편이다. 또 어느 정도 인생을 살아온 사람들은 삶의 목표와 실제로 성취한 것의 차이를 작게 인식하는 경향이 있다. 그래서 연구를 보면 연령이 높아질수록 삶의 만족도와 행복지수가 높아지는 경향이 있다. 하지만 나이가 절대적이라고 할 수도 없다. 나이 들수록 육체적으로 고장 나 고통도 커지지 않았는가?

경제적 수준

지금 당신의 연소득이 1,000만 원이라고 가정해 보자. 그런데 내년에 주말 휴식을 여섯 번 포기하고 부업을 해서 1,000만 원을 추가로 벌어들인다면 더 행복하겠는가? 평소에는 외식을 못 하다가 가족들과 외식할 수도 있고 놀이공원을 갈 수 있으니 더 행복하다고 느낄 수 있다. 이번에는 당신의 연수입이 1억 원이라고 해보자. 똑같이 내년에 주말을 여섯 번 포기하고 1,000만 원을 추가로 벌어들인다면 더 행복해지겠는가? 1억 원을 버는 사람에게 1,000만 원을 더 벌고 덜 벌고는 그다지 중요하지 않다. 1,000만 원을 더 벌기 위해 취미, 가족, 친구와 함께 하는 시간 모두를 포기했기 때문에 오히려 행복감은 감소할 수밖에 없다.

많은 사람들이 외적 환경 가운데 돈은 행복에 영향을 미치는 거의 절대적인 조건이라고 생각한다. 그리고 분명 기본적인 의식주 해결이 어려울 만큼 낮은 소득 수준에서는 소득이 높아지면 행복지수도 높아진다. 총 40여 개국에서 선진국과 후진국 국민의 행복지수를 비교한 결과를 보면 구매력이 높아지면 생활 만족도도 높아진다. 하지만 1인당 국민총생산이 8,000달러를 넘어가면 생활 만족도와 부는 관계가 없다. 그 사실을 어느 나라보다 여실히 보여 주는 게 우리나라다. OECD 국가 중 자살률 1위, 청소년 자살률 1위, 이혼율 1위, 노인 빈곤율 1위, 직장인 스트레스 1위, 노동시간 1위를 기록하고 있는 현실을 보면 이보다 더 불행할 순 없다. 당장 내일 끼니를 걱정해야 할 만큼 어려운 상황이 아니라면, 당신의 월급이 10년간 꾸준히 높아진다고 해도 그것 때문에 행복지수가 올라가진 않는다는 뜻이다.

직업

 당신은 지금 하는 일이 아닌 다른 일을 했더라면 더 행복했을 것이라 생각해 본 적이 있는가? 아니면 취업이 되면 지금보다 더 행복해질 거야? 보통 일을 하면 즐거움과 보람을 느낄 수 있고, 어느 정도 호기심과 기술 개발 욕구를 충족할 수 있다. 또 소속감을 가질 수 있고 사회적 연결망도 가질 수 있다. 옥스퍼드 대학교의 심리학자 마이클 아가일의 연구에서도 취업자는 비취업자보다 더 행복했고 전문직이나 숙련직 노동자가 비숙련직 노동자보다 더 행복했다. 또 다른 연구에서도 직업 만족도가 높을수록 전반적인 삶의 행복지수가 높았다. 이렇듯 직업은 행복의 중요한 외적 환경에 속한다. 하지만 직업의 종류 자체가 행복에 영향을 주는 정도는 미미하다. 더 중요한 건 직업에 대해 갖는 태도다. 자기 직업을 천직이라고 여기는 사람이 생계나 경력을 위해 일하는 사람보다 더 만족하고 행복하다고 느낀다. 당신이 더 행복해지고 싶다면 직업 만족도를 높여야 한다. 그 방법은 뒤에서 다룰 것이다.

결혼

연애·결혼·출산을 포기한다는 삼포 세대가 늘어난다는 기사를 읽은 적이 있다. 학자금 대출과 취업난, 경제적 어려움 때문에 연애와 결혼을 꿈꾸기 어렵고, 막상 결혼한다 해도 어렵긴 매한가지라서 아예 포기한다는 것이다. 혹시 당신도 그렇게 생각하는가?

그렇다면 당신은 얼마간의 행복을 포기하는 것이다. 에드 디너와 마틴 셀리그만이 가장 행복한 사람들을 연구한 조사에서 상위 10퍼센트에 속하는 사람들 가운데 한 명을 제외한 모두가 사랑하는 사람이 있었다. 그 밖에 많은 연구에서도 결혼한 사람이 그렇지 않은 사람보다 더 행복하다고 한다. 하지만 결혼이 무조건 당신을 더 행복하게 해 주는 건 아니다. 직업에서 느끼는 만족도가 중요한 것처럼, 결혼 자체가 아니라 결혼의 질이 중요하다. 매일 부부싸움을 하고 사랑과 애정을 못 느끼는 관계라면 만족하겠는가? 아니면 신혼 초에 잠깐 행복했다 무덤덤하게 살아간다면? 당신이 행복한 결혼 생활을 할 수 있다는 가정 하에서 조금은 더 행복한 삶을 살 수 있다는 뜻이다.

종교

러시아의 대문호 톨스토이는 "삶의 의미란 무엇인가? 왜 사는가? 내가 아는 이 모든 일들이 무슨 소용이 있을까?"라는 문제에 대해서 심각하게 고민했다. 부유한 지주 귀족으로 태어나 재산과 건강, 가족 모든 걸 다 가지고 있었지만 세상을 부조리하다고 생각해 자살을 꿈꾸고 죽기만을 바랐다. 톨스토이가 다시 살아야겠다는 결심을 한 건 다름 아닌 종교의 힘이었다. 종교에서 믿음을 발견하면서 잃어버렸던 마음의 평화를 회복하고 이후 많은 책도 집필하게 되었다.

당신에게도 종교가 삶의 의미를 찾게 해 주고 더 행복한 삶을 살도록 해 주는가? 종교가 없는 사람이라도 정말 힘들고 어려울 때면 종교를 찾는 경우가 있다. 의지할 곳이 필요하기 때문이다. 종교는 삶의 의미를 제공해 주고 위기를 맞았을 때 도움을 주기도 한다. 나도 사업적으로 어려운 시기에 종교 생활을 시작해서 지금까지 많은 도움을 받고 있다. 또 집단 정체감을 형성하고 사회적 지지 체계를 형성해 준다. 실제로도 에드 디너가 약 1,000명의 사람들에게 영적인 믿음과 삶의 만족도에 관해 조사했더니 신과 영생(사후의 생)을 믿는 응답자들이 더 만족해했다고 한다. 종교를 통해 더 행복해질 수 있다는 말이다.

외적 환경이나 삶의 조건 가운데는 분명 행복에 영향을 주는 것들이 있다. 기혼자가 미혼자보다 더 행복하고, 종교인이 비종교인보다 더 행복하고, 직업이 있는 사람이 없는 사람보다 더 행복하고, 의식주 걱정을 하지 않아도 되는 사람이 쌀통에 쌀이 떨어질까 봐 걱정하는 사람보다 더 행복하다. 하지만 이 모든 외적 환경 요소를 전부 합쳐도, 당신이 원하는 걸 모두 얻는다고 해도 당신의 행복도는 고작 10퍼센트 정도 높아질 뿐이다. 충격을 받았는가? 우리는 지금까지 행복을 조건으로 생각하지 않았는가? 하지만 조건이 행복도에 영향을 미치되, 절대적인 요소는 아니란 말이다. 많은 사람들이 생각하는 것처럼 외적 환경이나 삶의 조건이 좋아져야만 행복한 건 아니다. 더 나빠진다고 해서 불행한 것도 아니다. 삶의 조건(C)이 행복에 미치는 영향에 대한 결과를 보고 종교인들은 더 큰 충격을 받았을 것이다. 그들은 종교 자체에 큰 비중을 두기 때문이다. 걱정하지 말자. 어떤 종교냐보다 어떻게 종교 생활을 하느냐가 더 중요하지 않은가? 종교인들은 비종교인보다 감사, 친절, 사랑,

영성, 용서, 정직 등과 같은 긍정적 정서가 비교적 높다. 그렇기 때문에 더 행복하다는 결과가 나왔고 앞으로 더 행복할 수 있다는 말이다.

브릭만의 연구에서처럼 하루아침에 억만장자가 되어 인생이 대박 나면 평생 행복할 것 같아도 그렇지 않다. 하루아침에 반신불수가 된 사람이 평생 불행한 것도 아니다. 일정 기간이 지나면 보통 사람과 비슷하게 회복되는데, 달라진 환경 속에서 살아가는 법을 배우고 적응하기 때문이다. 스티븐 호킹은 박사 학위를 준비하던 이십대 초반 전신이 뒤틀리는 루게릭병을 진단받았다. 1~2년밖에 남지 않았다는 시한부 인생을 선고받은 것이다. 그런데 아이러니하게도 그의 학문 인생은 이때부터 시작되고, 갈릴레이, 뉴턴, 아인슈타인으로 이어지는 물리학의 계보에 이름을 올렸다. 몇 년 후에는 폐렴으로 기관지 절개 수술까지 받았지만, 신체 중에서 유일하게 움직이는 두 손가락으로 컴퓨터를 작동시켜 강의를 하고 글을 썼다. 또 한국의 스티븐 호킹으로 불리는 서울대학교 이상묵 교수 역시 교통사고로 전신마비 지체장애 1급이 됐지만 여전히 강단을 지키면서 학생들을 가르치고 있다. 중증장애인용 IPTV를 개발하기도 했다. 사람들이 말하듯 실패한 자의 체념으로 단순히 환경에 적응하는 게 아니라 변화된 환경 속에서 새로운 목표를 설정한 것이다.

인간은 반복에 둔감한 존재다. 똑같은 자극이 반복되면 자극에 무뎌지면서 어느 순간 적응하게 된다. 마틴 셀리그만은 이미 설정된 행복의 범위에서 자동 조절기라는 표현을 썼다. 엄청난 행복과 불행을 느끼다가도 자기 본래의 자리로 되돌아간다는 것이다. 그래서 조건은 행복의 전제가 될 수 없다. 지금은 조건이 더 좋아지면 행복할 것 같지만, 막상 그 조건들이 충족되고 나면 생각이 달라진다. 인정하고 싶지 않아도 그게 과학적인 사실이다.

다음 자발적 행동(v)을 통해 40퍼센트 이상의 행복도를 높일 수 있다.

행복 요인 3 **자발적 행동**

● 긍정심리학자들이 수많은 연구를 종합해서 내린 결론은 이렇다. 유전에 의한 기준점이 행복 수준의 50퍼센트, 삶의 상황과 조건이 10퍼센트, 그리고 자기 통제에 의한 자발적 행동이 나머지 40퍼센트를 차지한다. 그만큼 당신의 노력이 행복도를 결정하는 데 결정적인 영향을 미친다는 뜻이다.

당신은 적극적으로 의사 표현을 하고 참여할 수 있는 직장과 무조건 규칙에 따라야 하는 직장, 둘 중 어떤 회사에서 더 적극적이고 더 활기차고 더 행복하겠는가? 만약 당신이 직장에서 어떤 의견을 낼 때마다 번번이 상사에게 묵살당한다면? 반복되다 보면 더 이상 의견을 내는 일은 없을 것이다. 어차피 묵살되고 말 것이라 생각하기 때문이다. 그러면 삶이 얼마나 무기력하고 무력해지겠는가?

이렇게 자발적 통제력을 가질 수 없을 때 얼마나 무기력해지는지를 보여주는 게 마틴 셀리그만의 '학습된 무기력'이다. 당신은 무기력이나 무력감도 학습된다고 생각해 본 적이 있는가? 당신이 인식하지 못했을 뿐 당신의 의견이 묵살되는 과정도 결국에는 무기력과 무력감을 학습하는 과정이었다. 가정을 해보자. 만약 당신이 폐쇄된 공간에 갇힌 채 견디기 힘든 소음을 들어야 하는 상황이다. 당신 힘으로는 도저히 소음을 제거할 방법이 없다. 그러면 무척 시끄럽고 나중에는 괴로워질 것이다. 그런데 이후 똑같이 소음이 들리고 이번에는 버튼을 눌러 소음을 제거할 수 있다면 어떻게 하겠는가? 일어나 버튼을 눌러 소음을 끄겠는가?

실제로는 70퍼센트의 사람들이 그대로 있었다고 한다. 제어할 수 없는 상황에서 이후 제어가 가능한 환경을 만들어 줘도 소음을 줄이려는 시도를 하지 않는 것이다. 손만 뻗으면 버튼이 있는데 누르려는 시도조차 하지 않는다. 이해가 가는가? 괴로운 소음을 들으면서도 체념하고 견디기만 했다. 무기력을 학습해 버린 것이다. 학습된 무기력이란 어떤 충격을 받은 후 그 상황이 자신이 통제할 수 있는 범위를 넘어섰다고 생각하면 거기서 벗어나려는 의지를 상실하는 걸 말한다. 동물이든 인간이든 마찬가지다.

　엘렌 랭거와 주디스 로딘의 연구에서는 요양원 2개 층에서 생활하는 사람들에게 방에서 식물을 키우거나 매주 하루씩 영화를 상영해 줬다고 한다. 그런데 한 층에는 거주자들이 원하는 식물을 선택할 수 있도록 하고 물을 주는 일도 각자가 책임지게 하고 언제 영화를 볼지도 알아서 결정하도록 했다. 그리고 다른 한 층에는 거주자들의 의사와 상관없이 간호사들이 화분을 선택하고 물을 주고 영화를 언제 볼지도 결정했다. 아주 작은 차이에 불과하다. 그런데 통제력을 부여받은 층의 거주자들이 더 행복하고 더 적극적이고 더 건강하게 더 오래 살았다고 한다.

　마틴 셀리그만의 이론에서도 행복은 만들 수 있다고 말하는데 그 변수가 자기 통제에 의한 자발적 행동으로, 행복 공식에 가장 중요하게 작용한다. 다시 말해 행복도를 높일 수 있는 것은 삶의 조건(C)인 외적 환경보다는 자발적 행동(v)의 내적 환경들이다. 이 내적 환경인 긍정적 정서, 대표 강점, 몰입, 의미, 성취, 긍정적 인간관계, 낙관성, 회복력, 긍정심리 치료로 행복을 만들어 보자. 이는 다음 '행복의 과학 도구' 편에서 자세히 이어진다.

행복의 과학 4
행복의 과학 도구

● 　나는 오랫동안 행복을 간절히 갈망했지만 행복하지 못했다. 그 이유가 행복을 몰랐기 때문이었다. 그걸 알게 된 건 긍정심리학을 접하고 나서다. 행복을 한 번 찾고 났더니 행복의 크기는 점점 더 커지고, 행복해지는 방법을 알고 났더니 행복은 더 자주 쉽게 찾아온다. 그러나 내가 행복을 찾은 건 행복한 환경을 갖추어서가 아니다. 행복의 실체를 깨달았기 때문이다.

　긍정심리학은 나에게 행복을 가르쳐 주었다. 긍정심리학의 행복을 단적으로 보여 주는 것이 마틴 셀리그만의 긍정심리학 탄생 배경이라고 할 수 있다. 그는 30년간 우울증을 연구한 펜실베이니아 대학교 심리학 교수로 1998년 긍정심리학을 탄생시켰다. 그런데 그 배경에 5살 된 딸 니키가 있다는 사실이 놀랍다. 어느 날 그는 딸 니키와 정원에서 잡초를 뽑으면서 심리학회 수뇌부 구상에 몰두하고 있었다. 할 일은 많고 생각이 많아 정원에서 잡초를 뽑을 때조차 빨리 끝낼 생각에 정신이 없었다. 그런 그 옆에서 니키는 잡초를 뽑아 하늘 높이 던지기도 하고 노래하며 춤을 추기도 했다. 마틴 셀리그만은 딸아이의 모습이 하도 어수선해서 고함을 치며 조용히 하라고 혼냈고, 아이는 얼른 집 안으로 들어가 버렸다. 그런데 조금 뒤에 다시 정원으로 나와선 이렇게 말했다.

"아빠, 드릴 말씀이 있어요."
"무슨 말인데, 니키?"
"아빠는 제가 다섯 살이 되기 전까지 어땠는지 기억하세요? 그때 제가 굉장한 울보였잖아요. 날마다 징징거릴 정도로. 그래서 다섯 번째 생일날 결심했어요. 다시는 징징거리며 울지 않겠다고요. 그런데 그건 지금까지 제가 한 그 어떤 일보다 훨씬 힘들어요. 만일 내가 이 일을 해내면 아빠도 신경질 부리는 일을 그만두실 수 있을 거예요.[5]

고작 다섯 살밖에 안 된 딸이 미처 몰랐던 본인 문제점을 정확하게 짚어 내다니! 그는 망치로 머리를 한 대 맞은 듯한 충격을 받았다. 아이에 관한 책과 논문을 여러 권 쓰면서도 정작 아이의 마음을 알지 못했다는 반성과 더불어 한 가지 사실을 깨달았다고 한다. 아이를 키운다는 건 그 아이가 지닌 단점을 고치는 게 아니라 강점을 찾아주는 것이라는 사실을 말이다.

이를 계기로 지금까지의 심리학이 불안, 우울, 스트레스와 같은 부정적인 감정에 초점을 맞췄다면 긍정심리학은 약점보다 강점과 미덕 등 인간의 긍정적 정서에 초점을 맞추게 된다. 행복해지고자 하는 열망이 모든 인류의 소망이라면, 불행한 사람이 아니라 행복한 사람에게 초점을 두는 게 맞지 않을까? 그래서 긍정심리학자들의 활발한 연구가 진행되고 있고, 그중 하나가 행복하고 충만한 삶을 살아가는 사람들에 대한 연구다. 행복한 사람들은 행복하지 않은 사람들이 갖고 있지 않은 특징이 있다.

가족이나 친구들과 친밀한 관계를 즐기는 사람, 하는 일을 즐기면서 몰입하는 사람, 결혼 생활이 행복한 사람, 종교적 신념이 강한 사람, 회복력이 빠른 사람, 낙관적인 관점에서 삶을 바라보는 사람, 육체적·정신적으로 건강한 사람, 자기보다 많이 가진 사람만 생각하기보다는 자기보다 상황이 좋지 않은 이들을 생각하면서 긍정적으로 비교하는 사람, 끊임없이 의식주 문제를 고민할 필요가 없는 사람, 돈·재능·기술 등을 기부하는 사람, 긍정적 정서를 많이 쌓고 많이 활용하는 사람, 대표 강점을 잘 활용하는 사람……. 바로 행복한 사람들의 특징이다. 이 가운데 당신은 몇 가지나 해당되는가?

잠시 생각해 보자. 해당되는 것이 많으면 많을수록 당신은 그만큼 행복하게 살아갈 확률이 높다. 적다고 불안하게 생각하지 말자. 당신도 가질 수 있고 반드시 행복해질 수 있다.

긍정심리학은 지난 10년 동안 쉬지 않고 발전했고, 이제는 행복하게 사는 방법들을 과학적으로 증명해 내는 단계까지 올라섰다. 나는 그것들을 과학 도구라고 부르며 이 책에서 9가지를 다룰 것이다. 이제부터 살펴보게 될 긍정적 정서, 강점, 몰입, 삶의 의미, 성취, 긍정적 관계, 낙관성, 회복력, 긍정심리 치료가 당신을 행복에 이르게 하는 도구들이다. 이 가운데 긍정적 정서, 몰입, 의미, 성취, 관계, 이 다섯 가지는 마틴 셀리그만이 『플로리시』에서 말한 웰빙의 5가지 요소이자 새로운 이론이다. 지금까지 행복이 일시적이고 추상적 개념으로 인식됐다면 이 웰빙의 5가지 요소는 실체가 있고 측정 가능하며, 각각을 꾸준히 증진시킨다면 행복도를 높여 플로리시(번성, 활짝 핀 행복)에 이르게 된다.

앞에서 잠시 소개한 웰빙이란 용어는 우리나라에는 2000년 초에 처음 알려지게 되었고, 지금은 텔레비전이나 언론뿐 아니라 주위에서 다양하게 들을 수 있는데 실은 오해의 소지가 많다. 많은 사람들이 웰빙이 잘 먹고 잘사는 한정적인 의미로만 알고 있다. 하지만 웰빙은 육체적, 정신적, 영혼적으로 삶의 만족과 기쁨을 느끼면서 최고 수준으로 '행복하게 살아가는 방법'이다. 이 책에서 '행복'이란 의미를 우리 독자들의 용어에 대한 혼란을 피하기 위해 감정의 느낌, 인지적 만족, 행동적 관계뿐만 아니라 웰빙까지도 포함한 개념으로 다루었다.

심리적 웰빙 검사[6]

다음 각 문항을 읽고 자신과 일치하는 정도에 따라 1점에서 7점 범위 내에서 대답한 후 그 점수를 빈 칸에 써 넣어라.

1점. 매우 아니다	2점. 다소 아니다	3점. 약간 아니다	4점. 보통이다
5점. 약간 그렇다	6점. 다소 그렇다	7점. 매우 그렇다	

- _____ 1. 내 삶에는 목적과 의미가 있다.
- _____ 2. 내 인간관계는 지지적이고 심리적 보상이 크다.
- _____ 3. 나는 일상적인 활동에 흥미를 느끼며 몰두한다.
- _____ 4. 나는 타인의 행복과 웰빙에 적극적으로 기여한다.
- _____ 5. 나는 내게 중요한 활동들에 유능하다.
- _____ 6. 나는 좋은 사람이며 좋은 삶을 살고 있다.
- _____ 7. 나는 내 미래에 대해 낙관한다.
- _____ 8. 사람들은 나를 존중한다.

각 문항의 점수를 모두 더한 값이 당신의 심리적 웰빙 점수다. 점수가 높을수록 전반적인 웰빙 수준이 높다는 뜻이다.

플로리시(Flourish, 케임브리지 대학교의 펠리시아 푸퍼트와 티모시 소 정의)는 행복을 지속적으로 증진시켜 활짝 피우면 삶이 그만큼 풍성하고 풍요로워진다는 의미다. 그래서 '행복의 만개(滿開)'라고도 한다. 활짝 핀 꽃처럼, 더 피울 것이 없고, 더 바랄 게 없고, 더 올라갈 데가 없고, 더 채울 게 없는 풍족하고 충만한 삶, 이것이 플로리시한 삶이다.

웰빙의 5가지 요소를 포함해 9가지 도구를 배우고 적용해 오는 동안 내 체질(DNA)은 긍정적이고 창의적이고 자신감 넘치는 삶으로 바뀌었다. 당신도 이 도구를 이용해서 '행복하게 사는 법'을 배우고 증진시켜 나간다면 더 행복한 삶을 살 수 있다. 지금까지 당신이 그토록 찾던 행복이 "아, 이거구나!" 탄성을 지를지도 모른다. 그리고 나처럼 인생의 터닝 포인트를 맞을 수도 있을 것이다.

과학 도구 1 ## 긍정적 정서

● 1932년 노트르담 수녀회에서 종신서원을 하는 수녀들에게 자신을 소개하는 짧은 글을 부탁했을 때 '참으로 행복하다'거나 '크나큰 기쁨' 등의 긍정적 표현을 사용한 수녀들이 긍정적 정서가 전혀 들어 있지 않은 글을 쓴 수녀보다 훨씬 오래 살았다. 즉, 수녀의 수명에 대한 사전 지식이 전혀 없는 연구자들이 긍정적 정서의 합계를 기준으로 조사한 결과, 긍정적으로 가장 활기 넘치게 수도원에서 지낸 수녀들은 90퍼센트가 85세까지 산 반면, 가장

무미건조하게 보낸 수녀들 중 85세까지 산 사람은 34퍼센트에 불과했다. 또 긍정적으로 활기 넘치게 지낸 수녀들의 54퍼센트가 94세까지 살았지만 무미건조하게 지낸 수녀들 중 94세까지 산 사람은 11퍼센트에 불과했다.

가장 최근에 발견한 사실이다. 바버라 프레드릭슨 팀은 기업을 방문해서 그들이 업무 회의에서 주고받는 단어를 모조리 기록했다. 이 연구는 60개 기업에서 수행되었는데 그중 20개 기업은 경제적으로 번성하고 있었고 20개 기업은 양호한 수준이었으며, 20개 기업은 쇠퇴하고 있었다. 그들은 각 단어를 긍정적 단어 또는 부정적 단어로 구분한 다음, 간단히 긍정적 단어 대 부정적 단어의 비율을 얻었다. 뚜렷한 경계선이 있었다. 긍정적 단어 대 부정적 단어의 비율이 2.9 대 1보다 높은 기업은 번성 중이었고 그 비율보다 낮은 기업은 상황이 좋지 않았다. 그들은 이것을 '로사다 비율'이라고 부른다. 이 사실을 발견한 브라질 출신의 긍정심리학자 마셜 로사다의 이름을 딴 것이다. 이처럼 긍정적 정서는 인생의 건강과 행복뿐만 아니라 기업 경영의 성패에도 아주 큰 영향을 끼치고 있다. 하지만 긍정성에 지나치게 열광하지 말자. 인생은 키와 돛이 있는 한 척의 배다. 비율이 13 대 1 이상이어서 부정적인 노가 없다면 긍정적인 돛은 목적 없이 펄럭인다. 그러면 우리는 신뢰성을 상실하고 만다. 부정적 정서는 스트레스나 위험을 겪을 때 사고와 행동을 제한해 단호하게 행동하도록 도와준다. 그래서 긍정심리학은 부정적 정서를 외면하지 않는다. 오히려 인생에서 경험하는 실패나 고통, 불쾌한 감정 모두를 인정한다는 것이다. 하지만 인생에서 더 중요한 건 본인의 가능성을 최대한 이끌어 내는 것이다. 그리고 거기에 긍정적 정서가 꼭 필요하다.

그렇다면 당신의 긍정적인 정서 수준은 어느 정도인가? 어떤 사람은 긍정적 정서가 높고 그 상태를 평생 유지한다. 하지만 반대로 긍정적 정서가 무척 낮은 사람도 상당하다. 이런 사람들은 아무리 큰 성공을 해도 그저 무덤덤하게 반응한다. 사람들 대부분이 이 둘 사이 어딘가에 속하게 된다. 렌은 20대에 증권사 최고 경영자로 백만장자가 되었고, 어느 모로 보나 대단히 성공한 사람이었다. 주변의 부러움을 한 몸에 받았고 외모도 출중하고 말솜씨도 뛰어나서 그야말로 최고의 신랑감으로 인정받았다. 그런데 희한하게도 제대로 된 연애를 해본 경험이 없었다. 한마디로 렌은 내성적이고 긍정적 정서라고는 찾아보기 힘든 사람이었다. 그가 한번은 브리지 선수권 대회에서 우승을 한 적이 있었는데 그는 우승한 순간, 아주 미미한 미소만 짓더니 바로 위층에 올라가서 미식축구 중계방송에 몰입했다. 그렇다고 그가 매정한 사람도 아니다. 누구나 '좋은 사람'이라고 평할 만큼 다른 사람들의 기분과 욕구를 세심하게 살피고 배려한다. 그런데 정작 본인은 별다른 감정을 느끼지 못하는 것이다. 그래서 그와 데이트를 한 여자들은 하나같이 그를 싫어했다. 그는 다정하지도 않고 재미도 없으며 잘 웃을 줄도 몰랐다. 그녀들은 모두 똑같이 렌은 어딘가 문제가 있다고 말을 했다. 하지만 그에게 문제랄 건 없었다. 그저 긍정적 정서를 아주 적게 타고났을 뿐이었다. 그렇다고 이 긍정적 정서가 그 사람의 성향일 뿐이다, 하고 간단하게 넘길 일은 아니다. 긍정적 정서의 기능론을 연구한 미시간 대학교의 프레드릭슨 교수는 긍정적 정서가 즐거움을 느끼게 해 주는 것 이상으로, 훨씬 더 큰 의미가 있다고 주장한다. 프레드릭슨은 이러한 연구 결과를 종합하여 긍정 정서가 개인의 발전과 성장에 기여한다는 '확장 및 구축' 이론을 제시했다. 이 이론의 핵심 내용을 간략히 설명하면, 긍정 정서는 생각과 행동의 폭을 확장하여 개인으로 하여금 새로운 다양한 시도를 하게 만든다.

　이러한 새로운 학습 경험은 개인의 능력과 자원으로 축적되어 그의 발전과 성장을 돕는다. 긍정적 정서는 우리의 지적·신체적·사회적 자산을 지속적으로 넓혀 줘서, 위기에 처할 때와 기회가 있을 때마다 활용하게 한다. 우리가 긍정적 정서에 취해 있을 때 다른 사람들이 우리를 더 좋아하게 되고, 우정이나 애정, 유대감이 돈독해질 가능성이 아주 높아진다. 또 부정적 정서에 휩싸여 있을 때와는 달리 정신 작용이 활발해지고 인내심과 창의력이 커진다. 그런 만큼 새로운 사상과 낯선 경험에도 마음을 열게 된다. 긍정적 정서가 풍부한 사람들은 자신감도 높다. 긍정적 정서를 가진 행복한 사람들은 실제 일어났던 일보다 좋은 일이 훨씬 더 많았다고 생각하고, 나쁜 일은 대개 많이 잊어버린다.

반면 부정적인 정서가 많은 우울한 사람들은 좋은 일이나 나쁜 일이나 모두 정확하게 기억한다. 말하자면 긍정적 정서가 높은 사람들은 성공과 실패에 대해 자신에게 유리한 쪽으로 생각하는 경향이 크다. 긍정적인 사람들의 이런 사고방식은 잘못된 곳보다는 올바른 걸 발견하는 데 초점을 맞춘다. 그래서 자기 결점을 찾거나 방어적인 자세를 취하기보다는 미덕과 강점을 계발하고 발휘해서 성취하고 베푸는 일에 힘쓰게 되는 것이다. 특히 긍정적 정서는 어린아이에게 무척 큰 영향을 미친다. 엄마와 아기 사이의 안정 애착 형성에 기여하는 것이다. 마틴 셀리그만은 부정적인 정서가 큰 사람이었다. 그는 부정적인 사람들이 흔히 그렇듯이 '나에게 중요한 것은 정서가 아니라 성공적으로 사람들과 잘 지내는 것.'이라며 본인 정서를 무시했다. 하지만 셀리그만은 프레드릭슨 교수의 긍정적 정서 이론의 연구에 영향을 받아, 인생에서 긍정적인 정서가 중요한 자리를 차지하는 이유를 알게 됐다. 긍정적 정서는 그 자체가 즐겁기 때문이 아니라, 세상 사람들과의 상호작용을 더욱 성공적으로 이끌어 주기 때문에 가치가 있는 것이다.

우리가 느끼는 긍정적 정서는 과거에 대한 것일 수도 있고 현재나 미래에 대한 것일 수도 있다. 미래에 대한 긍정적 정서에는 낙관성이나 희망·신념·신뢰·자신감이 포함되고 현재에 대한 긍정적 정서는 기쁨이나 황홀감·평온함·열정, 그리고 가장 중요한 몰입이 있다. 마지막으로 과거에 대한 긍정적 정서에는 만족과 안도감, 성취감, 자부심, 용서, 평정이 있다. 이 세 가지 정서는 그 의미가 서로 다를 뿐만 아니라 꼭 밀접하게 연결되어 있는 것도 아니다. 당신이 과거를 떠올릴 때 드는 좋은 기분을 생각해 보자. 고된 노력 끝에 대학 입시에 합격했을 때의 만족감, 프레젠테이션을 성공적으로 끝마쳤을 때의 성취감과 자부심, 어떤 힘든 일을 잘 이겨 내고 지금에 이르렀다는 안도감과 평정, 용서 등이 있을 것이다. 이런 정서들이 과거에 대한 긍정적 정서다. 그런가 하면 선물을 받았을 때의 기쁨, 음악을 들으며 아늑한 침대에 누워 있을 때의 평온함, 좋아하는 일에 흠뻑 빠져 있을 때의 즐거움과 몰입·환희·열정 등은 현재의 긍정적 정서, 마지막으로 원하는 목표를 이루어 낼 수 있다는 희망·신념·신뢰·낙관성 같은 정서가 미래에 대한 긍정적 정서다.

당신은 주로 어떤 긍정적 정서를 많이 느끼는가? 과거, 현재, 미래에 대한 긍정적 정서가 모두 행복하다면 더없이 좋겠지만 반드시 그렇진 않다. 모든 일이 순풍에 돛을 단 배처럼 순조롭게 잘 풀리는 사람이 불쑥불쑥 솟아오르는 과거의 아픈 기억 때문에 고통스러워할 수도 있다. 이런 사람은 과거에 대한 긍정적 정서를 높여야 한다. 반대로 미래를 생각할 때마다 불안하고 걱정스러운 마음이 자주 드는 사람이라면 미래에 대한 긍정적 정서를 높여야 한다. 다행스럽게도 과거, 현재, 미래에 대한 긍정적 정서는 지금보다 한층 높일 수 있다. 그 구체적인 방법들은 뒤에서 다룰 것이다. 그래서 행복은 만들어 갈 수 있는 것이다.

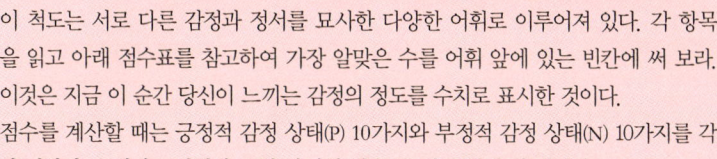

긍정적 감정 상태와 부정적 감정 상태 척도[7]

이 척도는 서로 다른 감정과 정서를 묘사한 다양한 어휘로 이루어져 있다. 각 항목을 읽고 아래 점수표를 참고하여 가장 알맞은 수를 어휘 앞에 있는 빈칸에 써 보라. 이것은 지금 이 순간 당신이 느끼는 감정의 정도를 수치로 표시한 것이다.
점수를 계산할 때는 긍정적 감정 상태(P) 10가지와 부정적 감정 상태(N) 10가지를 각각 더한다. 그러면 10점에서 50점 사이의 점수 두 개를 얻게 될 것이다.

1점. 아주 조금/전혀 없음	2점. 약간	3점. 보통
4점. 많음	5점. 아주 많음	

- _____ 재미있다(P).
- _____ 고통스럽다(N).
- _____ 흥분된다(P).
- _____ 혼란스럽다(N).
- _____ 자신 있다(P).
- _____ 죄책감이 든다(N).
- _____ 겁난다(N).
- _____ 적개심이 든다(N).
- _____ 의욕이 솟는다(N).
- _____ 자랑스럽다(P).
- _____ 짜증스럽다(N).
- _____ 민첩하다(P).
- _____ 부끄럽다(N).
- _____ 고무된다(P).
- _____ 초조하다(N).
- _____ 단호하다(P).
- _____ 주의 깊다(P).
- _____ 긴장된다(N).
- _____ 활기차다(P).
- _____ 두렵다(N).

먼저 당신의 긍정적 감정과 부정적 감정 상태가 어느 정도인지 측정해 보자. 파나스 척도는 일시적인 감정 상태를 측정하는 가장 정평 있는 검사다.

긍정성의 첫 번째 힘 : 창의성 증진

21세기가 원하는 인재상을 당신은 갖추었는가? 2007년 국내의 한 채용 회사가 우리나라의 주요 기업 인사 담당자를 대상으로 한 조사를 보면, '21세기 디지털 시대에 기업들이 원하는 인재상'은 창의성과 도전 정신, 그리고 전문성을 지닌 사람으로 압축할 수 있다. 국내외 글로벌 기업들도 마찬가지라서 스마트 정보 기술을 이끌고 있는 애플은 스마트, 창의력, 도전 정신, 그리고 열정을 지닌 인재를 선호한다. 이런 흐름은 갈수록 더해서 2012년 가장 일하고 싶은 기업 1위로 뽑힌 구글은 미래의 기술 트렌드에 대처할 수 있는 유연한 적응력을 강조하고 있다. 이제 기업들은 일반적인 모범생보다는 창의적 인재를 원한다.

미래는 모든 게 불확실하고 변화 또한 빠르다. 미래의 흐름을 읽어 내고 상황에 따라 다변적으로 대처할 수 있는 창의적이고 유연한 사고를 가진 인재가 필요할 수밖에 없다. 당신은 21세기 인재상에 가깝다고 생각되는가? 아니면 창의력을 키우려고 어떤 노력을 하고 있는가? 창의적 인재가 되려면 우선은 상상력과 아이디어가 풍부해야 할 것이다. 이를 적극적으로 경영에 반영한 대표적인 회사가 3M이다. 세계적인 창의성 기업으로 인정받고 있는 3M은 "아이디어를 죽이지 말라."는 기치 아래 다양한 연구개발 시스템을 갖추고 있다. 사업부의 전략 계획에 맞지 않아 예산 배정을 받지 못한 아이디어에 자금을 지원해 주는 제네시스 프로그램, 근무가 끝난 후 개인 연구를 위해 회사의 설비를 비밀리에 이용하는 풍습인 비밀 연구개발 활동, 아이디어 창안자를 리더로 프로젝트 팀을 꾸리는 제품 챔피언 제도 등 아이디어를 최우선시하는 것으로 알려져 있다.

그런데 이런 다양한 연구 활동의 근간이 되는 게 '15퍼센트 규칙'이다. 3M은 자신의 업무 시간 중 15퍼센트를 일과와 무관하게 개인적으로 흥미 있는 일이나 꿈을 키워 가는 데 사용해도 좋다는 불문율이 있다. 규칙과 규율로 얽매인 업무 환경보다는 자유로운 휴식과 여유로운 시간 속에서 기발한 아이디어가 샘솟는다는 것이다. 심지어 미국의 페이스북 본사 사무실에는 칸막이가 없고 직원 사이의 위계질서를 보여 주는 책상 배치도 없다. 청바지와 티셔츠 차림의 20대 직원들은 소파에 앉아 노트북을 보거나 동료와 얘기 중이라서 일하는 건지 노는 건지 분간할 수 없을 정도라고 한다. 몇 년 전부터 우리나라에서 인기를 끌고 있는 펀(FUN) 경영 역시 조직에 신바람을 일으키면 직원들의 창의성이 향상되면서 높은 성과를 낼 수 있다고 말한다.

당신은 기업들의 이런 움직임이 어디서 나온다고 생각하는가? 바버라 프레드릭슨 교수가 세 집단의 사람들에게 긍정 정서, 중립 정서, 부정 정서를 유발하는 동영상을 보여 주고 나서 창의성을 요하는 과제를 주었더니, 긍정 정서를 경험한 집단이 가장 높은 점수를 얻었다. 또 창의성이 필요한 문제를 해결하기 전에 사탕봉지 하나를 주거나 재미있는 만화책을 읽게 하거나 감정을 실어 긍정적 단어를 큰 소리로 읽게 하는 것만으로도 창의성이 높아졌다. 심지어 작은 초콜릿을 선물 받은 의사는 질병을 더 정확하게 진단했다는 사실이 믿겨지는가? 코넬 대학교 심리학 교수인 앨리스 아이센의 연구에서도 풀기 어려운 문제를 제시했을 때, 더 재미있는 텔레비전 쇼를 시청한 학생들이 그렇지 않은 학생들보다 정답을 맞힌 확률이 세 배나 높았다고 한다. 당신도 직접 확인해 볼 수 있다. 먼저 우울하거나 슬픔에 빠져 있을 때 기쁨과 관련된 단어 20가지를 찾아보자. 그리고 나서 기분이 좋을 때 기쁨과 관련된 단어 20가지를 찾아보자. 모르긴 해도 기분이 좋을 때 찾아낸 단어의 숫자가 훨씬 많을 것이다.

이렇게 긍정적 정서는 사고를 개방해 아이디어를 확장해 준다. 반대로 당신이 부정적 정서일 때 사고는 평소보다 축소된다. 별 차이가 아니라고 생각하는가? 그러면 당신은 스스로가 인생에서 레퍼토리가 얼마나 풍부하다고 생각하는가? 어떤 사람은 매일 비슷한 생각을 하고 선택에 직면했을 때 선택의 폭도 좁다. 하지만 레퍼토리가 풍부한 사람은 삶에 활력이 넘치고 역동적이다. 그 차이는 긍정성과 부정성에 있다. 당신이 긍정적 정서를 가지면 중요한 삶의 문제에 부딪힐 때마다 더 다양하게 생각하고 행동하면서 인생을 폭넓게 만들 수 있다는 뜻이다.

긍정성의 두 번째 힘 : 건강 자산

당신은 몇 살까지 살고 싶은가? 나는 오래 전부터 100살까지는 살아야 한다고 생각했다. 남들이 뭘 그리 오래 사느냐고 타박해도 내 생각은 변함이 없었다. 그래서 중독에 가깝던 술, 담배, 인스턴트커피를 모두 끊고 매일 운동을 한다. 당신은 건강하게 오래 살기 위해 무엇을 투자하고 있는가? 대부분의 사람들이 운동을 택한다. 운동은 실제로 건강 자산이다. 그런데 운동 못지않게 당신의 일기장에서도 훗날 당신의 건강과 수명을 예측할 수 있다면 믿겠는가? 당신이 일기를 쓰는 사람이라면 평소 일기장에 가장 많이 적는 단어는 무엇인가? 기쁨? 웃음? 아니면 우울? 슬픔? 짜증?

피츠버그 대학교의 사라 프레스먼과 동료들이 재미있는 조사를 한 적이 있다. 100명에 달하는 심리학자들의 자서전을 샅샅이 조사해 그들의 유머 감각이 드러난 표현을 찾아본 것이다. 그런데 '미소', '웃음', '싱글벙글' 같은 단어를 자주 사용한 사람들이 적게 사용하거나 전혀 사용하지 않은 사람들보다 6년 반이나 오래 살았다고 한다.

그동안 긍정심리학자들은 수명 외에도 긍정적 정서가 건강에 영향을 준다는 사실을 숱하게 밝혀냈다. 혹시 당신은 환절기마다 감기를 달고 사는가? 그건 신체적으로 약해졌다는 것 외에도 긍정적 정서가 약해졌다는 뜻이다.

긍정적 정서는 스트레스를 덜 받게 하고 감염성 질환이나 심장 질환 같은 질병에 덜 걸리게 하고 더 오래 살게 하고 하물며 밤에 잠도 더 잘 자게 해 준다. 그러면 불행은? 불행은 주로 심혈관계 질환으로 이어지는데 가장 중요한 이유는 만성적인 스트레스 때문이라고 한다. 스트레스가 지나간 후에도 계속 생리적인 괴로움을 겪으면서 서서히 건강에 피해를 주는 것이다. 요즘은 암으로 고통받는 사람들이 많다. 지난해 말 평균수명이 80세라고 볼 때 암에 걸릴 확률이 34퍼센트, 즉 국민 세 명 중 한 명이 암으로 고통받는다고 한다.

몇 년 전 최인선 감독도 대장암 판정을 받았다. 농구를 좋아하는 사람이라면 한번쯤 이름을 들어 본 적이 있을 것이다. 지금은 해설을 하고 있지만 한국 프로 농구 사상 최초로 200승을 달성하면서 농구계의 살아 있는 신화로 불린다. 잘생긴 외모에다 코트에서 장신의 선수들을 호령하는 멋진 모습 때문에 인기도 많았다. 최인선 감독은 초등학교 시절에는 건강한 어린이상을 받을 정도였고, 10대부터는 농구 선수와 감독 생활을 해 오면서 건강만큼은 늘 자신하던 터라 믿기지 않았다고 한다. 그런데 자신의 생활을 돌아봤더니 암에 걸릴 수 있는 나쁜 습관이 있더란다. 프로 농구 감독이 가질 수밖에 없는 극도의 스트레스와 불규칙한 식사, 더구나 육류 위주의 식사였다. 그래서 수술과 치료를 하면서 식습관을 조절하고 긍정적으로 살려고 노력했다. 그리고 그 노력이 헛되지 않게 최근 완치되었다는 소식을 들었다.

그가 꼽는 최고의 암 치료제는 긍정적인 마음가짐이다. 암과 스트레스의 관계는 꾸준히 제기되어 왔다. 그런데 최근 우리나라 여성 암 환자가 늘고 있고 100명의 여성 암 환자를 조사한 결과를 보면 85퍼센트가 화병 증세가 있었다고 한다. 여성은 암에 걸리면 남성보다 질병 외의 고민을 더 해야 하는 경우가 많다. 본인이 아파도 남편과 자녀 뒷바라지는 해야 한다. 더구나 남편이 암에 걸리면 아내가 지극정성으로 남편을 돌봐 주지만, 반대의 경우는 드물다. 스트레스가 여성 암 환자를 증가시키고 치료를 어렵게 한다.

당신도 스트레스를 받을 때마다 몸도 무척 피곤했을 것이다. 다음날 찌뿌듯하고 천근만근 무거웠던 것도 실은 기분이 영향을 줬기 때문이다. 우울하고 슬퍼 죽겠는데 몸이 가뿐한 적이 있었는가? 당신이 좋은 일이 생겨서 기쁘고 즐겁고 환희에 차 있을 때, 긍정적 정서를 느낄 때 몸도 가뿐했을 것이다. 이렇게 기분이 좋다는 건 건강에 좋다는 뜻이다.

긍정성의 세 번째 힘 : 사회성

전 세계를 충격과 절망에 빠뜨렸던 9·11 테러 당시, 비행기에 타고 있던 사람들은 추락 직전 무엇을 하고 있었을 것이라고 생각하는가? 당신이라면 그 상황에서 무엇을 생각했겠는가? 산더미처럼 쌓여 있는 회사 업무? 미처 해결하지 못한 일? 아니면 당신의 꿈?

당시 사람들은 세계무역센터 건물에 비행기가 부딪히기 직전 하나같이 어딘가로 전화를 걸었다고 한다. 엄마에게, 남편과 아내에게, 그리고 친구에게 마치 약속이나 한 것처럼 "사랑해!"라는 말을 남기고 전화를 끊었다. 마지막 순간에 한 일이 다름 아닌 누군가에게 사랑을 전하는 일이었던 것이다. 죽음을 앞둔 대부분의 사람들이 하는 첫 번째 후회 역시 좀 더 사랑하지 못한 것, 좀 더 잘해 주지 못한 것이라고 한다.

아마 사람 때문에 죽도록 행복했거나 사람 때문에 죽도록 고통스러웠던 경험이 한번쯤 있을 것이다. 가장 행복하게 한 것도 사람이고 가장 고통스럽게 한 것도 사람이었을 것이다. 삶은 관계의 산물이다. 심리 치료를 받는 가장 흔한 이유가 인간관계의 문제라는 것만 봐도 행복은 관계를 빼고는 이야기할 수 없다. 그런데 당신은 가족과 친구, 직장 동료와 좋은 관계를 맺기 위해 어떤 노력을 하는가? 어딘가 모르게 거리감이 느껴질 때가 있는가?

바버라 프레드릭슨에 의하면 사람들은 기분이 좋을 때 자기에게 중요한 사람들에게 친밀함과 유대감을 더 느낀다고 한다. 긍정적 정서가 사고의 폭을 넓혀 낯선 경험이나 세계에 마음을 열게 하는 것처럼 관계를 바라보는 관점을 변화시켜 '우리'로 보게 해 준다는 것이다. 그래서 서로의 차이점보다는 공통점을 더 많이 본다고 한다. 좋은 관계를 유지하는 사람들 대다수가 긍정적이고 활기찬 것도 그 때문이다. 짜증 내고 불평불만을 늘어놓는 사람과 누가 가까워지고 싶겠는가. 대부분 거리를 두게 된다. 아니면 우울하거나 화나 있는 사람에게 선뜻 뭔가를 부탁이나 할 수 있겠는가. 당신이 그런 기분이라면 누가 부탁을 해도 딱히 내키진 않을 것이다. 그런데 만약 당신이 길에서 만 원짜리 한 장을 주운 다음 누가 부탁한다면?

심리학자 앨리스 아이센이 재미있는 실험을 한 적이 있다. 전화 부스에 몰래 돈을 넣어 둔 뒤 사람들의 반응을 관찰했더니 우연히 돈을 주운 사람들이 도움이 필요한 낯선 사람을 도와줄 가능성이 훨씬 컸다고 한다. 사람은 기분이 좋을 때 더 친절해진다는 말이다. 주변을 둘러봐도 평소 기분이 좋은 사람들은 침체되어 있거나 부정적 정서를 자주 느끼는 사람들보다 훨씬 능동적이고 이타적인 행동을 많이 한다. 당신은 남을 잘 도와주는 사람과 그렇지 않은 사람 가운데 어떤 사람을 더 좋아하겠는가?

그래서 긍정적 정서가 높은 사람들은 사랑이나 우정을 훨씬 많이 느껴서 사교성이 좋고 활동성이 높다. 혹시 당신이 어떻게 사람들에게 다가가야 할지 몰라 망설이고 있거나 가족, 친구, 직장 동료와의 관계 때문에 고민하고 있다면 긍정적 정서를 높여 보자. 그러면 사람들을 훨씬 가깝게 느끼면서 더 친절한 사람이 되고, 그런 당신을 사람들은 더 좋아하게 될 것이다.

긍정성의 네 번째의 힘 : 삶의 에너지 상승

　당신은 얼음물이 든 양동이에 손을 넣고 얼마나 오래 견딜 수 있는가? 기분이 좋을 때와 가라앉아 있을 때 차이가 있을 것이라 생각하는가? 긍정심리학자인 스나이더 박사는 미국의 한 텔레비전 프로그램에서 출연자들의 긍정적 정서를 검사한 뒤 얼음물이 든 통에 손을 넣게 했다. 긍정적 정서를 측정했더니 프로그램의 진행자인 찰스 깁슨이 가장 높은 점수를 받았다. 얼음물 통에 동시에 손을 넣자 찰스 깁슨을 제외한 출연자들이 모두 90초가 되기 전에 손을 뺐다. 찰스 깁슨은? 고통스러워하면서도 광고 시간이 될 때까지 손을 계속 넣고 있었다.

　아주 단순한 실험이지만 인생 전반으로 확대해 보자. 당신은 얼음물 속에 손을 넣는 것처럼 고통을 안겨 주는 시련에 어떻게 대처하는 편인가? 얼른 손을 빼고 도망쳐 버리는가? 아니면 당신이 할 수 있을 때까지 고통을 참아 내면서 어떻게든 문제를 해결하기 위해 노력하는가? 실직이나 실연 같은 불행한 일이 닥치면 누구나 슬픔, 우울, 좌절 등의 고통스러운 감정을 느낀다. 그런데 어떤 사람은 그 고통을 참아 내면서 일어서고, 어떤 사람은 극복하지 못하고 주저앉아 버린다.『식객』으로 유명한 만화가 허영만 화백은 어릴 적 꿈이 대학에서 서양화를 전공하는 것이었는데 집안 사정으로 대학 진학이 어려워졌다고 한다. 꿈을 포기해야 하는 상황에서 당신이라면 어떻게 했겠는가? 허영만 화백은 좌절하고 방황하는 대신 과감히 진로를 바꿔 만화가의 길을 걸었다. 그리고 지금은 우리나라의 대표 만화가가 되었다. 보통 시련에 굴하지 않은 사람들을 인간 의지라거나 삶의 용기라고 말하지만 긍정적 정서를 가지면 누구나 가능하다.

요즘 당신 기분이 어떤 상태인지 점검해 보자. 전반적으로 기분이 좋은 편인가? 아니면 침체되고 가라앉아 있는 편인가? 만약 기분이 좋은 상태라면 당신을 괴롭히는 어려운 문제가 별로 없거나 당신에게 닥친 크고 작은 문제들에 잘 대처해 나가고 있다는 뜻이다. 해야 할 업무가 산더미처럼 쌓여 있는데 그걸 제대로 못 해낸다면 기분이 좋을 리가 있겠는가? 평소 기분이 좋다는 건 그만큼 환경에 잘 적응해 나가고 있다는 뜻이다.

이렇게 당신을 어렵게 하는 수많은 문제에 잘 대처할 수 있다면 얼마나 자신감이 생기겠는가? 그래서 인생에서 긍정성을 많이 경험하는 사람들은 심리적으로 성장한다. 훨씬 낙관적이 되고 회복력(resilience)이 강해지는 것이다. 회복력은 역경을 극복하는 힘이고 내적 심리를 단련시켜 주는 도구이다. 어려움에 처했을 때 좌절하지 않고 다시 일어서는 힘을 말하는데, 긍정성을 경험할수록 역경이 닥쳤을 때 대처 능력이 훨씬 높아진다는 뜻이다. 그러면 자신감을 느끼면서 뭔가를 이뤄 내고 싶다는 목적도 뚜렷해질 수밖에 없다.

만약 당신이 매사에 자신감이 부족하고 패배를 곱씹는 성격이라서 성격을 바꾸려고 노력하다 실패한 적이 있다면 긍정적 정서를 높여 보자. 그토록 자신을 통제하지 않아도 긍정적 정서를 가지면 더 용기 있고 더 자신감 넘치고 누가 뭐래도 목표를 향해 가는 뚝심 있는 사람이 될 수 있다. 그 삶이 얼마나 활기차고 에너지 넘칠지 상상이 가는가?

과학 도구 2 **강점**

● 아마 20, 30대 정도가 되면 대부분 각자의 재능이나 소질은 깨닫고 있을 것이다. 당신은 어떤 재능을 지니고 있는가? 남보다 뛰어난 재능이 있다는 건 분명 축복이다. 그렇다면 이번에는 질문을 바꿔 보자. 당신은 어떤 성격 강점을 지니고 있는가?

강점이라는 용어가 대부분 생소할 것이다. 그동안 우리가 성격 강점보다는 재능에 집중해 왔으니 당연한 일이다. 아마 당신도 본인 재능을 알고 있고 관심도 많았겠지만, 본인이 어떤 성격 강점이 있는지는 별다른 관심이 없었을 것이다. 그래서 긍정심리학 강의를 하다 보면 재능과 강점이 어떻게 다른지 묻는 사람들이 많다.

사람마다 재능이나 소질이 다른 것처럼 사람의 기질에도 저마다 차이가 있다. 인도 콜카타에서 평생을 가난하고 병든 사람을 위해 봉사하며 살았던 마더 테레사 수녀와 2차 세계대전을 승리로 이끌며 영국의 국민적 영웅이 된 윈스턴 처칠 수상의 성격이 같았겠는가? 테레사 수녀가 친절과 사랑, 영성, 정직 등의 특성이 강했다면 처칠 수상은 지도력, 열정, 용감성 등의 자질이 강했을 것이다. 또 우리가 천재 발명가로 부르는 에디슨이나 인류 최초의 비행기를 만들어 하늘을 날았던 라이트 형제는 남다른 호기심과 끈기, 학구열이 뛰어났다고 볼 수 있다. 이처럼 저마다 지닌 특성은 다 다르다. 당신도 형제, 자매와는 성격이 다르지 않은가? 강점이란 본인이 가진 다양한 성격적 특성 가운데서 두드러진 특성을 말한다. 이것이 긍정심리학의 이론적 기둥이 되는 인간의 긍정적 특질, 즉 강점이다.

사실 강점과 재능은 둘 다 긍정심리학의 주제이고 비슷한 점도 많다. 그런데 한 가지 두드러진 차이가 있다. 육상 선수의 빨리 달리는 능력이나 피아니스트의 뛰어난 연주 실력에 도덕적 개념이 있는가? 없다. 그러나 강점은 미덕에 바탕을 두기 때문에 도덕적 특성이 포함된다.

크리스토퍼 피터슨과 마틴 셀리그만은 인간의 긍정적 특질을 파악하기 위해 아리스토텔레스·플라톤 같은 철학자들의 저술, 구약성서·탈무드·불경·코란과 같은 경전, 공자·노자·벤저민 프랭클린의 저술, 일본의 사무라이 무사도, 고대 인도의 철학서인 우파니샤드 등을 두루 검토한 후, 총 200여 가지의 미덕 목록을 작성했다. 그런데 놀랍게도 이 전통들은 대부분 3,000년 역사를 이어 오면서 세상 도처에 다음과 같은 6가지 미덕을 퍼트렸다.

- 지혜와 지식(호기심, 학구열, 판단력, 창의성, 사회성, 예견력)
- 용기(용감성, 끈기, 정직)
- 사랑과 인간애(친절, 사랑)
- 정의감(시민 정신, 공정성, 지도력)
- 절제력(자기 통제력, 신중함, 겸손)
- 영성과 초월성(감상력, 감사, 희망, 영성, 용서, 유머 감각, 열정)[8]

이 6가지 미덕을 바탕으로 호기심, 학구열, 지도력, 겸손, 친절, 사랑 등 인간의 강점을 24가지로 분류했는데, 괄호 안 내용이 강점이다. 셀리그만은 이를 '24가지 강점'이라 부른다. 미덕은 측정하기 어려운 추상적인 개념이고, 미덕을 함양할 수 있는 방법이 한 가지로 정해진 것도 아니다. 그래서 6가지 미덕을 측정할 수 있는 구체적인 방법으로 24가지 강점을 만든 것이다. 예를 들어 절제력이라는 미덕은 자기 통제력, 신중함, 겸손이라는 강점을 발휘해서 얻을 수 있다. 자기 통제력이 뛰어난 사람이 어떤 유혹을 참아 내고 자신을 절제할 수 있지 않겠는가? 미덕을 계발할 수 있는 24가지 강점을 체계적으로 분류한 게 대표 강점 검사다. 2부에 실려 있는 대표 강점 검사를 통해 당신도 대표 강점을 찾을 수 있다. 그래서 재능에는 도덕 개념이 없지만 강점은 도덕성이 개입하는 차이가 있다. 강점은 어떤 일에서 탁월한 결과와 성취를 이루게 하는 역량이며 의욕과 활기를 느끼게 동기부여를 준다.

우선 강점의 기준부터 알아보자. 첫째, 강점은 시간과 환경에 상관없이 계속 나타나는 심리적 '특성'이다. 딱 한 번 어디에선가 친절을 베풀었다고 해서 인간애라는 미덕을 발휘하는 게 아니다. 둘째, 강점은 '그 자체로서 가치'가 있다. 강점은 대개 좋은 결과를 낳는다. 예컨대 지도력을 잘 발휘하면 신망을 얻고 승급과 승진을 하게 된다. 그러나 강점과 미덕이 바람직한 결과를 낳지 않더라도, 아니 확실한 이익을 얻지 못한다고 해도 강점은 그 자체로서 소중하다. 우리가 어떤 활동을 하는 것은 만족 자체를 얻기 위함이지, 꼭 긍정적인 정서를 만들어 내기 위함은 아니다.

강점은 또한 부모가 새로 태어난 자기 자식에게 거는 희망에서도 엿볼 수 있다. "내 아이는 창의적이고, 용감하며, 사회성이 뛰어난 사람이 되었으면 좋겠다."처럼 말이다. 강점은 굳이 그 정당성을 강조할 필요도 없이 우리가 갖추고 싶은 정신 상태이다. 한 사람이 강점을 발휘한다고 해서 주위 사람들이 자기 강점을 드러낼 기회가 줄어드는 것도 아니다. 도리어 미덕을 베푸는 것을 보면 감동하고 용기를 얻는다. 지켜보는 사람들 마음에 질투가 아닌 동경이 가득 차오른다. 무릇 강점을 발휘하는 사람은 참되고 긍정적인 정서를 느끼게 되며, 강점과 미덕은 흔히 원윈 게임을 유도한다. 따라서 강점과 미덕에 따라 행동할 때 우리는 모두 승자가 된다.

 무엇보다 강점은 기분 좋은 방법이다. 그동안 당신은 약점이나 단점을 보완하려고 시간과 노력을 쏟지 않았는가? "나는 왜 이렇게 용기가 부족하고 매사에 소심할까?"라고 생각해 본 적이 없는가? 그 생각에 골몰하다 보면 열등감을 느끼기도 하고, 더러는 자책하기도 하고, 또 더러는 좌절하거나 그 약점을 숨기려고 용기 있는 척 일부러 허세를 부리기도 한다. 이젠 그럴 필요가 없다. 지금까지 강점을 몰랐다고 해도 지금부터 얼마든지 활용할 수 있다. 내 후배 중에 장금남이라는 친구가 있다. 요식업을 하는데 사업장에서는 이름을 장금이로 바꾸는 재미있는 친구다. '금남' 하면 남자들은 오지 말라는 곳으로 알기 때문이란다. 금남이는 '용서'와 '사랑' '용감성'이 자신의 대표 강점이라는 걸 알고 자기 정체성을 좀 더 이해하게 됐으며 일상생활에서 강점을 발휘해 행복도를 높이고 있다. 그런데 몇 년 전 건설업을 하는 친한 친구에게 남편이 보증을 서 준 적이 있었는데, 안타깝게도 친구의 사업이 실패하고 말았다. 그 바람에 상당한 돈을 한 푼도 못 받고 집은 하루아침에 경매로 넘어갈 상황이 되었다. 주변에서는 친구가 어떻게 그럴 수 있느냐고 원망했지만 그녀는 강점을 발휘해 그렇게밖에 할 수 없었을 친구를 이해하려고 노력했다. 그러자 신기하게 용서가 되더란다. 보증 한 번 잘못 서면 돈도 잃고 사람도 잃는다는데, 지금도 그들은 가끔 만나면서 여전히 친구로 잘 지내고 있다.

 이렇게 강점은 자신을 파악하고 이해하도록 해 주는 도구로서, 누구나 강점을 찾아 곧바로 적용할 수 있다. 이게 강점과 재능의 중요한 차이다. 재능은 선천적으로 타고나는 경우가 많고 또한 오랜 시간 갈고 닦아야 빛이 난다. 하지만 강점은 곧바로 발휘할 수 있고 특별하게 더 키우고 싶은 강점이 있다면 배우고 습득해서 자기 것으로 만들어 갈 수도 있다. 강점은 특별한 사람이 아니라 누구에게나 있다. '친절'이라는 강점을 지닌 사람이 자원봉사 활동이나 타인을 돕는 일에 강점을 발휘한다면 더 큰 만족을 느낄 것이다. 당신의 성격에 딱 들어맞는 일을 한다면 얼마나 의욕과 활기가 넘치겠는가? 일, 사랑, 자녀 양육 등 일상생활에서 강점을 발휘하면 열정과 환희, 몰입을 경험하면서 진정한 자기를 살고 있다고 느낄 것이다.

내 강점은 학구열, 끈기, 절제, 용기, 지도력, 창의력 등이었다. 강점들을 발견하는 순간 희열을 느꼈다. 그게 내 정체성이 아니겠는가. 나는 한계에 부딪혀 포기하고 싶을 때마다 "내 강점이 끈기니까 인내로 버터 보자."라고 스스로를 격려하면서 힘을 얻는다. 당신에게도 네다섯 가지 대표 강점이 있다. 강점을 일상에서 발휘한다면 더 행복하고 만족한 삶을 살아갈 것이다.

과학 도구 3 몰입

- 나는 내 강점 중에 창의력을 발휘해 책 만드는 일을 즐겁게 해 오고 있다. 내가 'N세대'란 신조어를 만들고 'CEO' '디지털 경제' '긍정심리학' 등의 용어를 국내 최초로 소개할 수 있었던 것도 강점을 발휘한 덕분이었다. 아마 당신도 크든 작든 강점을 발휘했던 경험이 있을 것이다. 발견하지 못했을 뿐이다. 나는 집이나 회사에서도 학구열이나 끈기 같은 강점을 자주 발휘하는데, 푹 빠져서 하는 경우가 많다. 어떤 때는 책을 읽다 정오가 돼서야 출근 시간을 놓친 걸 알기도 하고, 퇴근 시간도 잊고 12시까지 일을 할 때도 많다.

이 책의 원고를 쓸 때에도 엉덩이에 물집이 생기는 것도 모르고 쓰기도 했다. 대입 검정고시를 준비할 때였다. 시험이 얼마 남지 않은 어느 날 산업경제 과목을 공부하는데 오후 1시부터 11시까지 10시간 동안 300쪽 분량의 교재를 거의 외우다시피 해서 모의고사 점수를 98점이나 받은 적도 있다. 그만큼 내 강점을 발휘해서 몰입했기 때문이다. 그런 날은 왠지 모르게 뿌듯해서 발걸음도 가볍다.

당신은 운동이든 독서든 푹 빠져서 시간 가는 줄 몰랐던 경험이 있는가? 아니면 밥 먹는 것도 잊고 시간 가는 것도 잊은 채 뭔가에 몰두했던 적이 있는가? 바로 그 상태가 몰입이다. 몰입(flow)이란 어떤 활동에 깊이 빠져서 시간이나 공간, 타인의 존재, 심지어 본인 생각까지도 잊는 심리 상태로서 현재 하고 있는 일에 심취한 무아지경 상태를 말한다. 아무런 갈등과 고민 없이 정신력이 하나로 모아지는 순간이라고 할 수 있다. 몰입은 당신이 좋아하는 일을 할 때, 당신이 강점을 발휘할 때 자연스럽게 경험할 수 있다.

몰입 경험은 어떤 활동 자체에 몰두하다 보면 일반적으로 경험하게 되는 상태를 의미한다. 이때 의식이나 지각을 한곳에 집중하게 되고 자의식을 잊게 되며, 명확한 목표와 피드백에만 반응하게 되며, 주위 환경에 대한 통제감을 경험하게 된다. 그 결과 자신이 집중하고 있는 일이나 활동과 무관한 사고나 지각을 하지 않게 된다. 사람들이 특정 활동을 수행하는 주된 이유는 바로 몰입 경험에 기인한다. 마치 하늘을 자유롭게 날아가는 느낌이나 물 흐르는 것처럼 편안한 느낌 등이다. 몰입 상태를 경험하는 사람은 심리적 활력이 선택한 목표의 성공적 수행에 대부분 사용되기 때문에 더 자신감 있게 자아를 형성할 수 있다. 몰입을 경험하기 위해서는 의식 속에 8가지 조건이 필요하다. 명확한 목표, 신속한 피드백, 기회와 능력 사이의 균형, 집중력 강화,

현재의 중요성, 통제, 시간 감각, 자의식 상실이 있다.

몰입을 경험할 때 어떤 느낌이었는지를 떠올려 보자. 아마 너무 몰두하고 심취해서 좋다거나 힘들다거나 하는 감정을 느끼지 못했을 것이다. 몰입 상태에서는 긍정적 정서를 느끼긴 어렵다. 행복하지도 않다. 행복을 느끼려면 내면의 상태에 관심을 기울여야 하는데, 몰입은 완전히 심취해서 내면의 소리는 물론 누가 옆에서 말을 걸어도 모른다. 그러면 몰입을 경험한 후에는? 푹 빠져서 책을 읽거나 운동을 하고 났을 때 만족감과 희열을 느꼈을 것이다. 이렇게 고도의 몰입을 하고 나면 평소와는 다른 자신감과 의욕, 희열, 만족감 등을 느낄 수 있다. 그래서 몰입은 현대 심리학계에서 가장 주목하는 긍정 경험이다.

몰입이 탄생할 수 있었던 건 아주 사소한 질문 때문이었다. 미국 피터 드러커 경영대학원의 심리학자이자 긍정심리학의 선구자인 칙센트미하이는 전 세계 각계각층의 남녀노소 수천 명을 인터뷰하면서 사람들에게 이런 질문을 던졌다. "당신의 삶에서 가장 큰 만족을 얻었을 때는 언제인가요?" 당신은 가장 큰 만족을 얻었을 때가 언제인가? 인터뷰에서는 명상가, 체스 선수, 공장 근로자, 발레리나, 암벽 등반가 할 것 없이 자기 일에 열정적인 사람들이 삶에서 가장 행복했다고 보고한 경험이 아주 비슷했다. 신비주의자가 말하는 무아지경, 화가와 음악가가 말하는 미적 황홀경, 운동선수들이 말하는 물아일체의 상태와 같은 심리 상태였다고 한다. 좋아하는 일에 몰입했을 때의 느낌이 어떤 흐름에 자연스럽게 빠져드는 것 같았다는 것이다. 그래서 칙센트미하이는 삶을 훌륭하게 가꿔 주는 건 행복감이 아니라 깊이 빠져 드는 몰입이라고 결론 내렸다.

많은 사람들이 행복을 순간의 기분이나 쾌락이라고 생각하지만, 일시적인 쾌락과 몰입을 통해 느끼는 만족감이 어떻게 같겠는가? 쇼핑을 하면서 얻는 좋은 기분은 당신 삶에 아무런 변화를 가져오지 못한다. 하지만 당신이 좋아하는 일을 하면서 몰입할 때 느끼는 만족감은 심리적으로 성장하게 해 준다. 일상에서 자주 몰입을 경험하는 사람과 쾌락에 자주 빠지는 사람이 느끼는 행복감은 엄청나게 다르다. 이렇게 당신이 갖고 있는 모든 역량을 하나의 일에 완전히 집중해 쏟아부을 때 진정한 행복감을 느낄 수 있다.

예전에 사진 한 장을 본 적이 있다. 독일 슈투트가르트 발레단에 동양인 최초로 단원이 된 발레리나 강수진의 발 사진이었다. 발레리나의 발이 발레처럼 우아하고 아름다울 것이라고 생각하는가? 그런데 사진 속의 발은 피멍으로 얼룩지고 고목처럼 울퉁불퉁했다. 하루도 빠짐없이 19시간씩 연습에 매달린 결과였다. 그 사진 앞에서 숙연해지기까지 했다. 백조가 평온하게 물 위에 떠 있는 건 물밑에서 쉼 없이 움직이는 발 덕분이라고 하던가. 세계적인 발레리나가 되기까지 피나는 노력이 있었던 것이다. 강수진 씨는 정강이뼈에 세로로 길게 금이 간 것도 모르고 며칠 동안 춤을 춘 적도 있다고 한다. 완전히 몰입해서 아픈 것조차 몰랐던 것이다. 그렇지 않았다면 어떻게 열정만으로 그 힘든 시간을 지속해 나갔겠는가. 이처럼 몰입은 어떤 일을 이룰 수 있게 하는 원동력이면서 그때 느끼는 만족감은 가장 행복한 상태라고 할 수 있다.

젊은 시절 컴퓨터 바이러스 백신을 개발하는 데 푹 빠져서 가족과 친구들에게 군대 간다고 말하는 것조차 잊어버리고 군 입대를 했다는 안철수 서울대학교 융합과학기술대학원 원장, 읽고 있던 책에 푹 빠진 나머지 계란 대신 시계를 넣어 삶았다는 세계적인 과학자 뉴턴 등 한 분야에서 뛰어난 업적을 이룬 사람들의 성공 이면에는 하나같이 몰입을 경험했다는 공통점이 있다. 당신은 몰입이 특별한 사람들만의 전유물이라고 생각하는가? 절대 그렇지 않다. 오히려 몰입은 평범한 사람들로 하여금 비범한 성취를 이루게 하는 원동력이다. 당신도 강점을 발휘할 때 자연스럽게 몰입을 경험하고 만족감을 얻을 수 있다. 당신이 원하는 분야에서 더 높은 성취를 이뤄 낼 수 있다는 뜻이다. 당신이 진정으로 좋아하는 일을 하면서 만족을 느끼고 한계를 넓혀 나가는 삶보다 더 축복받고 행복한 삶이 어디 있겠는가.

과학 도구 4 삶의 의미

● 당신은 어떤 고민을 하면서 살아가는가? 혹시 매일같이 하는 고민이 오늘은 무엇을 먹고, 오늘은 어디를 가고 하는 것뿐인가? 아니면 매일을 즐겁게 사는 데 모든 시간을 쏟는가?

홀로코스트 당시 나치 수용소에서 살아남을 확률은 통계적으로 28명 중 한 명이 채 되지 않았다고 한다. 그런데 살아남은 사람들에게는 한 가지 공통점이 있었는데 자기가 살아야 할 분명한 이유가 있었던 사람, 삶의 의미를 갖고 있었던 사람들이었다. 『죽음의 수용소에서』의 저자인 빅터 프랭클 박사 역시 그중 한 사람이다. 그는 성공한 정신과 의사로 학생들을 가르치고 학회에서 강연하던 사람이었지만, 수용소에서는 다음 끼니를 마련하고 살아남는 게 삶의 전부였다. 빅터 프랭클 박사는 이 경험을 바탕으로 자기 존재의 의미와 가치를 깨닫게 하는 의미 치료를 개발하기도 했다. 삶의 의미가 없으면 희망을 포기한 죄수처럼 무기력하게 사라지고 말 것이다.

당신은 금세기 가장 위대한 자선 사업가가 누구라고 생각하는가? 빌 게이츠, 워런 버핏? 로이터 통신은 "미국에서 가장 위대한 자선 사업가는 마이크로소프트 황제 빌 게이츠 회장도, 전 재산의 85퍼센트를 기부한 전설적 투자자 워런 버핏도 아닌 아일랜드계 자산 사업가 척 피니에게 그 영광을 돌려야 한다."고 보도했다. 그는 25년간 40억 달러에 이르는 엄청난 돈을 남몰래 기부하면서도 "오른손이 한 일을 왼손이 모르게" 철저히 비밀로 했다. 그의 숭고한 행위는 우리 모두에게 감동을 준다. 더욱이 긍정심리학이 자리 잡을 수 있도록 수백만 달러를 마틴 셀리그만에게 남몰래 후원했다는 사실에 가슴이 뛴다. 내가 책으로 처음 척 피니를 만난 것은 2008년 『아름다운 부자 척 피니』 책을 출간할 때이다. 이 책을 읽으면서 삶의 의미란 무엇인가에 대해 많은 생각을 했다. 척 피니는 뉴저지 주 아일랜드계 육체 노동자 가정에서 태어나 우산 팔이, 카드 판매, 골프장 캐디 등 소년 시절부터 아르바이트를 전전하면서 자수성가한 인물이다. 군대에 자원입대하여 6·25 전쟁 당시 일본에서 통신병으로 한국전에 참전하기도 한 피니는 코넬 대학교를 졸업한 뒤 미국에 머물지 않고 프랑스로 건너가 대학을 다니면서 1950년대 지중해 항구에서 미국 선원들에게 면세 술을 파는 일을 시작했다. 그것을 계기로 세계적인 소매 면세점 듀티 프리 쇼퍼스(DFS)를 창업하여 전 세계적으로 '면세점 신화'를 만들어 가며 큰돈을 벌었다. 그의 기부는 지금도 진행 중이며, 아일랜드의 금언 "수의에는 주머니가 없다."를 인용하면서 남은 생애에서 나머지 40억 달러가 넘는 재산도 모두 기부하겠다고 한다.

척 피니는 현재 집도 차도 없고 이코노미 클래스로 여행을 하며 15달러짜리 플라스틱 시계를 차고 허름한 식당에서 식사를 하는 검소한 사람이다. 자녀들에게도 재산을 물려주지 않겠다고 한다. 지금까지도 그는 사람들 앞에 공개적으로 나서길 꺼린다. 그런 피니가 비밀로 간직했던 삶을 드러낸 단 하나의 이유는, 그 자신이 열정적으로 믿는 무언가를 사람들에게 알리기 위해서였다. 바로, 부를 많이 가진 사람들은 살아 있는 동안 좋은 곳에 많이 써야 하는 도덕적 의무가 있다는 사명이다. "제게는 절대 변하지 않는 생각이 하나 있었습니다. 다른 사람들을 위해 부를 사용해야 한다는 겁니다. 나는 자랄 때 그랬던 것처럼 평범한 삶을 살려고 합니다. 사람은 자라 온 환경에 따라 삶의 모습이 어느 정도 형성된다고 생각합니다. 우리 부모님은 열심히 일했지만 부자가 아니었어요. 그렇지만 주위에 도움이 필요한 사람이 있는지 늘 살피고 도와주셨습니다."[9]

잠시 시간을 갖고 숙고해 보자. 당신의 삶을 소중하고 의미 있게 해 주는 것은 무엇인가? 무엇이 당신을 가치 있는 존재로 만들어 주는가? 만약 이 질문에 대답할 수 없다면 당신은 행복하지 않은 사람일 가능성이 높다. 즐겁기만 한 것으로는 행복에 이를 수 없다. 즐거우면서 동시에 뭔가 가슴 벅차는 감동이 있고 의미가 있어야 행복에 이를 수 있다. 실제로도 삶의 의미를 갖고 있는 사람들이 그렇지 않은 사람들보다 훨씬 행복해한다. 당신이 행복한 삶을 원한다면 그 의미를 찾아야 한다. 나는 내가 살고 있는 안양 시민들의 독서 배양을 위해 자비와 후원으로 2만여 권의 도서를 마련해 사설 도서관을 만들어 운영했고, 안양시에 4만 5,000권의 책을 기증했다. 지금 생각하면 그 당시 안양시가 보유한 전체 장서가 60만 권에 달했으니 시민들에게 상당히 도움이 되었으리라 짐작한다.

긍정심리학을 알기 전까지 나는 정치에 꿈을 갖고 국회의원이 되기 위해 준비했었다. 내 개인의 삶의 의미와 행복을 넘어 국회의원이 돼서 모두가 행복한 복지사회를 만들고 싶었기 때문이다. 그 와중에 긍정심리학을 만나면서 내가 정치로써 구현하고 싶었던 사회가 바로 긍정심리학이 말하는 행복한 복지사회라는 걸 알게 되었다. 그래서 고민을 거듭한 끝에 정치를 포기하고 긍정심리학을 통해 행복한 사회를 만드는 길을 택했다. 나는 내 행복을 넘어 함께 행복해지고 싶다. 내 가족과 친구, 행복한 삶을 원하는 모든 사람들, 그리고 우리 사회가 행복을 이야기하고, 만나는 누구라도 행복하다는 말을 서슴없이 하는 순간을 상상할 때마다 가슴이 뛴다.

무엇보다 내 강점들은 정치보다는 긍정심리학에 잘 맞았다. 당신이 강점을, 개인적으로 만족스러운 삶뿐만 아니라 더 많은 사람들과 사회의 선을 위해 활용한다면 그보다 더 행복한 일이 있겠는가? 촛불은 세상을 밝히고 다른 존재에게 온기를 불어넣을 때 의미와 가치가 있다. 마찬가지로 당신도 나라는 존재를 넘어서 '나보다 더 큰 어떤 것'과 연결되어 있다는 걸 깨닫고 그것을 위해 이바지할 때 더 큰 만족을 느낄 수 있을 것이다. 이것이 동물과 다르게 인간이 추구할 수 있는 신성이다. 아마 당신이 행복해 보이는 주변 사람들을 살펴보면 다들 뭔가와 끈이 연결돼 있다는 걸 발견할 수 있을 것이다.

도전과 가능성의 아이콘이라고 할 수 있는 산악인 엄홍길 대장은 얼마 전부터 에베레스트 팡보체에 학교를 짓고 있다고 한다. 춥고 배고픈 아이들을 위해서 빵이나 옷 대신 그들의 미래를 위해 학교를 세우는 걸 택했다고 한다. 히말라야 8,000미터 이상의 16좌 등정이라는 대기록을 달성할 수 있었던 건 히말라야가 자신을 받아 줬기 때문이고, 그래서 이제는 자신이 히말라야 오지에 16개의 학교를 짓는 걸 새로운 목표이자 꿈으로 잡았다고 한다. 그 밖에도 그는 산에 있지 않을 때는 다양한 봉사 활동에 많은 시간을 투자하고 있다. 그의 삶은 자기만족만 위하거나 삶의 의미를 찾지 못하는 사람에 비하면 얼마나 적극적이고 열정적이며 행복하겠는가?

이처럼 행복한 사람들은 자원봉사나 헌신 같은 이타적 활동을 통해 자기 존재의 가치와 삶의 의미를 찾는다. 아니면 종교를 통해 삶의 의미를 찾을 수도 있다. 마이어스와 디너는 종교적 신념이 강하고 삶에서 종교의 중요성이 높을수록, 종교의식에 자주 참석하는 사람일수록 행복 수준이 높고, 반드시 종교적 신념이 아닐지라도 자신에게 의미 있는 다양한 목표를 적극적으로 추구할수록 행복도가 증진한다고 한다.

당신이 하는 일에서도 얼마든지 그 의미를 찾을 수 있다. 세 가지 직업 정체성 가운데 생계직과 전문직은 돈을 위해서든 경력을 위해서든 자신을 위한 것이지만 천직은 자신 외에 더 많은 사람들에게도 기여하는 것이다. 의료기관 자원봉사자, 대학 교수, 금융회사 직원 할 것 없이 자기 직업을 천직으로 여기면서 의미를 느끼는 사람들은 일에 더 몰두하고 삶도 전반적으로 의미 있는 것으로 여겼다고 한다. 그만큼 삶에 의미가 있어야 더 풍요롭고 열정적으로 살아갈 수 있다는 뜻이다. 그래서 '삶의 의미 검사'를 개발한 마이클 스티거는 의미를 느끼는 업무가 좋은 삶에 꼭 필요하다고 했다. 무엇보다 삶에 의미를 찾으면 자기 자신이 가치 있는 존재라고 느끼게 된다. 혹시 당신은 가치 없는 존재라고 생각하는가? 가치는 스스로 찾아야 한다. 길가에 놓여있는 돌멩이 하나도 그 가치와 존재 이유가 있기에 거기 있는 것이다.

당신도 삶의 의미를 측정해 보기 바란다. 이 검사는 다양한 사람들에게 사용해 본 결과 판별 타당도가 높았는데, 당신이 삶의 의미를 갖고 살아가는지는 물론 삶의 의미를 얼마나 추구하면서 살아가는지도 알 수 있을 것이다.

삶의 의미 검사[10]

잠시 시간을 갖고 숙고해 보라. 당신의 존재와 삶을 중요하고 의미 있게 해 주는 것은 무엇인가? 다음 문항에 가능한 한 진실하고 정확하게 대답하라. 또한 이 문항들은 매우 주관적인 질문이며 정답이나 오답은 없다는 점을 부디 기억하라. 다음의 점수 범위 내에서 대답하라.

1점. 결코 아니다	2점. 대체로 아니다	3점. 다소 아니다	4점. 다소 그렇다
5점. 약간 그렇다	6점. 대체로 그렇다	7점. 매우 그렇다	

- _____ 1. 나는 내 삶의 의미를 알고 있다.
- _____ 2. 나는 내 삶을 의미 있게 해 주는 것을 찾고 있다.
- _____ 3. 나는 내 삶의 목적을 찾으려고 언제나 노력하다.
- _____ 4. 내 삶에는 뚜렷한 목적의식이 있다.
- _____ 5. 나는 내 삶을 의미 있게 해 주는 것이 무엇인지 잘 알고 있다.
- _____ 6. 나는 만족을 주는 일생의 목적을 찾아냈다.
- _____ 7. 나는 내 삶이 중요하다고 느끼게 해 주는 것을 언제나 찾고 있다.
- _____ 8. 나는 내 삶의 목적 또는 사명을 찾고 있다.
- _____ 9. 내 삶에는 뚜렷한 목적이 없다.
- _____ 10. 나는 내 삶의 의미를 찾고 있다.

주의 이 검사를 두 가지 하위 검사로 나눌 수 있다. 하나는 개인의 삶에서 의미의 '실재'를 측정하는 것이고, 다른 하나는 개인의 삶에서 의미 '추구'를 측정하는 것이다. 즉, 당신이 현재 삶의 의미를 어느 정도 느끼며 살아가는지와, 삶의 의미를 찾기 위해 얼마나 노력하는지를 알 수 있다.

▶ 실재 : 1, 4, 5, 6, 9번(대답을 역으로 계산)
▶ 추구 : 2, 3, 7, 8, 10번

과학 도구 5 **성취**

● 영화 「불의 전차」는 1924년 파리 올림픽에 출전해 세계적으로 유명해진 영국의 육상 국가대표 선수 에릭 리델을 다룬 실존 영화다. 이 영화는 세 인물을 통해서 승리하려는 세 가지 동기를 보여 준다. 에릭 리델은 신을 위해, 앤드류 린제이 경은 아름다움을 위해, 해롤드 아브라함은 자아와 자기만족을 위해 승리를 추구한다. 신을 위해 달리는 에릭은 경기일이 안식일인 일요일이라서 출전을 포기하지만, 다른 날 열리는 400미터 경기에 출전해 영국의 육상 영웅으로 부상했다. 신을 위해, 자기만족을 위해, 아름다움을 위해 끝없이 달렸던 세 사람이 속물적이라거나 행복하지 않다고 단정할 수 있겠는가.

　사람들은 때로 성공, 성취, 승리, 정복 자체가 좋아서 추구한다. 그것이 긍정적 정서나 의미, 긍정적 관계라고 할 만한 어떤 것도 제공하지 못할 때조차 그렇다. 프로게이머들 역시 경기에서 이기기 위해 더 많이 연습하고 최선을 다해 경기를 치른다. 우리나라의 프로게이머 1호라고 할 수 있는 임요한 선수가 게임을 할 때 얼마나 몰두하는지를 보고 깜짝 놀란 적이 있다. 자기 일에 완전히 몰입한 사람과 조금도 다르지 않았다. 임요한 선수는 1999년 이후부터 총 13개의 스타크래프트 대회를 석권하면서 컴퓨터 게임 분야를 평정한 황제가 되었다. 지금도 종종 사무실에서 동료들과 먹고 자면서 수없이 연습 게임을 하는데, 그토록 훈련하는 이유는 다음번 대회에서도 여전히 이기고 싶어서라고 한다. 이런 사람들은 비록 게임에서 지더라도 결과에 깨끗이 승복하고 상대방의 승리를 기꺼이 축하해 준다.

업적을 쌓으려고 노력하거나 자기 분야에서 성공하기 위해 노력하는 사람들을 색안경을 끼고 바라볼 필요는 없다. 당신이 공부를 하든 음악을 하든 운동을 하든 더 높은 성취를 이룬다면 행복하지 않겠는가? 성취하는 인생도 원하는 것에 몰두하고 쾌락을 추구하고 승리할 때 긍정적 정서를 느낀다면 행복한 삶의 모습이다. 이들에게는 결과 자체가 중요한 게 아니다. 과정 자체가 즐겁고 행복한 것이다. 하지만 반대로 과정을 즐기지 못하거나 부도덕한 방법을 써서라도 결과를 내는 데만 집착한다면 아무리 높은 성취를 이루고 성공한다고 해도 행복한 삶의 모습이라고 할 수 없다.

내가 행복을 찾고 지속적으로 성취를 이루어 나가는 이유 중 하나도 내 강점을 발휘해서 성취 과정을 즐기기 때문이다. 나는 최고의 행복학 강사가 되고 싶었고, 때마침 데일 카네기 CEO 과정을 마치고 코치로 활동하던 중 기회가 찾아왔다. 12주 과정의 카네기 강사 코스에 참가하게 되었는데, 죽음의 코스라 불릴 만큼 어려운 장벽이 산재해 있었다. 주위에서는 나이도 있고, 체력적으로나 정신적으로 힘들어 못 한다고 반대했다. 같이 가기로 약속했던 후배까지 사정이 생겨 내년에 도전하자며 만류했다. 나도 실은 걱정도 되고 갈등이 많았지만, 내 대표 강점인 용감성과 열정을 발휘해 등록을 했다.

카네기 코스를 수료하고 2년 이상 강사를 해야 강사 코스에 참여할 자격이 주어진다. 그런데 같이 도전한 사람들은 거의 5년 이상 경력에 30대, 40대의 젊은 피였다. 첫날부터 쉽지 않았다. 나이도 가장 많고 수업 내용도 따라가기가 벅찼다. 강사가 되는 길이 쉽지 않다는 게 온몸으로 느껴졌다. 오죽했으면 2주차를 마치고 계속할지 말지로 고민에 빠졌을까. 나는 다시 내 대표 강점 중 하나인 끈기를 발휘해 '이 정도는 극복해야지.'라는 집념으로 마음을 다잡았다. 코스가 끝날 때까지 하루 5시간 이상은 잠을 잘 수도 없었다. "피할 수 없으면 즐기자."는 구호와 함께 일 년 후 멋진 강사로 변해 있을 나를 상상하며 가능한 한 즐기려 했고 스트레스를 받지 않으려고 노력했다.

그러다 하루는 카네기 과정 중 가장 난해한 '건설적인 의견 제시' 과를 도전해 보고 싶었다. 나름대로 연습도 많이 해서 자신도 있었다. 그런데 막상 앞에 나가서 강의를 시작하는데 강의실 분위기가 싸늘하게 느껴졌다. 갑자기 눈앞이 캄캄하고 머릿속이 하얘졌다. 내가 무슨 말을 하는지, 무엇을 하는지도 모르고 한참 헤매고 말았다. 보다 못한 최염순 대표가 나와서 마무리를 해 줬다. 얼마나 창피하고 비참했는지, 내 능력의 한계와 마주한 기분이었다. 침통한 심정으로 교육을 마치고 그 시트지를 뜯어 집으로 왔다. 그리곤 새벽 5시까지 혼자 방 안에 틀어박혀 수십 번 반복해서 연습했다. 스스로 만족하는 수준이 될 때까지 연습하고 또 연습했다. 그렇게 10시간을 연습하고 났더니 완전히 내 강의가 되었다. 덕분에 지금도 12과 중 이 부분을 강의할 때면 가장 신바람이 난다. 강사 과정 마지막 날에는 해냈다는 성취감과 자부심에 눈시울을 붉히며 서로를 축하해 주기도 했다. 멋진 성취의 순간이었다.

당신에게도 이런 성취의 순간이 있었는가. 당신은 더 높은 성취를 이루려면 무엇이 필요하다고 생각하는가? 능력? 많은 사람들이 공부를 잘하는 학생은 남들보다 IQ가 높고 머리가 좋기 때문이고, 회사에서 좋은 성과를 내는 사람은 능력이 탁월하기 때문이라고 생각한다. 하지만 과학이 밝혀낸 사실은 능력이 성공에 미치는 영향은 극히 일부이다. 분야를 막론하고 노력을 적게 하고 성공한 사람이 있는가. 극히 드물다. 우리가 쉽게 천재라고 부르거나 타고난 재능 때문이라고 여기는 사람들도 결국에는 남보다 더 노력했기 때문이다. 골프 황제로 불리는 타이거 우즈나 그를 제치고 세계 랭킹 1위에 올랐던 비제이 싱 선수 모두 엄청난 연습 벌레들이다. 보통 20대에 어떤 일에 성공하려면 1만 시간의 연습이 필요하다고 한다. 그런데 당신은 시간을 더 많이 투자하는 사람과 더 적게 투자하는 사람의 차이가 무엇이라고 생각하는가?

축구 선수 박지성은 어릴 적 왜소한 체구와 평발, 허약한 체격을 가졌지만 고된 훈련과 치열한 선수 생활을 하면서 단 한 번도 축구를 그만두고 싶다고 말해 본 적이 없다고 한다. 체력을 기르려고 단순하고 지루한 기본기 훈련을 단 하루도 거르지 않았고, 지금까지도 특유의 집념으로 세계적인 명문 팀에서 활약하고 있다. 아무리 머리가 좋아도 공부하겠다는 마음이 없으면 무슨 소용이 있겠는가. 아무리 능력이 좋아도 끈기가 없으면 포기하고 싶을 때 어떻게 밀고 나가겠는가. 마틴 셀리그만과 앤젤라의 연구에서도 집념과 자기 통제력이라는 성격 특성이 시간과 노력을 들이게 만드는 중요한 원인이었다. 마틴 셀리그만에 의하면 집념이란 목표에 대한 높은 열정과 아주 강한 끈기의 결합체다. 집념이 강할수록 대학생들은 성적이 좋았고 군인들은 혹독한 여름 훈련을 잘 완수했다. 실력은 노력이다. 그리고 더 많이 노력하게 만드는 게 집념이라는 성격 특성이다. 이것이 가장 중요한 성공의 요소이다.

당신은 자기 통제력과 끈기, 열정이 어느 정도라고 생각하는가? 집념 검사를 통해 어느 정도 집념의 소유자인지 파악해 보자. 만약 낮더라도 실망할 필요는 없다. 강점 특성에서 살펴본 것처럼 끈기나 열정, 자기 통제력이 부족한 사람도 연습을 통해 얼마든지 높일 수 있다. 자기 통제가 부족하다고 생각하는 사람은 느림의 미덕을 배우면 자기 통제력을 키울 수 있다. 여기에는 2부에서 살펴볼 명상이나 음미하기, 일상에서 천천히 말하고 천천히 걷고 천천히 먹는 것도 도움이 된다. 아울러 자기 통제력은 감정 조절과도 밀접하게 연관되기 때문에 감정 역시 잘 조절할 수 있어야 한다. 그러면 당신도 집념의 소유자가 될 수 있다.

집념 검사[11]

1점. 전혀 그렇지 않다   2점. 별로 그렇지 않다   3점. 다소 그렇다
4점. 대체로 그렇다   5점. 매우 그렇다

- _____ 1. 나는 새로운 생각과 계획 때문에 기존의 생각과 계획에 집중하지 못할 때가 있다.*
- _____ 2. 나는 좌절을 해도 용기를 잃지 않는다.
- _____ 3. 나는 특정 아이디어나 프로젝트에 잠깐은 집착하지만 나중에는 흥미를 잃는다.*
- _____ 4. 나는 열심히 노력한다.
- _____ 5. 나는 목표를 세우지만 나중에는 다른 목표를 추구하기로 결정할 때가 많다.*
- _____ 6. 나는 두세 달 이상 걸려야 완성하는 프로젝트에는 계속 집중하기가 어렵다.*
- _____ 7. 나는 시작한 것은 무엇이든지 끝을 낸다.
- _____ 8. 나는 부지런하다.

주의 별표 문항은 점수가 반대다.
점수 계산은 ① 2, 4, 7, 8번 문항의 점수를 더한다. ② 1, 3, 5, 6번 문항은 역산한 다음, 24에서 그 점수를 뺀다. ③ 앞에서 나온 두 점수를 더한 값을 8로 나눈다.

참고로 남성 4,169명의 평균 표준편차는 약 3.37이었으며, 여성 6,972명의 평균 표준편차는 약 3.43 정도였다.

과학 도구 6 긍정적 인간관계

● 　　마틴 셀리그만과 에디 디너는 공동 연구를 하며 가장 행복한 사람으로 밝혀진 상위 10퍼센트의 학생들을 집중 연구했다. 그런데 이들 '가장 행복한' 사람들은 보통 사람들이나 불행한 사람들과 확연히 다른 점이 하나 있었다. 바로 폭넓은 인간관계였다.

　가장 행복한 사람은 혼자 있는 시간이 가장 적고 사회 활동을 하는 시간이 가장 많았으며, 자타가 공인할 만큼 대인 관계가 좋았다. 외향적이고 사교적인 성격으로 어떤 일이든 열정적으로 동참하면서 관계를 맺고 사람들에게 긍정적인 피드백을 받는다. 그래서 행복지수 또한 더 높다. 다른 사람들한테서 얻은 에너지를 가족이나 친구, 주변 사람들에게 다시 나누어 주면서 행복해질 수밖에 없고 행복이 돌고 돌아 계속 곁에 머물게 되는 것이다.

　행복의 원인으로 긍정적 인간관계를 말하는 학자는 그뿐만이 아니다. 크리스토퍼 피터슨은 긍정심리학이 무엇이냐는 질문에 서슴없이 '타인'이라고 말하고, 『행복의 가설』 저자인 조너선 헤이트도 행복은 사이(관계)에서 온다고 했다. 나와 내 자신, 나와 너, 나와 우리, 나와 직장, 사회, 종교 등 모든 사이와 관계가 편하고 즐겁고 좋아야 행복하다는 것이다. 긍정적인 것이 고독한 경우는 극히 드물다.

　당신이 마지막으로 큰소리로 웃었을 때가 언제인가? 말할 수 없이 기뻤던 순간은? 당신의 삶에서 '절정'의 순간들을 떠올려 보자. 구체적인 경험은 저마다 다르겠지만, 그 모든 순간은 타인과 함께 이루어졌을 것이다. 당신의 인생이 최대 절정일 때도, 나락으로 떨어져 곤두박질칠 때도 타인은 최고의 해

독제이며 가장 믿을 수 있는 존재다.

　당신은 새벽 4시에 마음 놓고 전화해서 고민을 털어놓을 수 있는 사람이 한 명이라도 있는가? 당신이 무언가를 성취하고 이루었을 때 사심 없이 기뻐하고 축하해 줄 친구가 있는가? 대답이 예라면 당신은 아니오라고 대답한 사람보다 더 행복하고 오래 살 가능성이 많다. 반대로 당신이 사람들과의 관계에서 충분히 만족하지 못하거나 혼자 고립되어 있다면? 흡연이나, 음주와 비만보다 위험하여 더 빨리 죽을 수도 있다. 그래서 긍정심리학자들이 가장 중요한 행복의 요소로 꼽는 것이 인간관계다.

　당신은 우리나라의 행복지수가 소득에 비해 왜 낮다고 생각하는가? 우리나라 사람은 돈과 명예를 중요시한다. 그런데 그것들은 대부분 나를 위하고 혼자 누리는 것이다. 돈이든 명예든 지위든 내가 더 많이 누리려는 생각을 가지면 타인을 경쟁 상대로 볼 수밖에 없다. 이런 환경에서 진실한 인간관계를 맺을 수 있겠는가. 반면 덴마크를 살펴보자면 오래전부터 다른 사람을 인정하고 존중하도록 사회적인 분위기가 조성돼 왔다고 한다. 어릴 때 집과 학교에서 가장 먼저 배우는 것도 남을 존중하고 남에게 피해를 주지 말라는 것이다. 남과 서로 더불어 사는 법을 배우므로 사는 게 즐거울 수밖에 없다. 우리가 자녀에게 가르치는 것은 남들보다 뛰어나라는 것, 남들에게 지지 말라는 것으로, 남을 경쟁 구도로 인식한다. 실제로도 덴마크 국민의 행복지수는 높은 편이다. 다른 나라 사람들은 단순히 덴마크가 사회복지 때문에 행복하다고 생각하지만, 덴마크 국민들이 꼽는 행복의 비결은 다른 사람을 존중하는 사회 분위기라고 한다.

　인간관계의 기본 단위인 가족 속에서 긍정적인 인간관계의 예를 찾아보도록 하자. 트위터 대통령으로 불리는 이외수 작가는 글을 쓸 때면 아이들로 하여금 서재 앞을 까치발로 지나다니게 하고 자녀들의 방종을 결코 봐주지 않을 만큼 엄격한 아버지이기도 하지만, 아이들이 좋아하는 게임을 함께 하며 시간을 보내는 친구 같은 아빠이기도 하다. 그런데 그 과정이 아름답기까지 하다. 아이와 공감대를 형성하기 위해 게임을 2, 3일 동안 열 몇 시간씩 연습한다는 것이다. 손가락에 물집이 생길 정도로 게임 연습을 해서 놀아 주는 아빠를 좋아하지 않을 아이가 있겠는가?

쿠민스는 배우자, 가족, 친구와의 관계에서 경험하는 친밀감은 행복도를 예측하는 가장 강력한 변인으로서 물질적 풍요나 건강 및 여가 활동보다 더 강력한 예측 요인이라고 말한다.

여기서 볼 수 있는 행복의 첫 번째 열쇠는 소중한 사람들과 많은 시간을 보내는 것이다. 당신은 사람들과 얼마나 시간을 보내고 있는가? 갤럽 연구원들의 조사에 의하면 가장 행복한 사람들은 보통 6시간을 인간관계에 투자한다고 한다. 24시간 중 잠자는 시간을 제외하면 이 6시간은 큰 부분을 차지한다. 혹시 당신은 이 시간이 아깝고, 성공을 위해서는 가족, 친구, 소중한 사람들과의 시간을 포기해야 한다고 생각하는가?

하버드 대학교의 위간 박사가 직장, 가정, 사회생활 등 각 분야에서 실패한 사람들을 대상으로 왜 실패했는가를 조사한 결과를 보면, 전문적인 지식이 모자라 실패한 사람은 고작 15퍼센트였다고 한다. 나머지는 왜 실패했을 것이라고 생각하는가? 85퍼센트가 인간관계를 잘못해서 인생에 실패했다고 대답했다. 미국의 카네기 재단에서 5년간 사회적으로 성공했다는 사람 1만 명을 대상으로 조사한 결과도 마찬가지였다. 성공하는 데 가장 중요한 요소가 전문성이 15퍼센트, 인간관계가 85퍼센트였다.

지금 생각해 보자, 당신에게 "다시는 볼 일 없을 사람"이라고 생각하는 사람이 있는가? 있다고 대답했다면 당신의 착각이다. 여행 중 처음 가는 고속도로 위에서 자동차 접촉 사고가 나서 싸움을 벌인 사람을 언젠가 고객으로 혹은 사돈으로 만나는 드라마 같은 일이 당신에게 일어날 수도 있다.

아프리카에는 "빨리 가고 싶으면 혼자 가라. 그러나 멀리 가려면 함께 가라."는 속담이 있다. 당신은 빨리 가고 싶은가? 전통적으로 사회생활에서는 일을 잘하면 성공하고 사람 관계를 잘 맺으면 행복하다고 여겨져 온 게 사실이다. 그런데 시대는 갈수록 인적 네트워크를 잘 활용하는 사람에게 행복뿐만 아니라 성공까지도 선사하는 방향으로 진화하고 있다. 행복의 열쇠도, 성공의 열쇠도 사람 사이에 있다는 것을 언제나 기억하자.

과학 도구 7 낙관성

나는 내 강점인 학구열을 활용해서 안양대학교와 한국긍정심리연구소, 데일 카네기에서 강의를 하고 있다. 그런데 얼마 전 강의실에서 그룹 토의를 할 때 한 40대 수강생이 현실을 부정하는 것을 넘어 울분을 터뜨리는 걸 보고 큰 충격을 받았다. 어떻게 하면 저 감정의 응어리를 풀어 주고 그의 가족과 이 사회의 구성원들로 하여금 희망을 갖고 살게 할 수 있을까? 모두가 함께 행복한 삶을 살 수 있을까? 아직도 그때의 아픈 기억을 지울 수가 없다. 그것이 내가 지금껏 긍정심리학을 전파하며 행복 메이커를 자처하는 이유이기도 하다. 낙관성은 미래에 대한 긍정적인 기대와 전망이며, 미래에 일들이 긍정적으로 잘 펼쳐질 것이라는 전반적인 기대이고, 자기 행동과 노력으로 인해서 추구하는 목표를 성취할 수 있을 것이라는 희망이다.

많은 사람들이 현실에서 희망이 보이지 않는다고 한다. 미래에 대한 기대가 없다는 것이다. 젊은이들은 비싼 등록금 때문에 대부분의 시간을 아르바이트로 보내고, 겨우 졸업해도 취업이 되지 않아서 20대의 90퍼센트가 백수라는 이구백이란 말까지 들린다. 또 어렵게 들어간 직장에서 30대 초반에 명예퇴직하게 되는 일까지 생겨 '삼초땡'이라는 말도 만들어졌다. 이외에도 육체적·정신적 질병이나 역경을 겪고 있는 사람들, 하루하루 삶에 치쳐서 행복을 포기한 사람들도 있다. 현실의 벽에 부딪혀 수도 없이 무너지고 좌절하는 걸 보면서 안타까움을 느낄 때가 한두 번이 아니다. 하지만 희망은 누가 가져다주는 게 아니다. 당신 스스로 낙관성을 키우고 미래를 낙관적으로 생각하고 기대할 때 희망은 저절로 생기는 것이다. 낙관성은 고통에 대항하는 힘을 주기 때문이다.

당신은 혹시 좁은 취업문 앞에서 번번이 실패하는 현실에서 어떻게 낙관적으로 생각할 수 있냐고 반문하는가? 아니면 도저히 그 난관을 넘어설 수 없다고 두려워하는가? 하지만 그 상황에서도 99번, 100번째에도 포기하지 않고 계속해서 문을 두드리는 사람들이 있다. 나도 그 가운데 한 명이었다. 나는 오히려 환경을 따진다면 불행 쪽에 가깝다. 어쩌면 당신보다 더 불행할지도 모른다. 중학교 진학을 포기해야 할 만큼 가난했던 집안, 얼마 전까지만 해도 초등학교 졸업뿐이었던 학력, 30대의 사업 부도 등 살아오면서 크고 작은 어려움이 참 많았다. 그래도 현실을 부정하거나 좌절하지 않았다. 내가 남보다 의지가 대단한 사람이라서 가능했다고 생각하는가? 절대 그렇지 않다. 나는 평범한 사람이지만 낙관적이라서 가능했을 뿐이다. 당신도 충분히 미래를 낙관적으로 바라보면서 기대와 희망을 품고 살아갈 수 있다. 그 방법을 모르고 있을 뿐이다.

학습된 무기력 실험을 다시 떠올려 보자. 폐쇄된 공간에 갇혀 견디기 힘든 소음을 본인 힘으로 제거할 방법이 없어 듣고 있어야 했던 사람들에게 이후 똑같은 소음을 가하고 이번에는 버튼을 눌러 소음을 제거할 수 있는 환경을 만들어 주었다. 그런데 70퍼센트가 버튼을 누르지 않았다. 무기력을 학습해 버렸기 때문이다. 당신이 어떤 어려움에 부딪힐 때마다 불가능하다고 지레 좌절하고 포기해 버린다면 그 70퍼센트 가운데 한 명이란 말이 된다. 그러면 나머지 30퍼센트는 어떻게 반응했을까? 나머지 30퍼센트는 자기가 통제할 수 없는 상황에서도 무기력을 학습하지 않았다. 역경이나 충격을, 상황을 풀어 나가는 데서 겪는 잠깐의 고통이라고 생각했다. 그들이 바로 낙관적인 사람이었다. 낙관적인 사람은 비관적인 사람보다 어려움을 잘 견디고 적응성이 뛰어나고 성공적이다. 그 이유는 무엇일까? 낙관적인 사람과 비관적인 사람은 대처 방식이 다르다. 낙관적인 사람은 문제 중심으로 적극 수용하여 대처하지만 비관적인 사람은 문제로부터 거리를 두는 회피식 대처를 한다.

마틴 셀리그만은 낙관적인 사람과 비관적인 사람을 언어 습관으로 설명하고 있다. 2부 설명 양식에서 자세히 설명할 것이다. 낙관적인 사람은 비관적인 사람보다 덜 우울하고, 새로운 도전 앞에서 불안을 적게 경험하고, 신체와 정신을 잘 관리해서 수명을 연장시킨다. 레비와 스래드에 의하면 사망 전 23년 동안 노화의 태도에 대한 측정을 한 결과 낙관적 태도를 가지고 있는 사람의 수명이 약 7.5년 더 길었다. 낙관적인 운동선수도 승리 확률이 더 높다. 셀리그만에 의하면 낙관성은 압박 상황에서 운동선수들의 수행 능력을 향상시킨다고 한다. 실제로 1988년 서울 올림픽에서 낙관성이 매우 높았던 미국의 수영선수 매트 비온디는 7개 종목에 출전하여 첫 출전한 두 종목에서 실패를 경험하였음에도 5개의 금메달을 획득했다.

당신이 어떤 도전이나 어려움에 부딪혔을 때 적극적으로 일어서려고 했다면 이미 낙관적인 사람이다. 이미 당신에게는 희망이 있다.

누구나 살면서 힘든 순간들을 만난다. 낙관적인 사람들도 마찬가지다. 혹시 당신은 어떤 어려움이 닥치면 해낼 수 없을 것이라고 생각해 버리는가? 낙관적인 사람은 스스로 유능하다고 믿고 미래의 긍정적 결과에 영향을 미칠 수 있다고 믿는다. 그래서 희망을 품고 위험을 감수하고 인내하기 때문에 성공할 가능성이 높은 것이다. 아니면 당신은 난관을 어떻게 풀어야 할지 몰라 갈팡질팡하는 편인가? 낙관적인 사람은 장애에 부딪히거나 좌절을 겪을 때 막연히 믿음만 갖지는 않는다. 일단 좋아질 것이라고 믿기 때문에 창의성을 발휘해 문제를 해결할 수 있는 대안 해결책을 찾아낸다. 어떤 상황에서도 최종 목표를 보고 간다. 에드 디너는 낙관성이 높은 사람은 자신의 행복도가 높다고 믿기 때문에 더 행복하다고 말한다. 현재만 본다면 두렵고 불안할 수 있을 것이다. 멀리 바라보자. 하다못해 당신이 산에 올라가는 것도 정상까지 갈 수 있다고 믿기 때문에 올라가는 것 아닌가?

그래서 희망 이론의 개척자인 심리학자 릭 스나이더 박사도 미래에 대한 사고는 주로 낙관성이라고 말한다. 희망을 품고 살아가는 사람은 특히 두 가지 유형의 사고 수준이 높은데, 자신이 유능하다고 믿고 미래의 결과를 부분적으로 통제할 수 있다고 믿는 주도 사고와 대안 해결책을 찾아내는 경로 사고. 이 두 가지를 직접 검사해 당신이 어느 정도 희망을 품고 살아가는지 파악할 수 있다.

두 발은 현실에 붙여 놓되, 눈은 미래를 바라보자. 사람은 본인이 바라보는 쪽으로 가게 되어 있다. 당신은 혹시 실패할까 봐 두려운가? 결과에 대해서는 하늘에 맡기자. 진인사대천명이라고 하지 않던가.

성인 희망 검사[12]

각 문항을 자세히 읽고, 1점에서 8점 범위 내에서 자신에게 해당되는 점수를 골라서 빈 칸에 적어라.

| 1점. 결코 아니다 | 2점. 대체로 아니다 | 3점. 다소 아니다 | 4점. 약간 아니다 |
| 5점. 약간 그렇다 | 6점. 다소 그렇다 | 7점. 대체로 그렇다 | 8점. 매우 그렇다 |

- _____ 1. 나는 곤경에서 벗어나는 방법을 많이 생각해 낼 수 있다.
- _____ 2. 나는 목표를 열정적으로 추구한다.
- _____ 3. 나는 거의 언제나 피곤하다.
- _____ 4. 어떤 문제든지 해결책은 많다.
- _____ 5. 나는 논쟁에서 쉽게 패한다.
- _____ 6. 나는 삶에서 내게 중요한 것을 성취하는 방법을 많이 생각해 낼 수 있다.
- _____ 7. 나는 내 건강을 걱정한다.
- _____ 8. 다른 사람들이 낙담할 때도 나는 내가 문제의 해결책을 찾아낼 수 있음을 안다.
- _____ 9. 과거의 경험들 덕분에 나는 미래를 잘 준비하게 되었다.
- _____ 10. 나는 삶에서 꽤 성공했다.
- _____ 11. 나는 거의 언제나 어떤 것에 대해 걱정한다.
- _____ 12. 나는 스스로 세운 목표를 달성한다.

주의 이 검사는 '미래 검사'라고 부른다. 주도 사고 점수는 2, 9, 10, 12번 문항 점수를 합한 값이다. 경로 사고 점수는 1, 4, 6, 8번 문항 점수를 합한 값이다. 희망 검사 총점은 두 점수를 합한 값이다.

과학 도구 8 **회복력**

트라우마와 외상 후 스트레스 장애

만일 어릴 때 불행한 사람이 커서도 불행하다면 역경을 이겨 내고 아름다운 삶을 살아가는 사람들은 어떻게 설명할 수 있을까. 당신은 똑같이 불행한 어린 시절을 보내고도 누구는 더 행복할 수 있다고 생각하는가? 당신도 혹시 불행한 어린 시절 때문에 행복하지 못하다고 생각하는가?

심리학자 에미 워너와 루스 스미스가 그 비결을 찾아 나선 적이 있다. 하와이 군도 중에서 빈곤, 범죄, 파괴된 가정 등 극심하게 열악했던 카우아이 섬에서 자란 700여 명의 아이들을 임신기부터 30세 생일 이후까지 추적하는 대규모 종단 연구였다. 대부분 사탕수수와 파인애플 농장의 근로자였던 부모 밑에서 자라 집안은 곤궁하고 싸움과 이혼, 아동학대와 폭력이 빈번했다. 부모는 알코올의존증 환자거나 정신질환을 앓았다. 당신이 이 상황이라면 어떻게 했겠는가? 지금처럼 잘 성장할 수 있었겠는가? 쉽진 않았을 것이다.

그런데 십대 엄마에게서 미숙아로 태어나 부모가 이혼한 아이, 농장 노동자였던 아빠와 정신장애가 있었던 엄마에게서 태어나 육체적·정신적 학대에 시달려야 했던 아이 등 가정환경이 불우해서 도저히 행복할 수 없었을 텐데도 말썽 없이 순조롭게 자란 아이들이 있었다. 워너가 이 아이들을 주목했다. 이들은 자라면서 친구나 선생님과 좋은 관계를 맺고 성적도 뛰어나고 사회에 나가서도 저마다 성공했다. 온갖 열악한 조건이었지만 극복하고 자신의 의지대로 인생을 꾸려 나갔다.

어린 시절의 불행한 경험은 성인까지 이어지는 경우가 많다. 폭력과 학대를 받으며 자란 아이들이 그대로 자식을 학대하는 부모가 된다는 통계가 있을 만큼 어린 시절의 상처는 쉽게 지워지지 않는다. 부모의 불화와 이혼 때문에 결혼을 기피하는 사람도 있고, 아버지에게 학대를 받은 사람은 아버지를 닮은 뒷모습만 봐도 공포에 떤다. 감당하기 힘든 일이나 끔찍한 일을 겪었을 때 사람들은 정신적으로 큰 충격을 받는다. 어린 시절의 경험뿐만 아니라 살면서 충격적인 일들을 종종 경험하는데, 이것이 트라우마다. 트라우마는 정신적 외상을 뜻한다. 당신에게도 트라우마가 있는가? 잠시 생각해 보자. 그것이 지금껏 당신에게 어떤 영향을 끼쳤는가? 꾹꾹 묻어 두고 살아서 남들은 모른다고 해도 떠올릴 때마다 고통스럽고 아픈 기억일 것이다.

그래서 보통 트라우마는 극심한 역경으로 작용한다. 감당하기 벅찰 만큼 극심한 역경을 겪었을 때 대부분 심각한 우울과 불안 증세를 보이고 삶의 의욕을 잃어버린다. 그런데 이런 불안과 우울 증세가 더 심각해지면 이미지나 생각, 꿈을 통해서 끊임없이 그 고통스러운 사건을 재체험하면서 정상적인 생활이 불가능한 지경이 된다. 그만큼 고통스러워서 거기서 벗어나려고 모든 에너지를 쏟게 되는데, 이 정도가 되면 외상 후 스트레스 장애(Post-Traumatic Stress Disorder, PTSD)다. 전쟁, 고문, 자연재해, 사고 등 심각한 사건을 경험하고 나면 그 사건에 공포감을 느끼고 지속적으로 고통받는 것이다. 과거 베트남 전쟁 참전 군인들이 무고한 사람을 죽여야 했던 기억에서 벗어나지 못해 외상 후 스트레스 장애에 시달려야 했고, 요즘 군대에서 일어나는 자살이나 총기 사고 역시 무관하지 않다. 군대라는 특성상 부당해도 저항하기가 쉽지 않고, 신체적 폭행과 언어폭력에 시달릴 가능성이 있기 때문이다. 그래서 많은 군인들이 병역 트라우마나 외상 후 스트레스 장애를 겪는다.

하지만 모든 사람들이 트라우마에 지배당하거나 트라우마에서 외상 후 스트레스 장애로 이어지는 건 아니다. 그들 가운데는 분명 어려운 환경을 이겨 내고 행복하게 살아가는 사람들이 있다. 카우아이 섬의 아이들 중에도 열악하고 충격적인 환경을 딛고 행복한 성인으로 성장한 경우가 있지 않았는가. 당신은 어떻게 그것이 가능하다고 생각하는가? 그 이유가 궁금했던 에미 워너는 72명을 개별 면담한 결과 공통점을 찾아냈는데, 그들에게는 단 한 명도 빠짐없이 부모, 조부모, 삼촌 등 자신을 믿고 지지해 주는 한 사람이 있었다. 방황하지 않도록 이끌어 주고 관심을 가져 준 사람 덕분에 불행을 극복하고 행복하게 살아갈 수 있었던 것이다. 그래서 에미 워너는 회복력에 가장 중요한 요소가 인간관계라고 결론 내렸다. 인간관계의 힘으로 불행한 환경에 무너지지 않고 이겨 냈다는 의미다.

아마 당신도 믿고 지지해 주는 사람 덕분에 용기를 얻었던 적이 있을 것이다. 트라우마나 외상 후 스트레스 장애처럼 끔찍한 역경을 극복하는 데 사람만큼 큰 힘이 되는 것도 없다. 그런데 만약 그 한 명조차 당신 곁에 없다면 어떻게 하겠는가.

회복력과 외상 후 성장

얼마 전 우리는 큰 별 하나를 또 떠나보냈다. 한국 시각장애인 최초로 미국에서 박사 학위를 받고 미국 백악관 국가장애위원회 정책차관보를 지낸 강영우 박사, 많은 사람들이 그를 '위대한 장애인'으로 기억한다. 하지만 나는 그가 외상 후 성장을 통해 다시 태어난 위대한 지성인이라고 칭하고 싶다.

그는 후천성 장애인으로 열다섯 살에 날아온 공에 눈을 맞아 실명했다고 한다. 놀라서 달려온 어머니는 그 자리에서 쓰러져 뇌졸중으로 얼마 후 세상을 떠났고, 엎친 데 덮친 격으로 집안 살림을 맡아 하던 누나는 봉제공장에서 일하다 과로로 쓰러져 세상을 떠났다. 한순간 당신이 두 눈과 어머니와 누나를 잃었다면 다시 일어설 수 있겠는가. 강영우 박사도 깊은 절망에 빠져 세상을 포기하려고 했다. 하지만 결국에는 다시 일어섰다.

어떤 사람은 작은 어려움에도 무너지지만, 어떤 사람은 보통 사람이 상상하기 힘든 역경 속에서도 트라우마나 외상 후 스트레스 장애를 이겨 내고 더욱 강해진다. 당신은 그 차이가 어디에 있다고 생각하는가? 낙관성? 낙관적인 사람도 역경을 이겨 낸다. 하지만 그게 전부는 아니다. 군대, 사별, 에이즈 감염, 교통사고 등 부정적인 외상 경험에서도 어떤 사람들은 성장한다. 이렇게 외상 후 무조건 부적응만 일어나는 게 아니라 도리어 그 대처 과정에서 긍정적 변화가 일어나는데, 이것이 외상 후 성장(Post-Traumatic Growth, PTG)이다. 똑같이 사별을 경험해도 어떤 사람은 고통을 극복하지 못하고 외상 후 스트레스 장애에 시달리지만, 어떤 사람은 고통을 발판 삼아 더 성장한다.

자살률 세계 1위, 자살 공화국이라는 불명예 이미지가 우리의 현주소다. 연예인들의 연이은 자살이 사회적 이슈가 되었고 일반인들의 자살 소식도 자주 들려온다. 연예인은 루머와 악플에 시달리고, 인기 하락, 연예인이라는 이미지에 맞지 않는 생활고 등도 이유가 될 것이다. 일반인들도 생활고, 외로움, 고통 등 죽고자 하는 이유가 많을 것이다. 하지만 사고나 외상 자체가 자살로 이어지는 건 아니다. 사람들은 마음의 고통을 이기지 못하고 삶을 포기해 버린다. 감정을 다스릴 힘만 있다면 외적인 환경이나 사건, 사고는 결코 죽음으로까지 몰고 가지 못한다. 누구나 살면서 크고 작은 장애물을 만난다. 그래서 큰 충격을 받거나 불안해하고 우울해하고 삶의 의욕을 잃어버린다. 하지만 어떤 사람들은 회복력을 발휘해 다시 일어선다. 만약 당신이 회복력이 낮아서 실직이나 이혼 등 역경에 부딪힐 때 제대로 대처하지 못한다면 이후의 삶이 어떻게 되겠는가. 행복할 수도 없고 인생도 엉망으로 망가지고 만다. 심각하면 자살을 선택하기도 한다. 그래서 특별한 사람이 아니라 누구나 회복력이 필요하다. 역경에 대처하는 회복력은 돈으로 살 수 있거나 누군가 뚝딱 만들어 줄 수 있는 게 아니다. 각자 스스로 회복력을 키워야 한다. 『절대 회복력』의 저자이자 회복력의 권위자인 캐런 레이비치와 앤드류 샤테가 20년 가까이 회복력이 개인의 삶에서 어떤 역할을 하는지 연구한 결과를 봐도 회복력은 행복과 성공에 꼭 필요하다.

이들이 카우아이 섬의 아이들을 다시 한 번 회복력의 관점에서 관찰했더니 72명의 아이들은 모두 회복력이 높았다고 한다. 가난과 학대 등 아동기의 곤경을 극복했고, 부모에게서 적절한 보살핌을 받지 못했던 일상적인 역경을 헤쳐 나갔으며, 부모의 이혼이라는 트라우마를 딛고 일어섰고, 모험과 새로운 경험을 향해 뻗어 나갔다. 이렇게 회복력은 누구나 네 가지 차원에서 활용할 수 있다. 아동기나 청소년기에 겪은 좌절을 극복하고 자신이 원하는 성인기를 만들어 가고 싶은 사람, 친구나 가족·직장 상사와의 갈등 등 매일같이 찾아오는 역경을 헤쳐 나가고 싶은 사람, 실직이나 이혼 등 성인기에 찾아오는 커다란 좌절을 이겨 내고 싶은 사람, 새로운 경험과 도전을 흔쾌히 받아들여 원하는 모든 걸 성취하고 싶은 사람, 모두 회복력을 발휘하면 충분히 가능하다.

혹시 "왜 나에게만 이런 시련이 닥치는가?"라고 생각해서 좌절하고 있는가? 당신은 역경을 통해 더 단단해지고 성장할 수 있다는 기회를 부여받았다는 사실을 기억하자.

회복력의 7가지 능력

회복력은 여러 가지 능력으로 이루어진다. 앞서 살펴본 낙관성도 회복력이 높은 사람의 특징 가운데 하나다. 캐런 레이비치 박사와 앤드류 샤테가 오랜 연구 끝에 알아낸 사실은 회복력이 높은 사람은 감정 조절, 충동 통제, 공감, 낙관성, 원인 분석, 자기 효능감, 적극적 도전(뻗어 나가기)이란 7가지 능력[13]을 활용해 역경에 대처해 나간다는 것이다. 이 7가지 능력은 측정할 수 있고 학습할 수 있으며 개선할 수도 있다. 지금껏 당신이 회복력이 낮은 사람이었다고 해도 얼마든지 회복력이 높은 사람이 될 수 있다.

캐런 레이비치와 앤드류 샤테가 개발한 회복력 테스트를 통해 당신도 직접 회복력 수준을 측정할 수 있다. 전반적인 회복력 지수는 물론이고 당신이 현재 갖고 있는 7가지 능력 수준을 측정할 수 있다. 이 테스트는 다양한 직업에 종사하는 온갖 계층에 있는 수천 명의 도움으로 완성되었고, 현실에서의 성공 가능성을 상당히 정확하게 예측하고 있다. 예를 들어서 대규모 통신 회사에서 말단 직원과 중간 관리자의 회복력 수준을 비교한 결과, 관리자들의 회복력 지수가 현저히 높았다. 금융 투자 회사에서는 재정 컨설턴트들의 회복력 지수를 측정하고 그들이 확보한 고객 수와 관리하는 달러 자산을 추적 조사했는데 회복력 지수가 더 높은 컨설턴트가 더 많은 고객을 확보하고 더 많은 자산을 관리했다. 회복력을 높이면 역경을 극복해 더 행복하고 더 성공적인 인생을 살 수 있다.

직접 회복력 지수를 측정해 보자. 당신이 7가지 회복력을 어느 정도 갖추고 있는지 알고 나면 3부에서 살펴보게 될 회복력 기술 중에서 본인에게 어떤 기술이 필요한지 정확하게 알 수 있을 것이다.

회복력 지수 테스트(RQ)[14]

테스트는 모두 56개 문항이다. 문항에 답할 때 너무 오래 고심하지 말라. 처음부터 끝까지 10분 정도에 마쳐야 한다. 각 문항이 자신과 얼마나 일치하는지 다음 척도에 따라 대답하라.

| 1점. 전혀 아니다 | 2점. 대체로 아니다 | 3점. 보통이다 |
| 4점. 대체로 그렇다 | 5점. 매우 그렇다 | |

- _____ 1. 문제를 해결하려고 노력할 때 나는 직감을 믿으며 처음 떠오른 해결책을 적용한다.
- _____ 2. 직장 상사, 동료, 배우자, 자녀와 미리 계획한 대화를 나눌 때도 나는 언제나 감정적으로 대응한다.
- _____ 3. 앞으로의 건강이 걱정스럽다.
- _____ 4. 당면한 과제에 집중하지 못하게 방해하는 어떤 것도 능숙하게 차단한다.
- _____ 5. 첫 번째 해결책이 효과가 없으면 원점으로 돌아가서 문제가 해결될 때까지 다른 해결책을 끊임없이 시도한다.
- _____ 6. 호기심이 많다.
- _____ 7. 과제에 집중하게 도와줄 긍정적인 정서를 활용하지 못한다.
- _____ 8. 새로운 것을 시도하기를 좋아한다.
- _____ 9. 도전적이고 어려운 일보다는 자신 있고 쉬운 일을 하는 것이 더 좋다.
- _____ 10. 사람들 표정을 보면 어떤 감정을 느끼는지 알아차린다.
- _____ 11. 일이 잘 안 풀리면 포기한다.
- _____ 12. 문제가 생기면 여러 가지 해결책을 강구한 후 문제를 해결하려고 노력한다.
- _____ 13. 역경에 처할 때 감정을 통제할 수 있다.

- _____ 14. 나에 대한 다른 사람의 생각은 내 행동에 영향을 미치지 못한다.
- _____ 15. 문제가 일어나는 순간, 맨 처음에 떠오르는 생각이 무엇인지 알고 있다.
- _____ 16. 내가 유일한 책임자가 아닌 상황에 가장 편안하다.
- _____ 17. 내 능력보다 타인의 능력에 의지할 수 있는 상황을 선호한다.
- _____ 18. 언제나 문제를 해결할 수는 없지만 해결할 수 있다고 믿는 것이 더 낫다.
- _____ 19. 문제가 일어나면 문제의 원인부터 철저히 파악한 후 해결을 시도한다.
- _____ 20. 직장이나 가정에서, 나는 내 문제 해결 능력을 의심한다.
- _____ 21. 내가 통제할 수 없는 요인들에 대해 숙고하는 데 시간을 허비하지 않는다.
- _____ 22. 변함없이 단순한 일상적인 일을 하는 것을 좋아한다.
- _____ 23. 내 감정에 휩쓸린다.
- _____ 24. 사람들이 느끼는 감정의 원인을 간파하지 못한다.
- _____ 25. 내가 어떤 생각을 하고 그것이 내 감정에 어떤 영향을 미치는지 잘 파악한다.
- _____ 26. 누군가에게 화가 나도 일단 그 마음을 진정하고 그것에 관해 대화할 알맞은 순간까지 기다릴 수 있다.
- _____ 27. 어떤 문제에 누군가 과잉 반응을 하면 그날 그 사람이 단지 기분이 나빠서 그런 것이라고 생각한다.
- _____ 28. 나는 대부분의 일을 잘 해낸다.
- _____ 29. 사람들은 문제 해결에 도움을 얻으려고 자주 나를 찾는다.
- _____ 30. 사람들이 특정 방식으로 대응하는 이유를 간파하지 못한다.
- _____ 31. 내 감정은 가정, 학교, 직장에서의 집중력에 영향을 미친다.
- _____ 32. 힘든 일에는 언제나 보상이 따른다.
- _____ 33. 과제를 완주한 후 부정적인 평가를 받을까 봐 걱정한다.
- _____ 34. 누군가 슬퍼하거나 분노하거나 당혹스러워할 때 그 사람이 어떤 생각을 하고 있는지 정확히 알고 있다.
- _____ 35. 새로운 도전을 좋아하지 않는다.
- _____ 36. 직업, 학업, 재정과 관련해서 미리 계획하지 않는다.
- _____ 37. 동료가 흥분할 때 그 원인을 꽤 정확하게 알아차린다.
- _____ 38. 어떤 일이든 미리 계획하기보다는 즉흥적으로 하는 것을 좋아한다. 그것이 별로 효과적이지 않아도 그렇다.
- _____ 39. 대부분의 문제는 내가 통제할 수 없는 상황 때문에 일어난다.
- _____ 40. 도전은 내 자신이 성장하고 배우는 한 가지 방법이다.
- _____ 41. 내가 사건과 상황을 오해하고 있다는 말을 들은 적이 있다.

- _____ 42. 누군가 내게 화를 내면 대응하기 전에 그의 말을 귀 기울여 듣는다.
- _____ 43. 미래에 대해 생각할 때 성공한 내 모습이 상상되지 않는다.
- _____ 44. 문제가 일어날 때 내가 성급하게 결론을 내린다는 말을 들은 적이 있다.
- _____ 45. 새로운 사람들을 만나는 것이 불편하다.
- _____ 46. 책이나 영화에 쉽게 몰입한다.
- _____ 47. "예방이 치료보다 낫다."는 속담을 믿는다.
- _____ 48. 거의 모든 상황에서 문제의 진짜 원인을 잘 파악한다.
- _____ 49. 훌륭한 대처 기술을 갖고 있으며 대부분의 문제에 잘 대응한다.
- _____ 50. 배우자나 가까운 친구들은 내가 그들을 이해하지 못한다고 말한다.
- _____ 51. 판에 박힌 일과를 처리할 때 가장 편안하다.
- _____ 52. 문제는 최대한 빨리 해결하는 것이 중요하다. 설령 그 문제를 충분히 파악하지 못하더라도 그렇다.
- _____ 53. 어려운 상황에 처할 때 나는 그것이 잘 해결될 것이라고 자신한다.
- _____ 54. 동료와 친구들은 내가 그들 말을 경청하지 않는다고 말한다.
- _____ 55. 어떤 것이 갖고 싶으면 즉시 나가서 그것을 산다.
- _____ 56. 동료나 가족과 '민감한' 주제에 대해 의논할 때 감정을 자제할 수 있다.

회복력의 첫 번째 능력 : 감정 조절

당신은 평소 자신의 감정을 잘 조절하는 편인가? 아니면 쉽게 불안해하고 분노하는 편인가? 감정 조절은 스트레스 하에서 평온을 유지하는 능력이다. 만약 사람들이 당신 주변에 오래 머물지 않는다면 스스로를 돌아보자. 쉽게 화내고 짜증 내고 불평하진 않는가? 감정을 조절하지 못하는 사람은 사람들을 지치게 할 뿐만 아니라 공동 작업을 어렵게 하고 우정을 지속하지 못한다. 스트레스를 더 많이 받고 역경에도 취약할 수밖에 없다. 하지만 회복력 수준이 높은 사람은 여러 가지 기술을 활용해 감정, 집중력, 행동을 통제한다. 그래서 역경이 닥쳤을 때도 평온을 유지하고 문제를 해결할 수 있는 방법을 모

감정 조절

다음 문항의 점수를 적어라.
문항 13 _____
문항 25 _____
문항 26 _____
문항 56 _____
긍정성 문항 총점 _____

다음 문항의 점수를 적어라.
문항 2 _____
문항 7 _____
문항 23 _____
문항 31 _____
부정성 문항 총점 _____

긍정성 총점 − 부정성 총점 = _____ (이것이 당신의 감정 조절 능력 점수이다.)

▸ 평균 이상 : 13점 초과 점수
▸ 평균 : 6점에서 13점까지의 점수
▸ 평균 이하 : 6점 미만 점수

* 감정 조절 능력이 부족한 사람은 3부 「회복력」 또는 『절대 회복력』에서 「ABC 확인하기」를 통해 반생산적인 감정을 촉발하는 믿음을 포착할 수 있다.

색하는 것이다. 불안한 상태로 어떻게 난관을 헤쳐 나갈 방법을 찾겠는가? 먼저 감정을 조절해야 한다.

물론 모든 감정을 통제해야 하는 건 아니다. 오히려 슬픔, 우울함 등 감정을 솔직하게 표현하는 게 건설적이고 생산적이다. 당신은 마지막으로 시원하게 울어 본 게 언제인가? 슬픔을 꾹꾹 눌러 참는 것보다는 눈물을 흘리고 나면 마음이 진정되면서 한 발 물러나 상황을 객관적으로 보게 된다. 감정을 건강하게 표현하는 건 회복력을 높이는 방법이며 행복한 삶의 방법이다. 모든 감정을 다 묻어 두고 산다면 얼마나 밋밋한 삶이겠는가? 다만, 감정에 휩싸여 스스로 통제하지 못할 정도가 돼서는 곤란하다는 뜻이다.

회복력의 두 번째 능력 : 충동 통제

충동 통제 능력이 인생에 어떤 영향을 주는지 알기 위해 대니얼 골먼 박사가 마시멜로 연구를 한 적이 있다. 아이들을 방으로 한 명씩 데려 간 후 연구자가 아이에게 마시멜로 하나를 주는데, 지금 먹어도 되지만 자신이 잠깐 나갔다 돌아올 때까지 먹지 않고 기다리면 하나를 더 주겠다고 한다. 당신이라면 먹고 싶은 마음을 꾹 참고 기다렸다 두 개를 먹겠는가? 아니면 유혹을 참지 못하고 꿀꺽 먹어 버리겠는가?

전자를 택했다면 충동 통제 능력이 높은 사람이다. 내일 있을 프레젠테이션을 준비해야 하는데 친구가 술 한잔하자고 전화를 걸었다면 꾹 참고 일을 계속하는 쪽이었을 것이다. 어떤 역경에 닥쳐서도 충동적으로 대응하지 않고 감정을 가라앉히고 차분히 생각하는 사람일 가능성이 높다. 하지만 마시멜로를 단숨에 먹어 버린 사람이라면 유혹을 못 이기고 친구를 만나러 나가거나, 충동구매를 하거나 금방 사과하고도 똑같은 실수를 반복할 가능성이 높다. 10년 후 아동들을 추적한 조사에서도 마시멜로를 하나 더 받으려고 기다린 아이들이 교우 관계가 더 좋았고 학교 성적도 훨씬 좋았다고 한다.

충동 통제 능력은 감정 조절 능력과 밀접한 관련이 있다. 감정을 조절할 수 있다는 건 그만큼 충동적으로 행동하지 않는다는 말이다. 당신이 실직했다면 맨 먼저 무슨 생각이 떠오르겠는가? 대부분 부정적인 생각이 떠오르고 스스로 아무 짝에도 쓸모없는 사람이라고 비관할 수도 있다. 이럴 때 감정을 조절할 수 있는 사람은 감정에 휩쓸리지 않고 방법을 강구해 나가겠지만, 그렇지 않은 사람은 술독에 빠져 살거나 방황한다. 역경에 대처하는 능력을 키우려면 충동을 통제할 수 있어야 한다.

충동 통제

다음 문항의 점수를 적어라.
문항 4 ____
문항 15 ____
문항 42 ____
문항 47 ____
긍정성 문항 총점 ____

다음 문항의 점수를 적어라.
문항 11 ____
문항 36 ____
문항 38 ____
문항 55 ____
부정성 문항 총점 ____

긍정성 총점 – 부정성 총점 =____ (이것이 당신의 충동 통제 능력 점수이다.)

▶ 평균 이상 : 0점 초과 점수
▶ 평균 : –6점에서 0점까지의 점수
▶ 평균 이하 : –6점 미만 점수

＊ 충동 통제 능력이 부족한 사람은 3부 「회복력」 또는 『절대 회복력』에서 「ABC 확인하기」와 「사고의 함정 피하기」를 통해 충동적인 믿음과 그 믿음이 회복력을 어떻게 훼손시키는지를 간파한 다음, 「반박하기」를 통해 충동 통제 능력을 향상시키고 정확하게 사고할 수 있다. 정확한 사고는 감정 조절 능력을 높이고 회복 탄력적인 행동을 낳는다.

회복력의 세 번째 능력 : 낙관성

낙관적인 사람은 고통이 금방 지나갈 것이고 다시 좋아질 것이라고 생각하기 때문에 미래에 대해 희망을 품는다. 또 본인이 어느 정도는 인생의 방향을 통제한다고 믿는다. 그래서 역경도 통제하고 극복해 나갈 수 있다는 믿음을 갖고 있다. 그래서 회복력 지수가 높은 사람은 낙관적이다. 이런 낙관주의가 자기 효능감과 결합하면 동기를 부여해 해결책을 찾아내고 어려운 상황을 개선하게끔 노력하게 만든다. 자기 효능감은 문제를 해결할 수 있다는 확고한 믿음이다. 만약 당신이 스스로 그 일을 해낼 수 없다고 생각하거나, 어떻게 해결해야 할지 모르겠다고 생각한다면 낙관성을 키워야 한다.

낙관성

다음 문항의 점수를 적어라.
문항 18 ____
문항 27 ____
문항 32 ____
문항 53 ____
긍정성 문항 총점 ____

다음 문항의 점수를 적어라.
문항 3 ____
문항 33 ____
문항 39 ____
문항 43 ____
부정성 문항 총점 ____

긍정성 총점 – 부정성 총점 = ____ (이것이 당신의 낙관성 점수이다.)

▶ 평균 이상 : 6점 초과 점수
▶ 평균 : –2점에서 6점까지의 점수
▶ 평균 이하 : –2점 미만 점수

＊ 낙관성이 낮은 사람은 『절대 회복력』에서 「반박하기」와 「진상 파악하기」를 통해 통제 가능한 요인을 장악할 수 있다.

회복력의 네 번째 능력 : 원인 분석

당신은 평소 어떤 문제가 생기면 제대로 원인을 판단하고 정확하게 사고하는 편인가? 아마 대부분의 사람들이 어느 정도는 정확한 사고를 한다고 생각할 것이다. 그런데 당신이 우울하고 슬픔에 빠져 있을 때를 떠올려 보자. 그런 감정에 빠져 있을 때 내린 판단이 얼마나 정확할 것이라고 생각하는가? 실제로 95퍼센트의 사람들이 잘못된 사고를 한다고 한다. 결국 잘못된 해결책으로 이어지는 것이다. 그래서 원인 분석 능력은 회복력의 능력 가운데서도 특히 중요하다.

원인 분석은 문제의 원인을 정확하게 분석하는 능력으로 낙관성과 연관되어 있다. 여기에는 어떤 일에 대한 개인의 설명 양식이 중요하다. 당신은 어떤 일이 잘못되면 주로 본인 잘못이라고 생각하는가, 다른 사람이나 외부 환경

탓이라고 생각하는가? 잘못된 상태가 어쩌다 한번 잘못된 것이라고 생각하는가, 항상 그 모양이라고 생각하는가? 아니면 그 일만 잘못된 것이라고 생각하는가, 인생 자체가 실패했다고 생각하는가? 이렇게 설명 양식은 크게 세 가지로, 원인의 주체 차원(내 탓–남 탓), 지속성 차원(항상–가끔), 만연성 차원(전부–일부)이다. 뒤에서 자세히 살펴보겠지만 비관주의자들은 "내 탓, 항상, 전부"의 설명 양식을 가지고 있는데, 문제의 원인이 본인이고 지속적이며 변할 수 없고 자기 삶의 모든 영역을 손상시킬 것이라는 믿음을 갖고 있다.

만약 당신이 비관주의자의 속성을 갖고 있다면 역경이 닥쳤을 때 감정에 휩싸여 잘못된 사고를 할 가능성이 높다. 이런 사람은 원인 분석 습관을 바꿔야 한다.

원인 분석

다음 문항의 점수를 적어라.
문항 12 _____
문항 19 _____
문항 21 _____
문항 48 _____
긍정성 문항 총점 _____

다음 문항의 점수를 적어라.
문항 1 _____
문항 41 _____
문항 44 _____
문항 52 _____
부정성 문항 총점 _____

긍정성 총점 – 부정성 총점 = _____ (이것이 당신의 원인 분석 능력 점수이다.)

▶ 평균 이상 : 8점 초과 점수
▶ 평균 : 0점에서 8점까지의 점수
▶ 평균 이하 : 0점 미만 점수

* 원인 분석 능력이 낮은 사람은 3부 「회복력」 또는 『절대 회복력』에서 낙관성과 마찬가지로 「반박하기」를 통해 원인 분석 능력을 향상시킬 수 있다.

회복력의 다섯 번째 능력 : 공감

링컨 대통령은 현란하게 말을 잘했던 사람은 아니다. 또 법률 지식이 우수한 변호사는 수도 없이 많았지만 배심원들을 상대로 그만큼 영향력을 발휘할 수 있는 사람은 드물었다. 그에게는 경청하고 공감할 줄 아는 강력한 힘이 있었기 때문이다. 공감 능력이란 다른 사람이 어떤 상황에 처했을 때 그 상황과 관련된 그 사람의 감정 요소와 의미를 마치 자신이 그 사람인 것처럼 정확하게 지각하고 반응해 주는 능력이다. 당신은 최근 다른 사람의 입장을 잘 헤아리고 이해한 적이 있는가? 아니면 상대방이 왜 그렇게 행동했는지 도무지 감을 잡지 못해 화를 내거나 괴로워했던 적이 있는가?

공감 능력이 뛰어난 사람은 학교나 직장에서 사람들의 신뢰를 얻어서 어려움에 처했을 때 주변 친구들이 그를 도울 가능성이 많다. 그래서 더 넓은 사

공 감

다음 문항의 점수를 적어라.	다음 문항의 점수를 적어라.
문항 10 ____	문항 24 ____
문항 34 ____	문항 30 ____
문항 37 ____	문항 50 ____
문항 46 ____	문항 54 ____
긍정성 문항 총점 ____	부정성 문항 총점 ____

긍정성 총점 − 부정성 총점 = ____ (이것이 당신의 공감 능력 점수이다.)

- 평균 이상 : 12점 초과 점수
- 평균 : 3점에서 12점까지의 점수
- 평균 이하 : 3점 미만 점수

* 공감 능력이 낮은 사람은 3부 '회복력' 또는 『절대 회복력』에서 「ABC 확인하기」와 「빙산 찾아내기」를 통해 스스로 동기를 부여하는 것이 무엇인지 알아내는 방법을 배울 수 있으며, 다른 사람과 상호작용 하는 방법도 배울 수 있다.

회적 관계를 맺고 친밀한 관계를 유지한다. 상대방의 의견에 찬성하진 않아도 이해해 주기 때문에 적보다는 친구가 많다. 폭력, 성폭행, 살인 등의 범죄자들에게는 공통적으로 공감 능력이 부족하다고 한다. 타인의 고통을 보면서도 아플 것이라는 생각을 못하는 것이다. 특히 싸움이 일어나는 원인의 대다수는 공감하지 못하기 때문이다. 그래서 공감 능력은 회복력의 능력이면서 모든 관계의 기본이다. 만약 당신이 직장 동료와 의견 충돌이 잦거나, 자주 상대방의 행동을 이해하지 못하는 사람이라면 공감 능력을 키워야 한다. 회복력을 떠나 그래야 좋은 관계를 맺을 수 있다.

회복력의 여섯 번째 능력 : 자기 효능감

　잠시 본인에 대해 갖고 있는 이미지를 생각해 보자. 당신은 스스로를 긍정적이고 자신감 넘치는 사람이라고 생각하는가? 아니면 자신감이 없고 목표에 대한 의욕이나 열정도 부족한가? 전자라면 자기 효능감이 높은 사람일 가능성이 높다. 하지만 후자라면 자기 효능감이 매우 낮은 사람이다. 자기 효능감이 낮은 사람은 직장에서 상사가 어려운 과제를 맡길 경우 덜컥 겁부터 내기 쉽다. 그 일을 해낼 능력이 없다고 생각해 버리기 때문이다. 이렇게 자기 효능감은 자신에게 일어날 문제를 해결할 수 있다는 믿음과 성공할 능력에 대한 확신을 말한다. 캐나다의 심리학자 앨버트 반두라에 의하면 어떤 일에 대한 능력 자체보다는 그 일을 해낼 수 있다고 믿는 신념이 실제 일을 해내는 데 훨씬 큰 영향을 미친다고 한다.

　회복이 높은 사람은 일반적으로 자기 효능감이 높은 편이다. 그래서 본인의 의지대로 인생을 살아가면서 스스로 행동을 제어하고 자기 운명을 개척할 능력이 있다고 생각한다. 만약 당신이 자기 효능감이 낮다면 스스로에

자기 효능감	
다음 문항의 점수를 적어라. 문항 5 ____ 문항 28 ____ 문항 29 ____ 문항 49 ____ 긍정성 문항 총점 ____	다음 문항의 점수를 적어라. 문항 9 ____ 문항 17 ____ 문항 20 ____ 문항 22 ____ 부정성 문항 총점 ____

긍정성 총점 - 부정성 총점 = ____ (이것이 당신의 자기 효능감 점수이다.)

▶ 평균 이상 : 10점 초과 점수
▶ 평균 : 6점에서 10점까지의 점수
▶ 평균 이하 : 6점 미만 점수

* 자기 효능감이 낮은 사람은 3부 「회복력」 또는 『절대 회복력』에서 「사고의 함정 피하기」를 통해 문제의 원인에 대한 불합리한 믿음을 떨쳐 내고, 「반박하기」를 통해 문제를 더 확실하게 해결할 수 있다.

게 믿음을 심어 줘야 한다. 자기 효능감이 낮으면 어떤 문제에 직면했을 때 해결할 수 없다고 생각해 버리므로 성취의 정도도 더디다. 본인 능력을 의심하거나 믿지 못하면 좌절하고 불안할 수밖에 없다. 그래서 도망치고 회피할 가능성이 높다. 하지만 자기 효능감을 키우면 자신감과 통제력이 커지면서 실제로 실패를 덜 겪게 된다고 한다. 자기 효능감을 키울 수 있는 가장 좋은 방법은 작은 성과를 달성하면서 '성공'을 경험하는 것이다. 그러면 얼마든지 해낼 수 있다는 믿음과 자신감을 가질 수 있다.

회복력의 일곱 번째 능력 : 뻗어 나가기

당신의 하루를 돌아보자. 어제와 비슷한 하루인가, 아니면 오늘만의 새로운 경험들로 꽉 메워져 있는가? 사람들은 대부분 책장에는 비슷한 분야의 책들이 꽂혀 있을 가능성이 높고, 식당에서 주문하는 음식은 며칠 전과 비슷한 메뉴일 가능성이 높고, 늘 다니는 길로만 다닐 가능성이 높다. 만나는 사람은? 당신과 비슷한 취향, 비슷한 성격을 가진 코드가 맞는 사람일 가능성이 높다. 당신은 새로운 사람과 대화를 나눠 본 게 언제였는가? 새로운 분야의 책을 집어 들었다가도 재미없거나 본인과 맞지 않을까 봐 내려놓고, 실패할까 봐서 차라리 익숙한 것들을 선택하지는 않는가?

어떤 도전을 과감히 받아들이지 못하는 건 실은 실패할지도 모른다는 두려움 때문이다. 본인의 진짜 한계와 맞닥뜨릴지 모른다는 불안감 때문이다. 하지만 역경을 이겨 낸 사람들은 역경을 통해 자신에 대한 믿음을 키우면서 기꺼이 새로운 경험과 세계를 받아들인다. 얼마간의 위험 또한 감수하고 받

뻗어 나가기

다음 문항의 점수를 적어라.	다음 문항의 점수를 적어라.
문항 6 _____	문항 16 _____
문항 8 _____	문항 35 _____
문항 14 _____	문항 45 _____
문항 40 _____	문항 51 _____
긍정성 문항 총점 _____	부정성 문항 총점 _____

긍정성 총점 - 부정성 총점 =_____ (이것이 당신의 뻗어 나가기 능력 점수이다.)

- ▶ 평균 이상 : 9점 초과 점수
- ▶ 평균 : 4점에서 9점까지의 점수
- ▶ 평균 이하 : 4점 미만 점수

＊ 뻗어 나가기 능력이 부족한 사람은 3부 '회복력' 또는 『절대 회복력』에서 「빙산 찾아내기」를 통해 타인과의 친밀한 관계 형성을 방해하고 새로운 경험을 시도하지 못하게 가로막는 뿌리 깊은 믿음을 찾아낼 수 있다. 「반박하기」를 통해 불합리한 믿음을 검증하고, 「진상 파악하기」를 통해 뻗어 나가기에 대한 두려움을 떨쳐 낼 수 있다.

아들인다. 어떤 새롭고 낯선 상황도 넘어서고 이겨 낼 수 있다는 믿음이 있기 때문이다. 그래서 수많은 역경을 극복한 사람일수록 인생이 더 풍부하고 풍성해지는 것이다. 뻗어 나가기는 앞서 다룬 6가지 능력을 통해 역경을 이겨 낸 사람들이 더 많이 성장한다는 걸 의미한다. 회복력은 단지 역경을 이겨 내는 데서 머무는 게 아니다. 삶의 긍정적인 측면을 향상시켜 더 멀리 뻗어 나갈 수 있게 한다. 당신은 지금에 안주하면서 좁은 세상을 살아가겠는가, 아니면 더 멀리 뻗어 나가 당신이 경험하지 못했던 새로운 사람과 새로운 세계를 만나면서 넓은 세상을 만나고 싶은가? 회복력이 당신에게 더 넓고 풍요로운 세계를 선사해 줄 수 있다.

RQ 테스트 점수가 생각보다 낮아서 놀라는 사람들이 있다. 실망할 필요는 없다. 3부 「행복 프로젝트」의 회복력에서 다루게 될 회복력 기술이나 캐런 레이비치와 앤드류 샤테의 『절대 회복력』을 참고하면 7가지 능력을 크게 향상시킬 수 있을 것이다.

과학 도구 9 긍정심리 치료

● 긍정심리 치료는 증상 제거를 넘어서 지속적인 행복 증진을 목표로 한다. 행복 증진을 통해 부적응 증상을 극복할 뿐만 아니라 증상 재발을 방지할 수 있다는 가정에 근거한다. 또한 긍정심리 치료는 긍정적 경험에 초점을 맞춰 심리적 강점을 함양함으로써 환자의 행복과 자기실현을 촉진한다.

우울증

　세계보건기구에 따르면 우울증은 21세기 인류를 가장 괴롭히는 10대 질병 중 하나고 2020년에는 두 번째 괴로운 질병이 될 것이라고 한다. 아마 당신도 심각한 우울증은 아니어도 일상에서 종종 우울 증세를 경험한 적이 있을 것이다. 우리나라도 매년 우울증 환자가 증가하고 있다. 최근 보건복지부 발표에 의하면 우리나라 우울증 환자는 270만 명, 10년 새 67퍼센트가 증가했고, 정신 질환자가 530만 명, 100명당 3.7명이 자살을 생각했다고 한다. 어쩌면 그 이상이 될 수도 있다. 정부에서도 우울증에 대한 심각성을 인식하고 2013년부터는 의료보험에 우울증 검사를 의무적으로 실시한다고 한다. 다행한 일이다. 먼저 우울증 자기진단법에서 우울증 검사를 해보자. 많은 우울증 진단법이 있지만 이 진단법은 전 세계적으로 검증된 진단법이다.

　이 검사는 각 문항에 해당 점수를 적고 모두 더하면 된다. 혹시 선택하기가 어려워 한 문제에 대해 두 가지 점수를 주었다면 그 가운데 높은 점수만 더하도록 한다. 총점은 0~60 사이일 것이다. 단, 높은 점수가 반드시 우울증 진단을 뜻하는 건 아니다. 우울증 진단이 내려지려면 이런 증상들이 얼마나 오랫동안 지속되었는지 등의 다른 요인들도 함께 고려되어야 한다. 하지만 이런 판단은 적절한 자격을 갖춘 심리학자나 정신과 의사와 자세한 면담을 한 뒤에나 가능한 일이다. 이 검사는 현재 우울증 수준이 어느 정도나 되는지 가늠해 보는 수준에서만 사용할 수 있다.

　만약 당신의 점수가 0~9점이라면 미국 성인들의 평균치에도 못 미치는 값으로 우울증과 무관하다. 10~15점은 우울한 증세가 약간 있는 정도, 16~24점은 우울한 증세가 꽤 있는 정도, 그리고 24점 이상은 우울한 증세가 심한

우울증 자기진단법[15]

이 검사 방법은 미국 국립정신보건원 산하 유행병연구센터의 레노 래드로프가 개발한 것으로 우울증 검사에 가장 널리 쓰이는 방법이다. CES-D(유행병연구센터-우울증)라 불리는 이 검사는 우울증의 모든 증상들을 포괄하고 있다. 본인이 지난 일주일 동안 느낀 것을 가장 잘 기술하고 있는 답변에 동그라미를 쳐 보자.

지난 일주일 동안

0점. 전혀 또는 거의 그런 적 없다(하루 미만).   1점. 약간 그런 적 있다(1~2일).
2점. 때때로 또는 꽤 그런 적이 있다(3~4일).   3점. 거의 항상 또는 늘 그랬다(5~7일).

- _____ 1. 평상시에는 아무렇지 않던 일에 마음이 쓰였다.
- _____ 2. 별로 음식을 먹고 싶은 마음이 들지 않았다. 입맛이 없었다.
- _____ 3. 식구나 친구들이 곁에서 거들어 주어도 울적한 기분이 가시질 않았다.
- _____ 4. 본인이 남들만 못하다는 느낌이 들었다.
- _____ 5. 하는 일에 마음을 집중할 수 없었다.
- _____ 6. 우울한 느낌이 들었다.
- _____ 7. 쉬운 일이 하나도 없다는 느낌이 들었다.
- _____ 8. 미래가 암울하게 느껴졌다.
- _____ 9. 실패한 인생이라는 생각이 들었다.
- _____ 10. 왠지 두렵다는 느낌이 들었다.
- _____ 11. 잠을 설쳤다.
- _____ 12. 불행하다는 느낌이 들었다.
- _____ 13. 평상시보다 말수가 적었다.
- _____ 14. 외롭다는 느낌이 들었다.
- _____ 15. 사람들이 불친절했다.
- _____ 16. 삶을 즐기지 못했다.
- _____ 17. 갑자기 울음을 터뜨릴 때가 있다.
- _____ 18. 슬픔을 느꼈다.
- _____ 19. 사람들이 나를 싫어한다고 느꼈다.
- _____ 20. 일이 굴러가질 않는다는 느낌이 들었다.

상태에 해당한다. 본인 점수가 심하게 우울한 정도에 해당하거나 점수에 상관없이 기회만 되면 자살을 생각하는 사람이라면 책을 덮고 즉시 전문가를 찾아가야 한다. 점수가 꽤 우울한 정도에 해당하고 자살하고 싶은 충동을 느끼는 사람도 마찬가지다. 그 밖에 점수가 꽤 우울한 정도에 해당하는 사람들은 2주 후에 이 검사를 한 번 더 해보길 바란다. 여전히 비슷한 점수가 나온다면 전문가와 상담할 필요가 있다.

마틴 셀리그만과 테이얍 라시드의 긍정심리 치료 14회기[16]

만약 어떤 사람이 오랫동안 한쪽 다리로만 서 있다고 할 때 어떤 현상이 일어날까? 아마 시간이 흐를수록 다리에는 경련이 일어나고, 체중을 견디지 못해 아픈 다리는 균형을 잃게 될 것이다. 좀 더 시간이 흐르면, 다리뿐만 아니라 온몸의 근육조직도 서서히 경련이 일면서 더 이상 고통을 참을 수 없는 상태가 되고, 그 정도가 되면 도움을 요청할 것이다. 그러면 당신은 그 사람을 위해 무엇을 해 주겠는가? 달려가서 다리의 뭉친 근육을 주물러 풀어 주는 사람, 팔을 내밀어 균형을 잡아 주는 사람, 두 손을 잡아 균형을 잡을 수 있게 도와주는 사람 등 저마다 다를 것이다. 나이가 지긋한 사람은 한쪽 다리를 잃어버린 사람에 비하면 그래도 행복한 것 아니냐고 할지도 모른다. 하지만 이런 방법들이 어떤 도움이 될 것이라고 생각하는가? 잠깐의 고통을 멈춰 줄 순 있어도 해결책은 아니다. 그런데 누군가 다가와 이렇게 말해 준다. "다른 쪽 다리를 쭉 펴세요." 아픈 다리가 아니라, 다른 쪽 다리를 쭉 펴기만 해도 고통을 멈추고 균형을 잡을 수 있지 않겠는가.

그동안 우울증과 불안증, 외상 후 스트레스 장애 등을 치료하기 위한 방법들은 하나같이 아픈 다리의 뭉친 근육을 풀어 주려는 노력이었다. 어떻게 하면 고통을 줄일 수 있는지, 아픈 곳에 초점을 맞췄던 것이다. 그런데 다른 쪽 다리를 쭉 편다면 어떻겠는가? 당신은 인생에서 행복의 요소가 다양하지 못해서 우울증이 온다고 생각하는가? 아니면 항우울제를 복용하지 않아도 행복만으로 우울증 치료가 가능하다고 생각하는가? 그동안 긍정심리학자들이 행복에 이르는 구체적인 방법들을 연구하고 일반인을 대상으로 실험한 결과, 효과가 입증된 방법들은 많다. 그중에서 가장 널리 사용되는 13가지가 있다. 그것이 앞으로 2부에서 살펴보게 될 행복 연습이다. 이 방법들을 우울증 환자들에게도 적용했는데, 리드 대학의 아카시아 팍스 교수가 '6가지 긍정 치료' 6주 훈련 프로그램을 고안해 집단 치료에 활용하면서 경증 우울증 청소년들의 우울 증세가 비우울 증세로 호전된 사실을 발견했다. 행복 연습만으로도 우울한 증세를 없앨 수 있다는 가능성을 발견한 것이다.

이렇게 해서 테이얍 라시드 박사가 본격적으로 긍정심리 치료(PPT)를 창시했다. 긍정심리 치료를 통해 우울증 환자를 치료해서 행복에 이르게 하는 프로그램이다. 지금껏 라시드 박사와 마틴 셀리그만은 그들의 책(『긍정심리치료』)에서 놀라운 결과들을 보여 주고 있다. 모든 치료와 마찬가지로 우울증 환자를 대하는 태도가 가장 중요한데, 온정, 정확한 공감, 기본적인 신뢰, 진실성, 친밀한 관계를 갖췄을 때 가장 효과가 좋다고 한다. 그래야 환자를 이해하고 긍정 연습 가운데 환자에게 꼭 맞는 연습을 찾아낼 수 있기 때문이다. 먼저 환자의 우울 증세와 웰빙 점수를 자세히 평가한 다음, 웰빙의 항목들인 긍정적 정서, 몰입, 의미가 삶에서 부족한 정도가 우울 증세와 얼마나 관계가 있을지 분석하는 것이 치료의 첫 단계다. 그다음 아래와 같은 13회 이상의 치료가 진행되는데, 진행하면서 환자에게 맞는 긍정심리 연습을 조정해 나가는 방식으로 이루어진다.

1회기	긍정적 자원, 즉 긍정적 정서, 성격의 강점, 의미의 부족 또는 결여는 우울증을 유발하고 삶을 공허하게 만들 수 있다. 긍정적 자원에 대해 알아본다.
숙제	환자는 약 300단어 정도를 써서 1페이지 분량의 '긍정적 자기소개서'를 작성한다. 가장 좋은 상태의 본인과 본인 성격의 강점들을 어떻게 활용했는지를 구체적으로 묘사한다.
2회기	환자는 긍정적 자기소개서를 보며 본인의 성격 강점을 확인하고 그것들이 예전에 도움이 되었던 상황을 이야기한다.
숙제	환자는 온라인 VIA(Values in Action) 강점 검사에 참여하여 본인의 성격 강점을 확인한다.
3회기	성격 강점을 활용해서 긍정적 정서, 몰입, 의미를 쉽게 배양할 수 있는 구체적인 상황에 초점을 맞춘다.
숙제	환자는 '축복 일기'를 쓰기 시작한다. 매일 밤 그날 있었던 세 가지 잘 되었던 일에 대해 쓴다. 작고 사소한 일이어도 좋다.
4회기	우울증이 지속될 때 좋은 기억과 나쁜 기억의 역할에 대해 토론한다. 분노와 비통을 고수하는 것은 우울증을 유발하고 웰빙을 약화시킨다.
숙제	환자는 분노와 비통에 대해 그리고 그 두 감정이 우울증을 어떻게 지속시키는지를 적는다.
5회기	우리는 분노와 비통을 가라앉히고 긍정적 정서로까지 바꿀 수 있는 강력한 도구로서 용서를 도입한다.

숙제	환자는 한 가지 범죄와 그에 관련된 감정을 묘사하는 용서 편지를 쓰고 범죄자를 용서하기로 맹세하지만 편지를 보내지는 않는다.
6회기	고마운 마음을 지속하기 위해 감사에 대해 토론한다.
숙제	환자는 충분히 감사하지 않았던 누군가에게 감사 편지를 쓰고 반드시 직접 전달한다.
7회기	축복 일기를 쓰고 성격 강점을 활용함으로써 긍정적 정서를 배양하는 것의 중요성에 관해 검토한다.
8회기	주어진 현실에 만족하는 '만족자'(이 정도면 충분해)가 만족의 극대화를 추구하는 '극대화자'(완벽한 아내, 완벽한 식기세척기, 완벽한 휴양지를 꼭 찾아내야 해)보다 웰빙 수준이 더 높다는 사실에 대해 토론한다. 극대화 추구보다 만족 추구를 더 권장한다.
숙제	환자는 만족 추구를 증가시킬 방법을 검토하고 개인적으로 만족 추구 계획을 세운다.
9회기	설명 양식을 사용해서 낙관성과 희망에 대해 토론한다. 즉, 낙관성 양식은 나쁜 사건을 일시적이고, 바뀔 수 있고, 지엽적인 사건으로 보는 방식이다.
숙제	환자는 자신에게 닫혀 있는 세 개의 문[원인 주체 차원(내 탓 vs 남 탓), 지속성 차원(항상 vs 가끔), 만연성 차원(전부 vs 일부)]에 대해 생각한다. 어떤 문이 열릴까?
10회기	환자가 배우자나 연인의 성격 강점을 인정하도록 돕는다.
숙제	우리는 환자로 하여금 타인이 보고한 긍정적 사건에 적극적이며 건설적으로 반응하게 지도하고, 환자는 본인의 성격 강점과 배우자의 성격 강점을 축하하는 데이트를 마련한다.

11회기	가족의 성격 강점을 알아보는 방법과 환자의 성격 강점의 근원에 대해 토론한다.
숙제	환자는 가족을 온라인 VIA 성격 강점 검사에 참여시킨 다음, 모든 가족의 성격 강점을 표시한 가계도를 그린다.
12회기	긍정적 정서의 강도와 지속 기간을 증가시키는 기법으로 음미를 도입한다.
숙제	환자는 쾌감을 주는 활동을 계획하고 그대로 실천한다. 환자에게 구체적인 음미 기법 리스트를 제공한다.
13회기	환자는 가장 훌륭한 선물 중 하나, 즉 시간을 선물할 능력이 있다.
숙제	환자는 많은 시간이 소요되는 어떤 것을 함으로써 본인의 성격 강점을 이끌어 낸다.
14회기	긍정적 정서, 몰입, 의미를 통합하는 충만한 삶에 대해 토론한다.

당신 생각에는 긍정심리 치료가 어느 정도나 효과가 있었을 것이라고 생각하는가? 기존 치료 환자의 20퍼센트, 기존 치료와 항우울제를 병행한 환자의 8퍼센트, 긍정심리 치료를 받은 환자의 55퍼센트가 우울증이 호전되었다. 긍정심리 치료가 기존 치료와 항우울제보다 더 효과적으로 우울 증세를 완화시킨 것이다. 그저 우연의 일치라고 생각하는가? 환자의 반응에 맞춰 무수한 조정과 반복을 거듭하면서 2005년 1월에는 놀라운 결과를 얻었다.『타임』지가 긍정심리학을 커버스토리로 다룬 것이다. 마틴 셀리그만은 한 가지 연습을 무료로 제공하는 웹 사이트를 개설했는데 '잘되었던 일' 연습이었다. 수천 명이 웹 사이트에 접속했고, 이 가운데 심각한 우울증 환자 50명도 우울증 검사와 행복 검사를 받고 '잘되었던 일' 연습을 시작했다. 2부에서 다시 다루

겠지만 이 연습은 그날 하루 동안 일어났던 잘된 일 세 가지를 찾아내는 아주 간단한 방법이다. 그런데 이들의 평균 우울증 점수는 34점으로 아주 심각한 우울증이었다. 마틴 셀리그만의 말에 따르면 그런 사람들이 가까스로 침대 밖으로 나와 컴퓨터 앞에 앉았다 다시 침대로 들어간 것이다. 이것만으로도 놀랍지 않은가. 이들은 일주일 동안 매일 잘되었던 일 세 가지를 찾아 웹사이트에 접속해 보고했는데, 우울증 평균 점수는 34점에서 17점으로, 행복 백분위 점수는 15점에서 50점으로 바뀌었다. 극심한 우울증에서 경미한 수준으로 상태가 호전되면서 더 행복해졌다. 검사에 참여했던 50명 중에서 47명이 '잘되었던 일' 연습만으로 이제 덜 우울하고 더 행복해졌다는 뜻이다.

마틴 셀리그만은 우울증을 40여 년간 연구해 온 심리학자다. 그런데 그동안 수많은 심리 치료와 약물로 환자들을 치료해 오면서 이런 결과를 본 적은 한 번도 없었다고 한다. 삶에 균형을 맞추고 행복의 도구들을 활용하는 것만으로도 우울증을 치료할 수 있었다. 이게 행복의 치유력이다. 지금껏 당신에게 가벼운 우울 증상이 왔을 때 어떤 치료를 할 수 있었는가? 심각한 중증 우울증에 걸린 사람들도 아마 선뜻 치료를 받으러 나서기가 망설여졌을 것이다. 앨 고어 전 미국 부통령의 부인 티퍼 고어도 우울증으로 입원까지 했다고 한다. 그런데 티퍼 고어는 입원 당시 사장에게는 수면 클리닉에 입원한다고 거짓말을 했다. 정신과 치료를 받는다고 하면 정신이상자로 낙인찍혀 해고당할까 봐 두려웠다는 것이다. 이렇게 우울증 치료를 어렵게 하는 한 가지 이유는 사회적인 편견이다. 우울증이 전 세계적으로 퍼지는 무서운 이유가 무엇이겠는가? 대다수가 우울증을 숨기고 겉으로는 아무렇지 않은 척 혼자 고통받는 보이지 않는 질병이기 때문이다. 게다가 우울증은 치료비가 가장 비싼 질환이라고 한다. 우울증 치료법은 약물치료나 심리 치료 둘 중 선택하게 되는데, 보통 장기적으로 이루어진다. 우리나라는 정확한 조사가 없지만, 전체 인구의 16퍼센트가 우울증에 걸리는 미국은 연간 5,000억 달러, 일본은 2010년 우울증 치료비로 2,971억 엔, 우울증으로 인한 생활보호 지급액이 3,046억 엔이었다.

그동안 우울증을 치료하고 싶어도 사회적 편견이 두려워서, 혹은 돈이 없어서 치료를 받지 못한 사람들이 얼마나 많았겠는가? 그런데 병원에 갈 필요 없이 아주 저렴한 가격으로 웹 사이트에 접속해 우울증을 치료한다면 어떻겠는가? 상상이 가는가?

하지만 긍정심리 치료가 우울증 환자를 줄일 수 있는 정말 중요한 이유가 있다. 항우울제와 심리 치료가 우울증을 완화시키는 비율은 평균적으로 65퍼센트였다. 여기에 약효가 전혀 없는 위약을 진짜 약으로 가장해 복용하게 해도 병세가 호전되는데, 이런 플라세보 효과는 45~55퍼센트였다. 약이 사실적이고 정교할수록 효과가 높은데 항우울제와 거의 차이가 없다는 것이다. 그런데 이 모든 방법들은 65퍼센트라는 수치에서 멈춘다. 그래서 마틴 셀리그만은 『플로리시』에서 이 문제를 '65퍼센트 장벽'이라고 부른다. 당신은 이런 장벽이 왜 생긴다고 생각하는가? 아무리 상담하고 약을 복용해도 시간이 지나면 본래의 상태로 돌아오고 만다. 일시적으로 고통을 줄여 주는 효과가 있지만 서서히 그 효과는 사라진다. 심리 치료나 항우울제, 플라세보 모두 의사나 약물 등 내가 아닌 다른 무엇에 기대고 있기 때문이다.

하지만 긍정심리 치료는 정반대다. 고통을 경감시키는 방법이 아니라 치유하는 방법이고 긍정 연습을 지속할수록 더욱 강해진다. 무엇보다 자신이 환자라는 생각을 하지 않아도 되고 쉽고 재미있게 따라 해볼 수 있는 방법들이다. 당신이 우울증을 겪고 있거나 주변에서 우울증을 겪는 사람이 있다면 무슨 말을 가장 많이 들었고, 또 들려주었는가? 긍정적인 마음을 가지라는 게 아니었는가? 하지만 당사자 입장에서는 무조건 긍정적인 마음을 가지라는 말이 얼마나 큰 부담이겠는가? 이해받지 못한다는 소외감을 느낄 수도 있다. 긍정심리 치료는 긍정성을 강요하지 않는다. 방법을 따라 하면서 저절로 긍정성을 갖게 하는 것이다.

삶의 희비에서 스스로 균형을 잡으려는 노력만큼 필요한 건 없다. 그 균형을 잡기 위해 당신은 어떤 방법을 사용하고 있는가? 당신은 언제까지 아픈 한쪽 다리로만 서 있을 생각인가? 행복의 도구들을 충분히 활용하라. 긍정심리 치료 가운데 13회기의 말을 기억했으면 한다. "환자는 가장 훌륭한 선물 중 하나, 즉 시간을 선물할 능력이 있다." 자신에게 시간을 선물하자. 당신의 시간을 행복 연습에 사용하는 것, 그게 당신 스스로가 삶에 줄 수 있는 최고의 선물이다.

2부

행복 연습

● 　오랜만에 만나는 사람들이 나를 보고 한결같이 하는 말은 예전보다 훨씬 밝고 젊어졌다는 것이다. 그런 말을 들을 때마다 내가 점점 더 행복해지고 있다는 사실을 확인하는 것 같아 기분이 좋다. 내가 점점 더 행복해지고 있다는 사실을 확인하는 것 같아서다. 사람들은 무슨 좋은 일이 있거나 형편이 좀 나아진 모양이라고 생각하겠지만 그렇진 않다. 오히려 경제적인 조건은 예전에 비해 더 힘들어졌다. 시간적으로 경제적으로 여유가 없는 편이라서 스트레스를 받는 일도 한두 가지가 아니다. 그럴 때마다 나는 상황에 맞게 행복 연습을 실천한다. 그러면 스트레스가 해소되고 부정은 긍정으로 전환된다. 행복해서 행복한 게 아니다. 반복적인 연습으로 행복을 만들기 때문에 행복한 것이다.

　행복은 누구나 만들 수 있다. 열심히 배워서 바이올린을 연주하고 자전거를 타는 것처럼 행복을 연습하고 일상에서 강점을 발휘하면 얼마든지 만들 수 있다. 어떻게 선천적으로 긍정 정서가 낮은 사람이 긍정 정서를 높일 수 있는지, 비관적인 사람이 낙관적으로 바뀔 수 있는지, 어떻게 행복을 지속적으로 만들어 나갈 수 있는지에 대한 연구가 계속 진행되고 있다. 행복이 어떻게 이론만으로 가능하겠는가? 행복이 삶 속에 녹아들어 삶에 변화를 가져다줄 때 진정 행복한 것이다.

여기에 실린 13가지의 행복 만들기 방법들은 지난 십여 년 동안 긍정심리학자들이 개발하고 효과가 입증된 것들이다. 많은 우울증 환자들을 호전시키고 학생, 군인, 일반인들에게 역경을 극복하는 힘을 주었다. 가장 중요한 건 더 행복하게 만들었다는 것이다. 그렇다고 어려운 방법들이 아니다. 오히려 "고작 어떻게 이걸로?" 할 정도로 쉽고 간단하다. 좋은 연습 도구란 그럴듯해 보이는 거창한 방법이 아니라 누구나 쉽게 따라 해볼 수 있어야 한다. 물론 모든 방법들이 당신에게 꼭 들어맞지 않을 수도 있다. 환경과 상황이 각자 다르기 때문이다. 13가지를 하나씩 연습해 본 후에 당신에게 더 효과적이고 맞는 방법이 있다면 환경과 상황에 맞게 자주 활용하면 된다.

중요한 건 간단한 방법이라도 매일 반복하는 것이다. 아무리 좋은 것도 빨리 결과가 나타나지 않으면 지치는 법이다. 행복감을 느끼려면 가능한 한 자주, 그리고 즉각적으로 피드백을 받을 수 있어야 한다. 이 도구들을 일상에 편입시켜 생활화하면 기분에 따라 좌우되는 일시적인 행복이 아닌 지속 가능한 행복을 누릴 수 있다. 행동학자들은 지식을 몸에 습득해 습관화하기 위해서는 적어도 6~21번의 성공 경험이 있어야 한다고 한다. 그래야 몸이 어떤 행동을 기억할 수 있다고 한다. 행복 연습들 가운데는 즉각적으로 효과가 나타나는 것도 있고, 좀 더 기다려야 하는 것도 있다. 자신에게 시간을 선물하라는 말을 기억하자.

연습 도구 1 축복 일기

● 인간이 하루 동안 하는 생각은 대략 5만~6만 가지이다. 이 가운데 좋은 생각이 몇 가지나 될 것이라고 생각하는가? 놀랍게도 85퍼센트가 부정적인 생각이라고 한다. 긍정적인 생각은 단 15퍼센트에 불과하다. 생각이 가는 방향을 그대로 방치해 둔다면 부정적인 마음을 갖는 게 자연스러운 흐름일 수밖에 없다. 그런데 당신은 이렇게 부정적인 생각을 많이 하는 이유가 무엇이라고 생각하는가? 평소 당신이 지난 시간을 반추할 때가 있다면 주로 무슨 생각을 했는지 떠올려 보자. 친구와 기뻤던 일, 잘 해결된 일, 감사한 일, 성공했던 일인가? 친구와 다투고 마음 상했던 일, 엉망으로 꼬이고 잘못된 일, 실패한 일이었는가? 사람들은 대부분 실수했거나 실패했던 일을 두고두고 생각한다. 당신이 부정적인 생각을 많이 하는 이유는 잘된 일보다는 잘 안 됐던 일을 떠올리고 생각하기 때문이다.

실패했거나 잘되지 않았던 일을 분석하고 교훈을 얻는 건 좋은 일이다. 하지만 많은 사람들이 실패나 결과가 좋지 않은 일을 떠올리면서 교훈을 얻기보다는 아쉬워하고 후회하고 그러다 보면 기분이 가라앉는다. 결국 삶이 침체되는 것이다. 작은 걱정에서 시작했을 뿐인데 걱정과 불안이 눈덩이처럼 불어난 적이 있는가? 그것이 정서의 특징이다. 부정적 정서는 더 많은 부정성을 불러오고, 긍정적 정서는 더 많은 긍정성을 불러온다.

이제부터는 잘 안 됐던 일보다는 잘되었던 일을 떠올리는 데 익숙해져 보자. 집에서 혹은 직장에서 당신에게 일어났던 좋은 일들을 떠올려 보자. 혹시 잊고 있던 친구에게서 전화를 받진 않았는가? 며칠 동안 밤을 새워 가며 준비한 프레젠테이션을 성공적으로 끝마치진 않았는가? 당신 친구가 무사히 건강한 아이를 출산하지는 않았는가? 아마 한두 가지 정도는 좋은 일이 분명 있을 것이다. 그동안 당신이 당연하게 생각해 왔던 일들이 실은 좋은 일이고, 모두가 축복이다. 감사할 일인 것이다. 지금껏 당신은 얼마나 감사하며 살아왔는가? 식당에서 주문한 음식이 나오면 "감사합니다."라고 말하는 사람도 있고, 식사 전에 감사 기도를 올리는 사람도 있고, 전혀 감사하지 않는 사람도 있다. 그런 생활 태도가 당신의 행복과 인생에 영향을 준다고 생각해 본 적이 있는가?

감사는 행복과 가장 밀접하게 관련된 성격적, 정서적 특성을 갖고 있다. 심리학자인 로버트 에먼스와 마이클 맥컬로가 사람들에게 감사하게 생각하는 일을 하루에 다섯 가지씩 쓰게 한 실험에서도 감사를 표현한 사람은 그렇지 않은 사람보다 삶을 훨씬 긍정적으로 수용하고 더 행복해졌다고 한다. 하다못해 잠을 더 잘 자고 운동을 많이 하고 육체적인 질병도 거의 발생하지 않았다. 건강, 수면, 인간관계와 업무 능력까지 향상되는 게 감사의 힘이다. 그래서 미국 속담엔 "행복은 감사의 문으로 들어왔다 불평의 문으로 나간다."고 한다. 감사 일기를 써 보자. 이 방법은 당신이 받은 감사가 몇 가지나 되는지 세어 보고, 그런 축복을 받게 된 이유를 생각해 보는 것이다. 축복을 찾기 위해서는 잘되었던 일에 집중해야 한다. 이 방법은 극심한 우울증 환자들의 우울 증세를 호전시키고 더 행복하게 만들었다. 당신이 우울증에 시달리거나, 긍정적 정서를 적게 타고난 사람이라고 해도 이 방법을 꾸준히 하다 보면 얼마든지 높일 수 있다.

4년 전 한 조찬 모임에서 동기부여를 받고 일기를 쓰기 시작해서 지금까지 하루도 빠짐없이 쓰고 있다. 출장이나 외국을 나갈 때도 일기장을 가져간다.

그 일기 속에 잘되었던 일 세 가지와 잘된 이유를 함께 쓰는데, 하루 동안 잘되었던 일을 찾다 보면 좀 많을 때가 있다. 그 대상이 사람일 때는 그를 위한 기도와 감사로 하루를 마무리한다. 어떤 마음으로 잠자리에 들겠는가?

전 세계 시청자를 웃기고 울리는 토크쇼의 여왕 오프라 윈프리, 오프라가 말하는 성공의 비결은 뜻밖에도 사소한 감사다. 삶에 어떤 일이 생기든 고마워하기를 배운 다음부터는 기회, 인간관계, 심지어 돈까지도 자기에게 유리한 방향으로 전개되기 시작했다는 것이다. 열다섯 살 때부터 감사 일기를 매일 쓴다고 한다.

한 주 동안 매일 밤 잠들기 전에 하루 동안 잘되었던 일을 떠올려 보자. 그 가운데 세 가지를 적은 다음 잘되었던 이유를 함께 적어 보자. 일기장이나 수첩, 컴퓨터 어디든 기록으로 남기는 게 중요하다. 처음엔 다소 어색할 수도 있다. 하지만 2주 정도만 쓰면 익숙해지고 6개월 정도가 되면 중독이 될 것이다. 대단한 사건을 찾으려고 고민할 필요는 없다. "오랜만에 친구에게 전화를 받았다." "학교에서 교수님께 칭찬을 받았다." "사랑하는 사람에게 고백을 받았다." "오늘 남편이 퇴근길에 아이스크림을 사 왔다." "오늘 퇴근했더니 아이가 자지 않고 날 맞이했다."처럼 긍정적인 사건을 쓰고, 그 옆에 "이 일이 일어난 이유는 무엇인가?"에 대한 답을 적으면 된다. 학교에서 교수한테 칭찬을 받았다면, "밤을 꼬박 새워 발표 준비를 한 것을 인정해 주셨기 때문에."라고 적을 수 있다. 오늘 남편이 퇴근길에 아이스크림을 사 왔다면, "내가 퇴근길에 아이스크림을 사 오라는 말을 잊지 않았기 때문에." 이렇게 하면 당신의 체질이 서서히 긍정적으로 바뀌면서 행복 DNA를 갖게 되는 것이다.

잘된 일	
잘된 이유	
잘된 일	
잘된 이유	
잘된 일	
잘된 이유	

연습 도구 2 **감사 방문**

- 당신의 힘든 부탁을 누군가 기꺼이 들어준 적이 있다면 그때를 다시 떠올려 보자. 그때 당신은 감사한 마음을 그 사람에게 충분히 전했는가? 아니면 감사한 마음만 있을 뿐 표현하지 못했는가?

복사기가 고장 나서 낑낑대고 있는 당신을 도와준 사람, 서점에서 마지막 남은 책 한 권을 당신에게 양보한 사람, 회사에서 어려운 문제를 해결해 준 사람, 사업적으로 어려울 때 도와준 사람, 내 인생의 터닝 포인트 역할을 해준 사람, ……. 일상에서 감사한 일만 있는 게 아니라 감사해야 할 사람도 실은 아주 많다. 그럴 때마다 당신은 얼마나 진심을 담아 감사를 표현하는가?

혹시 형식적으로 감사하다는 말을 하진 않았는가? 많은 사람들이 그저 무심히 형식적으로 감사를 표현해 버리는 경우가 많다. 그래서 마틴 셀리그만이 추천하는 것은 감사 방문[17]이다. 감사를 표현하는 방법에는 여러 가지가 있지만, 감사 방문은 감사하는 마음을 담아 편지를 쓰고, 그 편지를 들고 상대방을 직접 방문하는 것이다. 그만큼 진심으로 감사를 표현하는 게 어떤 건지 알게 해 준다.

먼저 가만히 눈을 감아 보자. 그리고 이제껏 살아오면서 당신이 고마움을 느꼈던 사람을 떠올려 보자. 복사기를 고쳐 준 정도의 고마움이 아니라 당신 인생에서 그 사람이 존재한다는 것만으로 고마운, 소중한 사람이다. 당신이 어렵고 힘든 시기에 다시 일어설 수 있도록 용기를 준 친구, 방황할 때나 조언이 필요할 때 도움을 준 멘토나 스승, 그리고 힘든 청소 일을 해서 당신이 공부할 수 있도록 해 주신 부모님……. 고마운 사람이지만 지금껏 감사함을 표현하지 못했던 사람을 생각해 보자. 얼굴이 떠오르는가?

나는 두 사람 얼굴이 떠올랐다. 한 분은 어머니, 다른 한 분은 어릴 적 선생님이셨다. 어머니는 2년 전 세상을 떠나셨기 때문에 나는 선생님께 감사 방문을 하기로 했다. 넉넉지 못한 가정 형편에 부모님 농사일을 도와 드려야겠다는 생각으로 중학교 진학을 포기했을 때, 6학년 때 담임이던 송인수 선생님이 참 많이 반대하셨다. 댁까지 돌아가려면 8킬로미터를 걸어가야 하는 멀고 험한 시골길이었는데도 수업을 마치고 우리 집까지 몇 번이고 찾아와서 나를 설득하셨다. 공부는 해야 한다는 것이었다. 나중에야 선생님께서 왜 그토록 만류하셨는지 뼈저리게 느꼈지만, 그때는 내가 무척 확고했다. "무슨 일이든 자기가 하는 일에 최선을 다해라, 그러면 성공한다."라는 말씀을 남기고 떠나시던 모습이 아직도 생생하다. 그런데 그 확고한 마음도 일 년이 못 가

흔들리기 시작했다. 친구들이 교복을 입고 등교하는 모습을 보면서 정말 공부가 하고 싶었다. 그래서 마을 서당에도 찾아가 봤지만 나이가 어리다고 퇴짜를 맞았다. 뭘 해야 할지 막막했고 사춘기까지 겹쳐 더욱 방황했다.

그런데 그 무렵 선생님께 편지 한 통을 받았다. 편지에는 "미래를 두려워 말고 현실에 만족해라. 남과 비교하지 마라. 남의 떡이 커 보인다."고 적혀 있었다. 내 마음을 꿰뚫어 보셨나? 참 부끄러웠고, 한편으로는 희망이 보였다. 그때부터 친구들을 부러워하는 것을 그만 두고, 서당에서 안 받아 준다면 스스로 배우면 된다는 생각으로 천자문을 구해 한문을 배우기 시작했다. 그다음 1,300자, 1,800자, 2,000자 순으로 공부를 하고 큰형님께는 보고 난 신문(동아일보)을 보내 달라고 부탁했다. 매일 설레는 마음으로 집배원을 기다렸다가 신문을 받아들면 그렇게 기쁠 수가 없었다. 저녁 등잔불 아래서 눈을 빛내며 신문 구석구석을 읽어 나가곤 했다. 당시 형님이 계몽사에 근무하고 있었는데, 세계문학 시리즈, 한국문학, 삼국지 등 형님이 보내 주는 책을 닥치는 대로 읽었다. 선생님의 편지 한 통이 내 삶의 전환점이 된 것이다. 내가 현재를 긍정적으로 바라보고, 미래를 낙관적으로 볼 수 있었던 데는 선생님의 말씀이 큰 힘이 되었다. 그런데도 그 감사함을 제대로 전하지 못했다.

당신에게도 이런 사람이 있는가? 얼굴을 떠올리는 것만으로도 마음이 뭉클해지면서 당신 인생이 불행했던 것만은 아니라는 생각이 들 것이다. 그 마음 그대로 이제 감사 편지를 써 보자. 편지는 가능한 한 700자 정도로 구체적으로 쓰자. 그 사람이 당신을 위해 어떤 말을 했는지, 어떤 행동을 했는지, 그리고 그게 당신 인생에 어떤 영향을 끼쳤는지 자세하게 쓰자. 당신이 지금 그 일에 감사하고 있다는 걸 알리고 얼마나 자주 기억하는지도 언급하자. 그러려면 충분한 시간을 두고 생각해야 한다. 편지를 다 썼는가? 이제 완성된 편지를 품고 그 사람을 방문하러 가 보자. 단, 감사 편지에 대한 얘기는 숨기고 가자. 그 사람과 마주 앉아서 편지를 쓰던 마음 그대로 편지를 읽어 나간다. 감사 방문에서 중요한 건 편지를 쓸 때도, 읽을 때도 진심을 담아 감사를 표현하는 것이다. 편지를 읽으면서 당신은 어떤 느낌이 들었는가? 또 듣고 있는 상대방의 표정과 반응은 어떠했는가? 편지를 다 읽은 다음 그 내용과 두 사람이 느낀 감정을 서로 나누자. 어떤 변화가 있는가? 이 감사 방문만을 통해 한 달 동안은 더 행복하다. 내가 그랬던 것처럼 당신도 감사 방문 이후 인생을 더 행복하고 더 만족스럽게 느낄 것이다.

연습 도구 3 **친절**

● 성경에 보면 선한 사마리아인의 이야기가 나온다. 예루살렘에서 여리고라는 지역으로 내려가는 외진 곳에서 어떤 유대인이 강도를 만나 가지고 있던 돈을 모두 빼앗기고 옷도 강탈당하고 두들겨 맞아 거의 죽을 지경이 된 채 버려졌다. 그 당시 종교 지도자인 제사장이 그곳을 지나다가 피투성이가 되어 죽어 가는 그를 보고도 피해 지나쳤다. 그다음 사람은 당시 유대인들 중에도 상류 종교인에 속하는 레위 인이었다. 레위 인도 그곳을 피하여 다른 길로 급히 돌아갔다. 그리고 세 번째 사람이 사마리아인이었다. 그 당시 사마리아인은 전쟁으로 인하여 다른 민족과 혼혈이 되었다 하여 유대인들이 사람 취급도 하지 않았다. 그래서 유대인들은 사마리아인과 상종도 하지 않았

다. 그런데 그 사마리아인이 바로 자기들을 사람 취급도 하지 않는 강도 만난 유대인을 구원해 준 것이다. 그 사마리아인은 그를 불쌍히 여겼다. 그리고 비상용으로 가지고 있던 올리브유와 포도주로 응급조치를 한 다음 자기가 타고 가던 짐승에다 그를 태워 인근 주막으로 데리고 갔다. 밤새도록 간호하고 다음 날 일찍 업무 때문에 떠나면서 가진 돈을 주막 주인에게 맡기고 환자를 잘 돌보아 줄 것을 부탁했다. 그리고 만약 경비가 더 들면 오는 길에 반드시 갚아 주겠다고 약속하고 새벽길을 떠났다는 이야기이다.

　당신은 평소 길을 묻는 외국인을 만나거나 지하철을 타는 데 어려움을 겪고 있는 장애인을 만나면 어떻게 하는가? 영어는 못하지만 당신이 할 수 있는 최대한 손짓 발짓을 해 가며 길을 알려 주는가, 아니면 두려운 마음에 그냥 지나쳐 버리는가? 그런데 당신은 이런 활동들이 행복도에 영향을 준다고 생각해 본 적이 있는가?

　마틴 셀리그만의 강의를 듣는 학생들은 처음에는 즐거운 일보다 친절을 베푸는 행위에서 행복을 얻을 수 있다는 내용을 믿지 못했다고 한다. 그래서 열띤 토론을 거친 뒤 즐거운 일과 친절한 행동을 한 가지씩 해보고 보고서를 제출하도록 했다. 그런데 이 수업 활동이 학생들로 하여금 삶의 변화까지 맞게 했다. 친구와 어울리기, 영화 관람, 초콜릿 먹기 같은 즐거운 활동을 한 뒤의 느낌에 비해 친절한 행동을 한 뒤에 오는 여운이 더 강렬하다는 사실을 확인했기 때문이다. 강점을 발휘해 남을 도우면 온종일 기분이 좋았다는 것이다. 당신은 혹시 어린 자녀나 조카에게 공부를 가르쳐 달라는 부탁을 받고 도와준 적이 있는가? 그때의 기분이 어땠는지 떠올려 보자.

　어느 눈 오는 밤에 구세군 숙소에서 일을 마치고 집으로 돌아가고 있을 때였어요. 한 할머니가 자기 집 앞 진입로에서 눈을 치우는 모습이 차창 밖으로 보였죠. 그때 한 남학생이 운전사에게 내려달라고 부탁하더군요. 그래서 전 집으로 가는 지름길이 있는 모양이라고 생각했어요. 그런데 그게 아니었어요. 차창 너머로 그 학생이 삽을 들고 있는 걸 보았거든요. 아, 그때 내 목에서 어떤 뜨거운 것이 울컥 올라오면서 울음이 나오기 시작했어요. 나는 이 이야기를 만나는 사람마다 꼭 들려주고 싶었어요. 그가 참 낭만적이고 아름답게 느껴졌으니까요.[18]

이 이야기는 버지니아 대학교 조너선 헤이트 교수가 1학년 학생에게 들은 고결한 미담이다. 마음이 넉넉해지는 풍경이다. 친절한 행위는 쾌락과는 다른 희열감을 준다. 이런 희열을 얻기 위해서는 위기에 대처하고 과감하게 도전할 강점이 필요하다. 기쁨과 같은 긍정적 정서와는 다르게 친절은 마음의 흐름이 단절되지 않게 해 준다. 친절을 베풀 때는 그 일에 푹 빠진 나머지 자아마저 망각하면서 시간이 가는 것도 모를 때가 많다.

실제로 미시간 주에 사는 성인 남자들을 조사한 결과를 보면 시간과 돈, 에너지를 바쳐 자원봉사를 한 사람은 이타적인 행동을 하지 않은 사람보다 행복도가 높고 수명도 더 길었고 한다. 규칙적이진 않아도 일주일 이상 친절한 행동을 했을 때도 생활 만족도가 높아졌다. 또 다른 연구에서는 다른 사람을 돕는 일이 아스피린이 심장 질환을 낮추는 것보다 두 배는 더 건강에 영향을 미친다고 한다. 선행 활동이나 자원봉사, 이타적인 활동을 하면서 삶의 의미를 찾고 존재 가치를 확인할 수도 있기 때문이다. 많이 나눌수록 많이 가지게 된다는 말이 입증된 셈이다.

그런데 당신이 만약 이런 이타적 활동을 하지 않고 있다면 이유는 무엇인가. 마음이 없어서? 아마 그렇진 않을 것이다. 얼마 전에는 주변에서 부부싸움을 할 뻔했다는 이야길 들었다. 그런데 이유가 아내가 남편에게 60대 이후에는 봉사하는 삶을 살고 싶다고 말했기 때문이란다. 이런 걸로 부부싸움이 된다고 생각하는가? 그런데 남편은 우리 부모님은 안 보이냐고, 60대가 넘어서도 일하신다고 화를 냈다고 한다. 당신은 어떤가? 내가 없는데 어떻게 남을 도와주느냐고 생각하는가?

마음은 있지만 형편상 미루는 사람들이 많다. 하지만 일상의 사소한 친절이라고 생각하면 한결 부담을 덜 수 있다. 특별히 자원봉사를 위한 시간을 따로 낸다는 생각보다는 일상에서 실천할 수 있는 작은 일들을 찾아보자. 제일 좋은 방법은 주변 사람들부터 시작하는 것이다. 부모님께 아침상을 차려 드릴 수도 있고 저녁에 안마를 해 드릴 수도 있을 것이다. 아니면 목욕탕에 혼자 오신 할머니 등 밀어 드리기, 헌혈하기, 이런 것들이 충분히 선행이고 친절한 행위다. 이렇게 하면 기쁨이나 자부심을 느낄 수 있고, 당신이 도운 사람과의 관계가 더 좋아질 수도 있다. 그 좋은 느낌들을 지속적으로 느낄 수 있도록 정기 선행을 지정해 보자. 창의성을 발휘해 다른 사람들의 삶에 긍정적 변화를 일으킬 새로운 방법을 찾아보자. 당신의 삶에도 긍정적인 변화가 되어 줄 것이다.

연습 도구 4 **용서**

- 나는 본디 누구에게 오랫동안 감정을 갖거나 원망하는 성격이 아니

다. 그래서 살아오는 동안 누군가를 용서하지 못해서 고통스러웠던 경험은 거의 없다. 있다면 빌 클린턴 초청 당시 한 기자와의 일이다. 2005년 9월 빌 클린턴이 한국에 오기로 하고 모든 준비가 끝난 상태에서 갑작스럽게 한국 방문이 연기되었다. 빌 클린턴이 심장수술을 하게 된 것이다. 다행히 수술 결과가 좋아 다음 해 2월 한국을 방문했는데, 문제는 그 5개월간 국내 상황이 정치·사회·경제적으로 많이 달라졌다는 점이었다. 행사에도 차질이 생겼다. 특히 모두 잡혀 있던 신문과 방송사 특집과 스폰서 건이 그랬다. 그중에서도 많은 액수가 달린 한 일간지와의 일이 문제가 심각했다.

정치적인 이유로 그 일간지 발행인과 빌 클린턴의 특집 대담이 무산되면서 급해진 건 S일보 문화부 A기자였다. 그 당시 출판 관련 부서에 근무했는데, 나와는 좋은 관계를 유지하던 사람이었다. 그래서 클린턴이 인터뷰 옵션으로 언론 방송 중 하나를 택하라고 했을 때 막강한 파워를 가진 TV 방송 대신 S일보를 택했었다. 그런데 상황이 바뀐 만큼 서로 입장이 곤란하긴 했지만 어쩔 수 없이 다른 스폰서를 잡아야 했다. 모 일간지와 경제지에서 수억 원대의 제안을 해 왔다. 그런데 그가 사정을 했다. 다른 신문에 특집이 나가면 신문사 내의 자기 입장이 곤란하다는 것이었다. 그는 최선을 다해서 보답하겠다고 이번 한 번만 봐 달라고 사정을 했다. 그 사정은 이해가 갔지만 내 입장에서도 몇 천만 원도 아니고 많은 돈이 걸린 문제가 아닌가? 하지만 막무가내로 사정하는 A기자를 매정하게 뿌리치기가 어려웠다. 아무리 전체적인 그림을 그려 봐도 엄청난 경제적 손실을 가져올 게 불을 보듯 뻔했다. 이 친구와의 관계가 그만큼 가치가 있는가? 돈 때문에 이 관계를 매정하게 끝내도 되는가? 나는 그 돈과 A기자의 얼굴을 교차해 생각하고 또 생각한 끝에 결국 A기자와의 인간관계를 선택했다.

예상대로 빌 클린턴 초청 후에 나는 엄청난 경제적 압박에 시달려야 했다. A기자가 최선을 다해서 돕겠다는 것도 지켜지지 않았다. 나는 신문사와 기자의 입장을 이해하긴 했지만 심한 배신감을 느꼈다. 내 경제 상황은 더 어렵게 빠져들었다. 그럴수록 그에 대한 감정은 더 악화되었다. 경제적인 압박이 한계에 이르고 인간적 배반감이 극에 달하자 삶 자체에 대한 회의감마저 들었다. 그러던 어느 날 한 지인의 권면으로 새벽 기도를 나가고 그 일을 통해 그를 용서하게 되었다.

당신도 잊을 수 없는 어떤 일이 있어서 괴로울 때가 있는가? 아마 내가 느낀 원망보다 더 뿌리 깊고 극심한 모욕감 때문에 고통스러운 사람도 있을 것이다. 많은 사람들이 마음에 미워하는 사람을 심어 놓고 산다. 그리고 그 사람을 생각할 때마다 힘들어한다. 얼마 전부터 「밀양」, 「오늘」 등 우리나라 영화에서도 용서를 많이 다룬다. 그만큼 용서할 일도 많고 진정으로 용서하기가 어렵기 때문일 것이다. 당신이 영화에서처럼 유괴범에게 어린 아들을 잃어야 했던 엄마 입장이라면 용서할 수 있겠는가? 아니면 어린 시절부터 아버지에게 상습적인 폭행을 당했다면 아버지를 용서할 수 있겠는가? 대부분 용서하기 어려울 것이다. 또 인정에 이끌려서든, 종교적 이유에서든 막연히 용서를 해야 한다고 생각해도 마음처럼 쉬운 일은 아니다. 만약 당신을 폭행한 아버지가 신장이식 수술을 받지 못하면 죽는데, 당신의 이식으로 아버지를 살릴 수 있다면 어떤 선택을 하겠는가?

선택은 당신 몫이다. 어쩌면 당신은 가해자가 진정으로 사과하지도 않았는데 용서하는 건 일방적인 행위가 아니냐고 생각할 수도 있다. 당연한 의문이다. 또 당사자가 아닌 이상 그 고통을 짐작할 수 없으니 용서해야 한다고 강요할 수도 없는 노릇이다. 그런데도 용서를 이야기할 수밖에 없는 이유는 당신과 내가 행복을 말하고 있기 때문이다. 용서하지 못하는 마음으로는 행복해질 수 없다는 것만은 분명하다. 당신이 누군가를 용서하지 못해 미워할 때가 어땠는가? 원망스럽고 비통하고 고통스러웠을 것이다. 적어도 당신이 행복해지려는 마음이 있다면 용서가 필요하다.

이렇게 생각해 보면 어떨까? 사람을 미워하면서 힘들어할 수 있다는 건 어쩌면 아직 사랑이 남아 있기 때문이다. 사랑이 없고 관심이 없다면 미워할 이유조차 없다. 그 마음으로 용서하려고 노력해 보자. 다른 누구를 위해서도 아니다. 용서란 스스로가 자유로워지는 것이다. 그만큼 짓누르는 마음의 짐을 벗어 버릴 수 있기 때문이다. 사람마다 용서가 옳은가, 용서는 진정으로 가능한가와 같은 다양한 입장이 있겠지만 가장 중요한 건 본인이다. 어느 쪽이 당신에게 더 나은 선택인가를 생각해 봐야 한다.

분노하고 미워하는 마음을 10년, 20년 끌고 간다면 얼마나 고통스럽겠는가? 게다가 분노와 미움이란 쌓일수록 커지는 법이다. 용서하지 못하는 건 은행에 갚아야 할 이자가 늘어나는 것과 같다. 그래서 용서는 마음의 경제학이다. 뿐만 아니라 쓰라린 과거의 기억을 떠올리면서 얼마나 많은 시간을 허비하고 있는가? 당신이 현재를 느끼고 미래를 기대하며 준비해야 할 시간을 빼앗기고 있는 것이다. 감정이라는 게 영원히 지속될 것 같지만 일정 기간이 지나면 되돌아간다. 어느 기간이 지나면 분명 평온함을 되찾을 수 있다. 중요한 건 당신이 절대 용서할 수 없다는 생각을 버리고, 어렵겠지만 그래도 용서할 수 있다고 생각하는 것이다.

용서가 정말 하고 싶은데 뜻대로 되지 않는 사람도 있을 것이다. 정말 잊기 힘든 기억을 잊거나 용서하기 힘든 누군가를 용서하고 싶다면 다음 방법이 도움이 될 것이다. 이 방법은 평생 용서라는 화두에 매달려 온 심리학자 워딩턴 박사가 정립한 '용서에 이르는 길'이다. 워딩턴 박사는 어머니가 살해당하는 끔찍한 일을 겪었다고 한다. 이런 경험이 더해져 용서에 이르는 길을 다섯 단계로 설명하는데, 이것을 리치(REACH)라고 부른다.

용서에 이르는 길 : REACH[19]

R(Recall) : 받은 상처를 돌이켜 생각하자.
상처를 치유하고 용서하기 위해서는 먼저 당신이 받은 상처를 현실로 불러내야 한다. 아프고 쓰라리겠지만 가능한 한 객관적인 자세를 취해야 한다. 당신에게 상처를 준 사람을 나쁜 사람이라거나 악한으로 생각해서도, 자기 연민에 휩싸여서도 안 된다. 천천히 마음을 가라앉히고 그때의 사건을 되짚어 보자.

E(Empathize) : 감정이입을 하자.
당신에게 상처를 준 그 사람은 대체 왜 그랬다고 생각하는가? 이유가 무엇인지 상대방의 입장을 헤아리려고 노력해 보자. 상대방에게도 나름대로 이유가 있었을 것이다. 쉽진 않겠지만 해명할 기회를 줬을 때 상대방이 했을 법한 얘기를 생각해 보자. 어쩌면 공포에 질려 있었거나 심각한 불안에 휩싸여 스스로 통제하지 못했을 수도 있다. 아메리카 원주민에게는 이런 가르침이 있다. "그 사람의 모카신을 걷고 1마일을 걷기 전에는 그 사람을 비난하지 말라." 비난하기 전에 그 사람의 입장을 헤아리려고 노력해 보자.

A(Altruistic gift) : 용서는 이타적 선물임을 기억하자.
당신은 다른 누군가에게 용서를 받은 경험이 있는가? 그때를 떠올려 보자. 당신이 용서를 받았을 때 어떤 기분이었는가? 용서를 받지 못했다면 평생 괴로워했을 수도 있지 않겠는가? 그래서 용서는 당신이 그 사람에게 받은 일종의 선물이나 마찬가지다. 그런 마음으로 당신에게 상처와 모욕을 준 그 사람을 용서해 보자. 당신에게 줄 수 있는 최고의 선물이기도 하다. 용서가 진정한 선물이 되려면 스스로 마음의 상처와 원한을 극복할 수 있다고 다짐해야 한다. "나는 용서한다!"라고 말해 보자. 그렇지 않으면 지속적으로 그 일이 생각난다.

C(Commit) : 공개적으로 용서를 행하자.
당신이 용서했다는 사실을 다른 사람에게 알려 보자. 상대방에게 용서하는 편지를 쓰거나, 일기·시·노래로 용서를 표현할 수도 있다. 아니면 당신이 친한 친구에게 한 용서에 대해 털어놓자. 이렇게 하면 당신의 마음을 지키는 데 도움을 받을 수 있을 것이다.

H(Hold) : 용서하는 마음을 굳게 지키자.
그래도 불쑥불쑥 기억이 되살아나서 당신을 괴롭히는가? 용서하는 마음을 굳게 지키는 건 생각보다 힘든 일일 것이다. 하지만 서두르지 말자. 대신 그럴 때는 마틴 셀리그만이 용서에 내린 정의를 떠올려 보기 바란다. 마틴 셀리그만은 "용서란 원한을 말끔히 지워 없애는 게 아니라 기억 끝에 매달려 있는 꼬리말을 긍정적으로 바꾸는 것."이라고 했다. 당신이 쓴 용서 편지나 일기 등을 다시 읽으면서 "나는 용서했다."는 말을 되뇌면 완전히 잊을 순 없어도 집착에서 벗어날 수는 있을 것이다. 당신은 거기에 행복을 채우면 된다.

연습 도구 5 **대표 강점**

대표 강점을 찾자

혹시 당신에게도 '내 인생 최고의 영화'나 '내 인생 최고의 음악'이 있는가? '내 인생의 최고 스토리'가 있는가? 그렇다면 당신이 생각하는 '내 인생 최고의 나'는 언제였는가? "내가 이 일을 해냈어!"라고 밖으로 뛰쳐나가 자랑스럽게 외치고 싶었던 적이 있는가? 살다 보면 스스로에게 실망하는 경우가 많다. 하지만 돌이켜 보면 언제나 실패만 했던 건 아니다. 가장 자랑스럽게 여기는 자기 모습을 떠올려 보자. 사업에 성공한 나, 하루도 거르지 않고 운동하는 나처럼 당신이 자랑스럽게 여기는 모습이 있을 것이다. 아니면 주위 눈치를 보지 않고 소신 있게 바른 말을 했거나 탁월한 결정을 내린 순간이 있었을 수도 있다. 모두가 안 된다고 하는 일을 과감하게 추진해 성공한 적이 있는가? 아마 그런 순간은 당신이 성격 강점을 발휘했을 가능성이 높다. 어려운 상황에 처한 누군가를 도와준 순간, 리더십을 발휘해 모임의 갈등을 원만하게 해결했던 순간, 아침 수업에 한 번도 빠진 적 없는 성실함까지. 최고의 당신, 스스로가 긍정적으로 생각하는 모습은 당신이 강점을 발휘했을 때였을 것이다.

우리 큰아이 정현이는 이십대 후반인데 일 년 넘게 시험을 준비하고 있다. 가끔 옆에서 지켜보기가 안쓰러울 정도라서, 행여 포기하거나 주위의 유혹에 끌려 집중을 못 하면 어쩌나 걱정도 많았다. 그래서 나는 가능하면 시험을 준비하는 데 도움이 될 긍정적인 대표 강점을 아이에게서 찾아주고 싶었다. 그런데 "공부할 시간도 모자라는데 이런 걸 뭐 하러 봐요!"라면서 단칼에 거절하는 게 아닌가. 게다가 긍정심리학은 미국에서 만든 이론이라 우리 환경에는 안 맞는다는 이유를 대며 흥미를 보이지 않았다. 나는 강점이 만들어진 과정, 강점의 특성, 내 강점 사례를 자세하게 설명해 주었다. 우여곡절 끝에 아이의 강점 4~5가지를 찾았다. 그중에 자기 통제력이 있기에 그 강점을 공부하는 데 발휘해 보라고 권했다. 지금은? 공부하기 힘들 때, 친구들과 놀고 싶을 때, 미래가 불안할 때마다 "내 강점이 자기 통제력인데 이 정도는 스스로 통제해야지." 하면서 넘긴다고 한다. 옆에서 지켜보기에도 예전보다 한결 안정되었다.

당신은 혹시 강점이 무슨 큰 의미가 있겠느냐고 생각하는가? 수많은 긍정 심리학자들과 나, 그리고 주변 사람들의 경험을 봐도 강점을 알고 활용하는 일은 현재를 더 행복하게 만드는 강력한 힘이다. 긍정심리학이 국내에 본격적으로 알려진 지도 6~7년이 지나서 이제는 많은 사람들이 대표 강점의 중요성을 인식하고 있고 한두 가지 본인의 대표 강점을 알고 있다. 하지만 일상에서 제대로 활용하는 사람은 드물다. 가장 중요한 건 대표 강점에 대한 믿음이다. 24가지 VIA 강점은 3,000년 전부터 이어져 온 전 세계의 6대 덕목을 과학적으로 검증한 결과라서 신뢰해도 괜찮다. 당신에게도 4~5가지 대표 강점이 있다. 당신의 강점이 용감성이라면 어떤 일을 하다가 벽에 부딪힐 때 "내 강점이 용감성인데 이 정도는 용기를 내어 극복해야 되지 않겠어?"라고 밀고 나가야 한다. 그리고 당신의 강점을 이용해서 이룬 결과에 대해 긍정적 정서를 느끼고 기억해야 한다. 그래야 그 경험에 의한 자신감을 배가시켜 행복을 키울 수 있다.

강점이 얼마나 중요한지 몸소 경험한 적이 있다. 나는 2005년 개인 자격으로는 최초로 빌 클린턴 전 미국 대통령을 초청해 김영삼·김대중 전 대통령을 비롯해 정재계, 학계, 외국 사절단 등 800여 명과 『마이 라이프』 리셉션을 개최했다. 빌 클린턴의 자서전이 우리 출판사에서 출간된 것을 계기로 출판 기념회를 맡아 해보라는 제안을 받고 시작한 일이었다. 사실 당시 상황에서는 출판 기념회는 모르지만 전체적인 행사는 거절하는 게 마땅했다. 7억 이상의 경비를 구하는 것도 문제였지만 큰 행사를 단독으로 치러 본 경험이 없었기 때문이다. 하지만 어디서 그런 용기가 생겼는지, "한번 해보자!" 하고 덤볐다. 한국 초청이 성사되기까지는 그야말로 산 너머 산이었지만, 어려운 고비마다 용기를 발휘해 대통령 세 분의 만남을 성사시켰다. 고국으로 돌아간 후 힐러리 여사로부터 감사 편지를 받았을 땐 가슴이 뭉클하고 벅차기까지 했다. 지금도 그날을 생각하면 힘이 솟는다. 한 번도 치러 본 적 없는 큰 행사에 대한 두려움과 경제적인 문제를 걱정했더라면 이런 만남은 성사되지 않았을 것이다. 내가 느낀 긍정적 감정들 또한 경험할 수 없었을 것이다. 지금도 어디서 그런 용기가 생겼을까 스스로 놀랍기까지 하다. 내 강점 가운데 하나가 용감성이다. 내 안에 그토록 큰 힘이 내재되어 있었던 것이다.

당신에게도 어떤 힘이 내재되어 있다. 최고의 당신을 만들 수 있는 그 힘을 지금 찾아보자.

강점 검사[20]

지혜와 지식

1. 호기심(관심)

호기심이 많은 사람은 불분명한 것들을 그냥 지나치지 않고 해결해서 호기심을 충족시켜야 직성이 풀린다. 새로운 것에 대해 적극적으로 관심을 보인다. 참여하고 있는 모든 활동에서 호기심을 갖고서 매력적인 과제와 주제를 찾으려 애쓰며, 탐색하고 발견한다.

① 언제나 세상에 대해 호기심이 많다. ____

1점	2점	3점	4점	5점
나와 매우 다르다	나와 다르다	보통이다	나와 비슷하다	나와 매우 비슷하다

② 쉽게 싫증을 낸다. ____

1점	2점	3점	4점	5점
나와 매우 비슷하다	나와 비슷하다	보통이다	나와 다르다	나와 매우 다르다

* ①과 ②를 더한 점수가 당신의 호기심 점수이다. ____

2. 학구열

학구열이 높은 사람은 강의실에 있을 때나 혼자 있을 때나 새로운 것을 알고 싶어 한다. 정신적이거나 물질적인 외적 보상이 없을 때에도 한 분야에서 학식을 쌓고, 새로운 기술을 습득하며 지식을 숙달한다.

① 새로운 것을 배울 때 전율을 느낀다.____

1점	2점	3점	4점	5점
나와 매우 다르다	나와 다르다	보통이다	나와 비슷하다	나와 매우 비슷하다

② 박물관이나 다른 교육 장소에 한 번도 가 본 적이 없다.____

1점	2점	3점	4점	5점
나와 매우 비슷하다	나와 비슷하다	보통이다	나와 다르다	나와 매우 다르다

* ①과 ②를 더한 점수가 당신의 학구열 점수이다.____

3. 판단력(비판적 사고)

판단력이 뛰어난 사람은 자신이 누구인지 다각적으로 생각하고 검토한다. 모든 측면을 고려하여 조사하고 판단하며 증거에 근거하여 생각을 변화시키고 모든 증거를 동등한 비중으로 고려한다.

① 판단력이 필요한 주제가 있을 때면 매우 이성적으로 사고한다.____

1점	2점	3점	4점	5점
나와 매우 다르다	나와 다르다	보통이다	나와 비슷하다	나와 매우 비슷하다

② 성급하게 판단하는 경향이 있다.____

1점	2점	3점	4점	5점
나와 매우 비슷하다	나와 비슷하다	보통이다	나와 다르다	나와 매우 다르다

* ①과 ②를 더한 점수가 당신의 판단력 점수이다.____

4. 창의성(독창성)

창의성이 뛰어난 사람은 무언가 하고 싶은 일이 있을 때, 그 목적을 달성하기 위해 새로우면서도 타당한 방법을 찾는 데 남다른 능력이 있다. 예술적인 성취뿐만 아니라 세상 이치에 맞는 실천적 지능과 상식도 여기에 포함된다.

① 어떤 일을 하는 데 필요한 새로운 방법을 찾는 걸 좋아한다. ____

1점	2점	3점	4점	5점
나와 매우 다르다	나와 다르다	보통이다	나와 비슷하다	나와 매우 비슷하다

② 내 친구들은 대부분 나보다 상상력이 뛰어나다. ____

1점	2점	3점	4점	5점
나와 매우 비슷하다	나와 비슷하다	보통이다	나와 다르다	나와 매우 다르다

* ①과 ②를 더한 점수가 당신의 창의성 점수이다. ____

5. 사회성(대인 관계)

사회성은 자신과 다른 사람들에 대한 지식이다. 감정을 잘 다스리며 스스로 행동을 이해하고 바로잡을 줄 아는 능력을 갖추었다. 타인에 대한 동기와 감정을 인지하고 서로 다른 사회적 상황에 적응하기 위해 무엇을 해야 하는지 등 인간관계를 증진하는 방법을 안다.

① 어떤 성격의 단체에 가도 잘 적응할 수 있다. ____

1점	2점	3점	4점	5점
나와 매우 다르다	나와 다르다	보통이다	나와 비슷하다	나와 매우 비슷하다

② 다른 사람들의 감정에 아주 둔하다. ____

1점	2점	3점	4점	5점
나와 매우 비슷하다	나와 비슷하다	보통이다	나와 다르다	나와 매우 다르다

* ①과 ②를 더한 점수가 당신의 사회성 점수이다. ____

6. 예견력

예견력이 뛰어난 사람은 탁월한 사람들의 경험을 참고해 자기 문제를 해결하려고 한다. 이것은 너나없이 모두 수긍하는 세상의 이치를 정확히 아는 능력이다. 슬기로운 사람은 삶에서 가장 중요하고 복잡한 문제들을 잘 헤쳐 나갈 줄 안다.

① 항상 곰곰이 생각하고 더 큰 것을 볼 줄 안다. _____

1점	2점	3점	4점	5점
나와 매우 다르다	나와 다르다	보통이다	나와 비슷하다	나와 매우 비슷하다

② 내게 조언을 구하러 오는 사람은 거의 없다. _____

1점	2점	3점	4점	5점
나와 매우 비슷하다	나와 비슷하다	보통이다	나와 다르다	나와 매우 다르다

* ①과 ②를 더한 점수가 당신의 예견력 점수이다. _____

용기

7. 용감성(호연지기, 용기)

용감한 사람은 위협, 도전, 고통, 시련 등을 당해도 물러서지 않고, 반대나 대중적인 호응을 얻지 못하더라도 확신을 갖고 말하고 행동한다. 육체적인 용기뿐만 아니라 도덕적 용기와 정신적 용기도 포함한다.

① 강력한 반대도 무릅쓰고 내 주장을 고수할 때가 많다. _____

1점	2점	3점	4점	5점
나와 매우 다르다	나와 다르다	보통이다	나와 비슷하다	나와 매우 비슷하다

② 고통과 좌절 때문에 내 의지를 굽힐 때가 많다. _____

1점	2점	3점	4점	5점
나와 매우 비슷하다	나와 비슷하다	보통이다	나와 다르다	나와 매우 다르다

* ①과 ②를 더한 점수가 당신의 용감성 점수이다. _____

8. 끈기(성실, 근면)

끈기 있는 사람은 한번 시작한 것은 반드시 끝마치며, 어려운 프로젝트를 맡아도 불평없이 책임을 완수하고 더 좋은 결실을 맺기 위해 노력한다. 이룰 수 없는 목적은 무모하게 집착도 안 한다.

① 한번 시작한 일을 끝까지 해낸다. _____

1점	2점	3점	4점	5점
나와 매우 다르다	나와 다르다	보통이다	나와 비슷하다	나와 매우 비슷하다

② 일을 할 때면 딴전을 피운다. _____

1점	2점	3점	4점	5점
나와 매우 비슷하다	나와 비슷하다	보통이다	나와 다르다	나와 매우 다르다

* ①과 ②를 더한 점수가 당신의 끈기 점수이다. _____

9. 정직(지조, 진실)

정직한 사람은 진실하게 말하고 참되게 행하며, 진솔하고 신실하며 위선을 부리지 않는다. 보다 광범위하게는 진실한 방법으로 자기를 표현하고 속이지 않으며, 본인 감정이나 행동에 책임을 진다

① 약속을 반드시 지킨다. _____

1점	2점	3점	4점	5점
나와 매우 다르다	나와 다르다	보통이다	나와 비슷하다	나와 매우 비슷하다

② 친구들은 내게 솔직하게 말하는 법이 없다. _____

1점	2점	3점	4점	5점
나와 매우 비슷하다	나와 비슷하다	보통이다	나와 다르다	나와 매우 다르다

* ①과 ②를 더한 점수가 당신의 정직 점수이다. _____

사랑과 인간애

10. 친절(아량)
친절한 사람은 절대 자기 이익만을 좇지 않고 다른 사람에게 선행을 베푸는 일을 즐겨 한다. 전혀 모르는 사람들에게도 그렇다. 나 아닌 다른 사람들의 최대 관심사를 잣대로 상대방과 관계를 맺는 다양한 방식을 포함한다.

① 자발적으로 이웃을 도와준다._____

1점	2점	3점	4점	5점
나와 매우 다르다	나와 다르다	보통이다	나와 비슷하다	나와 매우 비슷하다

② 다른 사람들의 행운을 내 일처럼 좋아한 적이 거의 없다._____

1점	2점	3점	4점	5점
나와 매우 비슷하다	나와 비슷하다	보통이다	나와 다르다	나와 매우 다르다

* ①과 ②를 더한 점수가 당신의 친절 점수이다._____

11. 사랑
이 강점을 가진 사람은 다른 사람과 밀접한 관계를 소중히 여기며, 상호 호혜적으로 나눔과 배려를 실천한다. 당신이 본인에게 느끼는 것과 똑같은 감정으로 당신을 대하는 사람이 있다면 이 강점을 지니고 있다는 증거이다.

① 주변에 본인의 기분과 행복 못지않게 내 기분과 행복에 관심을 기울이는 사람이 있다._____

1점	2점	3점	4점	5점
나와 매우 다르다	나와 다르다	보통이다	나와 비슷하다	나와 매우 비슷하다

② 다른 사람들이 베푸는 사랑을 제대로 받아들이지 못한다._____

1점	2점	3점	4점	5점
나와 매우 비슷하다	나와 비슷하다	보통이다	나와 다르다	나와 매우 다르다

* ①과 ②를 더한 점수가 당신의 사랑 점수이다._____

정의감

12. 시민 정신(의무감, 협동 정신, 충성심)

이 강점을 갖고 있는 사람은 한 집단의 탁월한 구성원이며, 언제나 헌신적이고 충실하게 자기 몫을 다하고 집단의 성공을 위해 열심히 노력한다. 집단의 목적과 목표의 중요성을 알고 있다.

① 어떤 단체에 가입하면 최선을 다한다._____

1점	2점	3점	4점	5점
나와 매우 다르다	나와 다르다	보통이다	나와 비슷하다	나와 매우 비슷하다

② 소속 집단의 이익을 위해 내 개인의 이익을 희생할 생각은 없다._____

1점	2점	3점	4점	5점
나와 매우 비슷하다	나와 비슷하다	보통이다	나와 다르다	나와 매우 다르다

* ①과 ②를 더한 점수가 당신의 시민 정신 점수이다._____

13. 공정성(평등성)

공정한 사람은 개인의 감정에 따라 다른 사람에 대한 결정을 편파적으로 하지 않으며 공정하고 정의롭게 모든 사람에게 똑같이 기회를 준다.

① 어떤 사람에게든 똑같이 대한다._____

1점	2점	3점	4점	5점
나와 매우 다르다	나와 다르다	보통이다	나와 비슷하다	나와 매우 비슷하다

② 내가 싫어하는 사람을 공정하게 대하기가 힘들다._____

1점	2점	3점	4점	5점
나와 매우 비슷하다	나와 비슷하다	보통이다	나와 다르다	나와 매우 다르다

* ①과 ②를 더한 점수가 당신의 공정성 점수이다._____

14. 지도력

지도력을 갖춘 사람은 단체를 조직하고 관리하는 능력이 남다르다. 일을 추진할 때 내가 속한 집단을 고무하고 집단 내에서 좋은 관계를 맺는다. 집단 활동을 조직하고 관심 갖고 조직원을 살피며 조직 내의 누구에게도 원함을 품지 않는다.

① 일일이 참견하지 않고도 사람들이 단합해 일하도록 이끌어 준다. ____

1점	2점	3점	4점	5점
나와 매우 다르다	나와 다르다	보통이다	나와 비슷하다	나와 매우 비슷하다

② 단체 활동을 조직하는 데는 소질이 없다. ____

1점	2점	3점	4점	5점
나와 매우 비슷하다	나와 비슷하다	보통이다	나와 다르다	나와 매우 다르다

* ①과 ②를 더한 점수가 당신의 리더십 점수이다. ____

절제력

15. 자기 통제력

이 강점을 지닌 사람은 적절한 시기가 올 때까지 욕망, 욕구, 충동을 자제한다. 기다려야 한다는 사실을 아는 것만으로는 부족하다. 참아야 한다는 것을 아는 만큼 반드시 행동으로 옮겨야 한다. 기분 나쁜 일이 생겨도 감정을 잘 다스리고 부정적인 감정을 다스려 평온한 상태로 만든다.

① 내 정서를 다스릴 줄 안다. ____

1점	2점	3점	4점	5점
나와 매우 다르다	나와 다르다	보통이다	나와 비슷하다	나와 매우 비슷하다

② 다이어트를 오래 하지 못한다. ____

1점	2점	3점	4점	5점
나와 매우 비슷하다	나와 비슷하다	보통이다	나와 다르다	나와 매우 다르다

* ①과 ②를 더한 점수가 당신의 절제력 점수이다. ____

16. 신중함(사려, 신중함)

신중한 사람은 나중에 후회할 말이나 행동을 하지 않으며, 모든 결정 사항들을 충분히 검토한 뒤에야 비로소 행동으로 옮긴다. 또한 멀리 보고 깊이 생각하며, 더 큰 성공을 위해 눈앞의 이익을 좇으려는 충동을 억제할 줄 안다.

① 다칠 위험이 있는 일은 하지 않는다.＿＿＿

1점	2점	3점	4점	5점
나와 매우 다르다	나와 다르다	보통이다	나와 비슷하다	나와 매우 비슷하다

② 나쁜 친구를 사귀거나 나쁜 사람들을 만나는 경우가 있다.＿＿＿

1점	2점	3점	4점	5점
나와 매우 비슷하다	나와 비슷하다	보통이다	나와 다르다	나와 매우 다르다

＊ ①과 ②를 더한 점수가 당신의 신중함 점수이다.＿＿＿

17. 겸손(겸양)

겸손한 사람은 뭇 사람들의 시선을 받으려 하기보다 맡은 일을 훌륭히 완수하는 데 힘쓴다. 스스로 돋보이려 애쓰지 않으며, 다른 사람들은 그 겸손함을 귀하게 여긴다. 또한 스스로 낮출 줄 알며 자만하지 않는다. 본인이 이룩한 성공과 업적을 누구나 할 수 있는 일처럼 대수롭지 않게 생각한다.

① 다른 사람들이 나를 칭찬할 때면 슬그머니 화제를 돌린다.＿＿＿

1점	2점	3점	4점	5점
나와 매우 다르다	나와 다르다	보통이다	나와 비슷하다	나와 매우 비슷하다

② 스스로 한 일을 치켜세우는 편이다.＿＿＿

1점	2점	3점	4점	5점
나와 매우 비슷하다	나와 비슷하다	보통이다	나와 다르다	나와 매우 다르다

＊ ①과 ②를 더한 점수가 당신의 겸손 점수이다.＿＿＿

영성과 초월성

18. 감상력

이 강점을 지닌 사람은 장미를 보면 가던 길을 멈추고 그 향기를 음미한다. 온갖 분야의 미, 빼어난 작품과 기교를 감상할 줄 알며, 자연과 예술, 수학과 과학을 비롯해 세상 모든 것에서 아름다움을 발견한다. 경외감과 경이로움을 느끼기조차 한다. 스포츠 스타의 묘기나 인간미가 넘치는 아름다운 행동을 목격할 때면 그 고결함에 깊이 감동한다.

① 음악, 미술, 연극, 영화, 스포츠, 과학, 수학의 아름다움과 경이로움을 보고 전율한 적이 있다._____

1점	2점	3점	4점	5점
나와 매우 다르다	나와 다르다	보통이다	나와 비슷하다	나와 매우 비슷하다

② 평소에 아름다움과는 전혀 무관하게 지낸다._____

1점	2점	3점	4점	5점
나와 매우 비슷하다	나와 비슷하다	보통이다	나와 다르다	나와 매우 다르다

* ①과 ②를 더한 점수가 당신의 감상력 점수이다._____

19. 감사

고마움을 아는 사람은 본인에게 일어난 일을 늘 기쁘게 생각하며, 절대 당연한 것으로 받아들이지 않는다. 그래서 항상 고마움을 전할 시간을 마련한다. 감사는 남달리 돋보이는 어떤 사람의 도덕적 성품을 감상하는 것이다. 감사는 하나의 정서로서, 경이로움과 고마움을 느끼며 삶 자체를 감상하는 정신 상태이다.

① 아무리 하찮은 일이라도 항상 고맙다고 말한다._____

1점	2점	3점	4점	5점
나와 매우 다르다	나와 다르다	보통이다	나와 비슷하다	나와 매우 비슷하다

② 내가 받은 은혜에 대해 거의 생각하지 않는다._____

1점	2점	3점	4점	5점
나와 매우 비슷하다	나와 비슷하다	보통이다	나와 다르다	나와 매우 다르다

* ①과 ②를 더한 점수가 당신의 감사 점수이다._____

20. 희망(낙관성)

이 강점을 지닌 사람은 스스로 최고가 될 날을 기대하며 계획을 세우고 그 계획대로 실천한다. 희망, 낙관성은 미래에 대한 긍정적인 자세를 드러내는 강점들이다. 현재 있는 곳에서 즐겁게 생활하고 목표를 향해 힘차게 나아간다.

① 항상 긍정적인 면만 본다._____

1점	2점	3점	4점	5점
나와 매우 다르다	나와 다르다	보통이다	나와 비슷하다	나와 매우 비슷하다

② 내가 하고 싶은 일을 하기 위해 철저하게 계획한 적이 거의 없다._____

1점	2점	3점	4점	5점
나와 매우 비슷하다	나와 비슷하다	보통이다	나와 다르다	나와 매우 다르다

* ①과 ②를 더한 점수가 당신의 희망 점수이다._____

21. 영성(신념, 신앙심)

이 강점을 지닌 사람은 우주의 더 큰 목적과 의미에 대한 믿음이 크다. 그래서 더 큰 계획에서 본인의 쓰임새가 있을 것이라고 생각하며, 그런 믿음을 밑거름 삼아 행동하고 편안함을 얻는다. 종교를 믿든 안 믿든, 본인이 더 큰 우주에 속해 있다고 확신한다.

① 삶의 목적이 뚜렷하다._____

1점	2점	3점	4점	5점
나와 매우 다르다	나와 다르다	보통이다	나와 비슷하다	나와 매우 비슷하다

② 사명감이 없다._____

1점	2점	3점	4점	5점
나와 매우 비슷하다	나와 비슷하다	보통이다	나와 다르다	나와 매우 다르다

* ①과 ②를 더한 점수가 당신의 영성 점수이다._____

22. 용서(연민)

이 강점을 지닌 사람은 잘못한 사람을 용서하고 항상 잘못을 만회할 기회를 준다. 용서하면 가해자에 대한 기본적인 동기나 행동이 대체로 훨씬 긍정적으로 바뀐다. 따라서 앙심을 품거나 가해자와 마주치는 일을 애써 피하지 않고 너그러운 마음으로 대하는 경우가 많다.

① 과거의 것을 문제 삼지 않는다. ____

1점	2점	3점	4점	5점
나와 매우 다르다	나와 다르다	보통이다	나와 비슷하다	나와 매우 비슷하다

② 기어코 복수하려고 애쓴다. ____

1점	2점	3점	4점	5점
나와 매우 비슷하다	나와 비슷하다	보통이다	나와 다르다	나와 매우 다르다

* ①과 ②를 더한 점수가 당신의 용서 점수이다. ____

23. 유머(명랑함)

유머 감각이 뛰어난 사람은 잘 웃거나 다른 사람들에게도 웃음을 선사한다. 또한 삶을 긍정적으로 보는 경향이 크다. 꼭 필요한 말이 아니더라도 유쾌한 농담을 한다.

① 되도록 일과 놀이를 잘 배합한다. ____

1점	2점	3점	4점	5점
나와 매우 다르다	나와 다르다	보통이다	나와 비슷하다	나와 매우 비슷하다

② 우스갯소리를 거의 할 줄 모른다. ____

1점	2점	3점	4점	5점
나와 매우 비슷하다	나와 비슷하다	보통이다	나와 다르다	나와 매우 다르다

* ①과 ②를 더한 점수가 당신의 유머 점수이다. ____

24. 열정(신명, 영광)

열정이 강한 사람은 활기가 넘치고 정열적이다. 하는 일에 몸과 마음을 다 바치고, 새날에 할 일을 고대하며 아침에 눈을 뜨고, 열정적으로 일에 뛰어든다. 언제나 뜨겁게 살아 있음을 느낀다.

① 무슨 일을 하든 전력투구한다. _____

1점	2점	3점	4점	5점
나와 매우 다르다	나와 다르다	보통이다	나와 비슷하다	나와 매우 비슷하다

② 의기소침할 때가 많다. _____

1점	2점	3점	4점	5점
나와 매우 비슷하다	나와 비슷하다	보통이다	나와 다르다	나와 매우 다르다

＊ ①과 ②를 더한 점수가 당신의 열정 점수이다. _____

요약

이제 당신은 웹 사이트나 책에서 24가지 성격 강점의 의미를 알고 점수를 매겼을 것이다. 웹 사이트를 이용하지 않은 사람이라면, 아래 강점들의 점수를 쓴 다음 1에서 24까지의 순위를 매겨 보라.

1. 호기심 _____   2. 학구열 _____   3. 판단력 _____   4. 창의성 _____
5. 사회성 _____   6. 예견력 _____   7. 용감성 _____   8. 끈기 _____
9. 정직 _____   10. 친절 _____   11. 사랑 _____   12. 시민 정신 _____
13. 공정성 _____   14. 지도력 _____   15. 자기 통제력 _____   16. 신중함 _____
17. 겸손 _____   18. 감상력 _____   19. 감사 _____   20. 희망 _____
21. 영성 _____   22. 용서 _____   23. 유머 _____   24. 열정 _____

    대체로 9점에서 10점을 받은 강점이 다섯 개 이하인데, 이것이 당신의 강점이다. 여기에 표시를 해 두어라. 또한 4점에서 6점 정도의 낮은 점수는 약점에 속한다.

대표 강점의 특징

당신의 강점을 찾았는가? 당신의 강점 중에서 상위 5가지가 중요하다. 그 가운데 아래 조건에 부합하는 강점이 당신의 대표 강점이다. 강점 중에서 개인의 특성을 가장 잘 반영하며 주로 사용되는 강점이다. 마틴 셀리그만이 말하는 대표 강점의 특징[21]은 다음과 같다

- 대표 강점을 알았을 때 소유감과 정체성을 찾고 자신감이 생긴다("이게 진짜 나야.").
- 대표 강점을 맨 처음에 발휘할 때 벅찬 기대감에 빠진다.
- 대표 강점을 처음 연습할 때 학습 속도가 매우 빠르다.
- 대표 강점을 활용할 새로운 방법을 아주 열심히 찾아낸다.
- 대표 강점을 필연적으로 활용할 수밖에 없다("나 좀 그만두게 해줘.").
- 대표 강점을 활용할 때 피곤하기는커녕 오히려 기운이 난다.
- 대표 강점을 주로 활용할 수 있는 개인적인 일을 스스로 고안하고 추구한다.
- 대표 강점을 활용하는 동안 기쁨, 열정, 열광, 심지어 깊은 몰입에 빠진다.

일상에서 대표 강점을 발휘하기 위해서는 대표 강점을 찾는 것도 중요하지만 대표 강점의 특징을 아는 것이 더 중요하다. 특징을 알아야 동기부여가 되기 때문이다. 어느 날 전혀 모르던 대표 강점을 찾았다고 생각해 보자! 몰랐던 정체성까지 알게 됐다면 얼마나 자신감이 생기겠는가? 당신이 부모라면 자녀의 대표 강점을 찾아 줄 때 대표 강점 특징이 나타난다고 생각해 보자! 행복하지 않는가? 이제 대표 강점을 어떻게 활용하는지 방법을 알아보자.

대표 강점 활용 방법

조건에 부합하는 대표 강점을 찾았는가? 이 강점을 당신의 일, 사랑, 자녀 양육 등 일상생활에서 되도록 많이 사용하면 행복지수를 높일 수 있다. 그렇다면 강점들을 어떻게 활용할 수 있을까? 이것이 가장 중요하다. 당신이 직장이나 집, 여가 활동 중에 대표 강점을 활용할 수 있는 방법을 찾아내려면 시간을 갖고 어느 정도 고민해야 한다. 생활방식, 하는 일, 당신의 환경을 가장 잘 알고 있는 사람은 본인이기 때문이다. 그래서 스스로 찾아낸 방법이 가장 좋다. 아래 강점 활용 방법에서 본인의 대표 강점 활용 방법을 찾아보자. 이 강점 활용 방법은 24가지 강점을 바탕으로 조너선 헤이트와 테이얍 라시드와 아프로즈 안줌이 만든 목록이다.

강점 활용 방법[22]

지혜와 지식	
호기심	• 내가 모르는 주제에 대한 강의를 듣는다. • 익숙하지 않은 음식을 하는 식당을 방문한다. • 우리 동네에 새로운 곳을 발견하고, 그곳의 역사에 대해 배운다.
학구열	• 학생이라면, 필독서가 아니라 권장도서까지도 읽는다. • 새로운 어휘를 매일 배우고 사용한다. • 비소설류의 책을 읽는다.
판단력	• 대화 중에 선의의 비판자가 되고, 내 의견과 반대되는 입장에서 생각한다. • 매일 내 독선적인 의견이 무엇이며 어떤 점에서 잘못되었는지 생각한다. • 나와 다른 정치 노선의 입장을 밝히는 미디어를 듣고, 신문을 읽는다.

창의성	• 도예, 사진, 조각, 그리기, 채색하기 수업에 참여한다. • 운동용 자전거를 옷을 담는 선반으로 사용하는 것처럼 집에 있는 물건을 정해서 그것을 전형적인 쓰임이 아니라 다른 용도로 사용하는 방법을 찾아낸다. • 내가 쓴 시를 담은 카드를 친구에게 보낸다.
사회성	• 타인을 편안하게 해 준다. • 친구나 가족이 어려운 일을 한다는 것을 알아주고 격려의 말을 한다. • 누군가 나를 귀찮게 하더라도, 보복하기보다 그들의 동기를 이해한다.
예견력	• 내가 아는 가장 현명한 사람에 대해 생각하고 그 사람처럼 하루를 살아 본다. • 누군가 요청했을 때에만 조언을 주거나, 할 수 있는 한 심사숙고하여 행동한다. • 친구들, 가족 구성원, 동료들 간의 논쟁을 해결한다.
용기	
용감성	• 집단에서 대중적으로 호응을 받지 못하는 아이디어도 당당하게 말한다. • 명백히 부당한 행위를 하는 권력 집단을 목격할 경우, 반드시 이의를 제기한다. • 평소 두려움 때문에 하지 못했던 일을 한다.
끈기	• 해야 할 일의 목록을 만들고, 매일 목록에 있는 일 한 가지씩을 한다. • 일정에 앞서 중요한 일을 마친다. • 텔레비전을 틀거나, 핸드폰 전화, 간식, 이메일 체크 같은 것에 마음이 흐트러지지 않고 몇 시간 동안 일에 집중한다.
정직	• 마음에서 우러나지 않는 칭찬을 포함하여 친구들에게 선의의 거짓말은 일절 하지 않는다. • 내가 가장 가치 있게 생각하는 것이 무엇인지 생각하고, 그것과 관련된 일을 매일 한다. • 내가 어떤 일을 하고자 하는 동기를 다른 사람에게 말할 때, 진실하고 정직하게 설명한다.
사랑과 인간애	
친절	• 병원에 있는 사람에게 병문안을 간다. • 운전 중 보행자에게 양보하고, 보행할 때는 운전자에게 양보한다. 후자의 경우는 신중한 행동으로 설명할 수도 있다. • 친구나 가족에게 익명으로 도움을 준다.

사랑	• 부끄러워하지 않고 칭찬을 수용하며 고맙다고 말한다. • 사랑하는 사람에게 짧은 편지를 쓰고 그날 그 사람이 쉽게 발견할 수 있는 곳에 둔다. • 가장 친한 친구가 정말로 좋아하는 무언가를 함께 해 준다.
정의감	
시민 정신	• 내가 할 수 있는 가장 멋진 팀 구성원이 되어 준다. • 매일 하루 5분씩 길에 떨어진 물건을 주워 쓰레기통에 집어넣는다. • 자선 단체에서 봉사한다.
공정성	• 적어도 하루에 한 번 정도는 내 실수를 인정하고 그에 대한 책임을 진다. • 적어도 하루에 한 번은 내가 썩 좋아하지 않는 사람에게도 응당의 신임을 보인다. • 사람들의 이야기를 방해하지 않고 잘 듣는다.
지도력	• 친구들을 위해 사교 모임을 만든다. • 직장에서 즐겁지 않은 일을 도맡아 하고 그것을 완수한다. • 처음 만난 사람이 편안하게 느끼도록 행동한다.
절제력	
자기 통제력	• 운동 프로그램을 시작하여 일주일 동안 매일 꾸준히 실천한다. • 타인에 대해 뒷담이나 비열한 이야기를 하지 않는다. • 이성을 잃으려고 할 때, 열을 세고 그것이 정말 필요한지 반추한다.
신중함	• "부탁합니다."나 "고맙습니다."라는 말 외에 다른 말을 하기 전에는 두 번 생각한다. • 운전할 때, 속도 제한에서 시속 5마일을 낮추어 달린다. • 간식을 먹기 전에, "이것은 살이 찌더라도 꼭 먹어야 되는가?"라고 자문한다.
겸손	• 하루 종일 나에 대한 얘기를 전혀 하지 않는다. • 너무 눈에 띄는 옷을 입지 않는다. • 나보다 친구들이 더 뛰어난 점이 무엇인지 생각하고 그 점에 대해 칭찬한다.

영성과 초월성	
감상력	• 친숙하지 않은 미술관이나 박물관에 방문한다. • 매일 내가 보았던 가장 아름다운 것에 대해 일기를 쓴다. • 적어도 하루에 한 번은 멈춰 서서 일몰이나 꽃, 새의 노랫소리와 같이 자연의 아름다움을 느낀다.
감사	• 하루 동안 내가 얼마나 "고맙습니다."라고 말하는지 세어 보고, 일주일 동안 그 횟수를 늘여 간다. • 매일 하루를 마감할 때, 현재 잘되어 가는 일 세 가지를 쓴다. • 감사의 편지를 써서 감사 방문을 한다.
희망	• 과거에 실망했던 것에 대해 생각하고 그것을 가능하게 하는 기회를 찾는다. • 다음 주, 다음 달, 내년의 목표를 쓰고 이 목표를 성취할 수 있는 구체적인 계획을 세운다. • 본인의 비관적인 생각을 반박한다.
영성	• 내 삶의 목표에 대해서 매일 생각한다. • 매일 하루 일과를 시작할 때 기도하거나 명상한다. • 친숙하지 않은 종교 의식에 참가한다.
용서	• 매일 인색함을 떨쳐 버린다. • 내가 정당한 일을 하고도, 나를 짜증 나게 하는 사람이 있더라도 편히 생각하고 내가 어떻게 느끼는지 그 사람에게 말하지 않는다. • 용서의 편지를 쓰되, 부치지 말고 일주일 동안 매일 반드시 읽는다.
유머	• 하루에 적어도 한 명씩은 미소 짓거나 웃게 만든다. • 마술을 배우고 친구들 앞에서 보여 준다. • 스스로 웃게 만든다.
열정	• 적어도 일주일 동안 매일 자명종을 맞출 필요가 없을 만큼 일찍 잠을 자고, 일어나서 영양이 풍부한 아침식사를 한다. • "왜 해야 하는데?"라고 말하기보다 "해보는 게 어때?"라고 말하는 것을 세 배만큼 늘린다. • 매일 나에게 필요한 일보다는 하고 싶은 일을 한다.

본인의 대표 강점 활용 방법을 찾아낸 다음에는 한 주 동안 강점을 활용하는 연습 시간을 따로 배정해 보자. 예를 들어, 대표 강점이 창의성이라면 기존의 관습적인 방식 대신 본인만의 새로운 방식으로 일을 도모해 볼 수도 있다. 이런 사람은 도예, 사진, 조각, 그리기, 채색하기 수업에 참여할 수 있으며, 저녁에 한두 시간 할애해 디자인 공모전을 준비하거나 시나리오를 쓸 수 있다. 대표 강점이 자기 통제력이라면 욕구나 충동을 자제하는 능력이 뛰어나기 때문에 저녁에 텔레비전을 보는 대신 헬스클럽이나 공원에서 운동을 할 수 있다. 또 대표 강점이 감상력이라면 친숙하지 않은 미술관이나 박물관을 방문할 수 있으며, 매일 보았던 가장 아름다운 것에 대해 일기를 쓸 수도 있다. 매일 다니는 익숙한 길 대신 새로운 길을 따라 출근하거나 매일 저녁 버스에서 한두 정거장 미리 내려서 걸어올 수도 있다. 당신의 창의성을 발휘해 다양한 방법을 찾아보자.

대표 강점 연습이 쉽게 되는 사람도 있고 힘든 사람도 있을 것이다. 또 몰입을 경험하면서 시간이 쏜살같이 흘러가는 사람도 있고 더디게 흘러가는 사람도 있을 것이다. 이 연습 경험을 글로 적어 보자. 연습을 하기 전, 연습을 하는 동안, 연습이 끝난 후 어떤 느낌이었는지를 종합해서 연습을 계속할 것인지, 아니면 더 효과적인 방법을 찾을 것인지 판단을 내리면 된다. 중요한 건 당신의 대표 강점을 믿고 일상생활에서 자주 활용해야 한다는 것이다. 다음은 대표 강점을 일상에서 발휘해서 행복지수를 높인 이야기들이다. 대표 강점을 발휘하는 일이 얼마나 인생을 풍요롭고 행복하게 만드는지 참고가 될 것이다.

셀리그만은 말한다. "행복한 삶은 일상생활에서 자기의 대표 강점을 날마다 발휘하여 행복을 만들어 가는 것이다. 의미 있는 삶은 행복한 삶에 한 가지가 더해진다. 대표 강점을 발휘하되, 지식과 능력과 선을 촉진시키는 데 활용하자. 그리하면 참으로 의미 있는 삶이 될 것이며, 신을 자기 삶의 궁극적인 목표로 삼는다면 숭고한 삶이 될 것이다."

대표 강점 발휘 실례

나의 대표 강점은 감상력이다
오늘 저녁의 거리는 행복한 풍경이다. 서울에서 내려오던 길에 차창 밖으로 다른 차의 풍경을 우연히 보게 되었다. 신호등에 걸려 멈춰 있을 때였다. 자동차 뒷좌석에서 젊은 새댁이 갓난아기를 포대에 싸서 소중히 가슴에 안고 있었다. 세상모르고 쌕쌕 잠든 아가의 얼굴이 또렷하게 보였다. 그 모습이 어찌나 평화롭던지. 나는 그 모습을 물끄러미 바라보았다. 평화롭고 행복해 보이는 풍경 위에 어른이라는 이름으로 순수를 잃어버린 내 모습이 겹쳐졌다. 신호 대기에 걸려 서 있는 짧은 순간에 버스 안에서 잔잔하게 들려오는 탐 존슨의 'green green grass of home'이라는 노래까지 더해져 더없이 평온한 저녁이었다. 나는 가끔 그때를 떠올리면서 행복감에 젖는다. 내 대표 강점 중에 하나가 감상력이다. 강점을 찾고 난 후부터는 사람이나 사물, 자연을 감상하면서 더 큰 행복감을 느낀다. – 유남실(긍정심리 상담사, 강사)

나의 대표 강점은 영성이다
내 대표 강점은 통찰, 영성, 신중함, 판단력, 겸손이다. 그중에서 영성을 활용하여 문제를 해결한 이야기이다. 2007년 봄, 꿈의 학교 독서교사 과정에 지원했을 때의 일이다. 일주일에 책 두 권을 읽고 독서 감상문이나 요약을 해야 했다. 15주 30권의 책 중 80퍼센트인 24권을 읽고 과제를 제출해야 시험 자격이 주어지는데 마지막 주가 다 되도록 달랑 두 권에 대한 감상문만 제출한 상태였다. .
　나는 강점을 발휘해서 기도를 시작했고 도서관에 도시락을 싸 들고 나갔다. 자리에 앉자마자 집중할 수 있게 해 달라고 또 간단히 기도를 하고 책을 읽어 나갔다. 정말 놀랍도록 책 읽기에 몰입했고 언제 시간이 지났는지 일어나면 서너 시간이 훌쩍 지나 있었다. 정말 신기하고 놀라웠다. 거의 하루에 책 한 권을 읽다시피 한 것도 그렇고, 감상문 쓰기가 그토록 힘들었는데 한번 쓰기 시작하자 거미줄 나오듯 막힘없이 글이 써 지는 게 아닌가? 절망하여 포기하고 싶을 때마다 강점을 살려 기도하였고 그러면 언제 그랬냐는 듯이 희망이 솟아올랐다. 날짜에 딱 맞추어 과제를 끝마치고 시험을 치르고 무사히 자격증을 받았다. 지금도 대표 강점을 발휘하며 독서교사 자격증을 땄던 그때를 생각하면 가슴 뿌듯하고 또 감사하다."-박심숙(독서 교사, 심리 상담 교사)

나의 대표 강점은 용감성이다

나는 용기가 부족한 편이었다. 그래서 뭔가 하려면 많이 망설인다. 그런데 대표 강점 중 하나가 의외로 용감성이 아닌가? 나는 신기해서 적용해 보기로 했다. 나는 주로 대중교통을 이용하기 때문에 버스를 하루에 두 번씩 탄다. 예전에는 무심코 타고 내렸는데 일 년 전부터는 버스를 올라탈 때는 기사님께 "안녕하세요.", 내릴 때는 "기사님, 감사합니다."라고 인사를 하고 내린다. 처음 시작할 때는 가슴이 콩닥콩닥 뛰고 어색했다. 조용한 버스 안에서 여간 쑥스러운 게 아니었다. 그런데 일 년 넘게 하다 보니 인사를 않고 그냥 내리려면 뭔가 허전하다. 인사를 하는 게 오히려 자연스러운 모습이 된 것이다. 버스를 타고 내릴 때마다 나는 무척 즐겁고 행복하다.-장금남(긍점심리 상담사)

나의 대표 강점은 감사다

내 대표 강점 중에 하나가 감사다. 신앙생활도 안 하는데 매사에 감사하며 살아간다. 작년에 석사 논문을 준비하던 중 여러 가지 일이 꼬이는 바람에 논문 쓰는 걸 포기하게 되었다. 그런데 포기하기로 결정한 바로 그다음 날 편찮으신 시어머니를 우리 집에 모시기로 결정했다. 짜증 날 수도 있는 일이었지만 나는 어머니를 위해 논문을 포기한 걸 감사했다. 만약 편찮으신 어머니 수발에 논문까지 써야 했다면 논문은 논문대로 제대로 못 쓰고, 어머니를 미워하는 마음까지 생겼을지도 모른다. 그런데 감사하게도 논문을 포기하는 바람에 마음 편히 어머니를 모실 수 있게 되었다. 어머니께 너무 감사 드린다. -허성미(심리 상담 교사)

연습 도구 6 **최상의 자기**

● 　당신에게는 강점을 발휘해 미래에 꼭 이루고 싶은 목표가 있는가? 당신 성격에 딱 들어맞는 일은 무엇이고, 그때 당신은 어떤 모습일 것이라고 생각하는가? 누군가는 강점인 끈기를 발휘해 최고의 피아니스트가 되어 관객들 앞에서 멋진 공연을 하고 있다고 상상할 수 있을 것이다. 또 리더십이라면 정치 지도자나 대기업 CEO를, 자기 통제력이라면 강점을 발휘해 최고의 트레이너라는 명성을 얻어서 인터뷰하고 있다고 상상할 수 있을 것이다. 이렇게 강점은 당신의 일상을 더 만족스럽게 해 주고, 나아가 이루고자 하는 목표에 도달하게 해 준다.

　그런데 강점 못지않게 미래 모습을 그려 보는 것만으로도 실제 그 일을 성취하는 데 영향을 준다. 당신은 얼마나 자주 당신의 미래를 그려 보는가?

　올림픽 역도 금메달리스트인 장미란 선수는 경기를 앞두고는 매일 경기에서 행해질 모든 과정을 머릿속에 그린다고 한다. 경기장에 입장하는 순간부터, 손에 송진 가루를 바르고, 경기장에 올라 호흡을 가다듬고, 역기를 들어 올리고, 관중의 환호성을 듣는 것이다. 시상대에 올라 금메달을 목에 걸 때의 감촉, 목에 걸리는 느낌 하나하나까지 자세하게 모든 장면을 떠올리는 훈련을 한다고 한다. 그러면 실전에 들어가서도 다를 바가 없다. 많은 무용수들도 점프와 회전 등 특정한 기술을 반복적으로 머릿속에 그려 보면 실력이 더 향상된다고 한다. 테크닉을 소화하는 데 필요한 패턴이나 팔다리 위치 등을 머릿속에 그려 보는 것만으로도 기술 습득에 큰 영향을 미친다는 것이다.

　당신도 이처럼 본인 미래를 상상해 본 적이 있는가? 당신이 꿈꾸고 바라는 모든 것을 이룬 모습, 그게 당신의 이상적 자기(ideal-self)이자 최상의 자기다. 미래에 대해 당신이 그릴 수 있는 최대한의 자기 모습이다. 당신이 최고의 트레이너가 되겠다는 꿈을 갖고 있다면 미래의 나를 상상하는 것만으로 엄청난 만족감을 느낄 수 있다. 게을러지거나 나태해지려고 할 때마다 최고의 트레이너가 되겠다는 목표를 생각한다면 잠자고 있던 열정이 다시 깨어나면서 목표를 향해 더 열심히 달려갈 것이다. 이룰 수 있다는 자신감과 의욕도 생길 것이다. 또 당신이 지금은 입사한 지 얼마 안 된 평사원이라고 해도 10년, 20년 후에는 한 회사의 대표가 되어 있을 수도 있다. 그때 당신은 어디에 살고 있으며, 직원들을 어떻게 대하며, 어떤 가치를 중시할 것 같은가? 이렇게 구체적으로 미래의 모습을 그리다 보면 실제 그 모습을 닮아 가기 위해 노력하고, 그러면 상상은 꿈을 넘어 현실이 되는 것이다.

그렇지 않고 현실의 자신만을 생각한다면 어떻겠는가? 지금은 평사원이라서 상사에게 잦은 꾸지람을 듣느라 스트레스를 받을 수도 있고, 트레이너가 되기 위해 노력하고 있지만 아직은 완성되지 않아서 초라함을 느끼고 기분이 가라앉을 수도 있다. 더구나 사람들은 보통 단기간에 일어날 일을 상상하는 데는 익숙하지만, 5년 후, 10년 후의 모습을 상상하는 데는 서툴다. 하지만 본인이 만들어 낼 수 있는 최상의 미래, 먼 미래를 내다본다는 관점의 변화만으로도 긍정 정서를 훨씬 많이 느낄 수 있다.

혹시 당신은 미래 모습을 상상하는 게 비현실적인 몽상이나 환상에 빠지는 일이라고 생각하는가? 상상만 하고 현실에서 노력하지 않는다면 환상에 불과할 것이다. 그래서 다음에 소개하는 이상적인 자기 연습은 당신이 꿈꾸고 바라는 최상의 모습에 가까워지기 위해 현실에서 어떻게 노력해야 하는지를 보여 주는 구체적인 방법이다. 최상의 모습을 상상만 하기보다는 그때 하고 있을 일, 인간관계, 중시하는 가치 등을 구체적으로 구현할수록 동기부여하기가 쉽다. 그래서 긍정심리학자 로라 킹이 연구한 이 방법은 숨겨진 당신의 핵심 가치를 확인하고 어젠다를 제시하는 연습이라고 할 수 있다. 이제 시간 여행을 떠나 보자. 미래의 당신을 상상하고 원하는 모든 걸 성취한 모습을 그려 보자. 좋은 것과 가능한 것에 주의를 기울이다 보면 긍정 정서를 느끼게 되고, 그러면 당신은 더 자신감 넘치는 상태에서 목표를 향해 나아갈 수 있을 것이다.

이상적 자기[23]

미래의 나를 상상하라. 두세 달 후의 나도 좋고, 몇 년 후여도 좋다. 인생에서 원하는 것을 많이 얻었고 열망하는 것을 많이 성취한 미래를 상상하자. 잠시 시간을 갖고 그 미래에 당신이 어떤 모습이며 삶은 또 어떤 모습일지 진지하게 그려 보자. 성취한 것, 살고 있을 곳, 일하고 있을 곳을 상상하자. 출퇴근 모습을 상상하고, 건강은 어떠하며 인간관계는 어떠할지 상상하자. 자신이 갖춘 능력, 성장을 위한 기회들을 상상하자. 어떤 결정을 내리고 어떤 목표를 이루었는지 그려 보자.

1. 당신이 상상하는 직장 생활, 즉 통근 방식, 사무실, 지위, 맡게 될 업무 유형을 묘사하자.

2. 이 이상적인 미래의 업무에서 당신이 중요하게 성취하고 싶은 것은 무엇인가?

3. 미래에 당신이 성취한 것을 묘사하자.

4. 미래의 직장 생활에 대한 상상은 당신이 중시하는 가치들이나 내면적 요인의 산물인가, 아니면 타인이 중시하는 가치들이나 외면 요인의 산물인가? 전자와 후자의 비율은 어느 정도인가?

전적으로 나의	가치들로 선택	……	전적으로 타인의	가치들로 선택
1	2	3	4	5

5. 미래에 당신이 살고 있을 곳을 묘사하자.

6. 주거 환경과 생활환경에서 당신이 갖추고 싶은 것은 무엇인가?

7. 미래에 당신이 모두 갖춘 것을 묘사하자.

8. 미래의 주거 환경에 대한 상상은 당신이 중시하는 가치들이나 내면 요인의 산물인가, 아니면 타인이 중시하는 가치들이나 외면 요인의 산물인가? 전자와 후자의 비율은 어느 정도인가?

전적으로 나의	가치들로 선택	……	전적으로 타인의	가치들로 선택
1	2	3	4	5

연습 도구 7 **최고의 자화상**(사명 선언서)

- 내가 기술과학 분야에서 출판 일을 하던 1980년대 말, 1990년대 초

는 컴퓨터 서적의 황금기나 다름없었다. 번역서든 국내 저서든 컴퓨터 관련 책은 만들기만 하면 팔려 나가기 바빴는데, 우리 출판사도 전문 서적의 노하우와 인적 네트워크는 여느 출판사에 뒤지지 않는 경쟁력을 갖추고 있었다. 그런데 나는 컴퓨터가 아니라 공장자동화 분야의 책을 출판했다. 컴퓨터 책은 내가 아니어도 누구나 만들 수 있지만, 그때 내가 했던 생각은 한 가지였다. 바로 우리나라에 장차 가장 필요할 공장자동화 바람을 준비하는 일이었다. 왜냐하면 우리나라는 일본과 산업 구조가 유사해서 일본의 시스템을 도입하지 않으면 안 될 상황이 올 것이라고 판단했기 때문이다. 그 당시 일본은 공장자동화로 생산 혁명을 일으켜 미국을 추월하려고 할 때였다. 그래서 공장자동화로 세계를 리드하고 있던 일본을 오가며 자료를 수집해 공장자동화 분야의 출판을 시도했다.

예상대로 2~3년이 지나자 공장자동화 붐이 일면서 대기업, 중소기업 할 것 없이 거의 모든 기업이 자동화에 참여했다. 그때 우리 출판사에서 발간된 공장자동화 시리즈 18권을 비롯한 많은 책들이 지금도 생산과 연구 분야 기업과 공과대학의 책장에 꽂혀 있다. 우리나라의 생산 환경에 맞는 우리 기술과 생산 라인을 연구하는 것까지는 내가 어찌할 수 있는 게 아니라서 외국 기술과 수입에만 의존했다는 아쉬움은 남아 있다. 그래도 우리나라 산업을 위해 열정적으로 뛰어다녔던 그때를 생각하면 지금도 뿌듯하다. 주위에서는 왜 손쉽게 돈을 벌 수 있는데 어려운 길을 택하느냐고 만류했지만, 나는 내 이익도 중요하지만 출판인으로서 사회적 책임도 그에 못지않게 중요하다고 생각했다. 그게 출판인으로서의 사명이라고 생각했던 것이다.

당신에게는 이런 사명이 있는가? 당신이 원하는 모든 걸 이뤄 냈을 때 행복과 성취 외에 다른 사람들과 이 사회를 위해 무엇을 하고 있을 것이라고 생각하는가? 이번에는 그걸 생각해 보자. 만약 당신이 한 기업의 오너가 되었을 때 당신은 본인과 가족을 위해서만 만족하는 삶을 살고 싶은가, 당신 기업에서 일하는 수많은 직원들의 행복을 함께 생각하겠는가? 아니면 당신이 가수가 돼 있다면 당신이 노래할 수 있다는 사실에만 기뻐하면서 살고 싶은가, 당신의 노래를 듣고 더 많은 사람들이 행복하기를 바라겠는가? 어느 쪽이 더 행복한 삶일지 잠시 생각해 보자.

당신은 어떻게 살고 싶은가? 사명은 넓게 보면 "우리는 왜 이 땅에 존재하는가."라는 질문에 대한 대답이라고 할 수 있다. 당신이 태어난 이유, 살아가는 이유에 가깝다. 행복의 과학 도구 가운데 삶의 의미를 찾는 일이다. 우리나라의 수많은 직업 가운데서 사명감이 가장 높은 직업이 소방관이라고 한다. 직업이 단순히 불 끄는 일이 아니라 한 사람의 생명을 구하는 일이라고 생각한다면 얼마나 뿌듯하고 힘이 나겠는가? 이렇게 사명감이 있어야만 당신이 어떤 일을 하고 어떤 직업을 갖든 더 만족하고 열정적일 수 있다.

당신의 사명을 글로 적어 사명 선언서를 작성해 보자. 사명 선언서를 작성하는 일은 어떻게 살아야 할 것인가를 생각하는 계기가 될 것이다. 인생을 멀찍이 거리를 두고 바라보면 훨씬 큰 그림으로 볼 수 있다. 그러면 미래에 대한 희망도 생길 것이다. 긍정심리학자들이 이 방법을 사용했더니 경영자, 학생, 심리 치료사, 직업을 바꾸려는 사람까지도 아주 활기차졌다고 한다. 자기 존재의 가치를 발견했으니 활력이 넘치는 게 당연하지 않겠는가.

하지만 부담을 가질 필요는 없다. 완벽해야 한다거나 내 모든 걸 포함해야 한다고 생각할 필요도 없다. 사명 선언서는 가끔씩 개정하고 수정해 나가도 된다. 당신에게 의미 있는 날, 생일, 연말이나 연초에 한 해를 정리하며 새롭게 작성하는 것도 좋을 것이다. 사명 선언서는 당신의 인생처럼 최종 작품이 아니라 변화해 가는 작품이다. 당신은 마지막 순간, 인생의 초상에 어떤 내용이 담겼으면 하고 바라는가?

사명 선언서[24]

1단계
본인의 인생 지침을 리스트로 작성하자. 완벽하게 작성하거나 모든 것을 총망라하려고 애쓰지 말고 항목이 겹칠까 봐 걱정하지도 말자. 단지 본인만의 핵심 가치를 하나씩 써 보는 일일 뿐이다. 두 개에서 다섯 개 정도 핵심 가치를 작성하자. "변화를 받아들이고 추진하자." "성장과 배움을 추구하자." "겸손하자."처럼 중요시하는 가치면 된다.

2단계
당신의 강점에 대해 숙고해 보자. 24가지 강점을 토대로 해당하는 대표 강점 서너 가지를 고른다. 자주 활용하는 강점일 수도 있다. 당신은 가까운 미래에 일어날 일 중에서 어떤 일이 가장 기대되는가? 이 질문에 대한 답이 당신의 강점을 확인하는 데 도움이 될 것이다.

3단계
핵심 가치를 확인하기 위해 스스로 질문해 보자. "당신이 가장 자랑스러워하는 업적은 무엇인가?" "당신이 세상에 남기고 싶은 유산은 무엇인가?" "당신이 최악의 상태일 때는 언제인가?" 그다음 형식에 구애받지 말고 2분여 동안 그 대답을 글로 쓴다. 여기에는 오답도 정답도 없다.

4단계
이제 중요하게 생각하는 핵심 가치, 강점, 작동 중인 핵심 가치가 모아졌을 것이다. 이것이 사명 선언서의 토대가 된다. 이제 다음 형식에 따라 두 문단으로 작성해 보자. 첫 번째 문단은 당신이 중요시하는 가치를 묘사함으로써 본인에 대해 서술하는 것이며, 두 번째 문단은 그 가치를 구체적으로 어떻게 실천할 것인지에 대해 서술한다. 긍정심리학 코치인 로버트 디너의 사명 선언서를 참고하면 도움이 될 것이다.

문단 1(핵심 가치 묘사) : 나는 성장을 중요시한다. 지속적인 배움에 관심이 있으며,

연령이나 배경에 상관없이 다른 사람들이 배움을 통해 성장할 수 있게 돕는 데 관심이 있다. 나는 타인의 성장을 돕는 행위가 세상을 더 좋은 것으로 바꿀 것이라고 믿는다. 그 행위를 통해 그들을 더욱 성장시키고 그들과 더 좋은 관계를 맺게 될 것이기 때문이다.

문단 2(가치를 실현할 구체적인 방법) : 긍정적 정서는 개인의 성장에 결정적인 요소다. 나는 유머와 스토리텔링을 이용해서 사람들이 성장할 수 있는 지적이고 비위협적이고 확장적인 환경을 창출할 것이다. 교사, 멘토, 코치, 연구자, 작가로서의 역할을 십분 활용해서 타인이 성장할 기반을 마련해 줄 것이다. 타인으로 하여금 잠재력을 발휘하게 도와줄 때 내가 가장 많이 성장한다는 것을 나는 또한 알고 있다.

연습 도구 8 **낙관성 키우기**

설명 양식[25]

　당신의 대표 강점을 찾고 최상의 자기를 그려 보고 사명 선언서까지 작성했다면, 당신은 한결 희망적인 마음 상태가 되었을 것이다. 희망과 기대를 품고 나아가는 것, 그게 낙관성이다. 하지만 아무리 미래를 희망적으로 생각한다고 해도 당신은 현실에 있다. 당신이 아무리 낙관적으로 생각하고 싶어도 마음만큼 뜻대로 안 되는 게 있던가? 기수가 원하는 방향을 알려 줘도 코끼리는 기수의 말을 무시하고 제멋대로 움직일 때가 많다. 그래서 당신이 비관적인 생각에 휩쓸리지 않으려면 낙관성을 키워야 한다.

어떤 실패를 겪었을 때 당신이 느끼는 불안, 두려움, 초조함 같은 비관적인 생각이 왜 든다고 생각하는가? 왜 똑같은 실패를 겪고도 누구는 일어서고 누구는 포기하는가? 많은 사람들이 의지나 용기의 차이라고 생각하겠지만 똑같은 사건을 어떻게 해석하는지가 다르기 때문이다. 낙관주의자와 비관주의자는 똑같은 사건을 두고도 설명 양식이 다르다. 설명 양식이란 개인이 사건에 대응하는 일반적인 방식으로 그 사건의 원인을 미리 규정하는 태도다. 설명 양식은 크게 3가지 차원이 있는데, 원인 주체 차원(내 탓 vs 남 탓), 지속성 차원(항상 vs 가끔), 만연성 차원(전부 vs 일부)이다. 이 설명 양식을 바꾸면 당신이 비관주의자라고 해도 얼마든지 낙관주의자가 될 수 있다. 당신은 지금껏 낙관주의가 단순히 긍정적인 말이나 성공에 대한 상상력이라고 생각했는가? 낙관성은 그런 게 아니다. 낙관성은 원인에 대해 낙관적으로 설명하는 방식인 것이다.

원인 주체 차원 : 나쁜 일이 일어난 게 내 탓인가 남 탓인가?
길을 가다 깨진 보도블록 틈에 발이 끼었을 때 당신 반응은 어떤가?

1. 내가 그렇지. 나는 어딜 가나 운이 없다니까.
2. 보도블록이 깨졌네? 관리를 잘 안 하는 모양이야. 구청에 전화를 해서 바로 잡으라고 해야겠어.

당신이 1번을 골랐다면 기분이 가라앉았을 것이고, 2번을 골랐다면 기분이 나빠질 이유는 없을 것이다. 그런데 당신이 몇 번을 골랐든 돌이켜 보면 평소

나쁜 일	전면적인 자기 비난(비관적)	행동에 대한 비난(낙관적)
	"C 평가를 받았어. 나는 정말 멍청해." "상사가 또 화가 났네. 난 항상 사람들을 화나게 해." "또 후보 선수네. 아무도 나를 좋아하지 않아."	"이번에 열심히 안 했더니 실적 평가에서 C를 받았어." "상사가 화가 났네. 내가 마감 기일 약속을 못 지켜서 그래." "축구 모임에서 또 후보 선수네. 난 축구를 잘 못하니까."

일이 잘못됐거나 나쁜 일이 생길 때마다 비슷하게 생각했을 것이다. 당신은 일이 잘못되거나 틀어지면 주로 누구 잘못이라고 생각하는가? 내 탓? 아니면 남 탓이나 그럴 수밖에 없었던 주변 환경의 탓? 비관주의자들은 습관적으로 '내 탓'이라고 생각한다. 1번의 보기처럼 보도블록 틈에 발이 낀 것조차 내가 운이 없어서라고 생각하고, 실적 평가가 나쁘면 본인이 멍청해서라고 생각하는 것이다. 하지만 2번처럼 생각한다면 어떻게 달라지겠는가? 비관주의자는 문제의 원인이 본인이라고 생각한다. 그래서 기분이 가라앉고 우울해지고 심각하면 자기 비하로까지 이어진다. 이것이 비관주의자와 낙관주의자의 첫 번째 차이다.

물론 무조건적인 '내 탓'이 문제인 것처럼 무조건적인 '남 탓'도 위험하다. 중요한 건 습관적으로 내 탓이라는 생각을 버리는 일이다. 다음 표를 보면서 평소의 본인과 비교해 보자.

지속성 차원 : 나쁜 일은 항상 일어나는가 가끔 일어나는가?
이번 달 실적이 좋지 않을 때 당신 반응은 어떤가?

1. 나는 항상 이 모양이야. 상사 눈 밖에 났을 거야. 이제 난 완전히 끝장이야.

나쁜 일	항상 믿는 태도(비관적)	가끔 믿는 태도(낙관적)
	"나는 완전히 끝장이야." "다이어트는 전혀 효과가 없어." "너는 언제나 잔소리를 늘어놔." "사장은 나쁜 사람이야." "너는 내게 전혀 말을 안 해."	"나는 지금 몹시 지쳤어." "배불리 먹으면 다이어트는 효과가 없어." "너는 내가 청소를 하지 않을 때 잔소리해." "사장은 지금 기분이 안 좋은 상태야." "너는 요즘 통 내게 말을 안 해."
좋은 일	가끔 믿는 태도(비관적)	항상 믿는 태도(낙관적)
	"오늘은 운수 좋은 날." "나는 열심히 노력해." "내 경쟁자가 지쳤나 봐."	"나는 언제나 운이 좋아." "나는 재주꾼이야." "내 경쟁자는 실력이 없어."

2. 열심히 했는데 기대만큼 안 나왔네. 그래도 저번 달에는 잘했으니까 다음에도 잘할 수 있을 거야.

당신이 1번을 골랐다면 절망했을 것이고, 2번을 골랐다면 실망은 했겠지만 그래도 다음번에는 더 노력했을 것이다. 나쁜 일이 생겼을 때 당신에게는 항상 나쁜 일이 일어난다고 생각하는가, 가끔 일어난다고 생각하는가? 아니면 그런 상태가 계속될 것이라고 생각하는가, 곧 지나갈 것이라고 생각하는가? 고통스러운 상황이 곧 지나갈 것이라고 생각하면 기분이 다운되거나 무기력해지지 않겠지만, 앞으로도 그런 상태일 것이라고 생각하면 얼마나 무기력해지겠는가? 그것도 한두 번이 아니라면?

이것이 낙관주의자와 비관주의자의 두 번째 차이다. 낙관주의자는 나쁜 일이 생겼을 때 일시적이고 특수한 것으로 보기 때문에 어쩌다 한 번 나쁜 일이 생겼고 금방 지나갈 것이라고 생각한다. 비관주의자는 정반대다. 나쁜 일에 대해서는 '항상'이라고 생각한다. 영속적이고 보편적인 것으로 생각하기 때문에 자기에게 나쁜 일은 항상 일어나고 앞으로도 나쁜 상태가 쭉 지속될 것이라고 받아들인다. 반대로 좋은 일에 대해서 낙관주의자는 자신에게는 항상 좋은 일이 생기고 지속될 것이라고 받아들이고, 비관주의자는 가끔 생긴다고 받아들인다. 좋은 일과 나쁜 일을 정반대로 받아들이는 것이다.

만연성 차원 : 삶 전부를 실패했는가 일부를 실패했는가?
면접에서 떨어졌다면 당신은 어떤 반응인가?

1. 나는 정말 쓸모없는 사람이야. 면접도 떨어졌는데 운동은 해서 뭐 하겠어? 잠이나 자자.
2. 꼭 들어가고 싶었는데 실망스럽네. 할 수 없지, 뭐. 운동으로 기분이나 풀어야겠다.

당신이 1번을 골랐다면 비관주의자이고, 2번을 골랐다면 낙관주의자다. 면접에서 떨어졌다면 대부분 실망한다. 낙관주의자라고 실망하지 않겠는가? 그런데 낙관주의자는 다른 일자리를 찾으려고 다시 이력서를 쓰고 노력을 기울이면서 평소처럼 생활해 나간다. 친구도 만나고 운동도 하면서 실패를 그 문제에만 국한시키는 것이다. 그래서 자신감은 좀 떨어지겠지만 다른 일에 도전한다. 하지만 비관주의자는 모든 일에서 자신감을 잃어버리고 만다. 하던 운동도 그만두고 친구들도 안 만나고 삶 전체를 포기해 버리는 것이다. 이렇게 절망감을 한 가지 영역에만 국한시키는지 아니면 다른 영역에까지 확산시키는지를 결정하는 게 만연성이다. 낙관주의자는 만연성의 측면에서 볼 때 어

나쁜 일	전부로 믿는 태도(비관적)	일부로 믿는 태도(낙관적)
	"교사는 모두 불공평하다." "나는 매정한 사람이다." "책은 쓸모없다.	"우문식 교수는 불공평하다." "나는 그를 매정하게 대한다." "이 책은 쓸모없다."
좋은 일	일부로 믿는 태도(비관적)	전부로 믿는 태도(낙관적)
	"나는 수학을 잘해." "내 주식중개인은 정유회사 주식을 잘 알아." "나는 그녀에게 매력적인 사람이야."	"나는 똑똑해." "내 주식중개인은 증권 정보에 밝아." "나는 매력적인 사람이야."

떤 실패를 겪어도 그 실패를 일부로 생각하지만, 비관주의자는 실패를 삶 전체로 해석한다. 이것이 비관주의자와 낙관주의자의 세 번째 차이다.

절망과 희망

언제부터인가 희망은 텔레비전에서 설교하는 성직자, 정치인, 광고업자의 전유물이었다. 그런데 마틴 셀리그만이 '낙관성 학습' 이론을 제기하면서부터 심리학자들이 희망을 연구 대상으로 삼았고, 과연 희망이 어떤 작용을 하는지 면밀하게 분석하기 시작했다. 당신이 희망을 갖느냐 아니냐는 이렇듯 낙관성의 특성에 달려 있다.

당신은 지금껏 비관주의자로 살아왔는가 낙관주의자로 살아왔는가? 만약 당신이 희망도, 미래에 대한 기대도 없이 살아왔다면 그 희망을 빼앗은 건 다른 누구도 아닌 바로 본인이다. 대부분은 눈치채지 못했겠지만, 설명 양식의 차이 때문에 누구는 절망하고 누구는 희망을 가졌던 것이다. 누구는 포기하고 누구는 도전했던 것이다. 하다못해 복도에서 상사와 마주쳤을 때 "안녕하세요."라고 인사했는데 상사가 아무 반응이 없다면 당신은 어떻게 반응하는가? '지난 번 보고서에서 내가 무슨 실수를 한 게 틀림없어. 나한테 화가 난 거야.'라고 생각한다면 얼마나 절망적이겠는가? 하지만 '부장이 오늘 기분이 안 좋네. 누구와 다퉜나? 부장은 원래 월요일 아침마다 자기만의 세계에 빠져 있으니까 그럴 수도 있지.'라고 생각한다면 절망할 필요가 있겠는가?

지속성(항상 vs 가끔)은 시간적 개념이고, 만연성(전부 vs 일부)은 공간적 개념이다. 좋은 일이 생기면 그건 자기 덕분이며, 지속될 것이고 삶 전반이 잘 흘러간다고 믿고, 불행한 일이 생기면 문제의 원인이 그럴 수밖에 없었던 외부 상황 때문이며, 어쩌다 한 번 나쁜 일이 생겼고 그 일만 실패한 것으로 받아들이면 희망을 가질 수 있다. 그 반대면 절망에 빠지는 것이다. 그래서 낙관주의자는 힘든 일이 생겨도 훌훌 털어 버리고 성공했을 때는 한껏 그 기회를 살린다. 하지만 비관주의자는 성공을 어쩌다 생긴 운 좋은 일로 받아들이고, 한 가지 실패를 삶 전체에 전이시켜 오랫동안 침체에서 헤어나지 못한다.

당신은 현실에 절망하면서 어떤 희망도 갖지 못한 채 살아가는 지금이 만족스러운가? 비관주의는 시련이 강할수록 강해져서 당신을 더 소극적이고 움츠러들게 만들고 결국 주저앉게 만든다. 그래서 당신을 한자리에 머물게 하고 가라앉게 만든다. 하지만 낙관주의는 포기와 도전의 갈림길에서 과감하게 도전하도록 만들어 준다. 낙관성을 가지면 지금보다 훨씬 많은 기회를 만날 수 있다는 뜻이다. 일어난 나쁜 일 모두가 당신 책임은 아니다. 나쁜 일은 '항상' 일어나는 게 아니라 '가끔' 일어날 뿐이라고 생각하자. 어떤 일에 실패하면 삶 '전부'를 실패한 게 아니라 '일부'를 실패했을 뿐이라고 생각하자. 그때 삶에 자연스럽게 희망이 깃들 것이다.

연습 도구 9 **회복력 키우기**

ABC 파악하기

당신이 어떤 역경 앞에서 두려워하고 좌절한 적이 있다면 그때를 잠시 떠올려 보자. 무엇이 당신을 좌절하게 만들었는가? 역경 자체? 아니면 도저히 넘어설 수 없다는 두려움? 특히 당신이 심각한 비관주의자라면 어떤 벽에 부딪힐 때마다 부정적으로 생각했을 것이다. 한두 번이 아니라 매사에 이런 식으로 생각한다면 어떻겠는가? 생각하는 방식도 스타일로 굳어진다.

부정적으로 생각하는 스타일이 당신의 회복력을 가로막는 가장 큰 장애물이다. 아동기의 불행한 경험보다 더 큰 장애물이다. 그래서 패턴으로 굳어져 버린 부정적인 생각과 싸워 이기는 방법을 배워야 한다. 그러면 두려움이 아니라 자신감을 가질 수 있다. 그게 바로 회복력 기술이다. 만약 당신이 불행한 어린 시절의 경험 때문에 지금껏 고통받고 있다면 해결할 방법이 무엇이라고 생각하는가? 시간을 되돌려 놓는 것? 이미 과거가 되어 버린 일 자체를 바꿀 순 없다. 하지만 이에 대한 당신의 믿음과 생각은 바꿀 수 있다. 당신의 부정적인 생각을 바꾸는 것보다 더 좋은 방법은 없다. 부정적인 생각 스타일을 반드시 바꿔야 하는 더 큰 이유는 부정적인 생각이 들면 불안, 우울, 초조와 같은 부정적인 감정이 뒤따라오고, 이 감정 상태로는 문제의 원인을 제대로 파악할 수 없기 때문이다. 당신이 감정에 휩쓸린다면 정확한 사고를 할 수 있겠는가? 감정에 따라 행동하기 때문에 상황을 더욱 악화시키는 것이다.

그래서 부정적으로 굳어져 버린 사고 스타일을 바꿔 회복력을 키우기 위해 개발한 것이 회복력 기술이다. 당신이 역경을 겪었을 때 감정과 행동을 촉발하는 것은 사건 자체가 아니라 그 사건을 해석하는 방식이다. 이 간단한 깨달음이 회복력 기술의 토대이다.

회복력 키우기의 첫 번째 기술이 ABC 확인하기이다.[26] 이 기술은 번번이 회복력을 발휘하지 못하는 상황을 잘 파악하게 해 준다. 역경을 겪고 있을 때 본인의 믿음을 간파하고 그 믿음이 어떤 감정을 촉발하는지 깨닫게 해 준다. 예를 들어 보자. 회사에서 지친 몸으로 집에 왔는데, 이번에도 배우자는 당신보다 먼저 퇴근하고도 저녁을 차릴 생각조차 안 하고 있다. 당신은 어떤 감정을 느끼는가? 화가 나는가? 실망하는가? 그 순간에 왜 그런 감정을 느끼느냐고 묻는다면 당신은 빈 식탁을 가리키며 이렇게 말할 것이다. "저것 보세요. 식사 준비를 하나도 안 했잖아요. 언제나 저래요." 당신이 화난 이유가 명확하게 보인다. 하지만 그 이유가 사실일까? 당신이 화난 이유는 배우자가 식사를 준비하지 않아서가 아니다. 식사를 준비하지 않은 행위를 당신의 권리에 대한 침해로 해석하기 때문에 화가 난 것이다. 배우자의 행동이 아니라 그 행동에 대한 당신의 '해석'이 분노를 일으킨 것이다.

사람들은 모두 크고 작은 역경을 겪는다. 실직, 이별, 사랑하는 사람의 죽음 등 커다란 역경이 있고, 마감 시한 위반, 친구와의 말다툼, 지각 등 작은 역경도 있다. 이런 역경은 ABC 모형의 A(배우자가 저녁 식사를 준비하지 않았다)이다. 이 역경에 대해 우리는 반응을 보이는데, 사례에서는 분노하고 실망하는 감정으로 이어졌다. 역경은 그 사건에 대해 느끼는 감정과 행동(C)으로 직결되기 때문에 겉보기에는 이 세상이 A—C로 작동하는 것 같다. 하지만 실제로는 식사를 준비하지 않은 행위를 당신의 권리에 대한 침해로 해석하기 때문에 화가 난 것이다. 이 생각을 믿음(B)이라고 부르는데, 바로 이 믿음이 우리가 어떤 감정을 느끼고 어떤 행동을 할지를 결정한다. 세상은 A—C가 아닌 A—B—C로 작동하고 있는 것이다.

ABC 모형

A(역경, 사건)	B(왜곡된 믿음)	C(결과 : 감정)	C(결과 : 행동)
배우자가 퇴근을 먼저 하고도 저녁 식사를 준비하지 않았다.	언제나 그렇다.	분노, 실망	싸운다.
	업무가 많아 피곤했던 모양이다.	안쓰러움	저녁 식사를 함께 차린다, 어깨를 주물러 준다.
한밤중에 창문이 흔들리는 소리를 듣는다.	어떤 사람이 집으로 침입했다.	불안하다.	문을 잠그고 경찰을 부른다.
	바깥에 바람이 분다. 그리고 창문은 낡았고, 느슨하게 닫혀 있다.	약간 성가시다.	창문을 꼭 닫고 다시 잠을 청한다.

그래서 똑같이 빙판길을 가다 미끄러져도 사람마다 느끼는 감정이 다 다른 것이다. "에이, 창피해. 운도 지지리 없지."라고 생각하는 사람은 기분을 망치고 우울한 기분이 들 것이다. 또 "자기 집 앞 눈은 알아서 치워야지. 사람들이 양심이 없다니까."라고 생각하는 사람은 화가 날 것이다. 아니면 "좀 창피하지만 덕분에 사람들에게 웃음을 선사했으니까 꼭 나쁜 것만은 아니야."라고 생각하는 사람은 툭툭 털고 일어나 기분 좋게 길을 갈 것이다.

문제는 이 믿음이 자주 왜곡된다는 것이다. 그래서 당신이 역경을 겪을 때 우울하고 무기력하고 불안한 감정이 드는 것이다. 이것이 앨버트 앨리스의 ABC 모형이다. 당신의 삶을 한번 살펴보자. 몇 개만 ABC로 파악해 보면, ABC가 어떻게 작동하는지 어렵지 않게 확인할 수 있을 것이다. 이 왜곡된 믿음에 따라 포기하고 좌절하거나 혹은 도전하고 더 멀리 뻗어 나가게 된다.

반박하기

ABC 파악하기를 통해 당신의 왜곡된 믿음을 확인했는가? 이제 그 믿음에 적극적으로 반박해 보자. 만약 당신이 나쁜 일이나 역경을 겪은 뒤 자동적으로 머릿속에 떠오르는 부정적이고 비관적인 생각을 확실하게 반박할 수 있다면, 시도를 해보기 전에 지레 겁먹고 포기하는 절망적인 태도를 바꿀 수 있다. 자신의 비관적인 생각을 경쟁자의 비난이라고 생각하고 반박해 보자. 아래의 ABCDE[27]에 따라 반론을 제기하면 된다.

A(Adversity)는 당신에게 생긴 역경, B(Belief)는 그 역경을 당연하게 여기는 왜곡된 믿음, C(Consequence)는 그 왜곡된 믿음을 바탕으로 내린 감정과 행동에 의한 잘못된 결론, D(Disputation)는 자신의 왜곡된 믿음에 대한 반박, E(Energization)는 자신의 왜곡된 믿음을 정확하게 반박한 뒤에 얻은 활력을 뜻한다.

역경(A) 최근에 나는 석사 학위를 딸 목적으로 퇴근 후에 야간 수업을 듣기 시작했다. 수업 시간에 처음으로 시험을 보았는데 성적이 바라던 대로 잘 나오질 않았다.

왜곡된 믿음(B) 형편없는 성적이군, 주디. 틀림없이 반에서 꼴찌일 거야. 내가 멍청한 거지, 어쩌겠어? 현실을 직시해야지. 게다가 이 나이에 쟤네들하고 경쟁하기가 쉬운가? 열심히 해봤자 누가 나 같은 마흔 살 된 여자를 고용하겠어? 스물세 살 된 애들도 있는데. 도대체 무슨 생각으로 등록을 했담? 한마디로 나는 이미 늦었어.

잘못된 결론(C) 완전히 절망에 빠지고 내가 쓸모없는 인간이라는 느낌이 들었다. 그것을 시도했다는 사실 자체가 황당하게 느껴졌다. 등록을 취소하고 지금 직장에 만족하기로 마음먹었다.

반박(D) 내가 너무 확대 해석하고 있는 거야. 모두 A가 나오길 바랐는데 실제로는 B, B+, B-를 받았지. 이것이 형편없는 성적은 아니잖아? 반에서 1등은 아니겠지만, 그렇다고 꼴찌도 아니다. 내가 확인했어. 옆자리 남자애는 C가 둘에다 D+잖아. 내가 바라던 대로 잘하지 못한 까닭은 나이 때문이 아니야. 나이가 많다고 해서 내가 반에서 머리가 제일 나쁠 이유는 없어. 잘하지 못한 이유 가운데 하나는 신경 쓸 다른 일들이 많아서 공부할 시간이 충분하지 않았기 때문이야. 하루 종일 근무해야 하고 가족도 있잖아. 내 처지에서 이 정도면 시험을 잘 본 거야. 시험을 한 번 봤으니까 앞으로 더 잘하려면 공부에 얼마나 많은 노력을 쏟아야 하는지 이제 알잖아? 그리고 누가 나를 고용할지 벌써부터 고민할 필요는 없어. 이 교육 과정을 이수한 사람들은 거의 모두 괜찮은 일자리를 얻었어. 지금 내가 신경 쓸 것은 교재를 열심히 학습해서 학위를 따는 일이야. 일단 졸업하고 그다음에 좋은 직장을 찾는 데 초점을 맞추면 되잖아.

활력 얻기(E) 나 자신과 시험에 대해 훨씬 편안하게 느끼게 되었다. 나는 등록을 취소하지 않기로 했다. 나이 때문에 내가 원하는 것을 포기하지는 않을 것이다. 물론 나이 때문에 불리할지 모른다는 걱정이 아직도 든다. 하지만 지레 걱정은 하지 않기로 했다.

이것이 회복력 기술 중에 하나인 반박하기 기술이다. ABC 확인하기에 연결시키면 회복력뿐만 아니라 낙관성을 키우는 데도 큰 도움이 된다. 반박하기에서 중요한 건 본인의 믿음이 생각일 뿐이라는 사실을 깨닫는 것이다. 주디의 경우 좋은 성적을 얻진 못했지만 자신이 반에서 꼴찌라거나, 멍청하다거나, 마흔 살 된 여자라서 아무도 자기를 고용하지 않을 것이라는 생각은 주디의 생각일 뿐 사실은 아닌 것이다.

　당신은 혹시 부도가 나서 다시는 일어서지 못할 것이라고 생각하는가? 열심히 일하고 저축해 봤자 앞으로도 이 상태가 지속될 것이라고 생각하는가? 생각은 말 그대로 생각이지 사실은 아니다. 주디는 옆자리 학생의 성적을 보고 본인이 꼴찌가 아니란 걸 확인했고, 원하는 대로 성적이 나오지 않은 건 나이가 많아서도 머리가 나쁘기 때문도 아니며 하루 종일 근무하고 가족을 챙기느라 공부할 시간이 부족했기 때문이라고 반박할 증거들을 찾았다. 여기에서 그쳤다면 성적이 나쁜 것에 대한 자기 합리화에 불과할지도 모른다. 하지만 이번 시험을 계기로 더 노력하기로 다짐하면서 결과가 어떻게 달라졌는가? 만약 주디가 왜곡된 믿음을 그대로 내버려뒀다면 학업을 포기할 수도 있었을 것이다. 그런데 왜곡된 믿음에 반박하자 학위를 따는 일에 집중하기로 하면서 결과가 전혀 달라졌다. 이게 당신이 회복력을 키워야 하는 이유다.

　이 반박하기 기술은 인지 치료 창시자이며 정신의학자인 에런 벡 박사가 개발해 큰 성과를 거둔 기술이기도 하다. 수많은 우울증과 불안증 환자들이 사고를 바꾸는 법을 배워서 우울증과 불안증을 이겨 냈다. 당신도 충분히 가능하다. 이렇게 왜곡된 믿음을 반박하면 당신도 움츠러들고 포기하고 좌절하는 소극적인 사람이 아니라 자신감을 갖고 도전하는 사람이 될 수 있을 것이다. 당신의 회복력이 높아지는 것이다.

연습 도구 10 **명상**

● 잠시 숨을 고르고 가자. 이제 미래가 아닌 현재로 돌아와 보자. 즐겁고 좋은 미래를 상상하는 일은 당신의 긍정적 정서를 높이는 생산적인 일이지만, 불안하고 두려운 미래를 상상하는 일은 귀중한 시간을 허비하는 일이다. 불안은 정신적으로 당신을 현재보다 몇 발자국 앞에 놓는다. 현재에 충실하지 못하면 당연히 미래에도 충실할 수 없다. 이번에는 불안을 다스리고 행복의 세계로 들어갈 수 있는 명상을 실천해 보자. 당신은 혹시 명상이 수행자들에게나 필요한 종교적 비법이라고 여기는가? 그랬다면 과학적으로 검증된 방법이라고 말할 수 없었을 것이다.

2006년『뉴욕타임스』를 비롯한 미국의 주요 언론에는 티베트 불교의 지도자 달라이 라마에 대한 흥미로운 기사가 실렸다. 달라이 라마가 신경과학회에서 명상 수련을 하면 뇌에 변화가 일어난다는 내용의 강연을 했다는 내용이었다. 당신은 신경과학 같은 첨단 분야에서 불교 지도자를 초빙해 명상에 대한 강연을 들었다는 게 이해가 가는가? 그런데 놀라운 건 지속적으로 명상 수행을 해 온 티베트 승려 175명을 대상으로 한 연구에서 한 사람도 예외 없이 좌측 전전두엽의 활동이 우측 전전두엽에 비해 우세했다는 것이다. 좌측 전전두피질은 낙관적이고 열정에 차 있고 기력이 넘치는 등 긍정적 감정 상태에 있을 때 활기를 띠는 부분이다. 킥킥 쌍둥이를 기억하는가? 이들처럼 피질 복권에 당첨되지 않아도 오랜 명상 수행이 뇌의 활동성을 바꿔 행복의 세계로 이끌어 준 것이다.

얼마 전 세상을 떠난 애플의 창업자 스티브 잡스도 30년간 매일 명상을 했다고 한다. 그는 "생각을 단순하게 만들 수 있는 단계에 도달하면 산도 움직일 수 있다."고 했다. 지독한 일 중독자였던 그가 짧은 수면 시간에도 불구하고 창의적이고 혁신적으로 발상할 수 있었던 건 20대부터 꾸준히 해 온 명상의 힘이 컸을 것이다. 하루 20분 정도의 명상은 6시간 정도의 수면 효과와 맞먹는다고 한다. 지금 당신의 머릿속은 어떤가? 혹시 여러 개의 사이트를 동시에 띄워 놓은 컴퓨터 같진 않은가? 온갖 걱정들로 복잡하진 않은가?

생각할 것도 많고 해야 할 것도 많은 바쁜 현대인들에게 아무것도 하지 않고 명상하는 시간은 어쩌면 큰 손해를 보는 것처럼 느껴질 수도 있다. 하지만 하루 20분 명상을 통해 당신의 긍정성은 확대되고 몸과 마음은 새로운 에너지로 채워진다. 긍정적 정서를 꾸준히 연구해 온 바버라 프레드릭슨 교수가 명상을 실천하게 한 그룹과 그렇지 않은 그룹을 비교한 결과를 보면, 꾸준히 명상을 시작한 지 6주가 지나면서부터 확연한 차이가 나타났다. 명상을 할 때마다 사람들과 더 잘 지내고 스트레스가 감소하고 본인이나 타인과의 공감 능력이 확대되는 등 그전까지 경험했던 모든 효과가 세 배로 커졌다. 한 여성 참가자는 긍정성 비율이 일대일에도 못 미쳤지만 명상 후에는 6대 1로 현저히 높아지기까지 했다. 명상이 주는 긍정적 정서의 파급력이 다른 영역으로까지 확대되었기 때문이다. 이렇게 명상은 뇌의 체계를 바꿔 관계의 질과 공감 능력을 높여 주고 더 건강하게 하고, 심지어는 회복력까지 높여 준다.

이런 명상은 초기에 불교의 수행을 위한 마음챙김 명상인데, 본질은 종교에만 국한된 것이 아니라 보편적인 것이어서 이미 미국에서는 특정 종교와 상관없이 1970년대 후반부터 널리 활용되어 왔다. 미국 매사추세츠 대학교의 존 카밧진 교수가 개발한 이 프로그램은 약물을 쓰지 않고도 우울증, 뇌졸중, 암 후유증, 외상 후 스트레스 장애 등 환자의 고통을 줄이는 데 뛰어난 효과를 보였고, 지금은 일반인들의 스트레스 치유에도 널리 활용되고 있다. 평소 당신이 스트레스를 많이 받는 사람이라면 명상이 많은 도움이 될 것이다. 무엇보다 명상을 통해 당신은 고요한 내면에 도달할 수 있다. 당신은 하루 중 스스로에게 얼마나 시간을 주고 있는가? 얼마나 당신의 내부를 들여다보고 있는가? 명상을 통해 당신은 스스로에게 더 충실해지고 쓸데없는 것을 찾기 위해 배회하지 않게 될 것이다.

명상법

마음챙김 명상은 호흡 명상으로, 들숨과 날숨에 집중하는 명상법이다. 가장 이상적인 수행 시간은 20~25분이라고 알려져 있는데, 처음 시작하는 사람들은 5분, 10분에서 시작해 점점 늘려갈 수 있다. 우선은 누구에게도 방해받지 않고 편안히 앉아 있을 수 있는 장소를 찾아보자. 조용히 눈을 감고 편안한 자세로 심호흡을 하자. 그리고 무슨 일이 일어나고 있는지 가만히 살펴보자.

숨결이 어디에서 느껴지는가? 숨을 들이쉬고 내쉴 때마다 감각이 어떻게 변해 가는지 살핀 다음 다시 보통 때처럼 숨을 쉬어 보자. 자연스럽게 호흡하면 된다. 들숨은 어떤 느낌이고, 날숨은 어떤 느낌인가? 호흡에 주의를 기울인다고 해서 호흡 자체가 목적은 아니다. 지금 이 순간, 이곳에 있는 연습을 하기 위해서다. 명상을 처음 접한 사람이라면, 가만히 앉아 있는 것도 힘들고 머릿속은 온갖 생각들로 어지러울 것이다. 스스로에게 괜찮다고 말해 주자. 자연스러운 현상이다. 자신을 나무라지 말고 주의가 흐트러졌다는 걸 깨달았다면 다시 호흡으로 돌아오면 된다.

떠오르는 생각이나 느낌을 억지로 억압하지는 말자. 그런 시도가 오히려 역효과를 일으킨다. 그저 생각이 흐르는 대로 내버려 두고 있는 그대로의 사실을 받아들이자. 다시 자각하고 시작하면 된다. 명상의 목적은 무엇을 얻으려는 게 아니다. 온전히 현재에 있기 위함이다. 현재 당신이 있는 바로 그곳에 존재하는 연습을 하는 것이다. 당신은 얼마나 자주 미래에 가 있는가? 지금 당신이 있는 그곳, 거기에 있는가?

연습 도구 11 음미하기

● 　　명상을 통해 마음을 비워 냈다면 당신의 마음은 잔잔해진 수면이다. 이제 그 수면 위로 비치는 모든 풍경을 음미해 보자. 당신의 과거가 비치고 현재가 비치고 미래가 비칠 것이다. 당신은 옛 친구를 만나 즐겁게 그 시절을 돌아보며 대화를 나눠 본 게 언제였는가? 뜨거운 온천물에 몸을 담그고 편안하고 여유롭게 현재를 즐겨 본 건 언제였는가? 마지막으로 여행을 준비하거나 즐거운 모임을 기다리면서 흥분되고 설레는 기분을 느껴 본 게 언제였는가? 기억이 까마득하다면 그만큼 숨 가쁘게 살아왔다는 얘기다. 당신이 충분히 느낄 수 있는 행복을 놓치고 살아왔다는 것이다.

　지금껏 살아오면서 당신이 가장 행복했던 순간을 떠올려 보자. 당신이 열심히 노력해서 대학 입시 합격자 발표를 듣던 순간? 첫 월급을 타서 당당히 부모님께 용돈을 드렸던 순간? 사랑하는 사람과 결혼식을 올리던 순간? 아이가 처음 걸음마를 타던 순간? 당신이 학부모가 되던 순간? 당신이 가장 가치 있게 성취한 순간, 이렇게 행복했던 순간을 평소 얼마나 자주 회상하는가? 만약 당신이 신혼여행의 추억이 담긴 앨범을 자주 들춰 보는 사람이라면 행복한 사람일 가능성이 높다. 당신이 인생의 소중한 장면이 담긴 사진을 냉장고에 붙여 놓거나 스크랩북을 만들어 자주 회상하는 사람이라면 행복한 사람일 가능성이 높다. 행복한 사람들은 자신에게 처한 부정적 정서를 잘 다스릴 뿐만 아니라 긍정적 경험을 충분히 음미하면서 행복을 키워 나간다.

　로욜라 대학교의 브라이언트와 베로프 교수가 음미하기와 관련해 실험을 한 적이 있다. 가장 행복했던 순간이나 좋은 경험을 음미하는 사람, 가장 행복했던 순간이나 좋은 경험을 음미하되 그 기억과 관련된 기념물을 보면서 음미하는 사람, 아무 기억도 음미하지 않는 사람, 이렇게 세 집단으로 나눠 실험을 한 것이다. 당신 생각에는 어떤 집단의 행복도가 가장 높았을 것이라고 생각하는가? 실험에서는 기념물을 보면서 좋은 기억을 음미한 사람들이 가장 행복해했다고 한다. 아무 기억도 음미하지 않은 사람들에 비하면 월등히 행복을 느꼈다는 것이다. 지금 당신의 사무실 책상이나 집안을 둘러보자. 책상 위에 친구들과의 졸업 여행 사진이 놓여 있거나, 지난 휴가지에서 사 온 물건이나 바닷가에서 주워 온 돌멩이 같은 기념물이 보이는가? 그렇다면 당신은 좋은 경험을 충분히 음미하면서 행복을 느끼고 있을 것이다.

브라이언트와 베로프 교수는 작은 농원을 만들고 이 농원을 '음미하는 곳(Savoring)[28]'이라고 이름 지었다. 이렇게 음미하기란 당신이 살면서 겪은 여러 가지 긍정적인 경험에 관심을 기울이고 그것을 한층 더 키우는 걸 의미한다. 긍정적 경험을 충분히 느껴서 행복감을 증폭시키고, 그 감정이 지속되도록 노력하는 것이다.

음미하기는 과거의 좋은 경험들만 떠올리고 음미하는 건 아니다. 당신은 평소 밥을 먹을 때 허겁지겁 먹는가, 충분히 맛을 음미하면서 천천히 먹는가? 길을 걸을 때 무심히 걷는가, 주변을 자세히 살피면서 걷는가? 산을 오를 때 오직 정상에 올라가는 게 목표인가, 나무와 계곡, 바람을 느끼면서 올라가는가? 저녁에 친구들과 모임이 있을 때 아무 느낌 없이 약속장소에 나가는가, 설레고 흥분되는 기분으로 그 시간을 기다리는가? 당신이 후자를 택했다면 이미 생활 속에서 충분히 음미하면서 살아가고 있는 사람이다. 이렇게 음미하기는 과거를 긍정적으로 돌아보고, 현재를 충분히 즐기고, 미래를 기대하는 모든 걸 말한다. 당신의 과거, 현재, 미래의 긍정적 정서를 모두 높여 줄

음미하기 증진법

첫 번째 음미하기 : 공유하자
경험을 함께 나눌 수 있는 사람을 찾아 당신이 그 순간을 얼마나 소중하게 여기는지 들려주자. 기쁨은 나누면 배가 된다. 친구와 앉으면 텔레비전 프로그램 얘기만 하는가? 이제 당신의 좋은 경험을 들려주자. 그러면 당신은 더 행복해지고 친구와의 관계도 친밀해질 것이다. 이렇게 공유하기는 다른 사람의 사회적 지지를 통해 자신의 긍정적 정서를 높이는 것이다.

두 번째 음미하기 : 추억을 만들자
등산길에 작은 돌멩이를 주워 오거나, 핸드폰이나 컴퓨터 바탕화면에 행복한 순간의 사진을 띄워 놓거나, 책상에 친구들과 찍은 사진을 놓아두자. 스크랩북이나 앨범을 뒤적이면서 행복했던 순간을 떠올리는 것도 좋다. 기념물을 볼 때마다 행복했던 그때의 느낌이 되살아날 것이다. 추억 만들기는 긍정적 경험을 나중에 잘 회상할 수 있도록 노력을 기울이는 것이다.

세 번째 음미하기 : 자축하자
당신에게 좋은 일이 생기면 수줍어하거나 기쁨을 억제하지 말고 마음껏 기쁨을 누리자. 실적이 좋다거나 발표를 훌륭하게 해냈다면 그 일에 다른 사람들이 얼마나 깊은 인상을 받았는지 되새기고, 결과를 위해 기울인 노력을 칭찬하고 격려해 주자. 자축하기는 자신에게 생긴 긍정적인 사건을 스스로 기뻐하고 축하해 주는 것이다.

네 번째 음미하기 : 집중하자
지금부터는 통화할 때는 통화에만 집중하고, 운동할 때는 운동에만 집중하고, 음악을 들을 때는 음악에만 집중해 보자. 당신은 혹시 운동을 하면서 제출할 보고서를 걱정하는가? 그건 지금 느낄 수 있는 행복을 빼앗는 것이다. 온전히 집중하지 못하면 다른 일에도 지장을 준다. 집중하기는 지금 하는 일에만 집중하고 나머지는 완전히 차단해 몰입하는 것이다.

다섯 번째 음미하기 : 심취하자.
일을 하면서 다른 일을 떠올리거나, 더 좋은 방법을 고민하는 건 기쁨에 찬물을 끼얹는 것과 다름없다. 음미하기는 분석하기가 아니다. 느끼는 것이다. 오직 지금 하는 일에만 빠져들 때 행복을 느낄 수 있다. 심취하기는 어떤 일을 하든 거기에만 전념해서 기쁨을 최대화하는 것이다.

수 있는 방법이다. 이렇게 한다면 인생이 얼마나 풍요롭고 풍부해지겠는가? 당신이 음미하는 순간, 하찮고 보잘것없던 것도 의미 있게 다가온다.

나는 '음미하는 곳'에서 브라이언트와 베로프 교수, 그리고 학생들이 오감을 총동원해 걷고 있는 모습을 떠올리는 것만으로도 행복해진다. 눈으로 보고, 귀로 듣고, 입으로 맛보고, 코로 냄새 맡고, 피부로 감촉을 느낀다는 것 자체가 살아 있음이다. 음미하기란 지금껏 당신이 무관심하게 스쳐 갔던 모든 것에 관심을 기울이는 것이다. 행복은 나 자신에게만 온 관심을 쏟는 게 아니다. 당신이 세상에 관심을 갖고 더 깊이 있게 바라볼 때 행복도 더욱 커지는 것이다.

평소 음미하기가 익숙하지 않은 사람이라면 다음 방법들을 시도해 보자. 이 다섯 가지는 브라이언트와 베로프 교수가 대학생 수천 명을 대상으로 실험한 결과 알아낸, 음미하기를 증진시키는 방법들이다. 이 방법들을 이용해서 당신에게 일어난 좋은 일을 더 자주 음미해 보자. 그러면 이전보다 한층 행복하고 인생을 풍요롭게 느낄 것이다.

연습 도구 12 적극적이고 건설적인 반응 기술

● 당신이 음미해야 하는 모든 것 가운데 가장 중요한 게 남아 있다. 바로 당신의 소중한 사람들이다. 당신이 과거, 현재, 미래의 모든 것을 음미하는 것처럼 당신의 사람들도 음미해야 한다. 그게 진정한 행복이다. 친구,

가족과 함께 추억을 만들고, 함께 경험을 나누고, 당신에게 일어난 좋은 일을 자축하는 것처럼 서로의 좋은 일을 축하해 주고, 함께 하는 그 시간에만 집중해야 한다. 사람을 음미할 때 당신은 최고의 행복을 맛볼 수 있다.

당신은 친구가 겪은 좋은 경험을 들려줄 때 평소 어떻게 반응해 왔는가? 친구가 좋은 자동차를 샀다고 자랑할 때, 좋은 성적을 거뒀다고 말할 때, 새 집을 장만했다고 뿌듯해할 때, 그 얘기를 들으면서 어떻게 반응해 왔는지 잠시 생각해 보자. 사촌이 땅을 사면 배가 아프다고 하는데 혹시 당신도 그런가? 당신이 어떻게 반응하느냐에 따라서 관계를 좋게 하거나 나쁘게 만들 수 있다는 생각을 해 본 적이 있는가?

만약 친구가 다이어트에 성공했다고 들떠서 이야기한다면 당신이 어떤 반응을 보일지 다음 보기에서 골라 보자.

1번. 얼마 못 가 금방 다시 살이 찔 걸?
2번. 우리 뭐 먹으러 갈까?
3번. 잘 됐네.
4번. 한눈에도 날씬해진 걸 알겠다. 축하해! 주변에서는 뭐라고 그래? 날씬해졌다고 하지?

당신은 몇 번을 골랐는가? 당신이 1, 2, 3번 가운데 하나를 골랐다면 친구는 이야기해 놓고도 곧 후회하거나 만족스럽지 못했을 것이다. 하지만 당신이 4번을 골랐다면 친구와의 관계가 더욱 친밀해졌을 가능성이 높다.

아마 당신은 살면서 겪은 성취나 소소한 일들을 주변 사람들에게 자주 털어놓을 것이다. 자신의 일인 양 공감을 잘해 주는 사람이 있고, "에이, 설마,

말도 안 돼!"라는 반응을 보이는 사람도 있을 것이다. 예를 들어 당신이 새 차를 뽑아 잔뜩 기대감을 갖고 "이 차, 어때?"라고 질문했을 때 상대방한테서 어떤 반응을 원하겠는가? "응, 괜찮네."라는 시큰둥한 반응인가, "정말 끝내주는데! 시승식은 누구와 했어? 제일 먼저 어디에 가 보고 싶어?"라는 반응인가? 후자의 반응을 보일 때 누구나 기분이 좋아진다.

사람들이 타인의 긍정적인 경험을 듣고 난 후 반응하는 방식은 기본적으로 네 가지가 있다. 적극적이며 건설적인 반응(진실하고 열광적인 지지), 소극적이며 건설적인 반응(절제된 지지), 소극적이며 파괴적인 반응(긍정적인 사건 무시하기), 적극적이며 파괴적인 반응(긍정적 사건의 부정적인 측면 지적하기)이다. 다음 표를 보면서 당신이 평소 어떻게 반응해 왔는지 잠시 돌아보자.

처음 질문에서 당신이 1번을 골랐다면 적극적이고 파괴적인 반응, 2번을 골랐다면 소극적이고 파괴적인 반응, 3번을 골랐다면 소극적이고 건설적인 반응, 4번을 골랐다면 적극적이고 건설적인 반응을 보인 것이다. 미국 캘리포니아 대학교 심리학자 셜리 게이블 박사가 연구 끝에 알아낸 사실은 타인의 긍정적 경험을 듣고 적극적이고 건설적으로 반응할 때 애정과 우정이 증가한다는 것이다. 당신이 더 좋은 관계를 원한다면 사촌이 땅을 사면 함께 웃고, 당신의 일처럼 기쁘게 반응해야 한다. 이것이 마틴 셀리그만이 말하는 적극적이고 건설적인 반응 기술[29]이다.

이제부터는 누군가가 좋은 일을 들려줄 때마다 세심하게 경청하고 적극적이며 건설적으로 반응해 보자. 상대방이 오래 이야기하고 당신은 많은 시간을 들여서 반응하는 것이다. 이때는 언어 외에도 몸짓, 표정 등의 비언어적인 표현도 신경을 써야 한다. 충분히 공감한다는 표시로 따뜻한 눈빛으로 상대의 눈을 바라보면서 진심을 담아 미소를 지어 보자.

배우자의 긍정적 사건 공유	반응 유형	당신의 반응
"회사에서 승진하고 월급도 올랐어!"	적극적이며 건설적	"대단해! 당신이 정말 자랑스러워. 그 승진이 당신에게 얼마나 중요한지 알고 있어! 어떻게 진행됐는지 어서 얘기해 봐. 사장이 어디에서 그런 말을 했어? 뭐라고 그래? 당신은 뭐라고 말했어? 밖에 나가서 축하해야 할 일이야." ▶ 비언어적 반응 : 진정한 미소, 신체 접촉, 웃음 등의 태도로 감정 표현, 눈 맞춤 유지.
	소극적이며 건설적 (절제된 지지)	"좋은 소식이네. 당신은 승진할 만해." ▶ 비언어적 반응 : 적극적인 감정 표현이 거의 없음.
	적극적이며 파괴적	"책임이 늘었다는 소리로 들리는군. 이제 야근하는 날이 훨씬 더 많아지는 거야?" ▶ 비언어적 반응 : 눈썹 찡그리기, 인상 쓰기 등 부정적 정서 표현.
	소극적이며 파괴적	"저녁 식사는 뭐야?" ▶ 비언어적 반응 : 눈 맞춤 결여, 고개 돌리기, 방에서 나가기
"500달러짜리 자선 복권에 당첨됐어!"	적극적이며 건설적	"와, 진짜 운 좋네. 뭐 좋은 거 살 거야? 그 복권은 어떻게 샀어? 복권 같은 것에 당첨되면 정말 기분이 굉장할 거야." ▶ 비언어적 반응 : 눈 맞춤 유지, 태도로 감정 표현.
	소극적이며 건설적	"잘 됐네." ▶ 비언어적 반응 : 적극적인 감정 표현이 거의 없음.
	적극적이며 파괴적	"장담하는데, 당신은 그 당첨금에 대한 세금을 내야 할 거야. 난 뭐든 당첨된 적이 한 번도 없어." ▶ 비언어적 반응 : 부정적 정서 표현.
	소극적이며 파괴적	"난 오늘 회사에서 진짜 끔찍했어." ▶ 비언어적 반응 : 눈 맞춤 결여, 고개 돌리기.

출처 : 마틴 셀리그만의 『플로리시』

타인의 사건	나의 반응(사실 그대로)	나를 향한 타인의 반응

위의 빈칸에 당신이 다른 사람의 긍정적 사건을 듣고 난 후 어떤 식으로 반응했는지 적어 보자. 옆에는 어떤 식으로 반응했어야 했는지도 적어 보자. 차이가 날수록 연습이 필요하다. 일주일 동안 매일 밤 아래 양식에 따라 적어 보자. 적극적이고 건설적으로 반응하는 게 어렵다면 누군가를 만나기 전에 상대방이 당신에게 말할 가능성이 있는 좋은 사건을 상상해 보자. 시험에 합격했다는 이야기, 승진했다는 이야기, 적금을 붓기 시작했다는 이야기일 수도 있을 것이다. 여기에 적극적이고 건설적인 반응을 계획해 보자.

물론 처음에는 쑥스러울 것이다. 하지만 이 방법은 궁극적으로 당신에게 도움이 된다. 이렇게 반응하면 다른 사람들이 당신을 더 좋아하고, 본인 얘기를 더 많이 털어놓으면서 당신의 긍정성을 높여 줄 것이다. 당신과 당신의 사람들이 함께 행복해질 수 있는 최고의 방법이다.

연습 도구 13 **숨 관찰하기**

- 이제 마지막으로 당신 자신을 돌아보자. 당신이 지금 이 책을 읽고, 하고 싶은 걸 하고, 가고 싶은 곳을 가고, 사랑하는 사람들과 함께 할 수 있

는 이유가 무엇이라고 생각하는가? 잠시 멈추고 생각해 보자. 당신의 손이 있어 책장을 넘기고, 당신의 발이 있어 가고 싶은 곳을 가고, 당신의 육체가 있어 정신도 있는 게 아닌가? 그렇다면 당신의 육체가 움직일 수 있는 이유는 무엇이라고 생각하는가?

바로 숨 때문이다. 당신이 육체를 움직여 하고 싶은 걸 하고, 가고 싶은 곳을 가고 사람들과 함께 할 수 있는 모든 게 숨 때문에 가능한 것이다. 그런데 당신은 살아오면서 숨 쉰다는 사실을 감사하게 여겨 본 적이 있는가? 숨을 못 쉬면 죽는다는 생각은? 대부분 손과 발을 못 쓸 정도로 다쳐서 깁스를 하는 상황이 오지 않는 한 육체에 감사하지 못한 채 살고, 숨 쉰다는 사실에도 무감하게 살아간다. 너무 당연해서 너무 당연하게 잊어버리고 살아간다. 하지만 당신이 심한 감기에 걸린 적이 있다면 숨쉬기가 곤란해서 얼마나 괴로웠는가? 막힌 코가 뻥 뚫려 숨이 들어올 때 얼마나 행복했는가?

음식은 최소 30번 이상 천천히 오래 씹어야 건강해진다고 강조하면서도 가장 많이 먹는 공기에 대해서는 무척 무심하다. 성인 한 사람이 하루에 들이키고 내쉬는 공기의 양은 약 16킬로그램이라고 한다. 그러면 당신이 하루에 먹고 마시는 물과 음식물은 어느 정도일 것이라고 생각하는가? 고작 2~4킬로그램이라고 한다. 공기를 훨씬 많이 먹는다. 그러므로 공기도 천천히 제대로 먹어야 한다.

당신은 본인 숨결이 어떤 모양일지 한 번이라도 생각해 본 적이 있는가? 고래는 종류에 따라 숨 쉬는 모양이 다르다고 한다. 돌고래의 숨결은 부챗살처럼 퍼지고, 참고래나 대왕고래는 한 줄기로 높이 올라갔다가 굵은 눈송이처럼 떨어진다고 한다. 당신이 그림책에서 자주 보던 두 갈래의 물줄기는 수염고래의 숨결이다. 겉으로 보이진 않지만 당신과 내 삶이 다른 것처럼 숨결도 다르지 않겠는가?

그 숨을 관찰해 보자. 당신이 숨을 관찰하기만 해도, 숨에 변화를 주기만 해도 기분이 좋아지고 삶에는 변화가 찾아온다. 만약 당신이 오랫동안 감정 없이 살아왔다면 숨을 관찰하는 것만큼 좋은 방법이 없다. 나는 행복 연습 도구 중에서 숨 관찰하기를 자주 활용하는데, 언제 어디서나 할 수 있으면서도 효과는 즉각적이기 때문이다.

1분간 숨 참기 의자에 편안하게 앉아서 상체를 바로 세워 보자. 그 자세로 숨을 길게 들이마신 뒤 서서히 내쉬면서 가장 편안한 시점에서 호흡을 멈추자. 멈춘 상태로 참을 수 있을 만큼 참아 보자. 처음에는 30초도 힘들겠지만 점차 익숙해지면 2분도 충분히 참을 수 있다. 이렇게 1분간 숨을 참으면 걱정과 스트레스가 해소되고 복잡한 문제들이 사라지면서 머리가 맑아진다.

5분간 숨 관찰하기 의자에 편안하게 앉아서 상체를 바로 세워 보자. 그 자세로 숨을 들이쉬고 내쉬고를 반복해 보자. 코로 숨을 들이마시고, 입으로 길게 내쉰다. 이때 입술에 얹힌 깃털을 내뿜는다는 생각으로 천천히 내쉬어 보자. 숨을 들이쉴 때는 '숨이 들어가는구나.' 생각하고, 숨을 내쉴 때는 '숨이 나가는구나.' 생각하면서 숨 그 자체를 관찰한다. 익숙해지면 10분으로 늘려 보자.

처음에는 많은 생각이 떠오르겠지만 집중해서 숨을 관찰할수록 잡념이 사라지고 편안해지면서 몰입하게 된다. 숨을 의식하는 순간, 더 깊게 들이쉬었기 때문이다. 그래서 흡입한 산소량은 의식하지 않을 때보다 30~40퍼센트는 더 많다. 당신의 몸속으로 그만큼 많은 산소가 들어왔기 때문에 더 편안해지고 머리가 맑아지고 눈이 밝아질 수밖에 없다.

지금껏 살펴본 12가지 방법들은 긍정심리학자들에 의해 모두 효과가 입증된 방법들이다. 숨 관찰하기는 과학적으로 검증되었는지는 확인할 수 없지만, 나를 비롯해 리더십 세미나 참가자들 모두가 효과를 입증해 줬다. 나는 이 숨 관찰하기를 통해 자연의 아름다움과 소중함, 내 생명의 소중함과 살아있음에 감사를 느끼고 지금 이 시간 내가 있는 자리, 지금 이 시간 내가 하고 있는 일, 지금 이 시간 내가 만나고 있는 사람의 소중함을 깨닫게 되었다. 호흡을 관찰한다는 점에서는 명상과 비슷하지만 훨씬 쉬운 방법이다. 내가 이 방법을 굳이 마지막에 넣는 이유는 행복도, 자기 자신도 너무 멀리에서 찾지 말라는 의미에서다.

혹시 당신은 살아 있다는 게 하찮고 사소하게 여겨질 때가 있는가? 당신은 무엇을 위해 숨 쉬고 있는가? 또 무엇을 위해 계속해서 숨을 쉴 것인가?

3부

행복 프로젝트

● 봄이 되면서 손수 집 안에 페인트를 칠하는 사람들을 본다. 요즘은 집 안 손질이나 인테리어는 물론, 필요한 가구를 직접 만들어 쓰거나 옷을 만들어 입는 사람도 많아지고 있다. 당신도 일요일마다 목수나 공예가가 되거나 자수에 빠져 있는 사람 가운데 한 명일 수도 있을 것이다. 이렇게 원하는 물건을 스스로 만드는 것을 'DIY'라고 한다. DIY는 'Do It Yourself(당신 스스로 하라)'의 약어이다. 제2차 세계대전으로 영국이 완전히 망가져 몸도 마음도 둘 곳을 잃어버렸을 때 "내 집은 내 스스로 고쳐 세우자."라는 운동이 벌어졌다. 이 운동은 영국에 물결처럼 번져 나갔는데, 이것이 DIY의 시작이었다. 그 후 스스로 하기 정신은 각국으로 퍼지면서 하나의 생활 문화로 자리 잡았다. 궁하면 통한다고, 물자와 인력이 부족한 상황에서 스스로 헤쳐 나갈 수밖에 없었던 것이다.

행복은 어떨까? 누구나 원하는 대로 되길 바라고 또 그렇게 살아가려고 노력한다. 아마 당신도 학창시절에는 대학에만 들어가면 아무 걱정 없을 줄 알았고, 대학 가서는 취직만 하면 아무 걱정 없을 줄 알았고, 취직하고 결혼해서는 이제 정말 아무 걱정 없기를 간절히 바랐을 것이다. 하지만 언제나 뜻대로 되는 건 아니다. 살다 보면 의도하지 않은 역경들이 자주 찾아오기 때문이다. 행복의 방해물이 곳곳에 산재해 있는 가운데서도 행복이 가능할까? Do It Yourself. 행복은 셀프다. 내 스스로 만들어 가야 한다는 뜻이다. 오히려 행복하면 어떤 역경이나 환경도 이겨 낼 수 있다. 이것이 내가 책을 쓰겠다고 생각했던 이유이기도 하다.

나도 크고 작은 역경들을 수없이 겪었다. 그때마다 대부분의 사람들처럼 분노하고 좌절하고 불안하고 무기력했다. 그런데도 이런 역경들을 이겨 낼 수 있었던 건 긍정의 힘, 긍정심리였다. 긍정심리학이 알려 준 방법들을 활용해 좋은 일이 있거나 나쁜 일이 있거나 평정을 유지할 수 있었고, 두려워하고 도망치는 대신 역경에 맞짱 뜨는 두둑한 배짱까지 생겼다. 당신도 그럴 수 있다. 당신은 긍정심리학이 전문가들에게만 국한된 학문이라고 생각하는가? 문외한이었던 내가 배우고 직접 활용해 보면서 어려울 때마다 도움을 받았다. 제대로 배운다면 얼마든지 당신도 긍정심리학의 전문가가 될 수 있고, 그 힘으로 인생을 성공과 행복의 길로 이끌 수 있다. 한번 해보자.

내면의 힘으로 스스로 이겨 내야 한다. 긍정심리로 근육을 단련한다면 불가능한 일이 아니다. 지난날 겪었던 아픈 기억과 지금 겪고 있는 역경들, 또 닥쳐 올 역경들을 지혜롭게 극복한다면, 당신은 훨씬 행복한 삶을 살 수 있다. 당신의 인생을 스스로 고쳐 세울 수 있다는 것이다.

행복 프로젝트 1
환경

.... 돈

물질적 빈곤

행복 공식에서 행복이 태어날 때부터 이미 50퍼센트는 유전적으로 타고난다고 한 것을 기억하는가? 돈이 많고 적은 환경도 실은 50퍼센트는 타고난다고 해야 할 것이다. 어쩌면 그 이상일지도 모른다. 언제부턴가 20대를 지칭하는 또 다른 이름이 '88만원 세대'가 되어 버렸다. 고시원에 투숙하면서 대학 휴학생 겸 취업 준비생이라는 타이틀을 달고, 각종 아르바이트를 뛰면서 부지런하게 살아가지만 학자금 대출이란 빚에 허덕이고, 취업을 열심히 준비해도 서류에서만 200번, 면접에서는 50번 이상 떨어진다……. 당신도 여기에 해당하는가?

대부분의 사람들이 돈 걱정 없이 생계 고민 없이 살 수만 있다면 원이 없겠다고 한다. 그러면 하지 말라고 해도 하고 싶은 것도 하고, 잃어버린 꿈도 찾고, 행복할 것이라고 생각하는 것이다. 왜 다른 부모처럼 돈 좀 왕창 안 물려주고 가난을 물려줬느냐고 부모를 원망한 적이 있는가?

나도 우리 부모님이 잘살아서 돈 걱정 없이 살 수 있었다면 남들처럼 제때 중학교에 입학해서 고등학교, 대학교까지 정해진 코스대로 살아왔을 것이다. 나는 어린 나이부터 부모님이 돈 때문에 밤잠을 못 이루고 괴로워하는 걸 보고 자랐다. 얼핏 돈이 내 인생의 길을 친구들과 출발점 자체를 다르게 결정한 듯 보인다. 생각하면 친구들이 부모가 준 용돈으로 편하게 학교에 다닐 때에도 나는 그럴 형편이 아니었다. 여름엔 농사를 짓고 겨울에 아버지가 외지로 돈 벌러 가시면 엄마와 땔감(나무)을 해서 팔거나 행상을 다녔다. 외가도 형편이 어려워서 매년 한 달 정도는 외가가 있는 음성까지 혼자 내려가서 땔감을 해 드리곤 했다. 외삼촌이 지병으로 일찍 돌아가시는 바람에 외할머니와 외숙모가 힘겹게 살고 계셨는데, 우리 집도 가난해서 도움을 줄 수 있는 게 그것뿐이었기 때문이다. 커서도 30대에는 기술 분야 출판사를 운영하다 부도가 난 적도 있었다. 극복하는 2년 동안 무척 힘들었다.

그래서 돈이 없어도 행복할 수 있다고 말하진 않는다. 가난이 죄는 아니더라도 삶을 얼마나 불편하게 하는지, 돈이 어떻게 신뢰를 무너뜨리고 관계를 망가뜨리는지, 돈이 없어서 하고 싶은 걸 포기해야 하는 고통을 누구보다 잘 알기 때문이다. 우리 부모님은 자식이 학업을 포기하는 걸 보면서 또 얼마나 마음이 아팠겠는가? 그래서 돈은 있어야 한다고 분명히 말한다. 행복하려면 기본적인 의식주를 해결할 수 있어야 한다.

"지난 12개월 동안 본인이나 가족이 필요한 음식을 사려고 할 때 돈이 부족했던 적이 있는가?" 이 질문은 지난해 OECD 통계를 측정할 때 나온 식량 불안 통계의 질문이다. 사회 전반에 걸쳐 9가지 통계 지수를 냈는데, 33개국 중에서 우리나라는 경제, 교육 분야 지수는 높은데 유독 삶의 질에 해당하는 행복지수(26위), 수명(25위), 식량 불안(최하위)이 낮게 나왔다. 그런데 이 가운데서 나는 최하위를 차지한 식량 불안 지수를 보고는 깜짝 놀랐다. 우리나라가 정말 먹을 게 없어서 불안한가? 국가적으로도 식량이 남아돌고 있고, 먹을거리가 부족해서 배를 곯는 사람도 거의 없다. 아마 당신도 돈에 쪼들리긴 하겠지만 돈이 없어서 굶어야 했던 적은 없을 것이다. 문제는 내가 가진 돈이 만 원이면 그 돈 안에서 사면 되지 않은가? 그런데 대부분은 1만 2,000원짜리를 생각한다. 당연히 만족하지도 못하고 즐겁지도 않다. 돈이 없어서 행복하지 않다고 말하는 사람들 대다수가 가진 것에 만족하지 못하고 즐기지 못하기 때문이다. 당신도 혹시 그렇게 살아오진 않았는가? 크고 거창한 것만이 아니라 일상에서 작은 것이라도 만족하고 즐길 줄 알아야 행복하다. 많은 사람들이 돈 걱정 없이 사고 싶은 물건 사고, 원하는 일 하고, 마음껏 여행을 다닐 수 있다면 행복할 것이라고 하지만, 현실적으로 그렇게 사는 사람이 몇이나 되겠는가? 부자들을 보면서 큰 데서만 만족을 찾지 말고, 가진 작은 것부터 만족해야 행복할 수 있다.

행복은 부자들만의 전유물이 아니다. 부자가 더 행복한 것도, 가난하다고 해서 행복하지 못한 것도 아니다. 돈으로 살 수 있는 행복의 양은 미미하다. 돈은 행복 촉진제가 아니라 불안 완화제의 성격이 강하다. 지갑에 돈이 두둑하면 집을 나설 때 마음이 든든해지는 정도이다. 행복 공식에서 자발적 행동으로 행복의 40퍼센트를 만들어 갈 수 있듯이 물질적인 빈곤도 이겨 낼 수 있다. 조금 부족해도 좀 가난해도, 더 채우기 위해 더 나아지기 위해 행복의 도구를 꾸준히 증가시켜 나간다면 활짝 핀 행복한 삶을 구가할 수 있다.

부유한 사고

얼마 전 50억 원 노숙자가 화제가 됐던 적이 있다. 50억 원을 보유하고 있다는 이 노숙자는 젊은 시절 부모에게 재산을 물려받아 사업을 시작했지만 모두 실패했고, 오랫동안 방황하면서 결혼도 하지 않고 집도 사지 않았다고 한다. 세상살이에 별다른 흥미도 없어서 그저 자유롭게 살고 싶었다. 그런데 호텔이나 모텔에서 잠을 자면 마치 감옥생활을 하는 것 같아 노숙을 하게 되었다. 당신이 보기에 이 부자 노숙자가 정말 부자라고 생각되는가? 아니면 당신은 삶의 부유함을 은행 잔고나 자동차 크기만으로 가늠할 수 있다고 생각하는가?

물질적 빈곤보다 더 중요한 게 정신적 빈곤이다. 그 차이는 엄청나다. 물질적이고 경제적인 빈곤은 극복할 수 있지만 정신적 빈곤은 당신을 병들게 한다. 돈을 산더미처럼 벌어도 삶에 아무런 의미와 희망이 없고, 성취감을 느끼지 못한다면 당신은 행복하겠는가? 성공했다고 말할 수 있겠는가? 그거야말로 실패고 심리적 파산이다. 그런데 더 중요한 건 정신적으로 부유하면 물질적 어려움은 극복해 나갈 수 있다는 것이다. 당신은 이런 생각이 이상론에 불과하다고 생각하는가? 실제로도 부자들은 이제 하나같이 부유한 사고가 부자를 낳는다고 말한다. 성격과 철학, 인생관과 마음가짐이 당신을 부자로 만들어 줄 것이다.

낙관론이 이긴다

나는 사실 부도가 났을 때 처음 겪는 일이라 두렵기도 하고 어떻게 수습해야 할지 도무지 판단이 서지 않았다. 아내가 60만 원을 쥐어 주면서 어디 가서 당분간 피해 있으라고 했고, 부도가 나면 경영주는 당연히 도피해야 되는 줄만 알았다. 그런데 하룻밤 밖에서 잠을 자면서 생각해 보니 이건 아니라는 생각이 들었다. 어떻게든 가서 수습하고 해결해야 했다. 다음 날 사무실로 출근해서 일일이 거래처에 연락을 하고 찾아다니면서 사정을 말하고 부탁했다. "극복할 수 있으니까 조금만 참아 주십시오." 그리고 났더니 신기하게도 부도가 났다고 쫓아오는 사람도 법적으로 대응하겠다는 사람도 없는 게 아닌가. 물론 며칠 지나면서부터는 다시 독촉 전화에 시달리고, 아이들도 아직 어릴 때라서 고충이 이만저만이 아니었다. 그래도 나는 내가 다시 일어서지 못할 것이라고 비관적으로 생각한 적은 없었다.

부도 말고도 어려운 고비가 참 많았지만 그때마다 꺾이지 않고 잘 넘어왔다. 지금 생각해 보니 내가 고비를 넘어설 수 있었던 힘은 다른 무엇도 아닌 낙관성 때문이었다. 어렸을 때 찢어진 고무신을 신고 다니면서도 노래를 좋아해서 항상 노랫가락을 흥얼거리고 다닌 걸 보면, 긍정적이고 낙관적인 마음만큼 큰 힘은 없었던 것 같다. 당신은 아직도 고작 생각의 차이로 다른 결과를 만들어 낼 수 있느냐고 되묻는가?

글로벌 펀드를 창시한 펀드 매니저 존 템플턴은 월스트리트에서는 전설적인 투자자로 통한다. 그의 투자 원칙은 시장이 비관론에 휩싸여 있을 때 주식을 사고, 낙관론에 빠져 있을 때 주식을 팔라는 건데, 그가 강조하는 말이 있다. 시장을 너무 무서워하거나 부정적인 시각으로 바라보지 말라는 것이다. 왜냐하면 결국 낙관론이 이기기 때문이다. 나는 주식은 잘 모르지만, 비관론자들은 돈을 벌기 어렵다는 말에는 충분히 공감이 간다. 결국 돈을 버는 사람은 오늘보다 내일이 더 나아질 것이라고 믿으면서 묵묵하게 일하고 투자하는 낙관론자들인 것이다.

낙관적인 사람의 특징을 다시 떠올려 보자. 고통은 잠깐일 뿐 지나가는 것이고, 미래의 좋은 결과를 만들어 낼 수 있다고 믿는다. 일단 이렇게 긍정적이고 낙관적으로 생각하면, 그다음은 위기를 극복할 대안 해결책을 찾아내려고 노력한다. 결과적으로 방법을 찾아낼 수밖에 없는 것이다. 비관론자가 잘못된 걸 찾아 제거하는 데 온 신경을 집중할 때 낙관론자는 창의적이고 융통성 있는 사고로 인내를 갖고 가능한 것에 신경을 집중한다. 현실을 '가능한' 것으로 만들어 가는 것이다. 또 낙관론자는 비관론자에 비해 활동적이다. 그래서 온갖 걱정들로 주저하는 대신 일단 시도한다. 부자들의 공통된 특성 가운데 하나는 행동한다는 점이다. 분야를 막론하고 어느 순간이 오면 생각을 멈추고 행동해야 결실을 얻을 수 있다는 건 진리다. 그래서 최근 들어서는 부자들이 가장 중요하게 꼽는 게 낙관적 사고다. 당신은 왜 부자들이 대개 낙관적이라고 생각하는가? 부자가 돼서? 낙관적이기 때문에 부자가 될 수 있었다.

만약 당신이 돈이 없어서 하고 싶은 걸 포기해야 하고, 설상가상으로 당신의 자녀가 배우고 싶어 하는 바이올린이나 피아노를 배울 수도 없는 형편이라면 부모로서 마음이 아플 것이다. 하지만 그렇다고 행복할 수 없는 건 아니다. 그럴수록 더 낙관적이고 긍정적인 사람이 되어 보자. 만약 당신이 낙관성이 부족한 사람이라면 반박하기 기법을 일상에서 활용하면 얼마든지 낙관적인 사람으로 변신할 수 있다.

나는 지금 경제적으로 여유는 없지만 예전보다 더 밝고 더 긍정적으로 변해 가고 있다. 이런 성격적 변화가 앞으로 닥칠 역경을 넘어서는 대비책이라고 생각하면 한결 힘이 난다. 나는 평소에 마쓰시타 전기의 창업주 고 마쓰시타 고노스케 회장의 이야기를 자주 생각한다. 파나소닉, 내셔널 상표 등을 만들어 내면서 일본에서 경영의 신으로 불렸던 사람이다. 고노스케 회장은 성공 비결을 세 가지 유리한 조건 때문이라고 했는데, 그걸 세 가지 축복이라고 했다. 첫째, 열한 살에 부모를 잃었고, 둘째, 초등학교밖에 나오지 않았고, 셋째, 태어날 때부터 병약했다. 어린 나이에 부모님을 잃어서 가족들 생계를 책임지느라 구두닦이나 신문팔이를 했는데 그때 세상 경험을 쌓고 자립하는 자세를 배웠고, 가방 끈이 짧아서 어디를 가나 듣고 배우기를 게을리 하지 않았고, 병약하게 태어나서 건강을 위해 항상 노력하며 살 수밖에 없었다.

당신이 보기에 축복이라고 생각되는가? 세 가지 다 부정적인 요소들이지만 긍정적인 것으로 바꿔 현재를 이룩해 냈다. 이게 긍정적이고 낙관적인 사람들이 가진 힘이다. 분명한 건 비관적인 생각은 현실을 회피하고 도망치게 만들지만, 낙관적인 생각은 현실을 받아들이고 정면 돌파할 수 있는 힘을 준다는 것이다. 당신이라면 어느 쪽을 택하겠는가?

생활이 아닌 삶에 관심을 갖자

당신은 평소 학교나 직장에서 집으로 돌아가면 무엇을 하며 시간을 보내는가? 소파나 벽에 기대, 혹은 방바닥에 배를 붙이고 아무 생각 없이 리모컨을 돌리며 텔레비전 속으로 빠져드는가? 아니면 인터넷 서핑을 하거나 게임 삼매경에 빠지는가? 오늘 하루 동안 했던 일을 떠올려 보자. 만약 오늘이 인생의 마지막 날이었다면 당신은 오늘 했던 그 일을 했겠는가?

스티브 잡스는 열일곱 살에 "만일 당신이 매일을 삶의 마지막 날처럼 산다면 어느 날 위인이 되어 있을 것이다."라는 구절을 접한 뒤 33년 동안 매일 생각했다고 한다. 스티브 잡스는 미혼모의 아들로 태어나 버려졌고, 가난한 노동자 부부에게 입양되어 경제적으로 어려운 성장 과정을 보냈다. 대학에 입학해서도 경제적 압박을 이겨 내지 못하고 중퇴했고, 이후에는 애플사를 설립해 성공을 거두긴 했지만 독선적인 성격 때문에 쫓겨나는 아픔을 겪기도 하는 등 파란만장한 삶을 살았다. 모든 상황이 보통 사람의 잣대로 보면 불행 덩어리였다. 그런데 스티브 잡스가 남달랐던 건 아침마다 거울을 보면서 질문 하나를 스스로에게 던졌다는 사실이다.

"만약 오늘이 마지막 날이라면 오늘 하려는 그 일을 하겠는가?"

당신이 이 질문에 "아니요."라고 대답했다면 당신의 시간을 잘못 사용하고 있다는 것이다. 뭔가를 바꿀 필요가 있다.

당신은 스티브 잡스와 빌 게이츠, 그리고 당신과 나의 차이가 무엇이라고 생각하는가? 주어진 시간이 다른가? 그렇진 않다. 시간은 하루 24시간으로 똑같고, 빌 게이츠도 햄버거 하나로 점심을 때울 때가 있다. 억만장자와 일반 사람들의 차이는 시간의 양이 아니라 시간을 관리하는 방법이다. 당신이 시간 관리를 잘한다는 건 어떤 의미인지 잠시 생각해 보자. 급하게 처리해야 할 일을 차질 없이 해내는 능력?

시간 관리를 잘한다는 건 급하게 처리할 일을 먼저 하는 게 아니다. 중요한 일을 먼저 하는 것이다. 당신에게 중요한 것, 오늘이 마지막 날이라고 했을 때 당신이 하고 싶은 그걸 먼저 해 나가는 게 시간을 잘 사용하는 것이다. 그런데 당신은 무엇이 중요한지 알고 있는가? 돈? 일? 사랑? 당신이 무엇을 소중하게 여기는지 알아야 그걸 위해 시간을 제대로 사용할 수 있다. 그렇지 않으면 실패할 수밖에 없다. 또 중요하지 않은 건 과감히 버려야 한다.

소파나 벽에 기대 리모컨을 돌리거나 게임에 빠지는 것들이 당신에게 그토록 중요한가? 많은 사람들이 시간이 부족하다고 하는데 정말 시간이 부족한 건지, 불필요한 곳에 시간을 쏟느라 시간이 부족한 건 아닌지 생각해 보라.

부자들은 집에 돌아가면 독서를 하거나 삶을 성공으로 이끌 수 있는 일을 한다. 운이 좋아서 부자가 된 사람은 없다. 이렇게 부자들은 돈 관리를 넘어 삶 전체를 관리한다. 자기 절제는 부자들의 인생을 관통하는 키워드다. 본인이 생활에 관심이 있는지, 아니면 삶에 관심이 있는지 되돌아보자. 보통 돈이 많아야 행복하다고 믿는 사람들은 생활에만 관심이 있을 뿐 삶에는 관심이 없다. 이런 태도로는 부자가 될 수 없고, 행복한 사람은 더더욱 될 수 없다. 행복한 사람들도 부자와 마찬가지로 빈둥거리지 않는다. 그래서 행복한 사람들이 돈을 더 벌고 성공할 수밖에 없는 것이다.

행복한 사람이 돈을 더 번다는 건 이미 밝혀진 사실이다. 1976년 미국 대학 신입생의 1990년대 수입을 비교한 연구를 보면 가장 명랑하지 않았던 사람들의 연봉이 5만 달러일 때 가장 명랑했던 사람들은 30퍼센트나 많은 6만 5,000달러였다. 전 세계적으로 왜 대기업들이 성장 동력을 행복 창출에서 찾겠는가. 행복한 기업이 돈을 더 벌기 때문이다. 일단 행복한 사람은 구직 면접을 통과해 일자리를 얻을 가능성이 높고 직업적 탈진에 빠지지 않는다. 사표를 낼 가능성이 훨씬 낮고 같은 직장에 오래 머물고, 동료가 어려움에 처할 때 선뜻 도와주고 조직에서 잘 어우러진다. 당연히 상사와 고객에게 높은 평가를 받고 급여도 더 많이 받을 수밖에 없다. 당신이 생활이 아닌 삶 전체에 관심을 갖고 행복한 사람이 되려고 노력한다면, 행복의 도구를 활용하면서 균형 있는 삶을 만들기 위해 노력한다면, 분명 경제적인 문제도 나아질 것이다.

자신을 가치 있게 만드는 일을 찾자

당신이 지금 시간에 쫓기고 돈 때문에 하고 싶지만 못하는 것들이 있다면 잠깐 생각해 보자. 시간과 돈만 있다면 배낭 하나 메고 일 년 365일 세계를 돌아다니고 싶은 사람, 일주일 내내 극장이나 방 안에 틀어박혀 영화만 보고 싶은 사람, 당신은 여건을 마련해 준다면 무엇이 가장 하고 싶은가? 그런데 만약 당신이 하고 싶은 일상의 자잘한 욕망이 다 해결되고 나면 그다음에는 무엇을 하고 싶은가? 시간이 없어 영화 한 편 보기 어려운 사람은 열흘 동안 영화만 볼 수 있다면 행복할 것이다. 하지만 실제로는 마냥 행복하진 않다. 대부분은 머리가 지끈지끈 아파 온다. 그러나 어떤 사람들은 열흘 내내 영화를 보면서도 즐거워한다.

당신에게도 열흘 내내 해도 질리지 않고 즐거운 무엇이 있는가? 그게 정말 당신이 간절히 원하는 것이다. 시간에 쫓기고 돈이 없을 때는 이것도 하고 싶고 저것도 하고 싶지만, 실제로 하고 싶은 그 일들이 전부 없어지고 났을 때 그래도 하고 싶은 게 남아 있다면 그 일이 바로 당신이 간절히 원하는 일이다. 그리고 그 일을 찾아야 한다. 왜냐하면 그 일이 당신에게 행복과 돈을 함께 가져다줄 수 있기 때문이다. 당신은 돈을 많이 벌려면 무작정 돈을 쫓아야 한다고 생각하는가?

페이스북의 창립자 마크 주커버거는 올해 나이 27살이다. 그리고 175억 달러, 약 21조원의 재산을 모아서 세계 최연소 갑부가 된 인물이다. 역사상 가장 빠른 속도로 실리콘밸리의 성공 신화를 써 내려간 주인공이자 전 세계 젊은이들이 가장 닮고 싶어 하는 역할 모델 가운데 한 명이다. 마크 주커버거는 프로그래밍 하는 걸 좋아해서 어렸을 때부터 통신이나 게임을 즐겼다고 한다. 하버드 대학교 시절 하버드 생들이 자기 사생활을 올리고 공유하는

「더 페이스북」을 만든 후에 과감히 대학을 중퇴하고 본격적으로 비즈니스 세계로 뛰어들었다. 본인이 세상을 바꿀 수 있다는 믿음을 가졌기 때문이다. 이후 야후로부터 인수 금액 10억을 제안받지만 쇼셜 네트워크 서비스를 완성하고 싶어서 과감히 거절했다. 아직 젊고 이상이 있는 그에게 돈은 그다지 중요하지 않았던 것이다. 그런데 지금 그는 얼마나 많은 돈을 벌었는가? 돈은 물론, 그보다 더 큰 존경과 명예까지도 얻었고, 세상을 바꾸겠다는 꿈도 실현시켜 놓았다. 지금도 그는 더 큰 목표를 향해 나아가고 있다.

이것이 성공한 부자들의 공통적인 특징이다. 부자들이 하나같이 하는 말은 돈만 위해 일해서는 안 된다는 것이다. 돈을 궁극적인 목표로 좇는 사람은 결코 큰돈을 벌지 못한다. 본인이 진정으로 사랑하고 사회적으로 가치있는 것을 찾아내면 돈을 버는 건 어렵지 않다는 게 부자들의 이야기다.

당신의 강점을 파악해 열정을 느낄 수 있는 분야에서 일을 시작하고, 그 분야에서 어떤 사명과 비전을 가질지를 판단하고, 구체화하고, 행동으로 옮겨 보자. 열정과 사명이 있는 만큼 당신은 열심히, 부지런히 움직일 수밖에 없다. 그런 사람은 성공하게끔 되어 있다. 그리고 실패하더라도 낙관적인 태도로 다시 일어나면 되는 것이다. 당신은 아직도 부자들의 성공 법칙을 다룬 책을 읽으면서 그들의 성공 노하우를 외우고 있는가? 그 시간에 당신 삶에서 가치 있다고 믿고, 또 가치 있게 만들어 주는 일을 찾자. 그렇지 않고 돈만 좇는다면 가난한 사고의 소유자가 될 수밖에 없다는 걸 기억하자. 당신이 정말 욕심내야 하는 건 물질이 아니라 정신적 부유함이다.

.... 학력

배움을 미루지 말자

40대 중반까지 나는 학력 칸에 초등학교 졸업이 쓸 수 있는 전부였다. 항상 배움에 목말랐지만 한 번 잃어버린 기회는 쉽게 오지 않았다. 당시 사회, 정치, 문화, 체육 등 지역사회에서 활발히 활동하고 있었지만 항상 학력이라는 절벽 앞에서 멈춰 서야 했다. 언제나 주어진 환경을 넘어서 최고가 되고 싶었고 그렇게 되기 위해 노력했다. 그런 내가 갈 수 있는 더 높은 곳을 눈앞에 두고 돌아서야 할 때의 심정이란 절망 그 자체였다. 20대에는 군대가 가고 싶었는데도 고졸 이상이라는 학력이 붙잡았다. 평소 남자라면 군대에 갔다 와야 한다고 생각해서 집으로 날아온 신체검사 통지서를 받아들였을 때는 기뻐서 가슴이 뛰기까지 했다. 오죽했으면 학력 칸에 고졸이라고 표기하고 군 입대를 했겠는가?

교회를 나가고 싶었지만 초등학교 학력이 알려질까 봐 심하게 고민한 적도 있다. 내가 교회(새중앙교회)에 처음 나갈 때는 등록 카드에 학력 칸이 있었기 때문이다. 몇 주를 망설이다가 어느 날 "하나님, 저 대학 졸업으로 학력을 기록합니다. 용서해 주십시오. 그렇지만 반드시 대학 나오겠습니다."라고 기도하고 나가기 시작했다.

학력 때문에 기회도 여러 번 날려 버렸다. 김영삼 전 대통령이 통일민주당 총재 시절 민주청년정치학교라고, 당내에 청년 정치 지도자를 육성하는 5주간의 프로그램을 개설했다. 나도 정치가를 꿈꾸던 시절이라 전국 지구당에서 1명씩 80명을 선발한 2기 학생 대표로 김영삼 총재 앞에서 선서를 하고 당당하게 입교했다. 하지만 그 당당함도 시간이 가면서 사라졌다. 마지막 주에 기수 회장을 뽑는데, 회장에게는 다음 선거에서 지역구 국회의원 공천 우선권이 주어진다고 했다. 정치를 꿈꾸는 지망생들에겐 더없는 기회이며 대단한 자리였지만 내게는 처절한 고통이었다. 그렇게 되면 신원 조회가 필요하고 초등학교 학력이 밝혀질 수밖에 없다. 이미 모든 사람이 당연히 대학을 졸업한 걸로 알고 있었다. 그때부터 지방 자치에 대한 리포트도 형식적으로 대충 쓰는 둥 마는 둥 남 눈에 띄지 않도록 숨어 다녔다. 그동안은 적극적으로 참여하고 다른 학생들을 이끌던 리더의 모습을 보였지만 이제는 관망하고 끌려가는 행태를 취하는 것이다.

그 일을 계기로 갈등하고 번민한 끝에 공부할 수 있는 방법을 찾았다. 편법이 몇 가지 있었다. 돈만 있으면 졸업장을 구하거나 대리 시험을 통해 손쉽게 학력을 얻을 수 있는 길이 있음을 알고 유혹에 끌리기도 했다. 유혹을 뿌리치기가 무척 어려웠지만 결국 나는 정도를 걷자고 결심했고 어렵게 검정고시 학원을 찾아갔다. 그런데 학원에서 나를 거부했다. 합격 가능성이 낮다는 것이었다. 그때만큼 내가 작고 초라하게 느껴진 적이 없었다. 힘들게 내린 결정이라서 그때의 상심은 말로 다 표현할 수가 없다.

넘어진 채 쓰러져 있을 수만은 없었다. 내 꿈이 고통보다 부피가 크고 앞서 있었기 때문이다. 혼자만의 길고 외로운 공부가 시작되었다. 검정고시 책을 사다 공부했다. 그런데 한 스무날 동안은 속이 답답하고 머리가 아파서 밥도 못 먹고 잠도 못 잤다. 30년 전 시골에서 초등학교를 졸업한 내 실력으로는 도저히 풀 수 없는 벽에 부딪힌 것이다. 어떻게 공부를 했는지 모르게 일 년이 가고 중학교 졸업장이 생겼다. 그때 그 기쁨과 서러움을 뭐라고 설명해야 할지. 얼마나 중학교 교복이 입고 싶었고 교복 입은 사진 한 장이 간절했는지 당신은 상상하기 어려울 것이다. 20대에는 그 사진 한 장이 갖고 싶어서 사진관에 중학교 교복과 모자가 있는지 확인하고는 사진관 계단을 몇 번이나 오르락내리락했는지. 결국 양심의 가책을 느껴 돌아오고 말았다. 내가 공부한다는 사실을 아무도 몰라서 집에서도 사무실에서도 행여 들킬까 봐 부스럭거리는 소리만 나도 후다닥 책을 감추곤 했다. 그 어려운 과정 속에서도 중학교 졸업장을 시작으로 12년 만인 2012년에 박사 과정을 수료하고 교수까지 됐다.

그래서 나는 누구를 만나든 배움을 미루지 말라고 말한다. 배울 기회가 있다면 망설임 없이 배우고, 더 높이 도약하고 싶다면 가능한 한 더 많이 배우라고 한다. 내가 공부를 하다 보니 세상이 더 넓게, 더 멀리 보이고 내가 선택할 수 있는 기회가 더 많이 찾아왔기 때문이다. 인간관계의 폭도 더 넓어지고 미래에 대한 두려움도 줄어들었다. 나는 50대 중반 이후에 강사가 되고 교수가 되고 한국긍정심리연구소를 설립했다. 더 배우고 많이 알수록 더 행복해지고 성공할 확률을 높일 수 있다는 것이다. 배움만큼 큰 투자는 없는 것 같다. 망설이지 말자. 빠르면 빠를수록 좋다.

최근 우리 사회도 학력 위주가 아닌 능력과 전문성 중심으로 변하려는 움직임이 있다. 실제로도 고졸자가 대기업 임원이 되고, 초등학교 졸업자가 CEO나 국회의원이 되기도 한다. 바람직한 일이긴 하지만 과연 현실적으로 낮은 학력으로 성공하는 사람들이 몇 퍼센트나 되겠는가? 삶은 이상이 아니고 현실이다. 삶의 현장에 서 있는 사람들에게는 학력이 전부가 아니고 돈이 전부가 아니라고 쉽게 말할 수 없다. 그들이 겪는 고통과 아픔을 겪어 보지 못했기에 이상을 말하는 것이다. 그래서 나는 행복하기 위해 더 많이 공부하고, 옳은 방법으로 돈을 벌라고 이야기한다. 1퍼센트는 분명 존재하지만 99퍼센트는 대다수의 삶이기 때문이다.

'나'에 주목하자

지난해 우리나라 대학 진학률은 80퍼센트로 OECD 가운데 1위라고 한다. 그만큼 교육열이 높고 경쟁이 치열하며 삶의 욕구가 강하다는 뜻일 것이다. 에드 디너는 한국인의 행복지수가 낮은 이유 중 하나로 치열한 경쟁을 꼽았다. 그게 이유라면 치열한 경쟁 구도를 바꿀 수 없는 한국인은 영원히 행복할 수 없을 것이다. 한정된 공간, 한정된 자원, 경제적 환경, 강력한 삶의 욕구는 치열한 생존 경쟁을 낳을 수밖에 없다. 당신은 이 문제를 바꿀 수 있다고 생각하는가? 몇 십 년, 몇 백 년 후라면 모르겠지만 우리가 살아가는 시대에는 꿈같은 이야기다.

당신은 그 치열한 경쟁 속에서 어떻게 살아남아야 한다고 생각하는가? 좋은 대학에 가기 위해 경쟁하고, 좋은 직장에 들어가기 위해 경쟁하고, 성공하기 위해 경쟁하고, 그래서 좋은 집에서 잘산다면 행복해지겠는가? 살아가는 과정을 치열한 경쟁으로 생각한다면 끝이 없다. 그보다는 '나'에 주목해야 한다. 경쟁이 아니라 성취를 위해 노력하고 성취 자체를 즐겨야 한다. 인간은 기계가 아니다. 기계는 결함을 찾아서 수리하면 재가동되지만 사람은 다르다. 남이 고쳐 주는 게 아니라 스스로 인생을 만들어 가야 한다. 내가 더 많이 배우라고 강조한 이유도 학력 위주의 사회에 편승하라는 뜻이 아니다. 그만큼 자기 자신을 만드는 시간이 필요하다는 뜻이다. 아마 당신이 평범한 삶을 살아왔다면 고등학교를 졸업하고 대학도 졸업했을 것이다. 대학생일 수도 있고 졸업하고 직장을 구하려고 동분서주하고 있을지도 모른다. 그래서 내가 학력이 낮아서 겪어야 했던 마음고생과 날려 버린 기회 같은 건 와 닿지 않을 수도 있다.

하지만 당신이 대학생이든 직장인이든 고등학교 졸업자든 간에 지금에 안주하지 말고 자기 분야든 다른 분야든 배울 수 있다면 더 배우라는 것이다. 요즘 경영자들 사이에서 인문학이 인기를 끌고 있는 것도 전문 분야 하나로는 한계가 있기 때문이다. 얼마 전부터 주목받고 있는 T자형 인재도 마찬가지다. 도요타에서 처음 제시한 T자형 인재는 한 분야에서 고도의 전문성을 갖고 있으면서 동시에 다른 분야에 대한 지식도 겸비해야 더 새롭고 깊이 있는 창조가 가능하다는 뜻이다. 동그라미 하나로 모든 걸 작동하는 아이팟 디자인이 어떻게 탄생했겠는가? 디자이너들이 전공 분야뿐만 아니라 전자공학에 대한 폭넓은 이해를 갖고 있어서 가능했다. 또 자동차 하나를 만드는 데도 전자공학, 기계공학, 디자인공학 모두가 필요하다. 현대사회에서 생산되는 상품과 서비스 대다수가 그렇다. 그래서 전자회사에서 생물이나 의학 관련 전공자를 찾기도 하고, 대학에서도 공학과 심리학을 공동 연구하기도 한다. 이제는 과거처럼 한 우물(I)만 깊이 파는 게 아니라, 한 우물을 파되 넓게(T) 파야 한다는 것이다.

'나'에 주목하는 것이 진정한 프로다. 아마추어는 보이는 결과에 집착하지만 프로는 스스로 동기부여를 하고 승부 자체를 즐기는 사람이다. 살아가는 과정은 타인과의 경쟁이 아니라 자기 자신에게 있기 때문이다. 여기에 당신의 대표 강점을 십분 활용하면서 긍정적 정서를 높여 보자. 대표 강점은 '나'를 제대로 이해하게 해 주는 도구다. 정체성을 찾고 긍정적 정서를 높인다면 얼마든지 더 높은 성취를 이룰 수 있다.

얼마 전 연임에 성공한 반기문 유엔사무총장은 외교통상부에서 "반(潘)의 반(半)만 하라."는 말이 회자될 정도로 많은 이들의 존경을 받는다. 반기문 총장은 인도의 총영사관에서 외교관 인생을 시작했는데, 당시 상사였던 총영사는 성실하고 근면한데다 윗사람이 원하는 업무를 미리 파악해 처리하는 영민함까지 갖춘 그에게 완전히 반했다고 한다. 당신에게도 고유의 강점이 있다. 제대로 깨닫지 못하거나 높이 평가하고 있지 않을 뿐이다. 본인이 자신 있는 분야부터 접근해 보자.

미칠 만한 것을 찾자

당신에게 성격에 딱 들어맞는 일은 무엇이라고 생각하는가? 잠자는 것도 잊고 밥 먹는 것도 잊은 채 몰입하게 만드는 무엇이 있는가? 많은 사람들이 한국 사회에서는 하고 싶은 일을 찾기가 어렵다고 한다. 그도 아니면 무엇보다 세상의 트렌드를 따라가야 한다고 생각한다. 하지만 잠자고 일어나면 세상은 변한다. 당신이 아무리 트렌드를 따라가려고 발버둥쳐도 한 박자 늦을 수밖에 없다. 오히려 선구자나 한 분야에서 경지에 다다른 사람들은 자신이 원하는 분야에서 자신이 있어야 할 자리를 묵묵히 지키는 사람들이다. 더 중요한 건 그래야 만족스럽고 행복한 삶을 살 수 있다. 당신이 원하지 않는데 어쩔 수 없이 어떤 일을 해야 한다면 성취도 더디고, 얼마나 괴롭겠는가?

최범석 디자이너는 국내 남성 디자이너 최초로 뉴욕 컬렉션 무대에 데뷔해 국내외 패션계로부터 주목을 받은 인물이다. 가정 형편이 어려워서 상업고등학교에 다니던 고3 무렵, 100만 원을 들고 홍대 앞에서 노점을 차렸다. 동대문까지 차츰 넓혀 가며 옷 장사를 하다가 서울 컬렉션 무대에 참가하기 위해 무작정 서울패션아티스트협회장을 찾아갔고, 여러 번 거부당한 끝에 동대문 출신으로는 최초로 서울 컬렉션 무대에 섰다. 이후 본인 브랜드를 선보이면서 파리 쁘렝땅 백화점에도 입점했는데 당시 한국 의류 브랜드로서는 역시 처음이라고 한다. 그는 하고 싶은 게 옷밖에 없었다. 그런데 정식 디자인 교육도 받지 않고 인맥도 없는 그가 어떻게 패션계에서 살아남았을까? 지금도 그는 밥도 안 먹고 잠도 안 자면서 새벽까지 몰입해서 일한다. 그가 말하는 성공의 비결은 미치는 것이다. 미치면 그 분야에 뛰어난 능력을 가질 수밖에 없다. 미친 기간이 길어지면 돈은 저절로 들어온다. 많은 사람들이 똑같은 꿈을 꾸는데 다 포기하고 한 사람만 남으면? 그 사람이 성공할 수밖에 없는 간단한 이치이다.

당신에게는 지금 미칠 만한 것이 있는가? 미치면 그 분야에 뛰어난 능력을 갖게 된다는 말을 기억하자. 미칠 만한 거리를 찾은 다음에는 직접 부딪히자. 부닥쳐 보지 않으면 무엇을 잘할 수 있는지 모른다. 그러고는 100퍼센트를 만들기 위해 노력해야 한다. 당신은 스스로 할 수 있는 모든 방법을 다 찾아봤는가? 내가 검정고시 학원에 찾아갔다 거절당했을 때 독학이란 방법을 찾아낸 것처럼 대안책까지 찾아 100퍼센트를 향해 전력 질주해야 한다.

최범석 디자이너도 이름이 알려지면서 주변에서 이런저런 부탁을 해 오는 사람이 많다고 한다. 한번은 아는 동생이 동대문 상가에 입점하고 싶다면서 좀 알아봐 달라고 했다. 동대문 패션 전문 매장 꼭대기에 운영 사무실이 있는데 물어봤냐고 했더니 물어보지 않았단다. 그래서 시도해 본 뒤 안 되면 부탁을 해야지 왜 다른 사람에게 기대느냐고 야단을 쳤다고 한다. 누구에게 의지하거나 기대려고 하는 태도가 오히려 나약하게 만든다. 혼자 극복하기 버거울 때도 있겠지만 결국 이겨 나가야 한다.

외모

● 시쳇말로 예쁘면 모든 게 용서되는 시대라고 한다. 성형수술을 해주는 프로그램도 많아지고 전신 성형수술을 하는 사람도 많다. 착한 몸매라는 말까지 등장하고, 더 예쁜 얼굴, 날씬한 몸을 가지려고 애를 쓴다. 당신도 외모에 불만족스러운 적이 있는가? 거울을 들여다볼 때마다 쌍꺼풀 없는 눈이 마음에 안 들고, 사각턱이 마음에 안 들고, 낮은 코가 불만이었던 적이 있는가? 아니면 작은 키? 우리나라 남자의 평균키는 174센티미터, 여자는 160.5센티미터라고 한다. 당신은 평균 이상인가 이하인가?

그런데 현실에서는 평균키를 갖고도 불만인 사람이 많다. 미혼 여성들을 대상으로 한 조사에서는 같이 걷고 싶은 남자는 키가 180센티미터 이상이어야 하고, 170센티미터 이하는 한 사람도 없었다. 이제 180센티미터 이하는 루저라는 말까지 나오고 있다. 외모 때문에 인생을 루저, 실패자라고 여기는 사람이 의외로 많은 게 또한 현실이다.

외모도 당신이 물려받는 환경 가운데 하나이다. 기왕이면 예쁜 얼굴에 큰 키, 날씬한 몸매를 가졌으면 얼마나 좋겠는가. 당신은 외모가 지금보다 더 예뻐지고 멋있어진다면 행복지수가 높아질 것이라 생각하는가? 외모 때문에 어린 시절 놀림을 받았거나 학창시절 따돌림을 받은 적이 있는 사람, 외모 콤플렉스가 심해서 사람 만나는 것조차 꺼리고 매사에 움츠러드는 사람들은 어느 정도 인정할 것이다. 직장 생활을 하면서 남성에 비해 여성의 외모가 중요한 변수가 된다는 걸 느낀 적도 있을 것이다. 그런데 실제로도 외모를 어느 정도 개선하면 행복도가 올라간다. 성형수술 하는 사람들은 평균적으로 만족도가 높아지는데, 심지어는 수술 후에 삶의 질도 높아지고 우울증이나 불안 같은 정신병적 징후가 줄어들기도 한단다. 조너선 헤이트에 따르면 그중에서도 가장 크게 만족하는 부분은 여성의 유방 수술이라고 한다. 확대 수술이든 축소 수술이든 막론하고 말이다.

성형수술이든 다이어트든 외모에 변화를 주는 일은 외견상 피상적인 변화를 가져다줄 뿐이다. 당신은 사람들이 어느 정도까지는 행복해질 수 있다고 생각하는가? 당신이 키가 작다면 작은 키가 불만이어서 키가 큰 사람들을 보면 그저 부럽기만 했는가? 아마도 외출할 때마다 신발 밑에 깔창을 깔고, 신발 벗는 식당은 피하고, 일상생활에서 자잘한 불편이 수도 없이 많았을 것이다. 또 자존심이 상하는 순간도 있었을 것이다. 외모 때문에 느끼는 수치심도 문제가 된다. 본인이 생각하는 이상적인 가슴 크기보다 훨씬 크거나 작은 젊은 여성들은 매일 몸에 대해 자의식을 느낀다고 한다. 많은 여성들이 자기 결함을 숨기려고 자세나 의상, 금전 등 노력을 쏟아붓는데, 성형을 통하면 이런 부담에서 해방될 수 있다. 그래서 성형이 자신감을 갖게 해서 행복감을 증진한다고 한다.

그러므로 작은 키는 어쩔 수 없지만, 일상생활이 외모 때문에 큰 부담이 된다면 성형을 통해 외모를 바꾸는 것도 나쁘지 않다. 외모가 긍정적인 변화를 줄 수 있기 때문이다. 그런데 여기에 꼭 찬성하는 것도 아니다. 그보다는 스스로 바꿀 수 있는 부분을 먼저 바꾸는 게 순서가 아닐까? 그래도 불만족스럽다면 성형은 그다음에 해도 늦지 않다. 하다못해 육체적으로 더 매력적인 사람이 되려고 운동을 꾸준히 해본 적이 있는가? 운동만 꾸준히 해도 거울 앞에 서면 만족스러울 것이다. 또 살이 많아서 불만족이라면 다이어트를 하면 된다. 운동이든 다이어트든 삶과 육신을 통제하기 위해 노력하는 가운데 자부심을 얻게 되면 다른 부분에서 느끼는 행복감도 높일 수 있다. 사람들은 스스로 보호막을 만들어 놓고 자신을 꺼내 놓으려고 하지 않는다. 통조림 속에는 종류에 따라 다양한 음식 재료가 들어 있다. 그러나 아무리 먹음직스러워도 그걸 밖으로 꺼내 놓지 않으면 멋진 요리가 될 수 없다. 하지만 뚜껑을 열고 안의 재료를 세상 밖으로 꺼내 놓으면 가능성은 무궁무진해진다. 당신도 그렇다.

운동

나는 얼마 전까지 새벽에 헬스를 다니다 도저히 시간을 낼 수 없어 지금은 집에서 운동을 하고 있다. 집에서 할 수 있는 5가지를 30분 동안 한다. 꼭 헬스장에 가고 기구가 있어야 운동을 할 수 있는 건 아니다. 침대도 거실도 책상도 소파도 다 기구로 활용할 수 있다. 나는 30년 전부터 새벽 5시에 일어나 공부를 한다. 그러면 출근 전 2시간은 할 수 있다. 사실 공부는 익숙한데 운동은 귀찮을 때가 많다. 그래서 요즘은 모닝콜이 아닌 운동 콜을 설정해 놓고 울리면 만사를 제치고 운동을 한다. 그러면 좋은 기분으로 하루를 시작할 수 있다. 이에 더해 일주일에 두세 번은 4킬로미터씩 걷는다. 다이어트를 하면서 시작된 습관이다. 처음에는 무작정 걸으려니까 무척 힘들었다. 그래서 일주일 간격으로 15분씩 늘려 나갔다. 한동안은 특별한 약속이 없으면 직장에서 집까지 1시간 30분 걸리는 거리를 걸어서 퇴근했고, 지금도 저녁에 10시 전에 들어오면 무조건 밖으로 나간다. 남들 눈에는 내가 연예인처럼 조각 미남형 얼굴은 아니지만, 거울을 볼 때마다 내 나름 만족스럽고 행복을 느낀다.

나처럼 만약 당신이 피곤을 무릅쓰고 오늘 운동을 한다면, 내일 당신의 피로는 해소되고 육체적으로 매력을 느낄 확률은 두 배나 높아진다. 운동만으로도 거울 앞에서 자신을 더 만족스럽게 볼 수 있다는 것이다. 운동은 단순히 살을 빼서 외모를 변화시키는 데 머무는 게 아니다. 캐롤린다[30]라는 여성은 스트레스가 심한 법 집행 업무를 하던 남자와 사귈 당시 90킬로그램이 넘었다. 캐롤린다가 생각하기에 남자친구는 잘생기고 용감하고 건장했다. 그런데 그가 술을 많이 마시고 난 뒤 난폭하게 대하기 시작하면서 그녀의 자존감은 바닥을 쳤다. 당시 체육관에 가서 역도 과정에 등록할 무렵에는 "자존감이 달팽이만도 못한" 상태였다고 말했다. 하지만 열심히 운동하면서 거울을 통해 그 결과를 확인하며 흡족해했고, 몸이 건강해지면서 정신력도 강해졌다. 캐롤린다가 30킬로그램이 넘는 체중 감량 목표를 달성하는 순간 남자친구는 접근 금지 명령을 받았다고 한다. 운동을 통해 스스로 통제하면서 자존감과 자부심이 높아진 덕분이었다.

운동은 심리적인 변화를 이끌어 내면서 자신감과 자기 존중감을 높여 준다. 특히 웨이트 트레이닝이 효과가 뛰어나다고 알려져 있는데, 요즘에는 질병이나 장애, 부상으로 신체 이미지에 불만족하는 사람들, 수술 회복 환자나 비만 여성들에게도 많이 활용되고 있다. 일단은 외모나 신체에 대한 긍정적 인식이 높아지면 그 자신감이 다른 영역에까지 확대된다. 거울 앞에서 자기 모습을 흡족하게 본다면 그날 하루가 어떻게 달라지겠는가?

자신감이 없으면 외모는 더 형편없어 보인다. 만약 당신이 늘 실패만 일삼고 위축되어 있는 사람이라면 거울을 보면서 무슨 생각이 들겠는가? 자신감에 차 있을 때는 충분히 만족할 수 있는 외모도 하나부터 열까지 불만족스러울 수밖에 없다. 그래서 운동만으로도 한층 본인을 매력적이게 만들 수 있는 것이다. 사소한 것 같지만 자신감이나 자존감이 있느냐 없느냐가 얼간이처럼 보이게도 하고 제법 괜찮은 사람으로 보이게도 한다는 뜻이다. 그래서 운동은 건강 자산일 뿐만 아니라 행복 자산이기도 하다. 하루에 20~30분이면 결코 많은 시간이 아니다.

　일단 밖으로 나가 걸어 보자. 걷기만 해도 세로토닌과 에너지가 증가한다. 긍정적인 자아상도 갖게 되고 잠도 푹 잘 수 있다. 학교나 직장이 아주 멀지 않으면 20~30분 정도는 매일 걸어서 갈 수 있고 몇 정거장 전에 내려서 걸을 수도 있다. 아니면 엘리베이터 대신 계단을 이용할 수도 있다. 편안하게 걷는 것부터 시작해 보자. 그리고 체중계가 아니라 당신 눈으로 거울을 통해 직접 확인해 보자.

다이어트

　전 세계에 퍼져 있는 다이어트 방법만 대략 2,000여 가지라고 한다. 당신도 좀 더 아름다워지기 위해, 좀 더 자신감을 갖기 위해 다이어트를 시도해 본 적이 있는가? 당신은 성공했는가? 대부분은 잠시 성공한 듯 보였으나 시간이 지나면서 몸무게가 제자리로 돌아갔을 것이다. 나도 체질적으로 먹기를 좋아해서 30살 이후로는 계속 과체중이다. 한때는 20킬로그램 이상 과체중이었던 적도 있다. 여러 가지 다이어트를 시도해 봤지만 다들 그때뿐이고 요요현상으로 더 불어났다. 그것같이 허무하고 답답한 것도 없을 것이다. 그런데 마틴 셀리그만은 대부분 다이어트 비법이 '사기 행위'라고 주장한다. 왜? 단기적으로는 감량에 성공하지만 장기적으로는 결국 원래 몸무게로 복귀하기 때문이다. 과학계에서는 이걸 '오프라 효과'라고 한다. 82킬로그램이던 오프라 윈프리가 다이어트 제품으로 54킬로그램까지 살을 빼는 데 성공했지만, 일 년에 걸쳐 원래 몸무게로 복귀한 걸 빗댄 것이다. 당신도 아마 다시 살이 찌는 걸 우울한 심정으로 지켜봐야 했을 것이다. 나도 마찬가지였다.

그래서 수없는 실패 끝에 내가 최종적으로 실시한 다이어트 방법은 미레유 길리아노가 『프랑스 여자는 살찌지 않는다』에서 말하는 방법이었다. 먹는 것을 즐기면서도 비만 인구가 적기로 소문난 프랑스. 그들은 다이어트를 위해 굶거나 헬스클럽에서 땀을 흘리지 않는다. 이 방법 역시 약을 먹을 필요도 없고 과도한 운동도 없다. 그냥 평소 하던 활동 그대로 하되 범인 음식을 가려내고 식사만 조절하는 것이다. 나는 이 방법을 통해 일 년 새 15킬로그램을 줄였고, 지금은 그때보다 3~4킬로그램 정도 늘어난 상태를 계속 유지하고 있다. 당시 성과를 알리기 위해 방송인이자 프랑스인 이다도시와 함께 요리 시연도 하고 이벤트 계획도 했었다. 내가 생각하기에는 가장 효과도 좋고 가치 있는 다이어트 비법이 아닌가 싶다. 그래서 평소 알고 지내던 박진 의원에게도 추천을 했다. 박진 의원은 당시 서울시장 출마를 위해 돌고래 다이어트법을 창안해 실시하고 있었는데, 내가 하던 방법이 가장 창조적인 방법이라고 칭찬을 아끼지 않았다.

내가 이 방법을 시도하게 된 동기는 이 책을 기획하고 출판하면서 정말 그렇게 될까, 반신반의하는 마음이 컸기 때문이다. 그래서 책 내용대로 3개월 개선 프로그램을 직접 실천했다. 그때 내 몸무게는 89킬로그램이었다. 그런데 개선 프로그램을 적용하는 초기에는 실감이 나지 않았다. 레시피는 제외하고 식사량의 10~15퍼센트 줄이기, 육류나 인스턴트식품, 음료수 같은 범인 음식 찾아내서 조절하기, 저녁 늦게 먹지 않기, 출퇴근길 15분씩 걸어가기, 물 많이 마시기 등을 하면서도 과연 살이 빠질까 의구심이 들었다. 그런데 한 달이 지나면서부터 조금씩 반응이 왔다. 세 달 후에는 4킬로그램이 빠졌고, 여섯 달 후에는 7킬로그램, 일 년이 되자 15킬로그램이 줄어 있었다. 나는 몸무게를 보고 다이어트 효과라는 생각은 못 하고 갑자기 몸에 이상이 생겼나 불안해서 종합검진까지 받았다. 다행히 아무 이상이 없어서 그때부터 먹고 싶은 것도 자유롭게 먹고 있다.

꾸준한 운동과 더불어 이 방법을 써 온 지가 7년이 지났다. 지금도 거울 앞에서 내 모습을 볼 때마다 기분이 좋고 행복하다. 이 방법은 단순히 살을 빼는 게 아니라 삶과 식사 원칙에 대한 변화였다. 그래서 다이어트의 최대 적인 요요현상을 막고 유지할 수 있다. 만약 과체중으로 고민하는 사람이라면 이 방법이 도움이 될 것이다. 지면상 구체적인 방법까지 소개하지는 못하지만, 관심 있는 사람이 책을 참고하면 분명 스트레스와 배고픔에 시달리면서 다이어트를 하지 않아도 목표 체중에 도달할 수 있을 것이다.

가족

● 요즘 식당에서 자주 목격하는 장면이다. 자녀들은 게임에 빠져 있고, 아빠와 엄마는 먼 산을 바라보거나 스마트폰만 내려다보며 만지작거리고 있다. 혹시 당신 가족도?

우리나라 이혼율은 OECD 가운데 가장 높고, 부부싸움 때문에 119구조대가 출동한 경우가 한 해에 1,353건이라고 한다. 최근 이혼 사유의 40퍼센트를 차지하는 경제적인 문제도 알고 보면 대화 부재에서 비롯된 것이다. 더구나 요즘은 부모 자식 간의 실제 일촌보다 인터넷 일촌이 더 친숙하다고 한다. 아이들은 대부분 걱정되고 스트레스 받는 일이 있어도 부모에게 털어놓지 않는다. 그런데 사소한 고민이 아니라 학교 폭력이나 따돌림 등의 심각한 문제가 발생했을 때 부모에게 도움을 청하지 못한다면 어디에 도움을 청하겠는가. 그래서 직접 얼굴을 보고 대화하는 시간이 필요한 것이다. 말로는 고민이 없다고 해도 얼굴 표정까지 숨길 순 없다. 당신은 가족들과 하루에 얼마나 대화를 하는가? 아니면 가장 최근에 부모님과 속 깊은 대화를 나눠 본 게 언제였는가? 또 당신이 부모라면 자녀가 요즘 무슨 고민을 하는지 알고 있는가?

당신에게 가족은 어떤 의미인지 잠깐 생각해 보자. 아마 당신이 가장 어렵고 힘든 시기에 믿고 의지할 수 있는 안전한 기지가 되어 주기를 바랄 것이다. 하지만 머릿속의 가정과 현실의 가정이 갈수록 간극이 커지는 걸 보면 가족만큼 풀어야 할 숙제가 많은 관계도 없는 듯하다. 분명한 건 가족이 행복해야 당신이 행복하다는 사실이다. 당신이 생각하는 행복한 가족이란 어떤 모습인가? 부유한 가족? 명예나 권력이 있는 사람들은 행복한 가족을 꾸려 가고 있으리라 생각하는가?

내가 생각하는 행복한 가정은 가족끼리 소통이 잘되고 서로가 지지하고 격려하고 존중하고 신뢰하는 가정이다. 그러려면 부모 자식 관계든 부부 관계든 먼저 관계가 서로 편해야 한다. 나는 아이들에게 자주 사랑한다고 말해 주고 만나면 포옹해 준다. 어색해하던 아이들도 이제는 "사랑해요."라는 소리를 자연스럽게 한다. 우리 가정이라고 왜 문제가 없었겠는가? 몇 년 전까지만 해도 큰아이와 아주 불편한 관계였다. 큰아이와 작은아이가 모두 유학 생활을 하고 있었는데, 경제적인 어려움 때문에 둘 중 하나는 불러들여야 하는 상황이었다. 누구를 귀국시킬지 아내와 의논 끝에 큰아이로 합의를 보았다. 그런데 시간이 지나면서 큰아이의 태도가 변하기 시작했다. 부모와 대화할 때도 진지하기보다는 형식적이었고, 긍정적인 면보다 부정적인 면을 강하게 어필했다. 방학 때 귀국한 작은아이에게는 싸늘하기까지 했다. 한 번은 여름방학을 마치고 작은아이가 캐나다로 돌아갈 때였다. 아이 엄마가 이것저것 가방을 챙기는데 갑자기 큰아이가 옷 하나를 두고 "내가 입어야겠다."고 했다. 그런데 엄마가 "넌 많잖아!"라고 말하는 순간 사단이 났다. 엄마는 왜 동생 것만 챙기느냐고 대든 것이다. 집은 순식간에 아수라장이 됐다.

　방에서 책을 보고 있던 나는 무척 당황스러웠다. 큰아이의 행동을 도저히 이해할 수도, 용서할 수도 없었다. 간신히 끓어오르는 감정을 억누르고 일단 사태를 진정시킨 다음 큰아이 방으로 가서 이야기를 시작했다. 그동안 우리 부부는 큰아이는 컸으니까 경제 사정도 이해할 것이라고 생각해 왔다. 그래서 트러블이 있을 때마다 큰아이가 지나치다고 탓을 했던 게 사실이다. 그런데 그날 큰아이는 왜 자기 마음을 그토록 몰라주느냐며 서럽게 울었다. 자기도 이해하려고 노력하지만, 문득문득 공부를 그만두고 돌아올 수밖에 없었던 순간이 떠오르면 피해의식과 함께 동생이 미워진다는 것이었다. 아, 그때 나는 망치로 머리를 두들겨 맞은 것 같았다. 큰아이에게 이해하라고 강요했지, 그 마음을 진심으로 헤아려 주지 못했던 것이다. 결국 아이와 함께 아픔의 눈물을 흘렸다. 큰아이 입장에서 생각하지 못하고 배려하지 못한 걸 진심으로 사과하고 용서를 빌었다.

　그런데 이 일을 계기로 우리 집 분위기는 놀라울 정도로 달라졌다. 아이와의 관계가 한결 자연스럽고 편안해졌고 아내와의 관계도 달라졌다. 아내는 나와 다르게 지극히 현실적인 사람이다. 스타일이 달라서 대화를 하다 보면 서로 불편할 때가 종종 있었다. 서로 바쁜 와중에도 대화를 하려고 노력은 해도 결과는 시원찮은 경우가 많았다. 그래서 어느 날부터 우리는 대화법을 앵무새 화법으로 바꿨다. 내 방식대로가 아닌 상대방이 말하는 용어를 같이 받아서 맞장구를 치고 공감을 표시하는 것이다. 가끔 마음에 맞지 않는 표현도 일단은 받아 준다. 그러다 보니 대화가 편해지고 즐거워졌다.

가족 간에 가장 중요한 건 소통이다. 행복한 가정이란 부유하다거나 명예나 권력이 많다거나 해서 얻어지는 게 아니다. 서로가 행복하기를 바라고, 서로를 아낌없이 지지해 주고, 어떤 역경이 닥치든 서로가 함께 해결해 나가려고 노력하는 가정이다. 밖에서 아무리 행복을 느끼고 크게 성공했다고 해도 가정이 무너지면 행복하겠는가? 가족은 당신을 지켜 주는 버팀목이다.

행복한 가족을 배우자

당신은 "우리 집은 왜 이 모양일까?"라고 생각하는가? 아니면 "우리 집을 행복하게 만들려면 어떻게 해야 할까?"라고 생각하는가? 그것이 긍정의 차이다. 어떤 문제를 해결할 수 있는 힘은 결함을 찾는 게 아니라 가능한 방법을 찾는 데 있다. 부모님, 형제나 자매가 먼저 변하기를 바라지 말고 내가 먼저 바꾸려고 노력해 보자. 다음 방법은 캐롤라인 애덤스 밀러와 밀러 B. 프리슈 박사가 행복한 가족과 그렇지 못한 가족을 연구해 알아낸 행복한 가족의 특징[31]이다. 이런 사소한 변화만으로도 당신의 가족은 지금보다 더 행복해질 것이다.

최고보다는 근면한 태도

당신의 가족은 누군가 좋은 결과를 냈을 때 칭찬해 주는가, 열심히 노력했을 때 칭찬해 주는가? 많은 부모들이 자식의 좋은 성적을 칭찬해 주고, 형제

자매일 때도 마찬가지다. 은연중에 다른 사람과 비교하면서 최고가 되도록 부추기는 경우가 많다. 그때마다 당신은 어떤 느낌이었는가? 옆집 자식 혹은 형제자매와 비교당해 마음 상한 적이 있는가? 이런 태도로 서로를 대하다 보면 당연히 결과나 성적이 좋지 않으면 마음 상할 일이 생기기 마련이다. 더구나 태도나 생활방식은 가장 가까운 사람들에게서 배우는 경우가 많다. 자신도 모르는 사이 은연중에 몸에 배는 것이다. 그러면 결과를 중요하게 생각하고 항상 최고만 인정받는다는 잘못된 생각을 갖기 쉽다. 하지만 결과보다는 과정을 중요시한다면 어떻게 달라지겠는가? 근면함은 태도의 문제다. 그래서 비록 결과는 좋지 않아도 열심히 노력했다면 충분히 칭찬하고 응원해 줄 수 있는 것이다.

따로 또 같이

당신의 가족은 얼마나 자주 따로 또 같이 지내는가? 항상 자기 방에 틀어박혀 식사시간에만 얼굴을 마주 보는가, 아니면 반대로 가족 간의 화합을 강조하는 부모 때문에 혼자 있을 시간이 없는가? 어느 쪽이든 당신 가족은 행복하지 않은 가족이다. 무슨 일이든 한쪽으로 치우치면 균형이 깨진다. 가족 모두 각자의 사생활을 존중받으면서 필요할 때 방해를 받지 않고 자기만의 공간에 틀어박힐 수 있어야 한다. 그 공간에서 책을 읽거나 일기를 쓸 수도 있고, 앞으로의 일과 삶의 방향을 점검해 볼 수도 있다. 만약 자기 공간이 없다면 크기에 상관없이 현실에서 가능한 개인 공간을 만들어 보자. 또 가족이 편안하게 자주 모일 수 있는 공동의 공간도 정해 보자. 거실이나 식탁 등 가족들이 주로 모이는 공간은 이웃 주민이나 당신 친구 등 외부인도 따뜻하게 환영받을 수 있는 곳이다. 집 안에 공동 공간이 없다면 각자가 보내는 시간이 많아져서 서로 소통하거나 경험을 공유할 시간이 줄어들 수밖에 없다. 행복한 가족에게는 "따로 또 같이"라는 커다란 원칙이 있다는 걸 기억하자.

서로의 차이를 인정하자

가족 구성원들의 모습을 떠올려 보자. 부모님, 형, 누나, 동생까지 각각 어떤 모습인가? 아마 성격이 다르고, 하는 일도 다르고, 가치관도 다를 것이다. 그 차이 때문에 서로 다투고 오해한 적은 없는가? 당신 가족은 각자의 차이를 인정하고 받아들이는 편인지, 서로를 못마땅해 하는 편인지 떠올려 보자. 어느 쪽에 가까운가? 아버지가 고집을 부리거나 권위적인가? 아니면 모든 주도권이 어머니에게 있어서 무슨 일이든 어머니 말 한마디에 결정이 나는가? 그렇다면 당신이 먼저 그 차이를 인정하도록 해보자. 행복한 가족은 융통성이 있다. 가족도 엄연한 집단이다. 서로의 차이를 인정하고 누구에게나 각자의 자리가 있다는 걸 기억하자. 서로의 차이가 있기에 아름다운 하모니가 가능하다.

축하 자리를 마련하자

당신이 집 안에서 있으나마나 한 존재라거나 소외됐다고 느껴 속상했던 적이 있는가? 당신이 가장이라면 퇴근하고 돌아가도 아무도 반겨 주지 않고, 주부라면 매일같이 식사를 준비하고 집안일을 하는데도 아무도 수고를 알아주지 않아 속상했던 적이 있는가? 아니면 당신 가족에게는 웃을 일이 아무것도 없는가? 이제부턴 자주 축하 자리를 마련해 보자. 운전면허를 따거나 시험에 합격했을 때, 가족 누군가의 생일일 때, 남들이 보기엔 사소한 일이라도 시끌벅적한 축하 자리를 마련해 보자. 그리고 축하 인사를 나누면서 즐겨 보자. 음미하기의 첫 번째 방법처럼 좋은 일을 공유하면 기쁨은 배가 된다. 그러면 가족들에게 관심을 받고 있다는 느낌이 들면서 가정에서 의미 있고 중요한 사람이라는 인식을 가질 수 있다. 자연스럽게 함께 하는 시간도 늘어난다.

한 가지 규칙을 정하자

우리 때만 해도 어려운 한자 글귀나 정직, 성실 같은 가훈이 많았지만 요즘에는 가족 간의 규칙도 다양하고 재미있어졌다. 법무부가 2년 전 시작한 가정헌법 만들기 운동에 참여한 가정이 4,000가정을 넘어섰다고 한다. 가정헌법은 가족이 지향하는 목표와 가치를 담은 21세기형 가훈이다. "아빠는 아이돌 그룹에 관심을 갖고 노래를 외워 부른다."처럼 자녀들이 부모에게 요구하는 사항이 될 수도 있고, "한 달에 한 번 서로 얼굴에 팩을 해 준다." 등 다양하다. 당신 가족에게는 어떤 규칙이 있는가? 행복한 가족은 상황에 따라 지켜야 하는 규칙이 수없이 많은 게 아니라 "할 일을 미루지 말자." "정직하자."처럼 공동 규칙을 딱 몇 가지만 정해 놓는다. 규칙이 없다면 머리를 맞대고 공동의 약속을 한 가지 정해 보자. 그 과정에서 대화의 시간을 가질 수 있고, 서로가 원하는 것도 자연스럽게 알게 될 것이다.

함께 할 일을 찾자

최근 식탁 겸 당구대로 쓸 수 있는 물건이 나왔다. 가족 간에 밥만 먹고 각자 방으로 들어가 버리는 경우가 많아서 어떻게 하면 가족 간에 함께 할 시간을 늘릴지 고민 끝에 개발한 것이라고 한다. 밥을 먹고 자연스럽게 함께 당구를 치면서 어울리는 것이다. 당신은 가족끼리 함께 하는 활동이 있는가?

만약 없다면 당신이 주도적으로 함께 할 일을 찾아보자. 운동, 산책, 여행, 종교 활동 등 무엇이든 온 가족이 참여하면서 가까워질 계기를 마련해 보자. 가족 스크랩북을 만들어 추억을 간직하고 함께 음미할 수도 있고, 가족들이 모두 참여하는 자원봉사 활동을 할 수도 있다. 자원봉사를 하면서 남을 배려하는 마음을 갖게 되면 가족 간에도 배려하게 된다. 가족 간의 끈끈한 사랑과 유대감을 확인하는 계기가 될 것이다. 행복한 가족은 화초나 사진 등으로 가족 모두가 이용하는 공용 공간을 꾸미거나 애완동물을 키우는 경우가 많다고 한다. 자기들 이외의 대상을 돌보면서 그 행복을 늘려 가는 것이다.

가족의 행복도 기다린다고 오진 않는다. 적극적으로 행복을 찾아 나서자. 한순간에 바뀔 순 없어도 막막해질 때마다 행복은 전염성이 강하다는 걸 기억하자.

부모와의 좋은 관계를 위해 시간을 투자하자

나는 사진 한 장을 보고 한참이나 어머니를 떠올린 적이 있다. 이탈리아 남부의 폼페이는 79년 화산이 대폭발해서 2~3미터 두께의 화산재가 시가지를 덮으면서 멸망한 도시다. 18세기에 발굴되었는데 눈물겨운 화석 하나가 나왔다. 그 화석은 오른팔로 아기를 껴안고 죽은 어머니였다. 도시 전체가 화산 용암으로 뒤덮여 아비규환일 때조차 어머니의 목표는 오직 아기를 구하는 일이었던 것이다. 부모의 사랑은 험한 세상을 살아가면서 무엇에도 비할 수 없는 큰 힘이 돼 준다.

사실 나는 살아오면서 부모님에게 물질적으로 특별한 도움을 받은 적이 없다. 우리 부모님은 부모로서 의무인 교육도, 자립할 수 있는 경제적 여건도 만들어 주지 못했다. 원망하려고 하면 충분히 원망할 수도 있었을 것이다. 게다가 어린 시절에는 아버지에게 참 많이 맞으면서 자랐다. 우리 아버지는 자식들에게 무척 엄하셨다. 따뜻한 말 한마디 들을 수 있는 기회는 고작 일 년에 몇 번이었다. 하지만 다른 집 아이들에게는 아주 잘 대해 주셨고, 주변에서는 아버지를 두고 최고의 호인이라고 칭송이 자자했다. 그렇게 엄하시던 아버지가 내가 군에 입대하는 날 충주역까지 배웅을 오셨다. 식당에서 삼겹살을 먹는데 다정하게 고기를 구워서 "많이 먹고 가라."고 말씀하시는 게 아닌가. 그 말을 듣는 순간 눈물이 울컥 솟았다. 나는 한 번도 아버지를 원망하지 않았고 오히려 존경했지만, 어린 나이에 아버지에게 매 맞는 게 좋았겠는가. 더러는 따뜻한 말이 그리울 때도 있었다. 그런데 아버지는 내가 너무 활동적이라서 균형을 잡아 주려고 더 엄하게 대하셨단다. 그때서야 알았다. 돌아가신 지 20년이 넘었지만 지금도 그때를 떠올리면 눈시울이 뜨거워진다.

그나마 위안이 되는 건 30여 년 전, 어려운 형편이었지만 부모님께 동해안 여행을 시켜 드렸다는 것이다. 나는 바쁜 일이 생겨서 아내가 모시고 갔는데 처음이자 마지막으로 비행기를 타 보셨다. 지금도 그때를 생각하면 그렇게 뿌듯할 수가 없다. 부모님은 물질적으로 주신 건 없지만 나를 낳고 키워 주셨다. 그것을 무엇에 비할까? 그래서 나는 우리 부모님이 가장 위대하고 존경스럽다. 당신도 낳아 주셨다는 사실만으로도 부모님을 자랑스럽게 여길 수 있지 않을까.

자식을 사랑하지 않는 부모는 없다. 만약 부모님과의 관계가 껄끄럽다면, 부모님이 손 내밀어 주기를 기다리지 말고 먼저 관계를 바꾸려고 노력해 보자. 부모는 항상 기다린다. 그래서 '줄탁동기(啐啄同機)'라는 말도 있지 않은가? 병아리가 껍질을 깨뜨리고 나오기 위해 껍질 안에서 쪼는 것을 줄이라 하고, 어미 닭이 밖에서 쪼아 깨뜨리는 것을 탁이라고 한다. 두 가지가 동시에 이루어질 때 병아리는 무사히 바깥세상으로 나온다. 그러기 위해서 어미 닭은 기다리면서 조심스럽게 알의 움직임을 쫓는다. 부모는 언제나 자식을 향해서 귀를 기울이고 있다는 말이다. 당신의 부모님이 설사 무관심한 듯 보이고 사랑하지 않는 것처럼 보여도 마음은 그렇지 않다. 부모도 더러 실수하고 화도 낸다. 부모의 사랑을 의심하지는 말라.

　부모와의 관계를 제쳐 두고서는 행복해질 수 없다. 그런데 나이 많은 부모는 대부분 아이들과 어떻게 대화를 해야 하는지 배우지 못한 경우가 많다. 그래서 마음만 있을 뿐 쉽게 대화의 물꼬를 트지 못한다. 당신의 부모님이 괜히 방문을 열어 보고 가신 적은 없는가? 성적을 묻거나 공부를 더 열심히 하라는 둥 이것저것 물어보신 적은 없는가? 잔소리 같아도 실은 관심의 표현이다. 대화의 물꼬를 터 주기만 해도 부모님은 많은 이야기를 풀어내실 것이다. 아니면 하고 싶은 일이나 목표 같은, 당신에게 정말 중요한 이야기를 부모님께 털어놓은 적이 있는가? 아마 자세한 얘기는 한 적이 없을 것이다. 그러면서 부모님이 당신을 이해하지 못한다고 생각해 버린 적은 없는가?

　이제부터는 얘기할 거리가 없다고 생각하지 말자. 당신이 겪고 있거나 생각하는 모든 것을 가족들은 소중하게 생각한다. 가족이나 주변 사람들에게 꿈과 목표에 대해 자주 이야기하는 사람이 더 행복하고 실제 목표를 이룰 확률이 높다고 한다. 아니면 애인이 속 썩인 문제를 털어놓을 수도 있고, 회사에서 좋았던 일도 좋다. 오늘 저녁 메뉴는 뭐가 좋을지 부모님 의견을 묻고 얘기를 나눠 보자. 나는 지금도 매일 아침저녁마다 책상에 앉아 어머니와 대화를 한다. 어머니는 2년 전 세상을 떠나셨지만 천국에서 내 얘기를 다 듣고 계실 것 같고, 이야기를 나누다 보면 위안을 받는다. 부모님이 당신을 이해 못 한다는 선입견을 버리고, 부모님과의 좋은 관계를 인생 목표 1번에 놓고 조금씩 노력해 보자. 그러면 지금까지 도전한 목표 가운데 가장 두렵지만 멋진 일이 될 것이다.

감사 방문을 하자

"문식아. 너는 잘생겼어. 신익희 선생을 닮았다." 어머니는 내가 어릴 때 항상 이런 말씀을 하셨다. 그래서 어머니가 나를 등에 업고 밖에 나가면 마을 사람들 역시 한결같이 "그놈 참 잘생겼다. 어쩌면 그렇게 신익희 선생을 꼭 닮았니?"라고 했단다. 어린 마음에 나는 일단 내가 잘생겼다는 착각을 하게 되었고, 신익희 선생 얘기가 나오면 귀를 쫑긋하고 관심을 갖게 되었다. 신익희 선생은 임시정부 초창기부터 항일투쟁을 펼친 독립 운동가이자, 제3대 대통령 후보였다. 당시 신익희 선생이 선거유세를 하면 그분을 보려고 한강변에 30만 인파가 몰렸다고 한다. 그런 분을 닮았다는데, 내가 어디 가서 기죽을 순 없지 않은가? 어머니의 이 한마디가 지금껏 어디를 가도 기죽지 않고 당당하게 행동하게 만들어 주었다. 그것이 내가 가난과 초등학교 학력에도 불구하고 당당할 수 있었던 이유였다.

당신은 부모님에게 감사하다는 말을 해본 적이 있는가? 감사 방문을 위해 눈을 감고 내 인생에서 감사한 사람의 얼굴을 떠올렸을 때 제일 먼저 떠오른 얼굴이 어머니였다. 명절이 되어 시골에 내려가면 "누구는 괴동(고등)학교 나왔디야." 하시면서 아들이 공부하지 못한 걸 항상 안타까워하셨는데, 내가 박사가 되는 것까지 지켜보았더라면 참 좋아하셨을 것이다. 어머니가 세상에는 계시지 않지만 감사 편지를 썼다. "문식아. 너는 잘생겼어. 신익희 선생을 닮았다."라는 그 말씀이 오늘의 나를 만들었다는 사실을 적었다. 그리고 뒤늦게나마 감사하다는 말씀과 더 노력해서 사회에도 기여하겠다는 다짐, 어머니 없는 세상에서 내가 살아가며 이룩한 일들을 다음에 천국에서 만나면 다 들려 드리겠노라는 약속도 했다. 긴 감사 편지를 써서 어머니 영정을 모시고 있는 충주로 내려가는 길은 마음이 복잡했다.

세상 일 가운데는 때를 놓치면 결코 할 수 없는 것들이 있다. 부모님과의 관계도 그중 하나다. 언제까지 부모님이 곁에 계실 것 같지만 당신이 나이를 먹어 가는 것처럼 부모님도 늙는다. 나중으로 미루다 나처럼 후회하지 말고 지금 감사한 마음을 전해 보자. 가족은 가장 가까운 관계지만 그래서 더 마음을 표현하는 데 서툴다. 하지만 내가 아버지가 되고 보니, 비록 빈말이라도 우리 아이들이 아버지를 가장 존경한다는 말을 할 때, 아빠는 나의 모든 것이라고 말할 때, 세상을 다 얻은 것처럼 그렇게 기분이 좋을 수가 없다.

부모님께 감사 방문을 해보자. 처음에는 어색하고 쑥스럽겠지만 용기를 내보자. 편지를 써 내려가는 동안 분명 고맙고 감사했던 일들이 다시금 떠오를 것이다. 당신이 아플 때 밤새 간호를 해 준 적도 있을 것이고, 당신이 어떤 실패를 했을 때 가장 마음 아파한 사람도 부모님일 것이고, 당신이 지금 공부할 수 있는 이유도 부모님 덕분일 것이다. 돌이켜 보면 당신이 혼자라고 느낀 순간에도 언제나 등 뒤에서 지탱해 주었을 것이다. 힘들 때 부모님이 해 주셨던 말, 고맙게 생각되는 일, 그때 당신의 기분이나 느낌까지 구체적으로 적어 보자. 그 시간마저도 당신은 행복할 것이다.

그다음 진심으로 감사한 마음을 담아 편지를 쓴 다음 퇴근해서 부모님을 찾아뵙거나 깜작 이벤트를 벌여 보자. 당신이 상상하는 이상으로 훨씬 기뻐하실 것이다. 그리고 감사 방문을 통해 당신은 더 행복해지고, 부모님과의 관계도 분명 예전 같지 않을 것이다. 혹시라도 나처럼 부모님 생전에 미처 감사함을 전하지 못한 사람이라면, 산소에 가서라도 그 마음을 꼭 전해 보기 바란다. 분명 흐뭇하게 웃으실 것이다.

사랑하는 법을 배우자

가족만큼 사연이 많은 사이도 참 드물 것이다. 재산을 둘러싼 형제간의 다툼, 치매에 걸린 늙고 병든 부모를 서로 모시라고 등 떠미는 형제간의 다툼, 알코올의존증이나 폭력을 행사하는 아버지와 자식의 다툼, 다른 집 자식들과 끝없이 비교하는 부모 때문에 상처받은 자식까지……. 가족만큼 사연이 많고 인내가 필요한 사이도 없다. 싫은 사람, 다시는 보기 싫은 사람이라면 안 만나면 그만이지만, 가족은 태어나서 늙고 병들어 가는 모든 과정을 어쩔 수 없이 함께해야 하는 사람들이다.

많은 사람들이 바꾸고 싶어 하면서도 사랑하는 사람들에게 계속해서 상처를 주면서 살아간다. 가족은 가장 가까운 관계라서 더 상처받을 일도 많은 게 현실이다. 뜻 없이 내뱉는 사소한 말 한마디부터 부모의 이혼, 강압적이고 가족들 위에 군림하려는 아버지, 비단 도저히 용서 못 할 어떤 경험 때문이 아니어도 부모에 대한 원망을 가질 수가 있다. 당신은 둘러싼 환경이 만족스럽지 못해서, 혹은 충분한 사랑을 받지 못해서 부모를 원망해 본 적이 있는가? 아니면 항상 당신보다 칭찬받고 공부도 잘해서 부모에게 비교의 대상이 되었던 형제자매에게 질투심을 느끼다 원망해 본 적이 있는가?

그래서 가족 간에도 용서가 필요하다. 가장 가까운 사람들과의 관계를 제대로 치유하지 못한다면 삶에 어떤 변화가 있든, 무엇을 하든 다 부질 없다. 당신은 거울에 비친 모습을 바꾸려고 노력하는 사람이 있다면 어떤 생각이 들겠는가? 아마 어리석다고 여길 것이다. 가족과의 관계를 치유하려는 노력은 제쳐 두고 삶의 어떤 모습을 바꾸려고 노력하는 건 거울에 비친 자기 모습을 바꾸려고 노력하는 것과 다를 바가 없다.

나도 가끔은 의도하지 않게 아이들에게 상처를 입힐 때가 있다. 언제나 좋은 부모가 되고 싶고, 매 순간 옳은 판단을 하려고 하지만 돌아서서 후회하는 때가 있다. 그렇게 하지 말았어야 했는데 하고 반성하는 때도 많다. 부모에게 사랑을 받기만 하던 한 사람이 부모가 되어 사랑을 주는 입장이 되었을 때 겪게 되는 시행착오들이다. 물론 내가 저지른 실수에 대해서는 아이들에게 솔직하게 사과하고, 사과로 안 되는 건 용서를 구하기도 한다. 하지만 부모를 용서하는 자식은 드물다. 부모는 자식의 어떤 허물도 용서하는데, 자식은 부모를 자기 잣대로 판단해서 용서하지 못하는 경우가 많다.

당신은 가족 간에 가장 필요한 게 무엇이라고 생각하는가? 앞서 말한 대로 가족이야말로 가장 큰 인내가 필요한 대상이고, 가장 큰 희생과 무조건적인 용서의 대상이라고 생각하는가? 많은 사람들이 그렇게 생각한다. 하지만 당신이 가족을 용서해야 하는 이유는 가족이기 때문이 아니다. 가족은, 사랑하는 사람을 올바로 사랑하는 방법을 배울 수 있게 해 주는 사람들이기 때문이다. 가족처럼 소중한 사람들을 제대로 사랑하지 못한다면 어떻게 다른 사람을 사랑할 수 있겠는가? 당신이 가족을 통해 배워야 하는 건 올바로 사랑하는 방법이다. 그래서 가족을 이해하려는 노력보다 더 중요한 게 사랑하려는 노력이다. 인간은 서로 완벽하게 이해할 순 없다. 그래도 서로 사랑할 수는 있는 존재다.

행복 프로젝트 2
정서

_____ 정서적 현금

● 　만약 당신이 애인을 만나러 차를 몰고 가는 상황인데 길가에 할머니가 쓰러져 있고, 지나가던 한 남자가 할머니를 도와주려고 애쓰고 있는 모습을 발견했다면 어떻게 하겠는가? 애인과의 약속시간은 촉박하고 비까지 오고 있는 상황이라면? 당신은 그냥 지나치겠는가? 할머니를 모시고 병원으로 가겠는가? 아니면 또 다른 행동을 했겠는가? 이 질문은 몇 년 전 한 대기업 면접장에서 나온 질문이다. 아마 대부분은 두 가지 상황을 놓고 갈등할 것이다. 그런데 한 청년의 대답을 듣고 면접관들이 아주 흐뭇해했다. 본인 차 키를 남자에게 줘서 할머니를 병원에 모시고 가게 하고, 자기는 비를 맞고 애인에게 달려가겠다는 것이다. 당신의 답과 비슷한가? 이게 무엇을 의미한다고 생각하는가? 단순히 창의성과 유연한 사고?

청년은 본인과 애인, 할머니, 도움을 주려는 행인까지 모두 만족할 수 있는 방법을 찾아냈다. 많은 사람들이 어떤 상황에 부닥치면 본인을 기준으로 더 나은 것과 나쁜 것을 판단하지만, 이제는 더 많은 사람이 함께 이득을 볼 수 있는 윈윈 전략이 필요해졌다. 행복도 마찬가지다. 당신이 좋은 직장을 얻고, 좋은 배우자를 만나고, 좋은 친구를 얻었을 때처럼 살아가면서 경험하는 긍정적 경험들에 의해 생기는 긍정적 정서 덕분에 행복을 느낀다. 그러면 당신은 그 좋은 기분으로 무엇을 하겠는가? 당신이 친구에게 뭔가를 선물해 준 적이 있다면 기분이 좋을 때였을 것이다. 부정적인 감정에 휩싸여 있을 때는 다른 사람을 신경 쓸 겨를이 없다. 자기 문제와 감정에 빠져 그걸 해결하기도 벅차기 때문이다. 이것이 긍정적 정서가 실제로 가진 힘이다. 당신이 좋은 기분을 갖게 되면 그걸 다른 사람을 위해 사용하고 싶어진다는 것이다.

그래서 긍정적 정서는 삶을 윤택하게 만들어 준다. 긍정적 정서가 많은 사람은 본인뿐만 아니라 가까운 사람들, 심지어는 모르는 사람들에게도 관심을 갖는다. 이것이야말로 행복의 목적이다. 행복은 소비되는 것이다. 자신을 위해서든, 타인을 위해서든 행복은 자꾸 사용하고 싶어지고 사용해야 한다. 퍼 주면서 더욱 행복해지는 것, 그게 행복의 미덕이다. 그래서 『긍정심리학 코칭기술』의 저자인 로버트 디너는 긍정적 정서를 '정서적 현금'이라고 했다. 행복한 기분을 얻기도 하고, 다른 사람을 위해 쓰기도 하면서 화폐처럼 사용할 수 있다는 것이다. 당신의 정서적 현금은 얼마나 두둑한가? 또 그것을 얼마나 제대로 사용하고 있는가?

일상에서 행복을 소비한다면 삶의 상승 효과를 낼 수 있고 하고자 하는 일을 이룰 수도 있다. 행복은 혼자 방 안에 앉아서 "나는 행복하다."고 반복해서 외우는 주문이 아니다. 내가 원하는 것들을 얻으면서 만족과 기쁨의 정서를 느끼고, 그 정서를 나누기도 하면서 완성되어 간다. 그래서 행복은 유동적이다. 많은 사람들이 행복이 정서적 결승선이라고 여기는 것도 그 때문이다. 당신이 긍정적 정서를 많이 느낄수록 삶은 정체되어 있을 시간이 없다. 언제나 끊임없이 움직이고 변화하고 활력으로 넘치면서 다른 사람들에게 그

긍정적 정서의 이점[32]

1. 이직률이 감소한다.
2. 고객 서비스에 대한 평가가 좋아진다.
3. 관리자의 평가가 좋아진다.
4. 정서적 피로가 감소한다.
5. 직무 만족도가 높아진다.
6. 시민 조직 행동이 좋아진다.
7. 결근 일수가 감소한다.
8. 응급실과 병원을 찾는 횟수가 감소한다.
9. 사교 모임에 더 자주 참여한다.
10. 자원봉사를 더 많이 한다.
11. 더욱 다정하고 더욱 확신에 차 있고 더욱 자신만만하다는 인상을 준다.
12. 연봉이 오른다.
13. 더 오래 산다.
14. 치명적인 교통사고 발생률이 감소한다.
15. 알코올이나 그 밖의 약물 남용 발생률이 감소한다.
16. 질병 또는 부상에서 더 빨리 회복된다.
17. 임금을 올려 줄 가치가 있다는 평가를 받을 가능성이 더 많다.
18. 창의적이라는 평을 들을 가능성이 더 많다.
19. 협력을 통해 갈등을 해결할 가능성이 더 많다.
20. 의욕이 증가한다.
21. 의사 결정 효율성이 높아진다.
22. 창의적 사고가 증가한다.
23. 타인에 대해 더욱 포괄적으로 사고한다.

에너지를 나눠 줄 수밖에 없다. 로버트 B. 디너가 소냐 류보머스키와 로라 킹, 에드 디너의 연구를 소개한 내용을 보면 긍정적 정서가 가진 이점은 일일이 나열하기 어려울 정도다.

이처럼 긍정적 정서는 어마어마한 자산이다. 부정적 정서가 고인 물이라면 긍정적 정서는 흐르는 물이다. 고인 물은 언젠가 썩기 마련이다. 하지만 흐르는 물은 얼마나 신선한가. 당신의 삶을 긍정적 정서로 채울 방법을 찾아야 한다. 그 방법이 2부에서 소개한 13가지 행복 연습이었다.

과거의 긍정적 정서

● 당신은 과거에 만족하는 편인가? 아니면 고통스럽거나 괴로워하는 편인가? 행복한 삶을 살고 싶다면 상처와 원망으로 얼룩진 과거를 내팽개쳐 둬선 안 된다. 흘러가 버린 물처럼 이미 지나가 버린 과거를 어떻게 바꿀 수 있느냐고 생각하는가? 물론 당신이 경험했던 일이나 과거 자체를 바꿀 순 없다. 어린 시절 부모의 이혼 때문에 얻은 상처, 충분히 사랑을 느끼지 못했던 학창시절, 매사에 소심하고 부끄러워서 회상할 때마다 자신감을 다운시키는 경험들까지. 과거가 만족스럽지 못한 경험들로 가득할 수도 있다. 하지만 그 과거를 바라보는 관점은 바꿀 수 있다.

과거의 삶을 있는 그대로 수용하고 감사하는 것이다. 그러면 만족감과 흡족감, 성취감, 자부심, 안도감, 평정 등의 긍정적 정서를 느낄 수 있고, 과거는 지금보다 한층 만족스럽게 다가온다. 감사와 용서를 통해 과거에 대한 부정적 정서를 긍정적 정서로 전환시키는 것이다. 그래야 행복해질 수 있다. 떠올리기 싫은 과거를 어두운 골방에 묻어 두며 회피하지 말고 과거로 돌아가 정직하게 들여다보자. 그러면 살짝 손만 닿아도 아프고 고통스럽던 기억들이 조금씩 상처가 아물면서 소중한 추억이 될지도 모를 일이다.

마음속 돌멩이를 빼내자

만약 당신이 작은 돌멩이가 들어 있는 신발을 신고 걸어야 한다면 어떻겠는가? 아마도 걸을 때마다 발바닥이 아프고 나중에는 아예 한쪽 발을 들고 깡충거리며 뛰어야 할지도 모른다. 달릴 수도 없고, 운동을 하기도 힘들 것이다. 상처와 고통도 마찬가지다. 고통은 사람들을 자기 속으로 숨어들게 하고 세상을 삐딱하게 보게 한다. 웰 다잉(well dying) 전문가인 아이라 바이오크는 그 고통에 대해서 "도저히 뺄 수 없는 돌멩이가 신발 한 짝 안에 박혀 있는 것"이라고 했다. 아주 하찮아 보이는 돌멩이처럼, 살짝만 다쳐도 맺고 있는 인간관계와 사회생활이 달라져 버린다. 당신은 겉보기에 냉정해 보이고 이해할 수 없는 행동을 하는 사람들을 보면 무슨 생각이 드는가? 아니면 당신도 자기도 모르게 그런 행동을 했던 적은 없었는가? 그 사람들 중에는 고통을 숨기려고 속내와 다르게 행동하는 사람이 많다. 남에게 상처를 입히는 사람도 마찬가지다. 일부러 의도하지 않는 대다수의 사람들이 실은 내면의 고통을 어떻게 다스려야 하는지 몰라서 엉뚱한 행동으로 표출한다.

당신의 마음속에도 작은 돌멩이가 있는가? 몸을 움직일 때마다 쓰라린 기억을 불러오고 스스로 이해 못 할 행동을 하게 만드는 상처와 고통이 있는가? 누군가를 용서하지 못하는 사람들 대다수가 마음속에 돌멩이를 얹고 산다. 아니면 혹시 스스로를 용서하지 못할 때가 있는가? 어쩌면 누군가 무심결에 저지른 실수를 용서하긴 쉽다. 아예 작정하고 나에게 상처를 준 사람은 좀 더 큰 용기가 필요하겠지만 그래도 마음만 먹으면 용서할 수 있다. 다른 사람을 용서하는 것보다 자신을 용서하는 게 더 어려운 사람도 있다. 당신이 스스로를 용서할 수 없다고 느낀다면 그 이유를 생각해 보자. 당신이 저지른 실수, 주야장천 실패만 했던 모습, 혹은 가벼운 언행 때문에 다른 사람에게 상처를 입히고 관계를 깨뜨려 버린 일. 당신은 왜 자신을 용서하지 못하는가? 당신이 불완전한 사람이라는 사실을 못 받아들이는 건 아닌가?

　용서하려면 먼저 누구나 완전한 사람이 아니라는 걸 받아들여야 한다. 당신이 유한한 존재이고 인간임을 허락해야 한다. 당신은 본인이 저지른 실수 때문에 책망하고 자책하는가? 무책임하게 행동하고 상처를 준 일 때문에 스스로를 원망하는가? 누구나 한계가 있기 때문에 실수하는 것이다. 그건 당신과 나, 당신에게 상처를 준 사람도 마찬가지다. 나도 완벽한 사람이 아니다. 초라하고 부족한 모습이 있다. 하지만 그것조차 내 모습이라고 인정하기 때문에 더 나아지기 위해 노력할 수 있는 것이다. 당신이 부족하고 어두운 모습을 인정하고 받아들이지 않는다면 당신은 평생 동안 그 모습에 이끌려 다닐 수밖에 없다. 자신을 어루만지고 용서할 수 있어야 거기에 또 다른 나를 채워 넣을 수 있다. 또 완벽하지 않기 때문에 누군가를 용서할 수도 있는 것이다.

　아니면 당신은 어떻게 죄를 덮고 넘어가느냐고 생각하는가? 사람들이 '용서'와 '면죄'를 혼동하는데, 용서는 죄를 덮고 넘어가는 게 아니다. 과거를 있는 그대로 받아들이되, 현재를 보듬고 미래를 향해 가는 것이다. 물론 용서를 베풀고 용서를 구하는 일은 어렵다. 용서한다는 게 패배처럼 느껴질 때도 있고 희생이나 인내를 요구하는 것처럼 느껴질 때도 있다. 당신이 스스로를 용서하지 못하거나, 냉대받고 상처받은 기억 때문에 울분에 차 있다면 가장 피해를 보는 게 누구라고 생각하는가? 당신에게 상처를 입힌 사람? 절대 아니다. 바로 당신, 그리고 현재 당신과 가까운 사람들이다. 과거의 상처에 묶여 있다 보면 당신을 사랑하려고 노력하는 사람들을 오히려 서먹하게 여기고 의심하고 말 것이다. 정작 고통을 받는 건 엉뚱하게도 당신을 돌봐 주고 당신이 사랑하는 사람들이란 사실이다.

시간을 갖고 생각해 보자. 더 중요한 건 용서가 상처로 얼룩진 관계를 봉합해서 평화를 찾게 해 준다는 사실이다. 당신이 상처를 준 누군가를 용서해야 한다면 그게 무슨 의미겠는가? 반대로 당신이 누군가에게 용서를 구해야 한다면 그게 무슨 의미이겠는가? 둘 다 그 사람과 관계를 지속해 나가겠다는 의미다. 그 사람을 잃고 싶지 않다는 것이다. 그만한 용기가 있겠는가? 그게 사랑이 아니고 무엇이겠는가? 그래서 용서는 당신이 충만한 삶을 누릴 수 있게 해 준다.

과감하게 "그만하면 됐어!"라고 말해 보자. 스스로를 용서하지 않거나 누군가를 미워하면서 사는 건 평생 마음의 장애를 안고 살아가는 것이나 다를 바 없다. 그것을 어떻게 신발 안의 작은 돌멩이에 비교하겠는가? 고통스러운 과거를 연민의 눈으로 바라보고 원인이 무엇인지 있는 그대로 바라보자. 과거를 부정하는 게 아니라 수용할 수 있을 때 당신의 권리인 사랑을 되찾을 수 있다. 당신의 마음속 돌멩이를 빼낼 수 있는 사람은 자신밖에는 아무도 없다는 사실을 기억하자.

감사하자

당신 과거와 당신 자신을 용서했는가? 이제 감사한 일들을 채울 차례다.

혹시 아직도 당신에게는 감사할 일이 없다고 생각하는가? 당신이 지난 일주일 동안 했던 말 가운데 가장 많이 한 말이 무엇인지 잠시 생각해 보자. 혹시 "짜증 나!"라는 말은 아니었는가? 일주일 내내 머피의 법칙처럼 엉키고 헝클어진 일투성이였는가? 그렇다면 당신은 감옥과 수도원의 차이가 어디에 있다고 생각하는가? 마쓰시타 고노스케 회장의 말을 빌리면 감옥과 수도원의 차이는 불평하느냐 감사하느냐에 달려 있다. 지옥 같은 당신의 과거를 수도원처럼 고요하고 평화롭게 만드는 길이 감사에 있다는 것이다. 오늘 하루 동안 당신에게 감사한 일을 떠올려 보자. 일요일 아침에 느긋하게 늦잠을 잘 수 있는 것, 가족들과 함께 할 수 있는 식탁, 당신에게 사랑스러운 아이가 있다는 것, 부모님이 계시다는 것, 심심하고 무료할 때 불러낼 친구가 있다는 것, 좋은 다큐멘터리 한 편을 보면서 새로운 세계를 접한 것⋯⋯. 당신에게는 사소한 이 모든 것들이 누군가에는 간절한 일일 수도 있다. 당신이 일과 육아를 병행해야 하는 엄마라서 스트레스를 받고 불평할 때 엄마라는 이름이 간절한 사람도 있다. 그런데 당신은 이미 그것들을 누리고 있지 않은가?

당신이 얻지 못한 것, 당신에게 부족한 것들을 생각하는 대신 당신에게 주어진 축복들을 떠올려 보자. 매사에 감사할 줄 아는 사람은 삶에 만족하고 행복해한다. 그들이 큰 것을 얻었기 때문이라고 생각하는가? 그렇진 않다. 작고 사소한 것에서 감사함을 찾을 수 있어야 행복과 만난다. 감사에 익숙하지 않은 사람들이 불평과 불만, 원망을 입에 달고 사는 것도 지나치게 큰 것만 바라보기 때문이다. 감사하기로 마음만 먹으면 감사할 일투성이다. 마땅하고 당연하게 여기는 마음을 감사로 돌리면 되는 것이다. 그러면 분명 이전보다 더 만족스러움을 느낄 수 있다. 심지어 미국 캘리포니아 대학교 에먼스 박사에 의하면 본인에게 일어난 감사한 일 외에도, 신문이나 주간지에서 고마운 것들을 찾아 기록하는 사람은 생활이 즐거워지고 건강이 좋아지며 스트레스도 덜 받는다고 한다. 또 매사에 긍정적으로 생각하고 남을 돕는 데도 적극적이라고 한다. 그게 감사의 미덕이다. 감사는 사람의 마음을 움직이고 열어 주는 힘이 있다.

  감사 연습을 하는 데는 시간이 많이 들지 않는다. 매일 밤 잠들기 전에 5분 정도 감사 시간을 마련해서 그날 하루 일 가운데 감사했던 일 세 가지 정도를 적어 보자. 아니면 감사 연습은 얼마든지 각자에 맞게 수정해서 활용할 수 있다. 감사한 일을 찾는 게 본인과 잘 맞지 않는다면, 행복 연습에서 살펴본 것처럼 잘 해낸 일에 초점을 맞추고 하루 동안 잘 풀린 일을 전부 떠올려 보자. 다음 질문을 던져 보자. 직장이나 학교에서 오늘 일을 가장 잘한 사람은 누구인가? 위기에 잘 대처한 사람은 누구인가? 누가 솔선수범했는가? 지지해 준 사람은 누구인가? 그들의 공로를 얼마나 인정해 주었는가? 이렇게 잘 풀린 일을 생각할 때 어떤 느낌이 드는가? 그 일에 실제로 고마움을 표현하면 어떤 느낌이 들까? 질문에 하나씩 답하다 보면 무심히 지나가고 말았을 하루가 커다란 의미로 다가올 것이다. 그러면 전에는 보지 못했던 삶의 기쁨이 보이기 시작할 것이다.

현재의 긍정적 정서

- 당신은 가장 최근에 기쁨을 느꼈던 적이 언제인가? 어릴 때는 어린

이날, 크리스마스, 생일, 성적 오른 날, 외식하는 날, 친구와의 대화 속에서도 기쁨을 찾기 쉬웠는데 어른으로 성장할수록 행복하다는 느낌을 받기가 어렵다. 왜 그럴까.

기쁨은 현재에 느낄 수 있는 대표적인 긍정적 정서다. 기쁨 외에도, 황홀, 전율, 환희, 열광, 희열, 반가움, 유쾌함, 즐거움, 재미, 활기 몰입 등 우리가 느낄 수 있는 정신적 쾌락은 무수히 많다. 여기에 쾌락과는 전혀 다른 만족까지가 현재의 긍정적 정서다. 쾌락보다는 만족을 키우는 데 집중해야 한다. 진정한 만족은 운동이나 춤추기 등 어떤 일에 완전히 푹 빠지는 몰입을 통해 얻을 수 있다. '지금 이 순간'의 체험에 대한 적극적 참여와 몰입을 통해 유쾌함과 즐거움 등 현재의 긍정적 정서를 높여 보자. 그것이 지금 이 순간을 행복하게 즐길 수 있는 방법이다.

기쁨을 선물하자

나는 양주를 한 병 정도 마시고 담배는 하루에 4갑을 피우고 인스턴트커피는 6~7잔을 마셨다. 술과 담배는 20년 전에 끊고 커피는 8년 전에 끊었다. 다 건강을 위해서였다. 하루에 담배를 4갑 피우면 어떤 상태가 될 것이라고 생각하는가? 저녁에 자려면 정신이 몽롱하고 머리가 띵한데다 아침에 일어나면 가래가 심하게 끓고 목이 잠긴다. 그래도 담배가 피우고 싶다. 이쯤 되면 중독이다. 이대로 가다가는 내 몸에 심각한 문제가 올지도 모른다는 신호도 들리는 것 같았다.

내가 담배를 많이 피우게 된 계기가 있다. 나는 운동을 좋아하는데 뭐든 한번 하면 깊이 빠지는 스타일이다. 볼링도, 골프도 짧은 시간에 선수가 되었고 프로 자격증까지 땄다. 지금은 볼링이 스포츠로 분류되지만 1970~1980

년대에는 그렇지 못했다. 그래서 흡연이 자유로웠다. 그 안에서 크고 작은 내기를 했는데, 액수와 규모가 올라가다 보면 긴장을 하게 된다. 긴장 완화 수단으로 담배를 피우다 보니 하루 4갑이라는 얼토당토않은 숫자가 나온 것이다. 그러다 정말 우연한 계기로 끊었다. 어느 날 저녁 담배 연기 때문에 아내와 사소한 말다툼을 한 끝에 대단한 각오도 없이 끊어 버린 것이다. "담배 끊으면 될 것 아니야!" 그래서 형님들이 나에게 붙여 준 별명도 독종이다. 지금 생각해도 내 인생에 가장 잘한 것 중 하나가 금연이다. 그렇지 않고 지금까지 하루에 4갑씩 담배를 피웠다면 어떻게 됐겠는가?

기쁨 같은 쾌락도 사실은 비슷하다. 당신이 기쁨이나 환희를 느끼는 어떤 일을 오랫동안 하지 않는다면 어떻겠는가? 내가 머리가 몽롱해지면서도 담배를 피우고 싶었던 것처럼, 쾌락을 느끼는 일을 멈췄을 때 그 일이 하고 싶다는 열망이 들면 중독의 위기에 처한 것이다. 쾌락은 분명 어느 정도는 행복지수를 높여 준다. 그런데 문제는 이게 반복되다 보면 자극에 무뎌지면서 더 강한 자극이 필요해지고 나중에는 마치 약물중독처럼 돼 버린다는 것이다. 부자와 가난한 사람의 행복도가 크게 차이가 나지 않는 것도 그 때문이다. 어느 순간 아주 당연한 것처럼 여기면서 적응해 버린다. 행복을 가로막는 장벽인 셈이다.

중독을 피하고 쾌락의 늪에 빠지지 않을 방법이 아주 없는 건 아니다. 당신이 어떤 일에 쾌락을 느낄 때가 있다면 얼마나 자주 그 일을 하는지 떠올려 보자. 초콜릿을 좋아하는 사람은 손에서 초콜릿이 떠나지 않고, 커피를 좋아하는 사람은 입에 달고 살 것이다. 그래서 기쁨이나 환희 등 쾌락을 누릴 수 있는 일들을 최대한 누리되, 그 간격을 넓히는 것이다. 커피를 마실 때도 나처럼 하루에 6~7잔을 마시는 게 아니라 하루에 1~2잔으로 줄이거나 하루를 건너뛰는 등 간격을 넓혀 보자. 그러면 다음번에 커피를 마실 때 그 맛이 더욱 좋을 수밖에 없다. 조금만 현명해지면 커피 한 잔을 통해서도 이전보다 더 많은 여유와 평안함을 누릴 수 있다. 쾌락의 질을 향상시키는 것이다.

만약 금단현상처럼 그 일이 몹시 하고 싶어지면? 바로 그 순간에 기쁨을 선물해 보자. 애인과 배우자, 동료에게 본인이 마시고 싶은 커피를 대신 건넨다든가, 퇴근길에 장미꽃 한 송이를 사 들고 가 보자. 동료의 책상이 허전하거나 삭막해 보이진 않는가? 그렇다면 내일 아침 작은 화병 하나를 놓아 보자. 처음에는 어리둥절해하다 기뻐할 동료의 얼굴이 상상이 가는가? 이게 쾌락을 잘 사용하는 방법이다. 본인 기쁨도 누리면서 다른 사람에게 기쁨을 선사하다 보면 어느 순간 더 행복해하고 있는 자신을 발견할 것이다.

좋은 경험과 기억을 구매하자

당신은 기분이 가라앉을 때 어떤 방법으로 기분을 전환하는가? 많은 사람들이 쇼핑을 통해 기분을 전환한다. 특히 여성들은 우울한 기분에 평소에는 엄두도 못 내던 거금을 본인을 위해 쓰기도 한다. 아마 뜨끔한 사람이 있을 것이다. 하지만 좋은 기분은 금세 사라지고 대개는 다음 달에 메워야 할 카드 값을 바라보면서 후회하기 마련이다. 쇼핑으로 기분을 전환하는 건 그다지 좋은 방법이 아니다.

하지만 얼마든지 돈으로도 좋은 기분을 느낄 수 있다. 돈으로 행복을 살 수 있는 방법이라? 당신이 돈을 쓰면서 기분이 어떻게 달랐는지 떠올려 보자. 살다 보면 의례적으로 돈을 써야 할 때가 있다. 대표적인 것이 경조사비다. 그럴 때 당신은 행복을 느꼈는가? 어쩔 수 없이, 예의상 돈을 내고 나서도 아깝다는 생각이 들 때가 있었을 것이다. 하지만 재미있는 놀이공원에 가서 돈을 쓸 때는 어땠는가? 의례적으로 돈을 써야 할 때보다는 더 행복했을 것이다. 그렇다면 이번에는 당신이 주로 언제 지갑을 여는지 떠올려 보자. 당신은 본인에게 필요한 쇼핑을 하는 데 돈을 많이 쓰는 편인가? 아니면 가족과 친구들의 선물을 사거나 함께 영화를 볼 때 많이 쓰는 편인가? 당신이 후자라면 현명하게 돈을 쓰고 있는 것이다. 본인에게 돈을 쓰는 사람보다는 다른 사람들에게 돈을 쓰는 사람이 더 행복하다. 미국인 600명을 대상으로 실험한 결과를 보면 하루 5달러 정도만 다른 사람을 위해 써도 행복도가 크게 높아진다고 한다. 그래서 브리티시컬럼비아 대학교의 심리학자인 엘리자베스 던은 각자의 수입이 얼마인지와 행복도에는 차이가 없다고 한다. 수입에 상관없이 다른 사람을 위해 돈을 쓴 사람이 행복도가 높아지고, 본인을 위해 돈을 더 많이 쓴 사람은 그렇지 않다는 것이다.

돈을 어디에 쓰는지에 따라서도 행복지수가 달라진다. 그래서 부자들 가운데서도 축적한 부를 자선 행위를 통해 기꺼이 사회에 환원하는 사람들이 있다. 버핏 회장은 1퍼센트 대 99퍼센트의 행복론을 소개하기도 했다. 부자인 자신은 갖고 있는 주식 1퍼센트 이상을 쓴다고 해도 행복과 삶의 질이 높아지지 않겠지만, 나머지 99퍼센트는 다른 사람들의 건강과 삶의 질에 엄청난 영향을 줄 수 있다는 게 그의 행복론이다. "기부는 특권이며 행복"이라 했다. 일반 사람들은 기부가 멀게 느껴질 수도 있다. 하지만 얼마든지 주변 사람들과 함께 행복해질 수 있다. 이제부터는 5,000~6,000원 정도의 돈을 다른 사람을 위해 써 보자. 아는 사람, 서먹한 사람을 위해 자판기 커피 한 잔이나 과자 조각을 나누는 것으로도 삶은 보다 풍요롭고 행복해진다.

그렇다면 당신은 다른 사람에게 선물을 사 주는 것과 영화를 보는 것 가운데서 어느 쪽이 더 행복할 것이라고 생각하는가? 만약 당신이 영화 보기를 선택했다면 더욱 현명하게 돈을 쓸 줄 아는 사람이다. 돈을 쓰면서 행복해지는 가장 좋은 방법은 자신보다 타인을 위해 쓰되, 가족들과 외식을 하거나 휴가를 떠나는 등 '경험'을 위해 쓰는 것이다. 본인의 행복은 물론, 가족과 친구 등 다른 사람들의 행복 수준도 높여 준다. 함께 행복해지는 것만큼 좋은 건 없다. 콜로라도 대학교 연구진은 물질적인 소유물보다는 인생 경험에 투자했을 때 기쁨과 만족감을 더 오랫동안 느낀다는 사실을 알아냈다.

새로운 물건이 주는 기쁨은 순간이다. 물건은 시간이 지날수록 낡거나 망가진다. 하지만 경험은 마음속에서 추억이라는 이름으로 오랫동안 남아 있다. 친구들과 영화를 보거나 여행을 계획했다면 그 일을 기다리면서 마음이 설레고 기대감을 가질 것이다. 또 그날의 실제 경험은 당신을 즐겁게 할 것이고, 그 기쁨이 클수록 오랫동안 생각나면서 행복한 기억에 젖을 것이다. 경험과 기억을 구매하는 데 돈을 써 보자. 그리고 나중에 그 경험을 기쁘게 기억할 수 있도록 기념물을 함께 나누거나 사진으로 남겨 두자. 책상 한편에 기념물이나 사진을 놓아두고서 틈틈이 그 순간을 음미해 보는 것이다. 돈은 버는 것보다 쓰는 게 어렵다고 하는데, 좋은 기억을 두고두고 음미하는 것보다 돈을 더 잘 쓰는 방법도 없는 것 같다. 콜로라도 대학교의 리프 밴 보벤의 말을 빌리면 인간은 경험을 통해 개인의 정체성이 만들어지고 성공적인 사회적 관계를 맺는 데도 도움이 된다. 소유물은 항상 그곳에 존재하기 때문에 소유물과 일체감을 느끼거나 자부심을 느끼기 어렵지만 경험은 곧바로 당신의 일부가 된다.

기쁨 목록을 작성하자

오늘 하루 동안 당신에게 일어난 사소하지만 좋은 일들을 잠깐 생각해 보

자. 누구나 일상생활에서 수시로 경험하는 사소한 것들이 실은 행복감을 느낄 수 있는 간단한 방법이다. 당신은 미처 생각지 못했는가? 하지만 다른 사람들은 이미 이런 경험들을 통해 행복을 느끼고 있다. 행복이 무엇을 이루고 성취한 자체가 아니라 정서라는 말을 기억하는가? 당신이 경험하는 긍정적인 일들 덕분에 좋은 감정이 생기고 그것으로 인해 행복을 느낀다. 많은 사람들이 행복을 멀리에서 찾지만 행복은 아주 가까이에 있다. 이 방법은 캐롤라인 애덤스 밀러와 밀러 B. 프리슈 박사[33]가 개발한 것으로 누구나 쉽게 따라해 볼 수 있다. 예를 들어 보자.

- 아침식사를 만들어 쟁반에 올린 다음 사랑하는 사람에게 가져다준다.
- 작은 간식거리를 1,000원짜리 지폐로 감싼 뒤, 무료급식 장소나 쉼터로 가서 마주치는 노숙자에게 모두 나눠 준다.
- 길을 건너는 노인이 있으면 그들과 똑같은 속도로 걸어서 그들 때문에 다른 사람의 통행이 방해받지 않는다는 사실을 알린다.
- 지하도나 육교 계단에서 노약자들 물건을 들어 주거나 손을 잡고 도와준다.
- 익숙하지 않은 음악 장르의 공연을 보러 가거나 관심 있는 취미 생활에 대해 소개하는 텔레비전 프로그램을 보는 등 특별한 이유가 없어도 뭔가 새롭고 색다른 일을 시도해 본다.

평소 당신은 횡단보도에서 길을 건너는 노인을 만나면 어떻게 하는가? 노인의 느린 걸음을 답답해하면서 빨리 지나쳐 갔는가? 혼잡한 출퇴근 시간, 만약 당신이 일부러 노인과 똑같은 속도로 걸어간다면 그 순간 당신과 노인 사이에는 둘만이 공유할 수 있는 무엇이 생긴 것이다. 다른 사람은 다 몰라도 노인은 느끼기 때문이다.

일상에서 작은 기쁨이 될 수 있는 사소한 일들을 생각해 보자. 큰 각오나 결심 없이도 자연스럽게 할 수 있는 작은 일들일수록 좋다. 지금 머릿속에 떠오르는 일들을 5개 정도만 적어 보자. 앞으로 점점 개수를 늘려 가면서 좋은 기분을 안겨 주는 새로운 상황이나 대상을 만날 때마다 추가해 보자. 그러면 '넘치는 기쁨'이라는 제목의 워크시트를 만들 수 있다. 나중에 기분이 가라앉거나 스트레스에 시달려 휴식이 필요할 때, 배터리를 재충전할 때가 됐다고 생각되면 이 목록을 펼쳐 보자. 행복을 안겨 주는 사람과 장소, 상황, 활동이 무엇인지 떠올리다 보면 얼굴에는 금세 미소가 돌아올 것이다. 더불어 기분이 가라앉거나 우울한 상태로 하루를 보내는 것과 기분을 풀고 행복감을 느꼈을 때의 차이를 확연하게 느낄 수 있을 것이다.

만약 기분을 좋게 만들거나 낙관적으로 행동하게 해 주는 일을 도무지 모르겠다면, 친구나 가족들에게 물어보자. 당신이 일요일마다 한 시간씩 자전거를 타는 사람이라면 무의식중에 자전거를 탔어도 현관문을 열고 나갈 때와 들어올 때 표정이 다르다는 걸 남편과 아내는 알아챘을지도 모른다. 가까운 사람은 무관심한 것 같아도 실은 끝없이 관심을 갖고 당신을 관찰하고 있다. 이런 사실을 깨닫는 것만으로도 더 행복하지 않겠는가.

우정의 묘약을 즐기자

나는 한때 '가을 남자'였다. 봄은 여자의 계절, 가을은 남자의 계절이라고 하는데, 나도 가을이면 외롭고 쓸쓸해지면서 감정 기복이 심해졌다. 물론 지금은 그렇지 않다. 어느덧 인생의 가을에 와 있지만 외롭고 쓸쓸하지만은 않다. 다 긍정심리학 덕분이다. 많은 전문가들은 남성이 가을을 타는 이유가 관계 지향적인 여성에 비해 성취 지향적이기 때문이라고 한다. 가을은 한 해를 마무리하는 수확의 계절이라서 자연스럽게 그동안 성취했던 것들을 되돌아보게 된다. 그러다 보니 직장과 가정, 인간관계의 여러 측면에서 완벽할 수 없는 만큼 성취감보다는 좌절감과 공허감을 느끼는 남성들이 많을 수밖에 없다. 어디 가을뿐이겠는가. 인간은 자주 외로움과 쓸쓸함을 느낀다.

당신도 혼자라고 느낄 때가 있는가? 당신을 이해해 줄 사람도, 진정으로 신뢰할 사람도, 어려움에 처했을 때 도와줄 사람도 없는 것 같은가? 사람들과 관계를 맺는 게 예전보다 훨씬 더 쉬워졌는데도 외로움을 느끼는 사람은 더 많아지는 듯하다. 너무 외로워서 폭식을 한다는 사람들의 얘길 듣고 안타까웠던 적도 있다. 당신은 외로움에 어떻게 대처하는가?

이유 없이 외롭고 쓸쓸할 때 가장 좋은 처방은 사람이다. 사람만큼 우리를 행복하게 하는 건 없다. 관계 지향적인 여성이 가을을 덜 타는 것처럼, 우정의 묘약을 즐겨 보자. 타인에게 신뢰를 받고 인간관계의 끈을 확인할 때 옥시토신이 활성화된다고 한다. 옥시토신은 엄마가 아이에게 모유 수유를 할 때, 사랑에 빠질 때 가장 활발하게 분비되는데 우정 역시 옥시토신을 쑥쑥 분비하게 만든다고 한다. 더구나 10년에 걸친 호주 학자들의 연구에서는 친구가 많은 노인들이 친구가 적은 동년배보다 사망 가능성이 22퍼센트 낮았고, 하버드 대학교 조사팀도 사회적 네트워크가 강한 사람들은 나이를 먹더라도 뇌 건강을 증진시킬 수 있다고 결론 내렸다. 그만큼 우정은 신비로운 약이다.

내가 제 나이에 학교에 다니지 못해 아쉬운 건 학교에서 사귀는 또래 친구가 없었다는 것이다. 하지만 내게도 베스트 프랜드라고 불릴 만한 친구가 있다. 내 마음을 주고 의지할 수 있는 친구, 어떤 상황에서도 믿음과 신뢰가 가는 친구, 서로를 존중하고 서로를 위해 기도해 주는 친구다. 교회 성가대에서 처음 만나 어느덧 20년이 되어 간다. 친구라고 하지만 언제나 형님 같은 따뜻함이 느껴지는 친구다. 내가 힘든 시기를 겪을 때마다 친구와 친구의 아내는 항상 따뜻하게 위로와 격려의 말을 전해 주며 나와 우리 가족을 위해 기도해 주곤 한다. 눈시울이 뜨거워질 때가 한두 번이 아니다.

그런데 이 친구 때문에 심장이 덜컥 내려앉은 적이 있었다. 어느 날 심장에 이상이 있다는 진단을 받았다. 수술까지도 할 수 있다는데, 평소에 운동도 좋아하고 건강한 친구라서 전혀 예상하지 못한 상황이었다. 본인도 본인이지만 가족들도 당황해서 어떻게 해야 할지 갈피를 못 잡았다. 강인한 모습은 온데간데없고 초조하고 나약해 보이는 친구를 보자 가슴이 미어지는 것 같았다. 마음이 조급해져서 내가 아는 네트워크를 총동원해 서울대 심장 내과 최고의 전문의를 찾아갔다. 천만다행으로 처방만으로 위기를 넘길 수 있었다. 지금은 건강하게 독일의 글로벌 기업인 오스람 코리아 부사장으로 근무하고 있다. 나는 친구의 얼굴을 떠올릴 때마다 기분이 좋고 행복해진다.

어쩌면 살아오면서 친구와 내가 주고받은 건 아주 작은 건지도 모른다. 하지만 나는 언제나 소중하고 감사한 마음을 갖고 있다. 내가 행복한 사람이라고 망설임 없이 이야기할 수 있는 이유 가운데 하나도 바로 이 친구 덕분이다. 시인 윌리엄은 "최고의 친구는 당신이 본인에 대한 사랑을 잊고 있을 때 당신을 사랑해 주는 사람."이라고 했다. 스스로를 사랑하지 않을 때조차 당신을 사랑해 주는 친구가 있다면 얼마나 행복하겠는가? 당신이 사랑하는 사람들과 당신을 사랑해 주는 사람들과 더 많은 시간을 가져 보자. 함께 있는 것만으로도 더 친밀해지고, 그러면 당신은 지금보다 더 행복한 사람이 된다.

몰입할 대상을 찾자

당신은 무엇을 할 때가 가장 즐거운가? 대답이 곧바로 떠오르지 않는다면 당신은 내면을 들여다보는 데 익숙하지 않은 사람일 가능성이 높다. 그렇다면 이번에는 여가 시간을 주로 어떻게 보내는지 돌아보자. 혹시 유일한 취미 생활이 텔레비전을 보는 것인가? 스스로 생각하기에 당신 삶에는 어떤 재미가 있는 것 같은가? 아무런 재미가 없는가?

아니길 바란다. 당신은 살아가면서 일이든 취미 생활이든 즐거울 수 있는 일 하나는 만들어야 한다. 누구나 좋아하는 일을 할 때 기쁨과 열정을 느끼고 최선을 다한다. 그 열정적인 몰입이 행복한 감정을 만드는 연료다. 뭔가에 즐겁게 빠져 있을 때 도파민 같은 호르몬과 신경전달물질이 다량 분비된다고 한다. 춤추는 데 흠뻑 빠져서 시간 가는 줄 모르거나, 운동에 빠지거나 어떤 것이든 즐겁게 몰입할 수 있는 대상이 있어야 한다. 만약 현재 하고 있는 일에 즐거움과 열정을 느낀다면 이미 당신은 행복한 삶의 토대를 갖춘 거나 다름없다. 여기에 여가 시간까지 포함한다면 더 만족한 삶이 될 수 있다. 그게 삶의 재미가 아니겠는가.

몰입을 발견한 칙센트미하이는 하이킹을 할 때마다 시간이 얼마나 흘렀는지도 잊고 감정도 평온해지는 몰입 상태에 빠진다고 한다. 또 운동선수들은 육체적인 노력을 통해 장애를 극복하거나 경주를 끝까지 완주하는데 이런 상태를 가리켜 "경지에 다다랐다."고 말한다. 꾸준히 몰입 상태를 경험하는 일은 목표를 달성하는 데도 감정적인 행복에도 두루두루 이롭다. 칙센트미하이가 발견해 낸 사실은 일을 하거나 여가 활동을 즐기면서 꾸준히 몰입 상태에 도달하는 사람이 가장 행복한 사람이라는 것이다. 덤으로 이렇게 몰입을 경험하면 전보다 독특하고 개성적인 사람도 될 수 있다고 한다.

여가 시간을 좀 더 적극적으로 활용해 보자. 취미 생활 등 적극적으로 여가 활동을 하는 시간에는 많은 사람들이 몰입을 경험하면서 부정적인 감정을 훨씬 적게 느낀다고 한다. 하지만 텔레비전을 보거나 음악을 듣는 등 소극적으로 여가 시간을 보내면 몰입을 경험하기도 어렵고 부정적인 감정을 훨씬 많이 느낀다. 일반적으로 텔레비전을 볼 때는 다소 우울해진다는 조사 결과도 있다. 만약 당신이 우울하거나 걱정이 있거나 부정적인 감정에 휩싸일 때는 취미에 몰입해 보자. 일본의 정신의학자 사이토 시게타 박사는 신경성 피로가 많은 현대인에게는 아무것도 하지 않고 단순히 쉬는 것보다는 즐거운 자극을 주면서 정신적 피로를 없애는 게 효과적이라고 했다. 심리적 피로를 해소할 수 있는 취미를 갖는 게 진정한 휴식이라는 것이다. 당신은 얼마나 자주 몸은 쉬고 있으면서도 마음은 쉬지 못하는가? 그래서 시게타 박사는 취미를 통해 마음을 긍정화한다면, 그게 바로 마음을 치유하는 취미라고 말한다.

강점을 토대로 낚시나 요리, 그림 그리기, 악기 배우기 등 열정적으로 몰입할 수 있는 대상을 찾아보자. 강점을 토대로 접근하면 어렵지 않다. 학구열이나 끈기가 강점인 사람은 악기 연주처럼 꾸준히 배우고 한 단계, 한 단계 발전할 수 있는 취미를 찾는다면 만족감과 성취감을 얻을 수 있을 것이다.

단, 시시한 몰입은 피하자. 당신은 혹시 비디오 게임을 하거나 과식, 과소비, 도박 등을 하면서 정신없이 빠진 경험이 있는가? 이건 시시한 몰입이다. 몰입은 자기가 하는 행동을 제대로 의식하지 못하는 지각없는 상태에 빠져 시간이 가는 줄 모르는 것과는 절대 다른 것이다. 이런 일들은 재미는 있을지 몰라도 도전 정신이나 기술도 필요 없고 정신을 멍하게 만들 뿐이다. 그래서 텔레비전을 너무 많이 보는 사람의 뇌파는 우울증에 시달리는 이들의 뇌파와 비슷하다. 시시한 몰입이 아니라 당신을 정말 즐겁게 하고 사는 낙이 될 수 있는 근사한 몰입 대상을 찾아보자. 그러면 다음번에는 더 자주, 더 빨리 행복을 느낄 수 있다. 행복도 느껴 본 사람이 그 맛을 안다. 당신은 무엇을 할 때 즐거운가? 스스로 물어보자. 보다 신나고 행복한 삶으로 달려가고 싶다면 말이다.

미래의 긍정적 정서

● 당신은 미래에 대한 기대나 희망을 갖고 있는가? 혹은 미래를 낙관적으로 바라보는가? 미래를 생각하다 보면 언제나 희망에 부풀어 오르는 건 아니다. 어쩌면 지금 이 순간에도 돈, 노화, 직업, 자녀 등 미래를 걱정하는 사람이 있을 것이다. 모든 게 불확실하기 때문이다. 그래서 많은 사람들이 미래를 대비하기 위해 지금 열심히 일하고 돈을 벌려고 애를 쓴다. 내일의 행복을 위해 오늘의 행복을 미루는 것이다. 그렇게 해서 미래를 생각할 때마다 희망적이고 기대가 되는가? 오히려 불안하고 초조해질 때가 많을 것이다. 당신이 평소 불안한 감정을 많이 느낀다면 미래의 긍정적 정서를 높여야 한다.

희망의 불씨는 지금, 이 자리에서도 얼마든지 만들 수 있다. 미래를 두려워하거나 불안해하지 말자. 도전 의식과 낙관적 기대를 통해 미래에 대한 희망감과 기대감을 느끼며 살아가는 삶이 행복한 삶이다.

최상의 자기를 그리자

나는 한국긍정심리연구소가 긍정심리학의 연구, 교육, 코칭, 치료를 통해 개인과 사회의 행복과 번성을 이루어 나가는 모습을 자주 상상한다. 그때마다 가슴이 두근거리고 설레며 벅차오른다. 또 '긍정심리학의 행복' 강사로, 행복을 만들어 주는 '행복 메이커'로서 수많은 사람들에게 행복의 길을 안내하고 행복을 만들어 주는 모습을 상상할 때도 똑같은 감정을 느낀다. 나는 그날이 확실히 온다고 믿는다. 그래서 오래전부터 주위에 이해할 수 없는 사람으로 비치면서까지 긍정심리학에 빠져서 공부해 오고 있다. 나는 이 연구소가 내 개인을 떠나 우리나라와 사회에 공헌하는 연구소가 되길 원한다. 한국긍정심리연구소를 통해 개인의 행복지수가 증가하고 국가의 행복지수가 높아진다면 그보다 더 행복한 것이 무엇이 있겠는가? 나는 개인적으로도 80세까지 긍정심리학의 행복 강사로, 코치로, 치료사로 활동하고 싶다. 그게 나의 최상의 자기이다. 무리라고 생각하는가? 나는 할 수 있다고 확신한다.

당신이 꿈꾸는 최고의 모습은 어떤 모습인가? 최상의 자기를 그리는 일은 잠들어 있는 열정을 깨우고 미래에 대한 기대와 희망을 갖게 해 준다. 그것이 당신의 꿈이기도 하다. 포부를 크게 가지라고 말하고 싶다. 전혀 이룰 가망성이 없고 현실성 없는 허황된 꿈을 가지라는 게 아니라, 앞으로 살아가면서 자신이 만들어 낼 수 있는 최대한의 자기를 그려 보라는 것이다. 훗날 이 세상을 떠날 때 내가 이것만은 꼭 이루고 가고 싶은 모습, 그렇지 않으면 도저히 눈을 못 감을 것 같은 모습이 분명 있을 것이다.

한 사람의 포부와 기대가 얼마나 큰가를 잘 보여 주는 사례가 삼성의 창업주 고 이병철 회장이다. 지금 우리나라의 반도체 산업은 아시아를 넘어 세계적인 수준이다. 초창기 반도체 산업을 이끌었던 이병철 회장이 1980년 초, 일본 도쿄에서 삼성이 반도체 사업에 진출할 것임으로 공식적으로 선언했을 때 이미 반도체 사업을 시작한 미국과 일본 기업들은 모두 코웃음을 쳤다. 이제 막 개발도상국 티를 벗기 시작한 아시아의 작은 나라가 최첨단 기술력과 막대한 자본력을 요하는 반도체 사업을 하겠다니 참으로 가소롭다는 반응이었다. 삼성 내의 반발도 만만치 않아서 모두 무모한 계획이라며 만류했다. 당시 삼성전자의 한 해 수익이 약 200억 원이었는데, 반도체 시장에 진출하려면 매년 약 1,000억 원 이상을 투자해야 하는 상황이었으니 당연한 일이었다. 미래가 불투명한 반도체 사업을 위해 무리하게 막대한 자본을 쏟아부으면 자칫 삼성 전체의 존립이 위태로워질 수도 있기 때문이었다. 반도체 망국론이란 말까지 나올 정도로 주변의 반대가 극심했다고 한다. 하지만 이병철 회장은 뜻을 굽히지 않았다.

그는 미국 IBM을 직접 둘러보고 반도체 사업이 미래를 주도할 것이라는 확신을 가졌고, 반도체 사업으로 세계를 제패하겠다는 의지까지 불태웠다. 그리고 많은 사람들이 반대할 때 말했다. "영국은 증기기관차 하나로 100년 동안 세계를 제패했다. 우리는 무엇을 만들 것인가? 반도체로 세계를 제패할 수는 없는 것인가?" 반도체로 세계를 제패하겠다는 생각이 사람들에게는 허황되고 무모하게 들렸겠지만, 철저한 사전조사와 미래를 내다본 판단 하에 내린 결심이었던 것이다. 그리고 지금 어떻게 되었는가?

나는 인생에서 만들어 낼 수 있는 최대한의 자기 모습도 다르지 않다고 생각한다. 현실에서 오토바이를 타고 배달을 한다고 해서 미래에도 그 모습이어야 하는 건 아니다. 성악가가 되고 싶은 사람이라면 오토바이를 타고 배달하면서 미래에 성악가가 되어 수많은 청중 앞에서 노래를 하고 있다고 상상해 보자. 어두운 객석에서 눈빛을 빛내며, 혹은 두 눈을 감고 당신 노래를 들는 청중들과, 노래가 끝나고 당신을 향해 열정적으로 박수를 보내는 순간을 상상해 보자. 그 일이 얼마나 신나는가? 일이 끝나면 피곤을 무릅쓰고서라도 학원이나 스승을 찾아서 배우고, 그러다 보면 어느 순간에는 정말 성악가가 되어 무대 위에 서 있을지도 모른다. 만에 하나 무대 위에 설 수 없다고 해도 그 시간들이 얼마나 소중하고 행복하겠는가? 이미 당신은 그 자체로 한 단계 도약한 것이다. 만약 그런 기대 없이 하루하루를 살아가는 데만 급급하다면 곤궁해질 수밖에 없다.

아직까지 최상의 자기가 없다면 찾아보자. 남들과 똑같이 대학을 졸업하고 적당한 직장에 취직하고, 적당한 나이가 되면 결혼하고, 그런 대로 살다가 생을 마감하겠는가? 남들도 다 그렇게 살지 않느냐는 말은 당신의 인생을 두고 하는 말치고는 너무 무책임하지 않은가?

사명 선언서를 작성하자

교보생명은 외환위기 직후였던 2000년, 보험 설계사들을 모두 불러 놓고 가치 선포식을 가졌다. "우리는 하찮은 일을 하는 게 아닙니다. 우리의 사명은 곤경에 빠진 고객들이 좌절하지 않도록 하는 것입니다." 보험설계사들은 고객들에게 수모 아닌 수모를 당할 때가 많다. 온갖 수모를 당하던 주부 설계사들은 이날 눈물을 쏟아 냈다. 그렇게 한바탕 눈물을 쏟아 내고 나서는 고객 앞에서 당당하고 열정적인 직업인으로 거듭났고, 적자의 늪에 빠져 있던 교보생명을 업계 1위로 올려놓았다.

세상에 하찮은 일이 어디 있겠는가? 하찮은 사람이 없기 때문이다. 이 세상에 한 인간으로 태어나서 오로지 일신의 성공과 행복만을 위해 사는 사람이야말로 불쌍한 사람이다. 그런 사람은 진정한 행복을 누릴 수도 없다. 당신은 왜 사는가? 스스로에게 물어보자. 사명은 당신이 이 땅에 태어난 이유라고 할 수 있다. 그래서 어떻게 살아야 하는지 삶의 나침반이 되어 주고, 매 순간 갈림길을 만날 때마다 이정표가 되어 준다. 만약 그 이정표와 나침반이 없다면, 어디로 가야 할지도, 어디로 가고 있는지도 모른 채 무작정 끌려갈 수밖에 없다. 당신은 지금 어디를 향해 가고 있는가? 당신의 사명이 이끄는 대로 제대로 가고 있는가?

나는 한국긍정심리연구소를, 개인의 이익을 떠나 긍정심리학이 추구하는 미래를 함께 만들어 가며 우리 사회에 공헌하는 연구소로 만들고자 하는 사명을 갖고 있다. 나는 어떤 고난이 오든, 어떤 선택의 순간이 오든, 이 사명의 길을 따라갈 것이다. 그래서 어디로 가야 할지 몰라 방황하고 배회하지 않는다. 장애물을 만나 속도가 좀 느려질 때는 있을지라도 결국에는 한 방향을 향해서 갈 것이다. 내가 이 땅에 태어나서 함께 동시대를 살아가는 사람들과 부대끼면서 그들을 위해, 또 인류를 위해 할 수 있는 일이 있다는 사실이 감사하고 기쁠 따름이다. 남들이 보기에 거창한 게 아니라도, 그러면 또 어떤가. 내가 소중하다고 믿는 가치를 생각하고 그 가치를 위해 노력한다는 것 자체로 행복하다. 또 나 이외에 한 사람이라도 행복한 삶을 살아가도록 도움이 된다면 그게 얼마나 의미 있는 일인가? 당신도 당신 자리에서, 당신의 위치에서 존재 이유를 찾을 수 있다.

사명 선언서를 작성하는 일은 미래에 대한 희망에 불을 붙이는 것과 같다. 고작 한두 줄에 불과한 문장이지만 가진 힘은 엄청나다. 실제 예일 대학교의 졸업생을 연구한 결과를 보면 졸업생 중 3퍼센트는 대단히 성공했고, 10퍼센트는 성공해 비교적 윤택한 생활을, 60퍼센트는 생계를 유지하는 수준, 27퍼센트는 다른 사람의 도움을 받는 상태였다고 한다. 그런데 이들에게는 한 가지 차이점이 있었다. 바로 삶에 대한 큰 이유와 목표인 사명을 생각하고 적어 놓았느냐, 그렇지 않았느냐의 차이였다. 대단한 성공을 이룬 3퍼센트는 글로 쓴 구체적인 사명을 가지고 있었고, 10퍼센트는 구체적인 사명은 있었지만 글로 쓰지 않았고, 나머지 60퍼센트는 막연한 꿈을 꾸었다가 곧 잊고 지냈으며, 남의 도움을 받는 신세가 된 27퍼센트는 꿈조차 꾸지 않았다.

소중하고 중요한 것일수록 자주 생각해야 한다. 사명 선언서를 작성해 책상 앞이나 눈에 잘 띄는 곳에 붙여 놓고 매일 매 순간 바라보자. 내일이 다가올수록 당신은 사명 선언서의 모습에 한 발씩 더 다가서고 있다. 빨리 그날이 왔으면 좋지 않겠는가?

낙관성을 키우자

「일요일 일요일 밤에」, 「롤러코스터」 등을 만든 송창의 프로듀서는 「뽀뽀뽀」를 처음 단독 연출을 맡았을 당시 국장에게 무척 혼이 났다고 한다. "혹시 조연출에게 대신 시키는 거 아니냐. 원래 프로그램을 그렇게 못했느냐."라는 일종의 모욕을 당했다. 당신이라면 그 말을 듣고 어떤 생각이 들었겠는가? 만약 이 상황에서 "그래, 나한테는 무리였지. 아직 단독으로 프로그램을 맡기에는 역부족이야."라거나, "에잇, 지가 뭐라고!"라고 생각했다면 어떻게 되었겠는가? 무참히 깨진 그는 세트를 바꾸고 코너도 바꿔서 2주 만에 국장한테 칭찬을 들었다.

아마 당신이 직장인이라면 꺾이고 의기소침해질 때가 많을 것이다. 기껏 잘하려고 했던 일이 틀어지거나 이것밖에 안 되느냐며 상사로부터 모욕적인 말을 들을 때도 있을 것이다. 그때마다 책상 서랍 속에 넣어둔 사표를 생각할 것이다. 어디 직장 생활뿐이겠는가? 아이들은 하루가 다르게 커 가고 딱히 돈 나올 구석은 없고 당신이 부모라고 해도 한숨 쉬는 날이 많을 것이다. 학생들은 학생들대로 불안한 미래에 시달릴 것이다. 하지만 당신이 어떤 직업을 갖고, 어떤 역할을 하면서 살아가든 미래에 대해 선택할 수 있는 길이 두 가지 있다. 하나는 밝고 긍정적인 미래를 상상하는 것이고 다른 하나는 암울하고 비관적인 미래를 상상하는 것이다. 두 가지 선택 중에서 어두운 미래를 상상해야 하는 이유는 아무것도 없다. 미래는 오지 않았기 때문이다. 결정된 건 아무것도 없다. 물론 미래를 장밋빛 가득하게 그릴 수만은 없겠지만, 그렇다고 어둡고 비관적으로 바라볼 필요는 더욱 없다.

불안하고 초조하고 두려워질 때, 포기하고 싶을 때, 할 수 없을 것이라는 생각이 들 때마다 자문해 보자. "왜 안 돼?" 당신이 상상하는 좋은 미래로 가는 길이 왜 안 되는가. "되겠어?"라고 묻지 말고 "왜 안 돼?"라고 물어보자. 그 물음은 당신 스스로에게 던지는 질문이다. 왜 안 된다고만 생각하는가? 아직 부딪혀 보지도 않은 일이 아닌가? 현실을 보되, 밀고 나가는 힘이 있어야 한다. 낙관성은 거창한 게 아니라 작은 지혜 하나만 더 얹고 살아가는 것이다. 어떤 도전 앞에서 "실패하면 어쩌지?"가 아니라 "실패도 괜찮다."고 생각해 보자. 도전하지 못하거나 망설이는 건 실패할지 모른다는 두려움 때문이 아닌가? 하지만 실패해도 괜찮다면 과감히 도전할 수 있다. 실패 외에도 패배, 불합격 모두 해도 괜찮다. 다시 시작하면 되는 것이다. 당신은 아직 젊지 않은가?

그래도 부정적이고 비관적인 생각이 자주 든다면 그때마다 부정적인 생각을 물리치면 된다. 설명 양식을 항상 기억하자. 원인 주체 차원(내 탓-남 탓), 지속성 차원(항상-가끔), 만연성 차원(전부-일부), 이 세 가지 설명 양식을 기억하면서 낙관적인 생각으로 자신을 이끌어 보자. 그러면 부정적 정서는 물러나고 긍정적 정서가 다가오면서 자연스레 절망 대신 희망이 자리를 차지할 것이다.

당신은 혹시 아무것도 이룬 게 없고, 완성되지 못한 당신 모습이 초라하고 불안한가? 누구나 죽기 전까지는 완전한 상태가 아니다. 완전한 상태가 되기 위해 끊임없이 노력하면서 사는 것이다. 만약 당신이 30, 40대라면 남들 보기에 부러워할 만한 명함이나 타이틀 하나 턱하니 얻고 싶어지면서 지금 상태가 영원히 지속될 것 같아 초조하겠지만 그렇진 않다. 누구에게나 인생에서 변곡점은 온다. 하지만 그 변곡점에서 준비된 사람과 준비되지 않은 사람은 또 한 번 길이 달라진다. 그 시점에서 다시 한 번 묻게 될 것이다. 분명한 목표를 위해 나아갈 것인가, 아니면 꿈을 접고 세상에다 인생을 맡겨 버릴 것인가. 이 작은 차이가 당신 미래를 전혀 다른 모습으로 바꾼다.

스스로 무슨 말을 하고 있는지 귀를 기울이자. 당신한테서 희망을 빼앗을 수 있는 건 오로지 당신 자신뿐이라는 사실을 항상 기억하자.

행복 프로젝트 3
육체

스트레스

적당한 스트레스는 즐기자

당신만의 스트레스 해소법이 있는가? 나는 운동과 기타 치며 노래 부르는 것으로 스트레스를 해소한다. 그리고 아내와 대화를 하고 산책을 하면서 마음의 평화를 찾는다. 당신은 달리기? 신나는 음악 틀어 놓고 춤추기? 슬픈 영화 보면서 펑펑 울기? 한 가지라도 방법을 찾은 사람은 행복한 사람이다. 살아가면서 스트레스 아닌 게 없을 정도다. 특히나 우리나라 사람들은 스트레스를 많이 받는데 정작 스트레스 해소는 낙제점이라고 한다. 스트레스를 풀지 못해 쌓이고 쌓이다 보면 어떻게 되겠는가?

오래전 삼성의 이건희 회장은 신 경영 방침으로 메기론을 주장한 적이 있다. 사실 스트레스를 받는다는 건 뭔가를 잘하기 위해 긴장하는 것이다. 미꾸라지를 키우는 논에 한쪽에는 포식자인 메기를 넣고 다른 한쪽은 미꾸라지만 놔두면 어느 쪽 미꾸라지가 잘 자랄 것이라고 생각하는가? 메기를 넣은 논의 미꾸라지들이 더 통통하게 살찐다. 메기에게 잡아먹히지 않으려고 더 많이 먹고 더 많이 운동하기 때문이란다. 여기서 중요한 건 적당한 스트레스가 있어야 긴장하게 되고, 그래야 일에 성과를 낼 수 있다는 것이다. 남들에게 지기 싫어하고 경쟁에서 이기고 싶어 하는 우리나라 사람들의 특징이 고스란히 담겨 있는 말이다. 그리고 어느 정도는 사실이다.

피터 와르 박사는 비타민 모델로 스트레스가 인체에 주는 영향을 설명했는데, 스트레스는 비타민과 마찬가지라고 한다. 적당한 비타민은 어느 정도 몸에 긍정적인 영향을 주지만 과다하게 섭취하면 악영향을 미친다. 또 스트레스는 당신이 어떤 일을 해내는 데도 영향을 주는데, 이것이 피터 와르의 U자형 곡선이다. 스트레스가 너무 낮아도 아무런 자극이 없어 높은 성과를 내기 어렵고, 스트레스가 너무 높아도 스트레스에 대처하느라 시간과 마음을 허비하기 때문에 역시 성과가 낮다. 당신이 어떤 일을 가장 잘 해낼 때는 적당히 스트레스를 받을 때다. 긴장감을 불어넣고 동기를 부여해 주기 때문이다. 적당한 스트레스는 당신을 자극하고 엔도르핀을 분비해 생활을 즐겁게 만들어 준다. 스트레스가 심하지 않을 정도라면 즐길 줄도 알아야 한다.

그런데 적정 수준을 넘어가면 정신 건강과 신체 건강 모두 위험해진다. 스트레스가 면역체계를 손상시키면서 질병에 더 자주 걸린다는 건 거의 정설로 받아들여지고 있다. 무엇보다 스트레스는 감정 조절을 어렵게 한다. 당신도 스트레스를 받아서 예민해지고 감정 기복이 심해진 경험이 있는가? 자신도 모르게 짜증을 내는 바람에 주변 사람들 기분을 망친 적이 있는가? 감정을 조절하지 못하면 본인은 물론, 배우자나 가족, 친구, 동료 등 주변 사람들까지 힘들어진다. 연구 결과를 봐도 이 능력이 부족한 사람은 우정을 지속하지 못하고, 직장에서도 함께 일하기를 꺼릴 수밖에 없다. 사회적 문제가 되고 있는 각종 중독부터 극단적인 자살에 이르기까지, 실은 스트레스를 풀지 못해서다. 지금 당신의 스트레스는 어느 정도나 되는가? 몇 가지 방법으로 스트레스를 낮춰 보자.

스트레스 대처법 1 : 명상하자

당신이 평소 스트레스를 받을 때의 상황을 떠올려 보자. 당신은 주로 언제 스트레스를 받는가? 일상의 자잘한 말다툼부터 퇴근 시간이 가까워 올 무렵 책상 위에 산더미처럼 쌓여 있는 서류 뭉치, 제출해야 할 과제들……. 무슨 생각이 제일 먼저 드는가? 혹시 "이걸 언제 다하지?"

현대인들은 해야 할 게 무척 많다. 나도 스트레스를 받을 때는 거의 시간 때문인데 해야 할 일은 많고 시간은 부족하기 때문이다. 그런데 과중한 업무 자체도 스트레스지만, 해야 할 일이 많아지면 그 일을 제대로 해내기도 어려워진다. 만약 당신이 평균적으로 하루에 두 페이지를 번역할 수 있는 사람이라면 열 페이지를 번역할 때 어떻겠는가? 분량도 분량이지만 번역의 질에도 영향을 미칠 수밖에 없다. 제대로 해내지 못한다고 생각하면 우울해진다. 하버드 대학교에서 정신 상담을 하고 있는 리처드 케디슨 교수에 의하면 하버드 학생들의 45퍼센트가 우울한 감정을 호소한다고 한다. 자신들이 어려운 의무를 가졌고, 해야 하는 것에 대해 압박을 느낀다는 것이다. 현대사회에서 우울증이 증가하는 것도 결국 스트레스 때문이다. 이에 대한 해결책은?

답은 이미 주어졌다. 보다 간소화하는 것이다. 스트레스를 적게 받는 한 가지 방법은 적게 하고, 더 하지 않는 것이다. 할 일을 줄이는 것이다. 당신은 평소 누군가 어떤 일을 부탁했을 때 혹은 상사가 과도한 업무를 지시했을 때 무조건 받아들이는 편인가? 그렇다면 스트레스를 받을 가능성이 높다. 단순히 일의 양을 떠나서 양이 많아지면 어떻게 그 일을 제대로 해내겠는가? 그래서 때로는 "아니요."라는 말이 필요하다. 모든 요구를 다 받아들이고 해내려다 스트레스를 받는 것보다는 거절이 현명할 때도 있다.

잠시 일시 중지를 취해 보자. 빌 게이츠는 일 년에 두 번 자기만의 공간에서 생각의 주간(Think Week)을 가졌다고 한다. 이 혼자만의 시간을 통해 앞으로의 일과 삶의 방향을 점검했다. 인도의 정신적 지도자 마하트마 간디도 일주일에 하루는 침묵을 실천했다. 주로 월요일에 간디는 다른 사람에게 말을 걸지 않았고 다른 사람 말도 듣지 않았다. 묵상과 명상을 통해 자신을 돌아본 것이다. 많은 사람들이 만나러 찾아왔지만 간디는 정기적으로 명상을 하고 물레를 돌리고 책을 읽었다. 어쩌면 그게 간디가 길을 잃지 않고 '마하트마(위대한 영혼)'로 승화할 수 있었던 이유일 것이다. 그에 비하면 당신의 하루는 어떤가? 잠시라도 떠날 수 없는 인터넷과 휴대폰, 넘치는 미디어, 해야 할 수많은 일들까지.

내면의 소리에 귀 기울이기 쉽지 않은 게 현대인들이다. 당신이 느끼는 걱정과 스트레스는 특별히 나약해서가 아니라 대부분의 사람들이 처한 상황이다. 하지만 그럴수록 의식적으로 노력하지 않으면 자신과 만나는 시간을 갖기가 어렵다. 걱정과 스트레스 때문에 불안해하고, 현재를 배회하면서 엉뚱한 곳에서 자기를 찾는다면, 현재는 더욱 멀어질 수밖에 없다. 생산성과 창의성도 당신이 잘 쉬었을 때 증가한다.

당신이 모든 걸 일시 중지할 때 마음챙김 명상을 실천해 보자. 명상의 핵심은 간소화하는 것이다. 명상은 이제 복잡한 현대사회에서는 누구에게나 필요한 것이 되었다. 의학적으로도 명상은 합리적인 방법이다. 인체는 이완 상태와 긴장 상태에 동시에 놓일 수 없는데, 스트레스 상태의 긴장 상태를 명상을 통해 이완 상태로 만드는 것이다. 그러면 몸과 마음의 스트레스 반응을 통제하는 능력을 키울 수 있다.

좀 더 느려져 보자. 단순하게 살 수 있다는 건 그만큼 삶에 자신감이 있다는 뜻이다. 당신은 차를 출퇴근용으로만 사용하는가? 이제부터는 본인을 위해, 드라이브하는 데도 사용해 보자. 느림의 철학자 피에르 상소는 "느림은 무능력이나 게으름이 아니라 행복의 조건이다."라고 말했다. 행복해지기 위해 좀 더 느려지자.

스트레스 대처법 2 : 음미하자

당신은 혹시 너무 바빠서 밥 먹을 시간조차 없을 때가 많은가? 식당에서 주문한 음식이 나오기 전에 몇 번이고 주방을 향해 재촉하고, 도로에서 누가 끼어들 기색만 보여도 경적부터 울려 대는가? 우리나라 사람 대부분 "빨리빨리"를 외친다. 그런데 당신은 이런 습관이 스트레스를 더 받게 한다고 생각해 본 적이 있는가? 우리나라 사람들과는 다르게 멕시코 사람들은 상대적으로 스트레스를 덜 받는다고 한다. 특별한 비법이 있는 게 아니다. 멕시코 사람들은 낙천적인 기질을 갖고 있고 서두르지 않는 문화가 몸에 배었기 때문이다. 당신은 혹시 남보다 앞서야 한다는 강박증이나 조급함 때문에 스스로 혹사당하고 있진 않은가?

빨리 끝내야 한다고 조급해하는 사람보다는 좀 늦더라도 느긋하게 기다릴 줄 아는 사람, 일이 잘 안 될까 걱정하는 사람보다는 잘될 것이라고 믿는 사람이 스트레스를 덜 받는다. 그게 낙천적인 사람이다. 당신이 스트레스를 덜 받으려면 체질을 낙천적으로 만들면 된다. 스트레스를 받을 때 다스리려고 노력하거나 자신을 바꾸려고 노력한다. 하지만 애초부터 스트레스를 덜 받는 체질로 바꾼다면 그보다 더 좋은 방법이 있겠는가?

당신이 낙관적인 사람이 될 수 있는 한 가지 방법은 일상에서 음미하기를 생활화하는 것이다. 음미란 말 그대로 기쁨에 대해 느끼고, 그것을 지속시키는 것이다. 음미하는 게 몸에 배고 습관화된 사람은 그렇지 않은 사람보다 스트레스를 덜 받는다. 더 행복해하고 더 만족감을 느끼며 더 낙관적이고 덜 우울해한다. 당신은 평소 무엇이든 잘 음미하는 편인가? 혹시나 텔레비전 채널을 수도 없이 바꾸고 영수증이나 광고 전단지는 우편함에서 대충 보고 그 자리에서 버리는가? 편지나 선물을 받아도 크게 기쁘거나 감사한 마음을 못 느끼거나 오늘은 어제와 다를 바 없는가? 아니면 뭔가 새로운 것에 흥미를 가졌다가도 "별 거 있겠어?"라고 생각하고, 어떻게 지내느냐는 질문에는 "똑같지, 뭐."라고 대답하는가?

만약 당신의 하루도 이런 패턴이라면 건강을 위해서도, 행복을 위해서도 습관을 바꿔야 한다. 사람들이 어떤 일을 하거나 어떤 것을 보거나 들을 때 매우 무심하게 반응하는데, 이것이 스트레스를 더 불러온다는 말이다.

나는 차가운 공기를 깊이 들이마셨다가 천천히 내쉰다. 그때 어디선가 코를 찌르는 냄새가 풍겨 이리저리 둘러보니, 내가 딛고 선 바위 틈새에서 자라고 있는 라벤더 한 송이가 하늘거리고 있다. 나는 눈을 지그시 감고 저 아래 골짜기에서 불어오는 바람 소리를 듣는다. 높다란 바위에 걸터앉아 온몸으로 따뜻한 햇살을 받으며 황홀경에 빠져도 본다. 그리고 이 순간을 영원히 추억할 작은 돌멩이 하나를 주워 온다. 까칠까칠한 것이 사포 같다. 문득 돌멩이의 냄새를 맡아

보고 싶은 이상한 충동에 사로잡혀 코를 킁킁거린다. 케케묵은 냄새가 물씬 풍기는 것이 아득히 먼 옛날을 떠올리게 한다. 아마도 이 땅이 생긴 이래 그 자리를 죽 지켜왔으리라.[34]

당신도 산을 오르면서 이런 느낌을 가져 본 적이 있는가? 이 글은 '음미하기'를 과학적으로 연구한 브라이언트 교수가 산을 오르다가 틈틈이 쉬면서 음미한 내용이다. 글을 읽는 것만으로도 그 순간이 생생하게 느껴진다. 이렇게 음미하면서 산을 오르는 사람과 오직 정상까지 가는 게 목표인 사람의 삶은 얼마나 다르겠는가? 음미하기는 스트레스를 줄여 줄 뿐만 아니라, 삶을 풍성하고 풍요롭게 만들어 준다.

음미하기의 다섯 가지 방법을 떠올려보자. 공유하기, 추억 만들기, 자축하기, 집중하기, 심취하기를 일상에서 자주 활용해 보자. 중요한 건 한 번 하고 마는 게 아니라 꾸준히 지속하는 것이다. 이것이 음미하기라는 인식을 못 할 정도로 몸에 배게 하자. 당신은 책 한 권을 읽는 데 며칠이나 걸리는가? 책 한 권을 읽더라도 곱씹어 음미하고, 음악 한 곡을 듣더라도 온몸으로 느껴보자. 밥을 먹을 때도, 길을 걸을 때도, 친구와 대화할 때도, 산을 오를 때도 오직 거기에만 집중해서 그것이 주는 긍정적 경험을 최대한 누려 보자. 음미하기는 스트레스를 줄이고 삶에 여유를 가져다준다.

많은 사람들이 한가하게 즐기면서 음미할 시간이 없다고 말한다. 하지만 열심히 산다는 것과 조급하게 산다는 건 다르다. 속도가 미덕인 시대라고는 하지만 속도는 여운을 남기지 않는다. 행복도 멀어진다. 우리나라의 교통사고율이 왜 높겠는가? 서두르다 보니 남들을 배려할 만한 여유가 없다. 그래서 행여 다른 차가 끼어들라치면 경적부터 울린다. 일본의 도로에는 "좁은 일본

땅, 그렇게 달려서 어디를 가나."라는 표어가 곳곳에 붙어 있다고 한다. 당신은 그렇게 분주하게 달려서 어디를 가고 있는가? 당신이 분주한 건 정말 분주해야만 하는 일인가? 혹시 쓸데없는 일에 분주하진 않은가?

작은 여유와 즐거움 없이 팍팍한 삶이 행복할 순 없다. 당신이 지금 누릴 수 있는 즐거움을 손가락 사이로 빠져 나가게 하지 말라는 뜻이다.

스트레스 대처법 3 : 걱정을 분석하자

당신이 명상하기와 음미하기를 습관화한다면 분명 스트레스를 덜 받고 더 건강하고 더 행복해질 수 있을 것이다. 여기에 한 가지 방법을 더 소개하면, 내가 카네기 강의를 하면서 강조하는 7가지 걱정, 스트레스 극복 원칙[35]이다. 당신이 이 원칙들을 업무에 적용하면 걱정과 스트레스를 상당 부분 줄일 수 있고 업무 능률도 향상시킬 수 있을 것이다.

스트레스를 받는 건 심리적으로 과도한 압박을 받거나 부담감을 느끼기 때문이다. 해결하기 어려운 문제들이 짓누르면 대부분은 생각을 포기하고 손을 놔 버린다. 어떻게 해야 할지, 무엇부터 해야 할지 막막하기 때문이다. 일종의 회피다. 하지만 문제를 제대로 해결하고 넘어가지 않으면 상황은 더욱 악화되고, 다음에 비슷한 상황이 생겼을 때 또다시 스트레스를 받을 수밖에 없다. 이제 문제를 회피하지 말고 더 깊숙이 들어가 보자. 이 방법은 생각을 이어 나가는 데 핵심 포인트가 있다. 걱정되고 스트레스를 받는 사실들을 하나하나 검토한 후, 그 문제와 해결책을 찾아 나가는 것이다. 스트레스와 스트레스를 일으키는 요인을 구별하는 방법이다.

7가지 모두 연습 필요 없이 바로 실생활에 적용할 수 있다. 특히 2번과 7번을 많이 사용해 보자. 2번은 냉난방 분야의 세계적 기업인 캐리어 사의 창업

걱정, 스트레스 극복 원칙

걱정을 극복하기 위한 기본 원칙
1. 하루하루를 충실히 살아라.
2. 어려움에 대처하는 법
   a. 일어날 최악의 상황은 무엇인가?
   b. 최악의 상황을 받아들일 준비를 하라.
   c. 그 상황을 개선할 노력을 하라(최악의 상황까지 가지 않기 위해 모든 시간과 열정을 들여 노력하라).
3. 걱정을 계속하면 건강을 해친다는 것을 잊지 말라.

걱정을 분석하는 기술
4. 모든 사실을 수집하라.
5. 모든 사실의 비중을 검토한 후 결정하라.
6. 일단 결정했으면 행동하라.
7. 다음 질문에 답을 써 보라.
   a. 문제가 무엇인가?
   b. 원인은 무엇인가?
   c. 가능한 해결책은 무엇인가?
   d. 최선의 해결책은 무엇인가?

주 윌리스 H. 캐리어가 사용했다고 해서 '캐리어 원칙', 7번은 삼성의 창업주 고 이병철 회장이 자주 사용했다고 해서 '이병철 원칙'이라고도 부른다. 우리는 대부분 어떤 걱정거리가 생겼을 때 그 문제와 원인을 정확하게 찾기 전에 감정적인 결론과 행동을 먼저 취한다. 그러다 보니 문제가 더 크고 심각하게 느껴져서 스트레스가 가중된다. 지금 당신에게 닥친 걱정거리가 있다면 원칙 가운데 7번을 적용해 보자. 문제가 무엇인가, 원인은 무엇인가, 가능한 해결책은 무엇인가, 최선의 해결책은 무엇인가? 이 질문에 대한 답만으로도 문제의 70퍼센트는 분석하고 해결 방법을 찾을 수 있을 것이다.

걱정과 스트레스를 주는 게 무엇인지 원칙과 기술로 접근하다 보면 문제의 원인과 해결책을 쉽게 찾아낼 수 있다. 뿐만 아니라 의외로 당신이 하는 걱정과 스트레스가 별일 아니라는 걸 깨닫게 될 것이다. 당신이 하는 모든 걱정과 스트레스가 정말 걱정해야만 하는 일이라고 생각하는가?『느리게 사는 즐거움』의 저자인 어니 젤린스키에 의하면 우리가 하는 걱정의 40퍼센트는 절대로 일어나지 않는 사건, 30퍼센트는 이미 일어난 사건이나 돌이킬 수 없는 일, 22퍼센트는 사소한 일, 4퍼센트는 우리가 처리할 수 없는 일이라고 한다. 당신이 하는 걱정의 96퍼센트는 괜한 걱정이라는 것이다. 이 96퍼센트를 긍정 에너지로 전환시킨다면 얼마나 활력적이고 더 행복해지겠는가?

노화

● 　당신에게 나이가 든다는 건 어떤 느낌인가? 두려운 사람도 있고, 불안한 사람도 있고, 아직은 먼 미래로 받아들이는 사람도 있을 것이다. 당신이 어떻게 생각하든 누구나 어느 날부터 조금씩 변화를 겪는다. 상처가 나도 잘 아물지 않고 멍이 생겨도 잘 가시지 않고 멀쩡하던 부위에서 통증이 느껴지기도 한다. 먼 얘기가 아니라 30대에 접어들면서 겪는 신체적 변화들이다. 그래서 어떤 사람은 나이가 든다는 걸 신체적으로 약해지는 것으로 받아들이고, 어떤 사람은 지적 능력이 둔화되는 것, 또 어떤 사람은 사람이 태어나

서 죽기까지 거쳐야 하는 자연스러운 단계로 받아들이기도 한다. 당신에게 나이가 든다는 건 어떤 것인가?

사람마다 나이가 든다는 것을 받아들이는 입장은 다를 것이다. 하지만 누구나 나이보다 더 건강하고 더 젊어 보이고 싶은 마음만은 같을 것이다. 얼마 전부터는 동안의 조건을 따지고 동안 비법을 따라 하면서 조금이라도 더 젊어 보이려고 노력한다. 동안이냐 아니냐는 어느 정도 타고난다고 해야 할 것이다. 당신도 그들을 보면서 부러워한 적이 있는가? 모든 권력과 부를 거머쥐었던 중국의 진시황조차도 영원히 젊게 살 수 있는 불로초를 구하려고 애쓴 걸 보면 늙지 않으려는 욕망은 너나 할 것 없이 비슷한 듯하다.

그런데 동안을 떠나 더 젊고 건강해 보이는 사람이 있고 더 늙고 병약해 보이는 사람이 있다. 당신은 왜 똑같이 나이를 먹는데 이런 차이가 생긴다고 생각하는가? 나도 나이보다는 젊어 보이는 편이다. 그리고 예전보다 얼굴 표정도 훨씬 밝아졌다. 오랜만에 만나는 사람들이 한결같이 그리 말하는 걸 보면 내 느낌만은 아니지 싶다. 아마 꾸준히 해 온 운동과 그동안 행복을 연구하고 실천해 오면서 항상 긍정적이고 밝게 살아온 덕분이지 싶다. 당신도 거울을 보면서 즐거울 때와 걱정이 있을 때 얼굴이 다르게 보였던 적이 한번쯤 있을 것이다. 걱정이 있을 땐 하루 사이에 부쩍 초췌해지고 늙어 버린 것 같고, 전에는 안 보이던 주름살도 보인다. 당신은 이런 차이가 단지 기분의 차이라고 생각하는가?

하버드 대학교 심리학 교수 엘렌 랭어가 8명의 노인을 뽑아 재미있는 실험을 한 적이 있다. 70대 후반에서 80대 초반의 노인들을 청춘 촌에서 20년 전으로 돌아가 생활하게 한 것이다. 그리고 일주일 후에 그들의 시력, 기억력, 청력, 지능 등을 측정했다. 당신 생각에는 어떤 결과가 나왔을 것 같은가? 뜻밖에도 하나같이 신체 나이 50대로 측정됐다고 한다. 부축을 받아 걷던 한 노인은 지팡이 없이 걸었다. 일주일 전후의 노인들 사진을 무작위로 제삼자에게 보여 주자 일주일 후의 사진을 더 젊은 시절의 사진으로 생각했다. 당신은 이게 무엇을 의미한다고 생각하는가? 당신이 70대가 돼도 50대라고 생각하면 당신의 신체도 50대가 된다는 것이다. 당신이 50대가 돼도 30대라고 생각하면 신체도 30대가 된다는 말이다. 나이가 들면서 신체적으로 쇠퇴해지는 건 피할 수 없지만 마음가짐이 노화를 더 앞당길 수도, 더 늦출 수도 있다.

사람들이 나이가 들면 당연히 신체가 약해진다고 생각한다. 물론 어느 정도는 사실이다. 하지만 나이에 대한 고정관념이 질병이나 노화에 대한 부정적 사고를 불러일으키면서 실제로 신체를 약하게 만든다고 한다. 그래서 이 실험의 이름이 '시간 거꾸로 돌리기 연구'다. 마음의 시계를 거꾸로 돌린다면 육체의 시간도 되돌릴 수 있다는 뜻이다. 그만큼 어떤 마음가짐으로, 어떤 태도로 살아가는지가 당신을 더 건강하고 더 젊게 만들어 준다는 말이다. 특히 나이가 들수록 건강하게 보이도록 만드는 건 그 사람이 내뿜는 에너지다. 에너지는 삶의 태도에서 나온다. 하는 일에 열정적이고 보람을 느끼는 사람, 긍정적이고 낙관적인 자신감으로써 도전하는 사람, 무슨 일이든 즐겁고 활기차게 하는 사람, 꾸준히 자기 관리를 하는 사람에게 어떻게 에너지가 느껴지지 않겠는가? 그래서 더 건강하고 젊게 사는 것이다.

당신에게 중년이란?

40대가 되면 중년이란 말이 따라붙는다. 중년이란 단어에서는 어딘가 모르게 쇠퇴하고 있다는 인상이 풍긴다. 당신에게 중년은 어떤 이미지인가?

중년에 접어든 사람들의 가장 큰 변화는 열정이 사라진다는 것이다. 당신은 지금 사회생활을 갓 시작했거나 한창 무르익을 때라면 무슨 일이든 열정적으로 해낼 것이다. 그게 젊음이다. 그런데 업무에 익숙해지고 삶에 무디게 살다 보면 거짓말처럼 열정이 사라져 버린다. 일에서도 삶에서도 의미를 찾지 못하는 것이다. 그리고 인생을 돌아보면서 젊음도, 열정도, 가슴 뛰던 사랑도, 꿈도 사라졌다고 씁쓸해한다. 당신이 첫 출근할 때 가졌던 설렘과 희망, 기대를 떠올려 보자. 어쩌면 세상을 바꾸겠다는 이상적인 생각을 했을지도 모른다. 그토록 찬란했던 순간들이 한순간에 사라졌다는 걸 깨달았을 때 상실감과 절망감이 얼마나 크겠는가. 남의 일로만 생각되는가? 아니면 당신도 두려운가?

중년의 위기를 겪는 사람들이 많은 게 사실이다. 하지만 당신은 정말 그때가 되면 잃어버린 것들뿐이라고 생각하는가? 중년의 나이를 지나 온 인생 선배로서 말해 줄 수 있는 건 중년은 위기가 아니고 기회라는 것이다. 살아오면서 얻은 것들이 훨씬 많기 때문이다. 나는 마흔다섯에 독학으로 고입 검정고시에 도전해서 12년이 지난 지금은 대학 교수가 되었고 행복학 전문 강사가 되었다. 시간이 지났기 때문에 얻게 된 것들이다. 중년이 되면 신체적으로 노화되는 건 분명하다. 하지만 당신이 중년이 됐을 때 얻게 될 것들을 상상해 보자. 당신은 행복한 가정을 얻었을 테고, 좀 더 깊이 있는 안목을 갖게 되었을 테고, 좀 더 너그러워지고 여유로워졌을 것이다. 더 많은 사람을 알게 되었고 실패를 통해 다시 일어서는 법을 배웠고 더 지혜로워졌을 것이다. 당신이 지금 젊다면 모든 악기를 힘과 기술로만 연주하려고 들 것이다. 하지만 나이가 들면서 사랑으로 더 깊은 소리를 낼 수 있다는 걸 알게 될 것이다. 그게 연륜과 경험이다.

많은 사람들이 중년에 이르러 흔들리고 위기를 겪는 건 하루하루를 즐기면서 살지 못하고 사는 보람과 의미를 찾지 못해서일 가능서이 가장 크다. 그저 살아가는 데만 급급하다가 어느 날 돌아본다면 무슨 생각이 들겠는가? 당연히 제대로 살아온 것 같지도 않고 앞으로 어떻게 살아야 할지 막막해지면서 허무하고 두려워지는 것이다. 그러나 당신이 지금부터 행복의 도구들을 활용해 행복하고 의미 있는 삶을 살아간다면 중년이 되었을 때가 기대되지 않겠는가? 중년의 위기를 넘긴 사람들도 잃어버린 꿈을 되찾고 새로운 목표를 세워 기회로 만들어 나간다. 과거에는 중년의 위기라는 말을 당연하게 여겼지만 그것도 옛말이다.

얼마 전 영국 정부는 영국의 성인들 중에서 '멋진 50대'라는 새로운 집단을 만들었다. 당신이 생각하는 멋진 50대는 어떤 모습인가? 당신이 50대가 됐을 때 어떤 모습이라면 좋겠는가? 멋진 50대란 두려움 없는 40대를 지나 새롭게 즐거운 마음으로 목표를 추구하는 이들이다. 이들의 가장 일반적인 목표는 네팔로 여행을 가고 컨버터블 자동차를 몰고 소설을 쓰고 진정한 사랑을 경험하고 스카이다이빙을 하고 물살이 거친 강에서 뗏목을 타는 것 등이라고 한다. 당신이 보기에 아주 거창하고 특별한 것인가? 그만큼 사소한 즐거움과 모험조차 누리지 못하고 사는 사람들이 많다는 뜻이다. 하지만 이젠 중년에 우울해지고 슬퍼하던 사람들도 자기 앞에 남은 시간이 더 많다는 사실을 깨닫고 지금까지와는 다른 일을 하고 싶어 한다고 한다. 그래서 전문가들은 중년을 '창조적 노화'라고 부른다. 중년을 두려워하지 말라는 것이다.

그리고 만약 당신이 직업에서 열정을 잃어버린다고 해도 열정을 되찾을 방법은 얼마든지 있다. 그 하나는 대표 강점과 행복 도구들을 활용해 직업에서 보람과 의미를 발견하는 일이다. 중요한 건 직업이든 삶이든 계속해서 의미를 찾고 언제든 변신할 마음이 있느냐 하는 것이다. 그 마음만 있다면 누구나 변할 수 있으므로 나이 드는 것을 두려워하거나 불안해할 필요는 없다. 좀 더 나이가 들어서 만약 당신이 열정이 사라졌다고 느낀다면 다시 이 페이지를 열어 다음 방법을 시도해 보기 바란다. 로버트 디너가 소개하는 이 방법을 통해 실제 위기에 빠졌던 많은 중년들이 더 열정적으로 새로운 삶을 살아가고 있다. 당신은 각각의 질문에 답하면서 아주 작은 것을 바꾸면 된다.

중년의 위기 벗어나기[36]

1. 누가
사회적 상호작용을 어떤 식으로 바꾸면 더 많은 의미를 얻을 수 있을까? 직장에서 요즘 나와 가장 의미 있는 상호작용을 하는 사람은 누구인가? 의미 있는 상호작용에 특히 알맞은 때가 있는가? 내가 상호작용을 꺼리는 사람은 누구인가?

2. 무엇을
내 직업에서 나는 어떤 업무를 좋아하고 어떤 업무를 좋아하지 않는가? 전자를 증가시키고 후자를 감소시킬 수 있는 방법은 무엇인가? 좋아하지 않는 업무를 어떤 식으로 바꾸면 보다 즐겁게 해낼 수 있을까? 좋아하는 업무의 어떤 점을 정말로 좋아하는가? 어떻게 하면 그 점을 더욱 증가시킬 수 있을까?

3. 언제
평일 어느 시간대에 일을 가장 잘하는가? 오후에 활기가 넘치는가? 혼자 일할 때 활기를 띠는가, 아니면 집단으로 일할 때 그러한가? 어떻게 하면 그 최상의 시간대를 이용해서 대부분의 업무를 완수하고 현실적인 목표를 세울 수 있을까?

4. 어디서
실제로 일하고 있는 회사와 근무 공간을 생각해 보자. 출퇴근하는 것은 어떤가? 회사 건물의 건축 양식과 사무실 장식에 어떤 느낌이 드는가? 당신이 정말로 '내 것'이라고 여기는 책상이나 사무실이나 작업 공간은 어떤 느낌이 드는가? 당신이 일하는 곳을 더욱 유쾌한 공간으로 또는 더욱 유익한 공간으로 만들기 위해 무엇을 바꿀 수 있는가?

그 작은 변화만으로도 더욱 보람되게 일할 수 있을 것이다. 여기에 당신의 사명 선언서를 다시 작성한다면 활력과 열정을 분명 되찾을 수 있을 것이다.

긍정적인 변화를 주자

당신에게 시간은 빠르게 흘러가는가, 아니면 더디 가는가? 더디게 느낀다면 당신은 아직 충분히 젊다. 나이가 들수록 하루는 길고 일 년은 짧다. 어느 순간 돌아보면 일 년이 훌쩍 지나가 있을 때도 있다. 혹시 당신의 시간도 이렇게 가는가? 이 속도를 늦추고 시간을 붙잡고 싶었던 적이 있는가?

어린 시절을 떠올려 보자. 아마도 매일이 새롭고 모든 게 인상적인 기억으로 남아 있을 것이다. 기억할 것도 많고 세세한 부분까지 생생하게 기억하는 사람도 있다. 하지만 지금은 어떤가? 나이가 들수록 경험은 반복적이고 일상적으로 변한다. 게다가 기억력마저 쇠퇴한다. 자동차 문을 열려는데 열쇠를 어디에 뒀는지 기억이 안 나고, 갑자기 집 전화번호나 현관 키 번호가 생각이 안 나 안절부절못할 때도 있다. 또 길거리에서 우연히 마주친 옛날 직장 동료의 이름을 까먹어 당황하기도 한다. 당신은 혹시 이런 건망증이 50대나 돼야 시작된다고 생각하는가? 당신의 뇌는 30대부터 이미 늙기 시작한다. 그래서 어린 시절 기억은 다채롭지만, 어른 된 후의 기억은 훨씬 단조롭다. 특별히 기억할 것도 없고, 특별히 떠오르는 것도 없고, 기억력까지 감퇴하다 보면 시간이 뭉텅이로 지나가 버린다.

당신이 누군가를 지루하게 기다려 본 적이 있다면 그때를 떠올려 보자. 초침만 보고 있으면 1분조차 길게 느껴졌을 것이다. 지금 당신의 하루도 그렇진 않은가? 일상에 아무런 변화가 없고 지루하진 않은가? 아마 낯선 길을 간 적이 있다면 갈 땐 멀었는데 돌아올 땐 가깝게 느낀 적이 있을 것이다. 시간도 마찬가지다. 늘 새로운 경험을 하는 아이들에게 시간은 처음 가는 길과 같아서 받아들일 것도 많고 기억할 것도 많다. 당신이 일상을 무디게 보내고 있다면 그 자체만으로도 노화를 앞당기고 있다는 뜻이다. 당신의 기억력은? 계속 떨어진다. 잠깐, 오늘 아침 남편이나 아내가 출근하면서 무슨 넥타이, 무슨 블라우스를 입었는지 떠올려 보자. 아버지와 어머니는 어떤 색깔의 옷을 입으셨는가?

생각이 안 난다면 당신은 평소 습관을 바꿔야 한다. 그래야 기억력도 높이고 더 건강할 수 있다. 무관심만큼 기억력을 떨어뜨리고 노화를 앞당기는 장애물은 없다. 다시 어린 시절로 돌아가 보자. 끊임없이 궁금하고 호기심 많았던 어린아이가 돼서 일상에 사소하지만 긍정적인 변화를 공급해 주자. 혹시 좋아하는 장르의 음악만 고집하는가? 이제부턴 새로운 장르의 음악에도 관심을 갖고, 평소 관심 없던 미술 전시회를 가는 등 특별한 이유가 없어도 새롭고 색다른 일을 시도해 보자. 독서, 퍼즐 맞추기, 목공일, 그림 그리기, 뜨개질 등 일상의 사소한 변화만으로도 당신은 더 건강해지고 행복해진다. 13가지 행복 연습도 좋은 방법이다. 행복 만들기가 더 중요한 이유는 외모를 떠나서 당신을 더 아름답게 나이 들도록 만들어 주기 때문이다.

아름답게 나이 들자

어느 날 갑자기 "아저씨." 라거나 "아줌마." 라는 말에 깜짝 놀라 뒤돌아보는 순간이 있다. 하지만 미리부터 걱정하지는 말자. 20대가 끝나고 30대가 되면 젊음이 다 가 버린 것처럼 억울하고 우울해하다가도, 막상 30대에는 20대와는 다른 30대의 삶이 있다는 걸 알게 된다. 30대가 지나가고 40대가 돼도 마찬가지다. 나이에 맞는 새로운 세계가 또 열린다. 그리고 그 세상에 맞게 자연스럽게 사는 게 가장 큰 행복이다.

많은 사람들이 아름답게 나이 들고 싶다고 한다. 당신은 어떻게 하는 게 아름답게 나이 들어 가는 것이라고 생각하는가? 아름답게 나이 든다는 건 본인 나이에 맞게 생각하고 행동하면서 제 나이에 책임을 진다는 의미가 아닐까 싶다. 지금 당신은 제 나이게 맞게 생각하고 행동하고 있는가? 아니면 나이 탓만 하면서 지금 도전해야 할 일들을 미루고 있는가? 나도 그렇지만 나이가 든 사람들에게 1~2년의 차이는 크지 않다. 내가 보기에는 스물넷이나 스물일곱이나 똑같이 젊고 가능성 많은 이십대지만, 막상 당사자들은 스물일곱만 돼도 뭔가를 시작하기에 늦었다고 지레 포기해 버리기도 한다. 길게 보면 1~2년 차이는 아무것도 아니다. 일 년 더 빨리 가고 늦게 가는 게 인생을 좌우하는 건 아니다.

더 중요한 건 시간은 지금도 흐르고 있다는 것이다. 아름답게 나이 들어간다는 건 지금 이 시간이 헛되지 않도록 노력하는 것이다. 지금 이 시간을 행복하게 만들기 위해 노력하는 것이다. 훗날 당신이 나이가 들었을 때 "내가 스물다섯만 됐어도……"라고 생각할 것들을 지금 하라는 것이다. 그런 노력들 속에서 당신이 어떤 나이를 맞게 되더라도 나이에 맞는 새로운 자신감을 지닐 수 있게 된다. 그리고 그렇게 했을 때 비로소 시간에 감사할 수 있다. 나도 시간에 감사한다. 아직 삶을 평가하기에는 성급하지만 나는 이루고 싶은 것을 다 이뤘다. 이제는 내가 이룬 것, 내가 쌓은 지식들을 가족에게, 직원들에게, 그리고 사회에 나누어 줄 때다. 그렇다고 내가 대단한 성공을 했거나 돈을 많이 번 사람은 아니다. 나는 나를 만들기 위해 열심히 살아왔다. 비록 공부는 늦게 했지만, 부를 크게 쌓아 놓진 못했지만, 앞으로 무엇이든 만들 수 있고 할 수 있을 것 같다. 그래서 시간에 감사한다.

자신이 잃은 것에 대해 생각하는 사람은 어리석다. 놓친 기회, 포기한 선택을 계속 생각하다 보면 누구나 비관적인 생각이 들면서 절망감이 커진다. 하지만 그럴 필요가 없다. 당신은 젊다. 잃은 것에 못지않게 얻은 것들을 생각해 보라. 또 앞으로 얻게 될 것들은 어떤가? 당신은 새로운 사람을 만나고, 새로운 기회를 만나고, 무엇보다 새로운 자신을 만나게 된다. 나이 들어 간다는 것에 감사하고 기대를 가져도 충분히 괜찮다.

질병

피할 수 없다면 껴안자

늙는 것이 인간의 자연스러운 한 단계라면, 질병 역시 피해 갈 수 없는 삶의 한 부분이다. 특히 요즘은 암 때문에 고통받는 사람을 많이 본다. 당신은 혹시 나만은 예외일 것이라고 생각하는가? 우리나라 사람 3명 중 1명이 암에 걸리고, 4명 중 1명은 암으로 사망하고, 매년 18만 명 이상의 암 환자가 새로 발생한다고 한다. 하지만 이런 수치보다 더 중요한 건 암에 걸려도 분명 극복해 내는 사람이 있다는 사실이다. 그것도 절반 이상은 생존한다.

얼마 전만 해도 암 진단을 받으면 죽음을 의미했지만 이제는 치료법이 발달하면서 당뇨처럼 관리해야 할 만성질환 정도로 인식되는 게 현실이다. 의학계에서도 치료 후 5년 동안 재발하지 않으면 암이 완치된 걸로 간주한다. 그런데 당신은 왜 어떤 환자는 3기, 4기 이상의 후기 진행 암으로도 5년 생존이라는 완치의 기쁨을 누리고, 또 어떤 환자는 초기에 발견했는데도 재발의 과정을 겪으면서 암으로 생을 마감한다고 생각하는가?

프로 사이클 선수였던 랜스 암스트롱은 고환암과 세포 종양이 뇌로 퍼졌지만 이를 극복해 선수생활을 계속했다. 그가 암 진단을 받았을 때 모든 사람들이 선수로서의 생활은 끝났다고 했지만 그는 암의 영어철자인 'cancer'를 이렇게 풀어냈다.

C=용기(courage),
A=태도(Attitude),
N=포기하지 말 것(Never give up),
E=계몽(Enlightenment),
R=동료 환자를 기억할 것(Rememberance of fellow patients).

그리고 다시 사이클을 탔고, 지옥의 레이스로 불리는 철인 경기에서 우승까지 거머쥐었다. 당신은 혹시 "내가 무슨 잘못이 있어 이런 벌을 받아야 하는가?"라는 생각에 신을 원망하고 있는가? 하지만 당신에게만 병이 찾아온 게 아니라 사람이라면 누구나 병에 걸리기 때문에 그런 것뿐이다. 더 중요한 건 당신에게는 가야 할 삶이 남아 있다는 사실이다. 받아들이지 못한다면 남은 생을 어떻게 꾸려 가겠는가?

피할 수 없다면 차라리 껴안아 보자. 질병이 커다란 역경인 건 분명하지만 시련만 주는 건 아니다. 오히려 인생을 더 멋지고 더 행복하고 더 가치 있게 만들어 가는 기회가 될 수도 있다. 허비할 시간이 단 일 분도 없지 않겠는가? 피할 수 없다면 차라리 껴안고 즐기는 것, 그게 낙관주의다. 버거운 현실에서 최선을 다하되, 그러고는 하늘의 뜻에 맡기는 것이다. 이 태도가 당신이 병을 이겨 내는 힘이 돼 준다. 랜스 암스트롱도 지금은 암을 극복하고 건강한 모습으로 자기 인생을 영화로 만드는 작업을 하고 있다고 한다. 포기하는 마음만큼 치명적인 건 없다. 암이나 큰 질병은 우리가 통제할 수 없는 상황이다. 하지만 그 불가능한 상황에서도 무기력해지지 않고 극복해 나갈 수 있다고 믿는 사람들이 있다. 그리고 그런 사람들이 병을 이겨 낸다.

당신이 암처럼 큰 병에 걸렸다는 걸 알았다면 제일 먼저 무엇을 하겠는가? 암 진단을 받은 환자들 대부분이 하는 첫 번째 일은 모든 생업을 중단하는 것이라고 한다. 그동안 스트레스를 주던 일을 그만두고 최대한 평안을 찾겠다는 생각일 것이다. 당신도 그렇게 하겠는가? 물론 스트레스가 병의 가장 큰 적이고, 고통이 심하거나 거동이 불편하다면 치료에 열중하는 게 중요하다. 하지만 그 정도가 아니라면 병을 이겨 낸 사람들 대다수가 어느 정도 일을 꾸준히 하는 게 치료에 도움이 된다고 말한다. 특히 당신이 하는 일에 큰 만족과 보람을 느끼는 사람이라면 무리가 가지 않을 정도로 일은 계속해 나가는 게 좋을 것이다. 병이 아닌 당신의 삶에 초점을 맞추는 것이다.

의사, 가족과 팀워크를 이루자

아홉 살 소녀가 엄마에게 7개월간 매일같이 편지를 썼다. "엄마는 아름다운 장미 같고, 엄마에게서는 아름다운 꽃과 같은 향기가 나요. 엄마는 암을 이겨 낼 수 있어요. 사랑해요." 그리고 7개월 뒤 엄마의 암세포는 모두 사라졌다. 당신은 이런 일이 아직도 기적이라고 생각하는가? 얼마 전 무사히 딸 곁으로 돌아간 한 영국 여성의 이야기다.

사실 큰 질병이 닥쳤을 때 고통스러운 건 당사자만이 아니다. 주변 사람들도 함께 힘들다. 정신적 고통뿐만 아니라 육체적, 경제적 고통까지 겹치면서 환자만큼이나 어려운 게 보호자들의 삶이다. 그런데 질병을 이겨 낸 사람들의 공통점은 혼자서 이겨 낸 사람은 드물다는 것이다. 하나같이 가족과 주변 사람들의 따뜻한 격려와 위로를 받으면서 의사의 지침에 따라 노력했다. 당신이 고통스러워할 때 가장 큰 힘이 되는 게 누구일 것이라고 생각하는가? 바로 가족이다. 혹시 당신이 큰 질병에 걸린다면 가족들에게 피해를 주고 싶지 않으므로 혼자 모든 걸 감당하겠다는 생각을 갖고 있는가? 아니면 내 몸은 내가 가장 잘 안다는 생각에서 의사의 치료를 무시하고 검증되지 않은 방법을 사용하겠는가?

　긍정적이고 낙관적인 생각을 가지라고 하면 모든 치료에 손을 놓고 무조건 긍정적이고 낙관적으로 생각하는 걸로 잘못 아는 사람들이 있다. 하지만 절대 그렇지 않다. 오히려 긍정적이고 낙관적인 사람은 병을 극복할 수 있다는 생각으로 더 적극적으로 치료에 임하고 의사의 지시에도 협조적이다. 병을 이겨 낼 수밖에 없다. 큰 질병일수록 혼자서 치료할 순 없다. 당신 상태에 대해 의사만큼 잘 아는 사람이 있겠는가? 의사를 믿고 파트너십을 가져야 한다. 어떤 병이든 약물만으로 치료하는 데는 한계가 있다는 건 이제 웬만큼 아는 상식이다. 나쁜 병이 걸린 데는 나쁜 습관이 있기 마련이라서 식생활과 생활 습관을 개선하고 운동을 병행하는 경우가 많다. 그런데 이 모든 과정을 혼자서 한다면 얼마나 큰 부담이 되겠는가? 가족의 도움이 거의 절대적이다. 그래서 어떤 병이든 가장 중요한 게 의사, 가족과 팀워크를 이루는 일이다.

　만약 당신이 가족들에게 피해를 주기 싫어서 혼자 모든 걸 감당하려고 한다면, 그걸 지켜보는 가족들은 얼마나 마음이 아프겠는가? 진정으로 가족들을 위한 게 아니다. 가족들이 당신을 배려하고 사랑할 수 있는 기회를 주는 게 사랑이다. 미안하고 고마운 마음으로 더 열심히 치료하고 고통을 이겨 나가면 되는 것이다. 자신을 사랑하고 암을 이겨 낼 수 있다고 믿어 주는 어린 딸아이를 보면서 엄마는 무슨 생각을 했겠는가? 더 힘을 내지 않았겠는가? 치매나 알츠하이머병에 걸려 자기가 누구인지조차 잊어버린 사람들도 간신히 기억을 붙잡으면서 삶의 끈을 놓지 않으려고 애를 쓴다. 그 고통을 생각하면 그래도 다른 병들은 의지를 놓지 않으면 많은 게 달라질 수 있다.

반대로 환자라도 가족들에게 일방적으로 희생을 강요하진 말자. 환자가 힘든 만큼 지켜보고 지켜주는 가족도 힘들긴 마찬가지다. 함께 격려하고 아끼는 것만큼 중요한 건 없다.

긍정의 습관을 들이자

평소 생활방식을 떠올려 보자. 혹시 당신은 하루 종일 앉아서 일하거나 움직이지 않는 생활을 하는가? 평소 흡연하고 과식과 과음을 하고, 스트레스를 많이 받고, 운동은 어쩌다 한 번 하는 정도? 그렇다면 당신은 행복하지 않을 가능성이 높고, 질병에 걸릴 가능성은 높은 사람이다.

흔히 성인병이라고 부르는 당뇨, 고혈압, 위장병, 뇌졸중, 그리고 암까지도 대부분 잘못된 생활 습관에서 비롯된다고 알려져 있다. 그래서 요즘은 성인병이라는 말 대신 생활습관병이라 부르기도 한다. 이런 질병에 걸린 사람들 대다수가 평소 흡연, 과식, 과음, 스트레스, 운동 부족이라는 공통점이 있다. 잘못된 습관이 반복되면서 결국 질병으로 이어진 것이다. 이게 무슨 말이겠는가? 습관을 바꾸면 얼마든지 고칠 수 있다는 말이다. 실제로도 60퍼센트는 습관을 바꿔서 치료되었다고 한다.

이것이 행복이 건강으로 이어지는 경로다. 불행한 사람들 대다수가 나쁜 습관을 갖고 있는 경우가 많다. 당신이 평소 흡연을 하는 사람이라면 우울할 때 어땠는가? 아마 기분이 안 좋아서 담배를 더 피우고, 그 기분을 풀기 위해 과음하기도 할 것이다. 아니면 운동을 하러 갈 기분이 들었는가? 컬럼비아 대학교 리처드 메이유 박사 팀에 따르면 흡연자는 비흡연자보다 알츠하이머병에 걸릴 위험이 두 배나 높다고 한다. 그런데 뒤늦게라도 담배를 끊으면 발병 위험이 줄어든단다. 또 당신이 평소 스트레스를 많이 받는 사람이라면 만성적인 스트레스는 심혈관계 질환으로 이어지는 주범이다. 스트레스 상황이 지나가도 계속해서 생리적인 괴로움을 겪으면서 서서히 건강에 피해를 주는 것이다. 에드 디너와 로버트 디너에 의하면, 분노하고 슬프고 두려운 감정은 실제로 고통에 대한 참을성을 감소시키고, 불행한 사람들이 밝은 사람들보다 고통도 심하게 느낀다고 한다. 이런 여러 가지 이유 때문에 낙관주의만으로도 높은 콜레스테롤 수치나 고혈압, 심근경색 등 심장혈관 계통의 질환을 치료할 수 있다는 것이다.

당신은 지금껏 어떻게 생활해 왔는가? 혹시 나쁜 습관을 갖고 있고 건강한 상태라면 아직 젊기 때문에 건강상 문제가 드러나지 않은 것뿐이다. 좋은 습관으로 바꾸는 게 병원에 가는 횟수를 줄이고 질병도 예방하는 길이다. 만약 나쁜 습관을 갖고 있고 당뇨, 고혈압, 위장병, 뇌졸중, 그리고 암 같은 질병에 걸렸다면 더더욱 좋은 습관으로 바꿔 나가야 한다.

아마 당신이 나쁜 습관을 갖고 있다면 이유가 있을 것이다. 특히 식습관이 잘못된 사람들이 그렇다. 만약 당신이 폭식하는 습관을 갖고 있다면 스트레스를 안겨 주는 다른 문제를 잊기 위해 선택한 방법은 아닌가? 너무 외로워서 폭식한다는 사람들도 많다. "지금 나에게 무슨 일이 벌어지고 있는가?"라는 질문을 스스로에게 던지면서 조금씩 바꿔 나가자. 마트에서 가공식품을 사는 대신 직접 시장에 가서 요리할 천연 재료를 사고, 늘 먹는 갈치나 고등어, 육류 대신 재료를 다양화해서 갖가지 음식을 만들고, 천천히 음미해 보고, 자신을 위해 잘 차린 한 끼 식사를 대접해 보자. 이런 노력이 좋은 식습관으로 이어진다.

지금 이 순간을 즐기자

최인선 감독은 대장암으로 복강경 수술을 받은 후 직장 부분이 쉽게 아물지 않아 소장을 빼내고 장루를 차는 생활을 했다고 한다. 그 여파로 밥을 먹으면 수시로 화장실을 가거나 조금만 과식해도 아무 곳에서 실례를 했다. 그래서 가까운 지인이 아니면 쉽게 사람들과 자리를 할 수 없었고 어려운 사람들과는 미팅 자리도 피했다. 그런데 이런 불편을 오히려 고맙게 생각했다고 한다. 덕분에 현재의 삶과 주위 사람들의 소중함, 고마움을 더 절실히 느끼고 있기 때문이다. 암이 아니었으면 하루하루가 이토록 소중하고 행복하게 느껴지진 않았을 것이라며 말이다.

사람은 어려울 때 진정 소중한 가치가 드러나는 법이다. 당신은 지금껏 인생 목표 1번을 무엇에 두고 살아왔는가? 어느 날 갑자기 큰 병에 걸렸다는 걸 알게 된 사람들은 대개 삶의 우선순위가 바뀌고 생활이 달라진다. 가장 먼저 몸의 소중함을 깨닫고, 가족과 주변 사람들의 소중함을 깨닫고, 그리고 인생에 대해 생각해 본다고 한다. 그래서 운동을 열심히 하고, 가족들과 더 많은 시간을 갖고, 더 많이 감사하고, 다른 사람을 더 돕고, 더 활동적으로 변하는 것이다. 여러 이유가 복합적으로 작용하면서 긍정적인 마인드를 갖게 되었을 것이다. 질병은 삶에서 정말 소중한 게 무엇인가를 가르쳐 준다.

그래서 질병은 삶을 선택할 수 있는 기회를 준다. 새로운 삶의 우선순위를 정해 보자. 당신은 혹시 그동안 돈과 성공만을 목표로 살아오진 않았는가? 그랬다면 아마 그보다 더 큰 게 있다는 걸 발견했을 수도 있다. 우선순위를 정하면 두려움을 떨치고 병을 이겨 낼 수 있다는 자신감과 긍정적인 자세를 취하기가 한결 쉬울 것이다. 가족과 지인들의 응원을 기쁘게 받아들이고, 힘든 치료가 끝나면 치료를 잘 견뎌 낸 스스로를 위해 아낌없이 자축하자. 초점을 병이 아닌 당신 삶으로 가져오는 것이다.

당신은 아주 열심히, 그리고 바쁘게 살아왔는지도 모른다. 하루에 땅 한 번 제대로 밟을 여유조차 없었을 것이다. 하지만 아픈 걸 계기로 더 자주 자연과 접하게 됐다면 그것조차 감사한 게 아닐까? 정기적으로 자연을 찾아가 보자. 집 가까운 곳에 바쁘게 지내느라 몰랐던 숨겨진 자연이 있을 것이다. 그곳의 나무, 흙, 물, 동물, 식물까지 하나하나 눈길을 맞추고 말을 건네 보자. 숨을 들이쉴 때마다 자연이 내 안으로 들어오고, 숨을 내쉴 때마다 나를 감싸고 있는 병과 부정적인 생각들이 함께 나간다고 생각해 보자. 그 생각과 행동들이 당신의 긍정성을 깨우고 그 긍정성은 회복을 촉진할 것이다.

자연 속에서 느낀 아름다움과 흥분을 삶으로 가져오자. 그래서 매일 새롭고 아름다운 것을 찾으려고 노력해 보자. 이런 게 살아 있다는 가장 큰 선물이 아닐까? 당신에게 손이 있어서, 발이 있어서, 심장이 있어서 얼마나 감사한가? 사람들은 육체에 감사할 줄 모른다. 살아도 산 것처럼 살지 못하는 사람들이 얼마나 많은가? 꿈과 희망, 그리고 행복을 잃은 사람들은 정신적으로 죽어 있는 것이나 다를 바 없다.

.... 죽음

인생의 완성

행복한 삶을 연구하면서 행복한 죽음에 대해 관심을 갖지 않을 수 없었다. 당신은 죽음을 어떻게 받아들이는가? 아직까지 우리 사회는 '죽음'이라는 단어 자체를 두려워하고 기피하는 경향이 있다. 우리나라는 경제적으로 세계 10대 선진국이고 삶의 질과 의식 수준이 많이 향상되었다. 이제 행복한 삶뿐만 아니라 행복한 죽음에 대해서도 공개적으로 논의할 때가 되지 않았을까. 그런 판단에서 나는 2년 전부터 행복한 죽음(well dying)에 대한 자료를 수집했다. 그리고 세계적 웰 다잉 전문가 아이라 바이오크의 책 『아름다운 죽음의 조건』과 『품위 있는 죽음의 조건』을 출판했다. 예상대로 『아름다운 죽음의 조건』은 많은 독자들의 관심 속에 베스트셀러 반열에 올랐다.

그런데 작년 초 한 모임에서 개인 사업을 하는 한 40대 중반 남자의 개인사를 들을 기회가 있었다. 그 남자는 노환을 앓고 있는 노모를 모시고 있는데 형님과 갈등이 심해서 어떻게 해결해야 할지 고통스럽다고 했다. 5분 정도의 짧은 대화 속에서도 그의 답답한 상황이 전달돼 측은하게 느껴졌다. 그때 번뜩 『아름다운 죽음의 조건』이 떠올랐다. 이 책은 세상에서 가장 아름다운 말 네 마디를 통해 그동안 불편했던 인간관계를 해결하고 행복한 죽음에 이르게 하는 방법을 알려 주는 책이다. 그 아름다운 말은 "용서해요. 고마워요. 사랑해요. 그리고…… 잘 가요."이다. 이 책을 읽으면서 형제간의 관계를 회복하고 평화로움을 되찾고 어머니도 행복한 죽음을 맞이할 수 있을 것이라는 생각이 든 것이다. 그리고 다음 날 출근하자마자 책을 보내주었다.

그 이후 어떤 반응이 왔을 것 같은가? 자비로 퀵까지 불러서 책을 보냈지만 잘 받았다는 전화 한 통이 없었다. 다음에 만났을 때도 반기는 기색은커녕 인사조차 없는 것이다. 나는 그게 죽음 자체에 거부감을 느꼈기 때문이라고 생각한다. 다른 사람들에게도 책 선물을 하면『긍정심리학』은 쉽게 받아들이지만『아름다운 죽음의 조건』은 기피하는 경향이 있다. 당신은 어떤가? 죽음이라는 단어가 당신에게는 어떤 느낌으로 다가오는가? 아마 20대, 30대라면 죽음이라는 단어도 낯설고 자신이 언젠가 죽는다는 사실도 남의 일처럼 멀게만 느껴질 것이다. 아니면 당신은 어차피 누구나 죽으므로 죽음에 대해서 특별히 생각할 필요가 없다고 여기는가?

물론 죽음은 누구도 피해갈 수 없다. 죽음은 병든 자와 건강한 자, 부자와 가난한 자, 권력자와 힘없는 자를 구분하지 않는다. 그래서 더 죽음을 생각하고 이야기해야 한다. 당신이 지금 아등바등하고 고민하는 문제들이 죽음 앞에서도 여전히 중요할까? 추구하는 돈과 명예, 권력이 죽음 앞에서도 지금처럼 소중할 것이라고 생각하는가? 그때 정말 중요한 걸 지금 해야 한다. 죽음 앞에서 소중한 것만큼 정말 소중한 건 없다. 그래서 죽음에 대해 진지하게 생각하는 과정은 언제 닥칠지 모르는 죽음에 대한 불안과 두려움을 극복하게 해 주고, 나아가 인생을 되돌아볼 계기를 제공한다.

인생의 진정한 완성이 무엇이라고 생각하는가? 어떻게 죽느냐가 아닐까? 아름다운 마무리야말로 당신이 살아온 삶을 더 의미 있게 만들어 준다.

행복한 죽음

당신은 죽음 앞에서 무엇을 가장 먼저 생각하겠는가? 잠시 생각해 보자. 생명이 경각에 달려 있는 상황이라면, 당신은 가장 먼저 무엇을 생각하겠는가? 더 열심히 일했어야 했다는 후회? 더 재미있게 살았어야 했다는 후회? 아니면 이루지 못한 꿈? 대부분의 사람들이 죽음 앞에서 가장 먼저 생각하는 건 오직 사람이라고 한다. 그건 당신이 누군가의 죽음을 앞두고 있을 때도 마찬가지다. 당신은 많은 사람들이 사람을 보내면서 가장 뼈저리게 하는 후회가 무엇이라고 생각하는가? 미처 할 말을 전하지 못한 것, 미처 관계를 풀지 못한 것, 결국에는 미처 사랑을 다 전하지 못한 것이라고 한다.

죽음 앞에서는 보내는 사람도 떠나는 사람도 사람을 생각한다. 당신이 누군가를 용서하지 못하고 원망을 간직한 채 죽는다면 행복한 죽음이라고 할 수 있겠는가? 아니면 누군가를 용서하지 못한 채 떠나보낸다면 행복하게 살아갈 수 있겠는가? 죽음이 무척 멀게 느껴진다면, 최근에 누군가와 크게 다툰 적이 있다면 그때를 떠올려 보자. 당신은 그 사람과 화해했는가? 만약 화해하지 않은 상황에서 그 사람이 내일 죽는다면 어떻겠는가? 시간이 더 지나서 당신이 화해하고 싶어도 그 사람이 이 세상에 없다면? 아마 크게 다투고 관계가 틀어졌을수록 두고두고 그 사람과의 일이 머릿속에서 떠나지 않을 것이다. 만약 다툰 이유가 당신 때문이고 상처를 준 사람이 당신이라면 더더욱 괴로울 것이다. 누구나 그렇다.

세상에는 때를 놓치면 하기 어려운 말이 있다. 특히 죽음 앞에서는 그렇다. 당신이 부모와의 관계가 좋지 않았는데, 부모가 사랑한다거나 용서해 달라고 말하지 않은 채 세상을 떠난다면 당신은 끝내 부모를 인정하지 못할 것이다. 당신이 부모에게 사랑한다거나 용서해 달라고 말하지 못한 채 보내야 한다면 당신은 끝내 부모를 보내지 못할 것이다. 사소한 말이 원망이든 후회든 평생에 씻어지지 않는 앙금으로 자리 잡는다. 아주 뻔한 말이라고 해도 사람 사이에는 분명하게, 꼭 해야 할 말이 있다.

"사랑해요. 고마워요. 용서하고 용서해 주세요. 잘 가요."

만약 당신이 누군가를 보내야 할 상황이라면 이 말을 꼭 전해 주자. 더 기다리거나 더 생각해 보고 해야 하는 말들이 아니다. 서로가 허심탄회하게 문제를 털어놓고 이야기를 나누면 더 이상 죽음은 무거운 게 아니다. 실제로 많은 사람들이 서로 마음을 털어놓고 나면 오히려 기뻐하는 분위기가 조성된다고 한다. 한 사람이 인생을 마감하면서 누군가의 가슴에 못을 박으며 떠나야 한다면, 누군가의 원망 어린 시선을 받으며 떠나야 한다면 어떻게 행복한 죽음이겠는가?

당신은 말하지 않아도 알 것이라고 생각하는가? 말하지 않으면 모른다. 이 네 마디 말은 내버려 둘 말이 아니라 마땅히 지금 해야 하는 말이다. 또 당신이 떠나며 남은 사람들에게 전하는 사랑과 용서, 화해를 담은 말들은 그들이 더 행복한 삶을 살아갈 수 있도록 힘을 준다. 남아 있는 사람들에게 당신이 줄 수 있는 최고의 선물이자 축복이다. 그래서 죽음은 깨지고 금이 가 버린 관계를 회복시켜 주는 기회가 된다. 당신이 만약 부모든 친구든 그동안 모진 말로 상처를 줬다고 해도 얼마든지 관계를 회복하고 헤어질 수 있다.

죽음에 이르러서야 삶에서 진정 소중한 게 무엇인가를 깨닫는다는 건 안타까운 일이다. 하지만 죽음에 임박해서도 깨닫지 못하는 사람도 많다. 만약 당신이 누군가를 말없이 보내주고 말았다면 후회 대신 남은 사람들을 더 생각하자. 기회가 닿을 때마다 사랑을 전해 주고, 용서하고 감사하면서 서로를 따뜻하게 감싸 준다면 또다시 때를 놓치고 후회하는 일은 없을 것이다. 그리고 그런 행동이 언제가 될지 모르는 당신의 행복한 죽음을 준비하는 일이다.

수의에는 주머니가 없다. 살아오는 동안 얻었던 모든 것을 놓고 간다. 누군가에게 받았던 마음의 상처와 내가 주었던 마음의 상처까지도 모두 거두고

가는 것이다.

작별 인사

당신이 지금 임종을 맞아야 한다면 죽음을 받아들일 수 있겠는가? 아마 대부분 어려울 것이다. 이제 한창 젊은 나이라 해야 할 것도 많고 하고 싶은 것도 많은데 누구라도 받아들이기 쉽진 않을 것이다. 그래도 당신이 임종을 맞아야 하는 사실이 변하지 않는다면 어떻게 하겠는가? 아직 제대로 피워 보지 못한 인생을 생각하며 비통에 잠기겠는가? 아니면 분노하고 원망하면서 지켜보는 주변 사람들까지도 힘들게 하겠는가? 아마 무엇을 해야 하는지 판단이 서지 않을 것이다.

다니엘 슈만[37]이라는 청년은 미국의 명문 아이비리그에 속하는 대학교를 졸업하고 사업에서 성공을 거둔 뒤 세계를 여행했다. 그런데 인생을 마음껏 즐기던 어느 날, 고작 서른아홉 살에 임종을 맞아야 하는 상황이 되었다. 다니엘 슈만도 처음에는 자신의 빛이 꺼져 가고 있다는 사실에 분개했다. 남부러울 것 없이 성공한 사람이 한창 나이에 작별 인사를 해야 한다는 걸 어떻게 받아들일 수 있겠는가? 패배라고 여길 수도 있었을 것이다. 하지만 다니엘은 곧 죽음이 힘으로 어쩔 수 없는 일이라는 걸 받아들이고 그 순간 할 수 있는 가장 현명한 일을 했다고 한다. 편지를 써서 자신이 최고로 행복하게 살았다는 걸 어머니에게 알려 주고, 준비가 되었다는 걸 전했다.

어머니께.

제게 남은 이 생의 마지막 나날들이 몹시 괴로울 것 같았지만, 실제로는 그렇지 않았습니다. 아니 솔직히 말씀 드리면, 여러모로 제 생애 최고의 날들이었습니다. 어머니께서 슬퍼하시면, 저는 제 모든 꿈을 이루기 위해 몇 백 년을 더 살아야 할 것입니다. 제게 주어진 시간에 충실했으니, 저는 아무런 후회가 없습니다. 아마도 제가 병에 걸리지 않았더라면 느긋한 마음으로 모두에게 진심 어린 고마움을 전하는 일이 절대로 없었을 테죠. 마치 시꺼먼 구름을 뚫고 찬란하게 쏟아지는 은빛 햇살처럼 느껴집니다. 꿈을 이룰 기회도 갖지 못한 채 죽은 사람들이 참 안타깝습니다. 저는 이루었는데 말입니다. 내가 천국에 갔느냐고 누군가 묻거든 어머니, 이렇게만 말씀해 주세요. 저는 원래 그곳 사람이었다고.

—어머니를 사랑하는 아들 다니엘 드림.

누구에게든 작별 인사는 두렵다. 작별 인사를 한다는 건 헤어짐을 인정하는 일이기 때문이다. 당신은 다니엘 슈만이라는 청년처럼 작별 인사를 먼저 건넬 수 있겠는가? 아마 큰 용기가 필요할 것이다. 하지만 헤어질 수밖에 없다는 사실 때문에 함께 하는 삶의 소중함을 깨닫고 삶이 소중하다는 걸 깨닫는다. 삶이 영원하지 않다는 걸 깨닫는다면 작별 인사를 할 때마다 삶을 더 소중하게 여기지 않겠는가? 아이라 바이오크의 말대로 삶에서 중요한 건 얼마나 오래 살았느냐가 아니라 얼마나 깊이 살았느냐일 것이다. 당신과 내가 죽을 때 "참 애썼다. 충만한 삶이었다."라고 말할 수 있다면 행복한 삶이었고 행복한 죽음이 아닐까? 긴 인생은 충분하지 않을 수 있다. 하지만 좋은 인생은 충분히 길다. 만약 당신이 삶을 아끼고 사랑하며 살았다면 좋은 인생이고 충만한 삶일 것이다. 사람 관계를 소중히 여기고 사랑을 나누면서 기뻐할 때 삶은 이미 아름다울 수 있는 것이다.

만약 다니엘 슈만이 먼저 작별 인사를 하지 않았다면 남은 시간 동안 어떻게 살았을지 생각해 보자. 아마 죽는 순간까지도 원망하고 좌절하면서 남은 시간을 헛되이 보내고 말았을 것이다. 그런 아들을 지켜보면서 어머니와 가족은 또 얼마나 고통스럽고 가슴이 아팠겠는가? 먼저 작별 인사를 하고 싶은 사람은 아무도 없겠지만 당신과 나, 죽음을 맞은 사람들은 선택할 수 있다. 죽음이 가까워 오면서 사랑하는 사람들과 헤어져야 하는 상실의 아픔을 받아들이고 자신을 지킬 수 있다. 사랑에 필연적으로 따라올 수밖에 없는 헤어짐을 인정하지 않는다면 어떻게 사랑이 완성되겠는가?

죽음을 통해 가까운 사람들을 이곳에 남겨 두고 혼자만 긴 여행을 떠나는 작별만이 아니라, 당신과 나는 매 순간 작별하고 있다. 오늘은 어제와 작별했고 누군가와 만났다가 집으로 돌아가는 길에도 작별을 한다. 만남이 있기에 작별이 있는 것이다. 작별은 당신과 내가 누군가를 만나서 열심히 사랑하며 살았다는 증거다. 그리고 그 작별 인사를 통해 이 순간은 더욱 소중해진다. 오늘이 마지막 날이라고 생각한다면 지금 이 순간을 어떻게 무의미하게 바라볼 수 있겠는가.

품위 있는 죽음

작별 인사까지 끝내고 이제 이 세상에서의 마지막 순간이 찾아왔다고 생각해 보자. 당신은 병원 한구석에서 산소 호흡기에 의존해서 고통스럽게 마지막을 보내겠는가? 아니면 가족과 친지들의 사랑과 보살핌, 축복 속에서 원하는 모습으로 평화롭게 마지막을 보내겠는가?

몇 년 전 선종한 김수환 추기경은 생명 연명 치료를 거부하고 자연스런 죽음의 과정을 받아들이며 아름답고 존엄한 죽음을 실천해 보였다. 호흡곤란으로 생명이 위독한 상황에서도, 선종 당시에도 기관지를 절개하고 튜브를 삽입해야 하는 인공호흡 치료를 하지 않았다고 한다. 아무런 의미 없이 단지 죽는 순간을 연장할 뿐인 기계적 치료를 받지 않겠다는 평소 뜻을 따른 것이었다. 죽음을 삶의 한 부분으로 자연스럽게 받아들이겠다는 뜻이었다. 그래서 더 이상 피할 수 없는 죽음을 겸손하게 따랐고 당신 삶을 하느님 손에 맡기면서 생을 마감했다.

당신은 죽음에도 품위가 있다고 생각해 본 적이 있는가? 있다면, 어떻게 죽는 게 품위 있는 죽음이라고 생각하는가? 아마 대부분은 깊게 생각해 본 적이 없을 것이다. 살아가는 문제만으로도 골치 아프고 복잡한 일투성이라서 죽음까지는 생각할 겨를이 없었을 것이다. 하지만 분명 죽음에도 품위가 있다. 육체적으로 죽음을 맞이하는 것도 중요하지만 영혼까지 잘 마무리하는 게 품위 있는 죽음이다. 품위 있는 죽음은 죽음의 의미뿐만 아니라 어떻게 죽어갈 것인가에 대한 과정을 담고 있다. 많은 사람들이 현실적인 고통 앞에서 얼마나 쉽게 무너지는가. 그래서 그 고통을 조금이라도 줄이기 위해 산소 호흡기를 달고 병원 치료를 받는다. 하지만 그런 와중에도 어떤 사람들은 오히려 평안해진다. 갖은 고통을 겪으면서 삶에 연연하기보다는 편안히 마지막을 준비하는 것이다. 그 길에 호스피스의 도움을 받기도 한다. 호스피스는 죽음을 앞둔 환자에게 연명 치료 대신, 여생 동안 인간으로서의 존엄성을 유지할 수 있도록 돕는다. 환자가 마지막 순간을 평안하게 맞이하도록 하고, 사별 후 가족이 겪을 고통과 슬픔을 극복하도록 도와주는 것이다.

장미 가시에 찔려 패혈증으로 죽었던 시인 릴케는 "의사들이 전해 준 대로 죽고 싶지 않아. 난 자유롭게 죽고 싶소." 했다고 한다. 당신은 어떻게 죽고 싶은가? 당신만의 방식대로 죽어야 한다. 당신 자신 속에서 죽어야 하는 것이다. 성급하게 죽어서도, 부주의하게 죽어서도 안 된다. 당신이 옳다고 믿는 가치관에 따라 삶의 의의와 존엄성을 획득하고서야 비로소 당신이라는 한 생이 완성된다. 잘 살아가는 게 중요한 것처럼 죽음의 과정에서도 잘 해내야 하는 무엇인가가 분명 있다. 그게 품위 있는 죽음이다.

당신은 죽음이 갑자기 다가와 성급하게 당신을 끝내도록 내버려 두겠는가? 당신이 삶의 내밀성과 깊이 속에서 살아가기 시작한 순간부터 죽음은 이미 존재했다. 그래서 죽음은 삶의 한 부분이다. 가장 내밀한 곳에서 당신 삶으로 살아가는 게 진정한 죽음이다. 이렇게 죽음은 '나'로 만들어진다. 죽음을 삶 속으로 끌어당겨 죽음을 삶의 또 다른 이름으로 만든다면, 그래서 죽음을 당신 안에 품는다면 당신이 누릴 수 있는 생의 즐거움은 그만큼 많아질 것이다.

행복 프로젝트 4
직업

.... 기업은 행복한 인재를 원한다

● 　행복 공식에서 살펴본 것처럼 직업은 외적 환경 가운데서도 아주 중요한 환경이다. 직업을 가진 사람들이 없는 사람보다 행복하다. 하지만 더 중요한 건 직업의 종류가 아니라 직업에서 느끼는 만족이다. 만족스러운 직장 생활을 하기 위한 첫 단추는 당신과 궁합이 잘 맞는 회사를 찾는 것이다. 가장 중요한 건 성격에 딱 들어맞는 일일 것이다.

　하지만 당신이 수많은 직장 가운데 원하는 곳을 고르는 것처럼 회사에서도 원하는 인재의 모습이라는 게 있다. 아마 당신이 직장을 구하는 경력자나 취업 준비생이라면 지금쯤 영어 성적을 올리고 보유한 자격증 숫자를 늘리는 등 스펙 만들기에 여념이 없을 것이다. 그렇다면 당신은 자질에 대해서는 어떤 노력을 기울이고 있는가? 당신은 스펙 외에 인사 담당자에게 어떤 모습을 부각시키겠는가? 기업들이 무조건 조건만 보는 건 아니다. 더구나 이제 기업들은 인재를 선발하는 데 손쉬운 BUY를 선택하지 않고 MAKE하는 전략을 택하고 있다. 모든 조건을 완벽하게 갖춘 인재가 아니라, 필요한 자질을 갖춘 재목을 찾아 좋은 인재로 만들어 가는 쪽으로 택한 것이다. 당신이 생각하기에는 기업들이 어떤 자질을 원한다고 생각하는가? 출근 시간을 보면 알 수 있다는 근면함? 직급이 높아질수록 중요해지는 추진력? 아니면 최근 들어 관심이 높아지는 창의성?

지난해 상위 11개 기업의 인사 담당자를 대상으로 한 조사에서는 인재가 갖춰야 할 자질과 소질로 전문 지식과 폭넓은 교양, 국제 감각과 외국어 구사 능력, 진취성, 도전과 성취 의식, 유연한 사고와 창의력, 긍정성, 올바른 가치관, 인간미, 책임감, 협력하는 자세, 바른 예의 등 10가지 항목이 꼽혔다. 당신은 이 가운데 몇 가지를 갖추고 있는가? 부합되는 조건이 많을수록 회사가 원하는 인재에 가깝다는 뜻이다. 이 가운데 인간미, 올바른 가치관을 포함한 인성은 갈수록 강조되는 덕목이다. 전문 지식과 능력, 마인드도 중요하지만 협업이 가능하도록 동료를 배려할 줄 아는 인간미를 갖추는 것도 큰 요건이라고 본 것이다.

당신은 이게 무엇을 의미한다고 생각하는가? 전문성을 제외한 나머지 특성들은 모두 행복한 사람들의 모습이기도 하다. 이제 기업은 행복한 인재를 원한다는 것이다.

열정을 갖자

한 연설가가 아무리 열심히 연설을 해도 청중이 잘 모이지 않았다. 그래서 청중에게 많은 인기를 누리는 또 다른 연설가를 찾아가서 그에게 비결을 물었다. 그 성공한 연설가의 대답이 무엇이었는지 아는가? 그는 이렇게 말했다. "당신 자신을 장작불 위에 올려놓으십시오. 그러면 청중은 불구경을 하기 위해 구름같이 몰려들 것입니다."

"Just Do It(하면 된다)."이라는 광고 문구로 알려진 나이키도 시작은 놀라우리만치 보잘것없었다. 스포츠 열정만으로 똘똘 뭉친 육상인 두 명이 자동차 트렁크에 운동화를 쌓아 두고 육상 경기장에서 장사를 시작하면서였다.

많은 기업들이 인재의 열정을 중요한 자질로 본다. 열정을 불태우지 않는 인력들은 버스에 태우지 말고 심하게는 버스에서 내리게 해야 한다고 비유하는 사람도 있을 정도다. 만약 당신이 목소리가 크거나 밥 빨리 먹기, 오래 달리기를 기준으로 선발된다면? 일본전산은 열정 있는 인재를 뽑으려고 이런 기발한 채용 기준을 마련했다. 이렇게 기업들이 열정을 중요한 자질로 보는 이유는 열정이 일을 추진해 나가는 원동력이기 때문이다. 만약 당신이 일을 하다 난관과 한계에 부딪힌다면 그때마다 좌절하지 않고 계속 일을 할 수 있게 하는 힘이 무엇이라고 생각하는가? 바로 당신 안에 숨어 있는 열정이다. 열정이 없으면 쉽게 포기해 버린다.

당신은 스스로가 열정을 갖고 있다고 생각하는가? 아마 처음 일을 시작하는 사람이라면 대부분 어느 정도의 열정이 있을 것이다. 어쩌면 입사만 하게 되면 누구보다 더 열정적으로 일할 것이라고 의욕에 불타는 사람도 있을 것이다. 하지만 열정은 말이나 의지로 되는 게 아니다. 더구나 처음엔 열정을 가졌다가도 어느 정도 업무에 익숙해지면 열정도 사그라진다. 당신이 열정이 있다고 생각해도 현실에서는 그렇지 않을 가능성이 높다.

중요한 건 열정을 지속시킬 수 있느냐 하는 것이다. 당신은 열정을 이끌어내고 지속시키려면 어떻게 해야 한다고 생각하는가? 지금 당신의 목표가 무엇인지 돌아보자. 대기업 취직인가 승진인가? 사업의 성공인가? 이 태도로는 열정을 가질 수 없다. 일단은 분명하고 세부적인 목표가 있어야 한다. 그리고 끊임없이 동기부여가 되어야 한다. 이것이 7가지 열정(PASSION) 원칙이다.

열정(PASSION) 원칙 7가지[38]

이익(Profit)
당신은 상점 주인을 위해 물건을 사는가? 아닐 것이다. 그렇다면 당신이 일을 하려는 이유는 무엇인가? 회사를 만족시키기 위해서? 어떤 사원도 회사와 주주를 만족시키기 위해 일하진 않는다. 사원과 고객 만족에 우선을 둔 기업을 찾자.

야망(Ambition)
당신은 누군가의 동기부여가 있어야만 불타오르는 사람인가? 재능은 있지만 교만과 아집 때문에 스스로 포기하는 사람인가? 에너지로 스스로 불타는 사람인가? 세 가지 유형 가운데 열정을 지속시키려면 스스로 불타올라야 한다. 그래서 야망과 꿈이 있어야 한다. 당신에게는 어떤 야망과 꿈이 있는가?

진정성(Sincerity)
당신은 어떤 일을 할 때 당신의 이익만을 추구하는가? 아니면 경쟁자, 당신 고객, 회사 모두가 함께 이익을 얻을 수 있기를 바라는가? 무조건 경쟁에서 이기고 혼자 살아남겠다는 생각으로는 열정을 지속시키기도 어려울 뿐더러, 성공하기도 어렵다. 이젠 원원만이 살아남는다. 그리고 여기에 필요한 게 진정성이다. 당신이 고객을 대할 때, 동료와 상사를 대할 때 진실한 인간관계를 맺으려면 진정성을 가져야 한다.

강점(Strength)
당신의 강점은 무엇인가? 사회성 지능이 강점인 사람이 혼자 하는 일을 해야 한다면 열정을 지속하기 어려울 가능성이 높다. 강점에 맞는 일을 해야 한계에 부딪힐 때마다 스스로에게 용기를 줄 수 있다.

혁신(Innovation)
당신은 열정이 무조건 목표를 향해 앞으로만 나아가는 것이라고 생각하는가? 자신을 점검하고 혁신하지 않으면 무뎌지기 쉽고, 설상가상으로 엉뚱한 곳에 열정을 쏟아부을 수도 있다. 열정을 지속시키려면 끝없는 자기 혁신이 이루어져야 한다.

낙관성(Optimism)
낙관적 사고가 문제를 해결하게 해 주고 목표를 달성하도록 해 준다. 당신은 낙관적인 사람이 되어야 어려운 고비를 넘어설 수 있다.

포기는 없다(Never Give Up)
강한 목표가 있는 사람은 해답을 찾을 때까지 절대 포기하지 않는다. 99까지 했을 때가 가장 어렵다. 당신은 1을 채우기 위한 인내심이 있는가?

당신은 이 가운데 몇 가지나 갖추고 있는가? 이 7가지는 씨 없는 수박으로 유명한 우장춘 박사의 맏사위이자, 박지성 선수가 처음 일본 프로팀에서 뛰었던 교토상사의 이나모리 가즈오 전 회장이 말한 열정의 조건이다. 나는 이나모리 회장을 개인적으로 초청해서 강연회를 한 적도 있고 해서 열정에 대한 강의를 할 때면 7가지 열정을 꼭 이야기한다. 가난한 집안에서 태어났던 그는 사업 자금으로 500만 엔을 빌려서 열정 하나만으로 전 세계 세라믹 제품의 70퍼센트를 생산하는 교토상사라는 거대 기업을 일궈 낸 인물이다. 이나모리 회장은 회사를 아메바라는 작은 단위로 분할시킨 아메바 방식의 창안자이기도 한데, 모든 사원이 열정을 갖게끔 조직 내에서 각 개인이 리더나 핵심 역할을 하도록 만든 것이다. 그만큼 불타는 열정과 넘치는 열의가 있다면 평범한 사람도 비범한 힘을 발휘해서 불가능한 일도 가능하게 만들어 준다고 믿었다.

그런데 당신은 위의 조건들이 행복한 사람들의 특징과 겹쳐진다는 걸 발견했는가? 브루스 헤디가 3,500명 이상의 사람들을 15년 동안 추적 조사한 결과를 보면 가장 행복한 사람들에게는 세 가지 특징이 있었다. 명확한 인생 목표에 따라 살아가고, 위험을 무릅쓰고 절대 변명하거나 포기하지 않고, 우정이나 사랑, 타인에 대한 봉사 등 나름의 목표를 갖고 있었다. 또 행복한 사람들은 자신감과 자기 존중감이 높아서 그것을 이뤄 낼 수 있다는 믿음도 가지고 있고 낙관적이다. 여기에 성격에 딱 들어맞는 강점을 발휘한다면 그 일이 얼마나 신명 나고 즐겁겠는가? 당연히 열정적일 수밖에 없다. 열정 하나를 갖기 위해서도 이렇게 많은 것들이 필요하다는 말이다. 다시 물어보자. 당신은 열정이 있는가?

창의성을 높이자

2012년 가장 일하고 싶은 기업으로 꼽힌 구글에는 '80 대 20 법칙'이 있다. 일하는 시간 80퍼센트, 자유 프로젝트에 20퍼센트를 분배해 직원들에게 업무 외적인 자유 시간을 허락하는 것이다. 반드시 관심 프로젝트가 수익 창출에 기여해야 하는 건 아니다. 20퍼센트 프로젝트는 어느 정도 성과를 거두고 더 큰 프로젝트로 개발될 필요성이 있다고 판단되면 회사 차원의 공식 업무로 승격된다. 이렇게 해서 탄생한 구글의 서비스가 구글뉴스, 지메일, 구글맵스, 구글토크, 구글어스 등이다. 이 프로젝트는 개발자들의 창의성을 북돋워 주기 위해 구글 초창기부터 시행되었는데, 업무 시간을 창의적인 아이디어로써 가능한 자유 프로젝트에 활용하게 하고 또 원하는 일을 함으로써 자아를 실현할 수 있도록 한 것이다. 이렇게 하면 자연스럽게 개방적이고 긴밀한 네트워크를 형성하고 직원들의 열정을 이끌어 내어 창의성을 높일 수 있기 때문이다. 자유 프로젝트 외에도 구글은 애완견을 데리고 출근할 수 있다. 당신이 회사에서 업무 외에도 관심 있는 분야에 시간을 투자할 수 있고 옆에는 애완견까지 있다면 어떻겠는가? 아마 딱딱한 사무실에서 하루 종일 주어진 업무만 할 때보다 자유롭고 편안한 상태라 아이디어를 구상할 수 있는 기회가 많아질 것이다.

구글의 기업 문화가 자유로운 환경이라면, 'HP Way'로 대변되는 휴렛패커드의 기업 문화는 자유롭고 격의 없는 대화이다. 당신이 일하는 기업의 사장 집무실이 개방되어 있고 누구나 부서의 리더나 최고경영자에게 격의 없이 다가가 얘기를 건넬 수 있다면 어떻겠는가? 괜히 높은 사람과 친구가 된 것 같고 자연스럽게 회사 전반에 대한 대화도 흉금 없이 털어놓을 것이다. 휴렛패커드는 타 부서 사원들끼리도 어디서나 자유롭게 토론을 벌인다. 부서의 문턱도 아예 없앴다. 제품 디자이너는 고안한 디자인을 본인 PC에 띄워 놓고 아무나 보고 품평할 수 있게 한다고 한다.

이렇게 점점 많은 기업들이 창의성을 높이기 위해 자유로운 기업 문화를 만들어 가고 있다. 창의성을 높이면 결과적으로 기업의 성과로 이어지기 때문에 기업은 창의적인 인재를 원할 수밖에 없다. 앨빈 토플러에 이어 차세대 미래학자로 손꼽히는 다니엘 핑크는 지금까지 진행된 정보화 사회에서는 왼쪽 뇌 중심의 논리적이고 컴퓨터 같은 디지털 능력이 중요했지만, 미래에는 오른쪽 뇌 중심의 창조 능력과 공감 능력이 뛰어난 사람이 인재상이라고 했다. 당신은 창의성을 높이기 위해 어떤 노력을 기울이고 있는가? 기업들이 왜 저마다 자유로운 문화를 만들어 간다고 생각하는가?

자유로운 문화 속에서 자유로운 기분을 느끼기 때문이다. 자유로운 기분? 정서가 자유로운 사람을 뜻한다. 당신이 평소 자주 분노하고 짜증 내고 우울한 사람이라면 그때 당신의 정서가 자유로웠다고 생각하는가? 오직 분노, 짜증, 우울뿐인 감정에 휩싸여 있었을 것이다. 그에 비하면 좋은 기분일 때는 그 기분을 다른 사람을 위해, 일을 위해 사용하기도 한다. 그래서 정서가 자유로운 사람이란 긍정적 정서를 많이 쌓고 긍정적 정서를 많이 활용하는 사람을 뜻한다. 가장 행복한 사람의 특징이기도 하다.

긍정적 정서를 높일 수 있는 몇 가지 방법들을 기억하는가? 전부 당신의 창의성을 높여 주는 방법들이다. 만약 당신이 평소 창의성이 부족하다고 느꼈다면 이 방법들을 일상에서 자주 활용해 보자. 아니면 당신은 하루 24시간 중 햇볕을 쬐는 시간이 얼마나 되는가? 현대인은 날씨에 차단된 채 평균적으로 93퍼센트의 시간을 살아간다고 한다. 그만큼 대부분의 시간을 실내에서 보내는 것이다. 날씨가 좋을 때는 밖으로 나가 보자. 일단 밖으로 나가면 모니터나 실내로 맞춰져 있던 시야가 확장된다. 멀리 보기 역시 사고를 개방하고 확장시켜 준다. 무엇보다 당신이 햇볕을 쬐면서 느끼는 좋은 기분이 긍정적 정서를 높이고, 그것만으로도 당신은 지금보다 훨씬 창의적인 사람이 될 수 있다.

유연한 사고를 갖자

만약 당신이 면접관에게 "5분 동안 저를 즐겁게 만들어 주시죠."라거나 "서류철 외에 스테이플러의 용도를 다섯 가지만 말해 보세요."라거나 "당신이 연필처럼 작아져 믹서기에 빠졌다면 어떻게 빠져 나오겠습니까?"라는 질문을 받는다면 뭐라고 대답하겠는가? 실제 면접이라고 생각하고 잠시 생각해 보자. 마땅한 대답이 떠오르지 않는가? 그렇다면 당신은 평소 유연하게 사고하지 못하고 경직된 사고를 하는 사람일 가능성이 높다.

이 질문들은 실제 면접장에서 나온 질문들이다. 인사 담당자들의 말을 들어보면 요즘 젊은이들은 영어 성적, 학점 등 스펙은 입이 딱 벌어질 정도고 면접장에서 답변 역시 훌륭하다고 한다. 예상 문항을 철저히 준비하기 때문이다. 하지만 답변을 중간에 끊고 엉뚱한 질문을 하면 당황한다고 한다. 그만큼 사고가 경직되어 있는 것이다. 하지만 이제 기업들은 A 아니면 B를 택하는 사람을 원하지 않는다. C를 생각해 낼 수 있는 인재를 원한다. 그게 유연한 사고다. 유연한 사고와 창의성은 한 몸이라고 해도 과언이 아니다. 유연한 사고란 열린 자세다. 급하다고 해서 서두르거나 당황하지 않고 안정된 마음을 유지할 수 있어야 한다. 그래야 문제의 원인을 분석하고 여유 있게 생각할 수 있다. 유연한 사고를 하지 못하면 한 가지만 보게 된다. 다양한 측면을 보지 못하기 때문에 발상의 전환이 어려운 것이다.

당신은 사과를 깎을 수 있는 방법을 몇 가지나 갖고 있는가? 애플의 "다르게 생각하라(Think Different)"는 캠페인을 어떻게 실천할 수 있을까? 좀 더 창조적이고 유연한 사고를 하는 가장 손쉬운 방법은 긍정성을 가지면서 반박하기를 생활하는 것이다. 반박하기는 평소에 고집스럽게 믿고 있는 한 가지 생각, 즉 왜곡된 믿음에 집착하는 것을 벗어나게 해 준다. 다양한 원인을 찾게 만들어 사고를 보다 유연하게 만드는 방법이다. 조금만 벗어나서 보면 무엇이 잘못되어 있고 어떻게 하면 더 좋아질지가 분명히 보인다. 그런데도 잘못된 생각이나 한 가지 생각에 집착하기 때문에 끝없는 생각의 반복을 낳는 것이다. 낙관성은 당신의 머릿속에 다른 생각을 할 수 있는 숨구멍을 터 주는 일이다. 그래서 실제로 대기업들의 핵심 인재 요건에는 낙관성과 유연한 사고가 포함되어 있다. 반박하기가 어떻게 유연한 사고로 이어지는지는 뒤에서 구체적인 사례를 통해 자세히 다룰 것이다.

당신은 혹시 낙관성이 미래를 기대하는 것이라고 해서 미래만을 생각하는 것이라고 여기는가? 절대 그렇지 않다. 낙관성은 현실을 잘 관찰하는 데서 시작한다. 옛날 이탈리아 베니스에는 여러 나라의 상인이 들락거려 화폐가 통일되어 있지 않았다. 이를 착안한 상인 한 명이 벤치에 앉아 돈을 깔고 환전을 해 주었고 그것이 '은행'의 시발점이 되었다. 낙관적인 태도로 유연하게 사고한다는 말은 현실을 직시해서 관찰하고 보다 발전적인 방향에서 생각하는 힘이다. 비관적인 생각이 아니라 낙관적인 사고로 현실을 잘 관찰해 보자.

"아빠, 왜 사진은 찍으면 금방 안 나오고 며칠씩 걸려?"라고 순진하게 묻는 아이의 질문에서 폴라로이드 즉석 사진기가 발명되었고, "움직이지 못하는 장난감이 만약 살아서 움직인다면?"이라는 순진한 궁금증 덕분에 세계적인 애니메이션 제작사인 픽사의 「토이 스토리」가 탄생했다. 당신에게 궁금증과 호기심이 생기려면 어떻게 해야겠는가? 일단은 부정적인 기분을 잘 다스려야 한다.

진취성과 도전 의식을 갖자

"5만 분의 1 지도, 조선소 짓겠다는 백사장 사진 들고 가서, 당신이 배를 사 주면, 사 주었다는 증명을 가지고 영국 정부의 승인을 얻어 영국 정부의 차관을 얻어서 기계를 사들이고 조선소를 지어서 네 배를 만들어 주겠으니 사라. 이런 이야기야."

2008년을 강타했던 이 CF를 기억하는가? 1986년 중앙대학교에서 고 정주영 회장이 현대중공업의 전신인 울산조선소를 세우기 위해 외국 은행 관계자와 선주들을 만났을 때의 일화를 얘기하는 장면을 그대로 CF로 옮긴 것이라고 한다. 유명한 일화지만 자세한 내막을 모르고 CF만 보면 참 기막힌 얘기다. 배를 만들 수 있는 기술도 시설도 없는데, 배를 사 주겠다는 증명을 해 주면 돈을 빌려 배를 만들어 주겠다는 것인데, 아무것도 없는 상태에서 배짱을 부릴 수 있었던 건 조선소를 꼭 만들 수 있다는, 꼭 만들어야 한다는 '확신' 때문이었다.

사실 정주영 회장도 처음부터 조선소를 건설할 수 있다고 확신했던 건 아니라고 한다. 조선소 건설은 박정희 대통령이 추진한 제3차 경제개발 5개년 계획의 최대 핵심사업 중의 하나였다. 정부로부터 조선소 건설을 의뢰받고 조선소를 지을 수 있는 돈과 기술을 마련하려고 백방으로 뛰어다녔지만 일본, 캐나다, 미국에서 모두 문전박대를 당했다. 아무도 한국이라는 작은 나라가 조선소를 건설할 수 있다고 믿지 않았기 때문이다.

아무리 애를 써도 길이 보이지 않는 상황이라면 당신은 어떻게 했겠는가. 정주영 회장은 절망하여 결국 조선소 건설을 포기하겠다고 했다. 그런데 대통령은 왜 조선소를 꼭 건설해야 하는지 이유를 들어 다시 한 번 설득하면서 "지금 내 앞에 앉아 있는 사람이, 반대를 무릅쓰고 작열하는 태양 아래서 고속도로를 건설한 정주영 회장이 맞소?"라고 진노했다고 한다. 강한 확신은 전염성이 강하다. 박정희 대통령의 확신과 의지 덕분에 정주영 회장은 다시 의지를 불태우면서 차관을 얻기 위해 유럽으로 눈을 돌렸다. 갖은 노력 끝에 영국의 조선소와 기술 협조 계약을 했는데 이번에는 자금이 문제였다. 그래서 회장은 영국 버클리 은행을 찾아가면서 휑한 모래 백사장을 찍은 사진 한 장과 5만 분의 1 지도, 그리고 500원짜리 지폐 한 장을 들고 간 것이다.

그리고 500원짜리 지폐를 꺼내서 이순신 장군과 뒷면에 있는 거북선을 보여 주면서 "이것이 세계 최초의 철갑 함선인 거북선입니다. 우리는 이미 500년도 훨씬 더 전에 이런 철갑선을 만드는 기술을 갖고 있던 나라입니다."라고 했다. 정주영 회장의 확신이 은행 관계자의 마음을 움직이면서 차관 승인을 받아내는 데 성공했지만 이번엔 영국 수출 신용 보증국이 브레이크를 걸었다. 참 끝이 없지 않은가? 영국에서 차관을 받으려면 반드시 수출 보증국의 승인을 얻어야 하는데, 이 수출 신용 보증국이 문제를 제기한 것이다.

"좋습니다. 배를 만들 수 있는 기술과 자본이 있다고 합시다. 그렇지만 누가 당신들한테 배를 만들어 달라고 주문하겠습니까?" 그러면서 배를 살 사람이 있다는 증거를 가지고 오면 승인해 주겠단다. CF에서 정주영 회장이 말한 내용은 바로 배를 사 줄 사람을 구할 때의 이야기다. 결국 그리스의 한 선주로부터 배를 사겠다는 발주 계약을 받아내면서 영국에서 차관을 들여올 수 있었다.

확신은 불가능한 것도 가능하게 만드는 힘을 지녔다. 현대가 조선소를 건설한 건 한 편의 신화나 마찬가지다. 길을 닦거나 집을 짓는 토목공사를 하던 현대가 고도의 중공업 기술과 막대한 자본이 필요한 조선소를 건설하는 건 사실상 불가능한 일이었다. 하지만 꼭 해야 한다는 의지가 할 수 있다는 확신을 갖게 만들었고, 확신은 산적해 있는 난제에 정면으로 맞설 수 있는 용기를 주었다. 이게 도전 의식이다.

일을 추진하다 보면 문제는 늘 있기 마련이다. 그때마다 당신은 어떻게 넘어서겠는가? 확신이 없으면 문제들은 넘기 힘든 장벽으로 보인다. 하지만 확신이 있다면 장벽 앞에서 좌절하기보다 장벽을 넘을 수 있는 방법을 고민하게 된다. 당신은 해결할 수 없는 문제가 있다고 생각하는가? 정주영 회장이 조선소를 건설한 힘은 기적이 아니라 확신이라는 무기로 어떤 상황에서도 포기하지 않고 난제를 해결할 방법을 찾았기 때문이다.

만약 당신이 편한 환경에서 익숙한 친구와 동료, 시장 환경에서 일하고 있는데 회사에서 해외 지사 근무를 제안한다고 해보자. 새로운 팀과 인력을 구성하고 새로운 언어와 문화를 익히는 등 밑바닥부터 다시 시작해야 한다. 동일한 상황도 누군가는 부정적인 면에 집중해 위기로 받아들이지만, 누군가는 기회로 받아들여 차근차근 준비해 나간다. 당신은 어느 쪽을 선택하겠는가? 도전 의식은 꼭 해야 하고, 할 수 있다는 확신을 가지고 위기 상황을 기회로 받아들이는 것이다. 그것이 낙관적인 태도다.

인성과 인간미를 갖자

잠시 스스로에 대해 냉정하게 생각해 보자. 당신은 평소 누군가 당신과 부딪쳐 옷에 커피를 쏟았다면 얼굴을 찡그리고 화를 내는 사람인가, 미안해하는 상대방에 괜찮다고 오히려 웃어 주는 사람인가? 친구들과 밥을 먹으러 갔을 때 정확하게 자기 밥값만 테이블에 올려놓는 사람인가, 가끔은 친구 밥값을 기분 좋게 내 주는 사람인가? 주변에서 도움이 필요한 사람을 보면 못 본 체하는 사람인가, 선뜻 도와주는 사람인가? 누구든 어떤 일을 할 때마다 한 치의 실수도 없이 정확하게 계산하고 행동해야 한다고 생각하는 사람인가, 실수하는 사람을 보면 누구나 그럴 수 있다고 생각하는 사람인가?

당신이 후자를 택했다면 평소 사람들이 당신을 좋아하고 함께 있으면 즐거워했을 것이다. 당신이 인간미가 있고 인간적인 매력이 있는 사람일 가능성이 높다는 뜻이다. 아마 당신이 어려움에 처한 상황이 온다면 당신을 도와주겠다고 나서는 사람이 많을 것이다.

사람 관계도 딱딱 자로 잰 듯 정확해야 한다고 생각하는 사람들이 있다. 준 만큼 받아야 하고, 오는 게 없으면 가는 것도 없다. 하지만 어떻게 인간관계가 계산만으로 가능하겠는가? 이런 사람들은 아무리 능력이 뛰어나도 사람들과 융화되기는 어렵다. 혹시 당신은 내 일만 똑 부러지게 잘하면 된다는 생각을 갖고 있는가? 만약 그렇다면 인간관계에서도, 일에서도 언젠가는 한계에 부딪힐 수밖에 없다. 사람들은 그런 사람을 좋아하지도 않고, 무릇 일이란 게 혼자 해낼 수 있는 것도 아니다. 당신이라면 인간미가 부족한 동료와 기분 좋게 일할 수 있겠는가? 실력은 다소 부족해도 동료를 기분 좋게 하고 회사 분위기를 활기차게 만드는 직원이 어디를 가나 사랑받는다. 아니면 당신이 새로운 회사의 CEO가 되어 운영 책임자를 구하는 입장이라고 해보자. 당신이 지인들 중에서 적절한 후보를 생각했을 때 한 사람은 관리자로서 능력이 뛰어나고 부하 직원들을 잘 관리하지만 인간관계가 원만하지 않고, 또 한 사람은 관리자로서의 경험은 부족하지만 언제나 최선을 다하고 인간미가 뛰어나다면 두 사람 가운데 누구에게 제의를 하겠는가? 업무를 최우선으로 두겠는가, 아니면 불편한 사람과 함께 지내겠는가? 업계 선두 기업인 한 식품 회사의 새로운 CEO가 된 다이애나라는 여성은 양자 사이에서 고민하다 경험은 부족하지만 인간미가 뛰어난 사람을 택했다. 본인도 불편한 관계가 싫었고 한 사람 때문에 회사 내의 인간관계가 깨지지 않을까 하는 걱정을 지울 수 없었던 것이다.

   동료들과 농담도 나눌 줄 모르고 함께 어울리지도 않고 자기만 생각하는 이기적인 사람과 일하고 싶은 사람은 아무도 없다. 타인을 배려할 줄 알고 공동체 의식이 있고 협동심과 책임감, 인간적 매력이 있는 사람과 함께 일하고 싶어 한다. 얼마 전부터 A자형 인재가 뜨고 있는 것도 비슷한 맥락이다. 안철수 교수가 제안한 A자형 인재는 넓고 깊은 지식을 갖고 있는 T자형 인재에 커뮤니케이션 능력을 더한 인재를 뜻한다. 다른 T자형 인재들과 융합할 수 있어야 더 많은 시너지를 이끌어 낼 수 있다는 말이다. 당신은 스스로 전문성, 인성, 팀워크의 3대 요소가 조화를 이루고 있다고 생각되는가?

시대가 점점 각박해지고 모든 분야가 전문화되고 있다. 하지만 내 일만 잘하면 그만이라는 사고의 소유자는 금세 도태되고 만다. 현대사회는 여러 사람들이 모여 하나의 작품을 만들어 가는 시대다. 그만큼 소통 능력과 팀워크는 갈수록 중요해지고 있다. 주어진 일을 하고 사회적으로 성공하고 조직 사회 속에서 가치를 인정받고 하는 게 직장 생활의 전부는 아니다. 능력 못지않게 인간적인 면에서도 가치를 높이려는 노력이 필요하다. 신의, 정의, 윤리, 바른 예의, 올바른 가치관 같은 인성과 도덕성은 시대를 막론하고 성공의 중요한 기준이다.

당신의 대표 강점을 떠올려 보자. 긍정심리학의 24가지 강점은 6개의 미덕에 성품을 포함시켜 놓은 결과물이다. 강점은 당신을 한층 매력적이고 인간미 넘치는 사람으로 만들어 주는 당신만의 개성이다.

········ 천직

천직으로 승화하자

당신의 평소 직장 생활을 돌이켜 보자. 당신은 일요일 저녁이 되면 빨리 월요일 아침이 와서 출근하고 싶은가, 아니면 또 한 주가 시작된다는 생각에 머리가 아프고 몸도 마음도 천근만근 무거워지는가?

당신이 후자를 택했다면 다시 물어보자. 당신은 왜 일을 하려고 하고, 왜 일을 하고 있는가? 돈을 벌기 위해? 성공하기 위해? 우리나라 직장인 절반이 돈을 벌기 위해 일한다고 한다. 생계를 위해 일하는 사람이 대다수겠지만, 젊은층에서는 좋은 차를 사고 레저와 오락에 필요한 돈을 마련하려고 일한다는 사람도 많다. 그것들이 본인의 가치를 나타낸다고 믿기 때문이다. 당신도 혹시 그 가운데 한 명인가?

많은 사람들이 열심히 돈을 벌고 일에서 성공하면 행복이 따라온다고 생각한다. 하지만 이미 살펴본 것처럼 행복에 대한 오해에 불과하다. 성공한다고 해서 행복이 저절로 따라오는 건 아니다. 제 직업을 천직이라고 믿고 일에서 즐거움과 보람, 의미를 찾으면서 만족해야 행복한 것이다. 당신이 생계직이나 전문직으로 일하는 사람이라면 더더욱 직업에서 만족할 수 있는 길을 찾아야 한다. 특히 돈을 벌기 위해서라면 거기에 어떤 미래 비전이 있겠는가? 회사에서 하루의 대부분을 보내므로 직업에서 만족하지 못하면 삶 전반의 행복지수도 낮아질 수밖에 없다. 그래서 직업 만족도를 높여야 한다.

혹시 지금 하는 일이 당신이 원하는 직업과 전혀 다른 종류라서 만족하지 못하는가? 그래서 심각하게 이직을 고민하고 있는가? 그렇다면 과감히 이직을 하는 것도 한 방법이다. 하지만 우리나라 경우 이직하는 직장인 대다수가 유사 직종으로 옮긴다고 한다. 지금 하고 있는 일이 꼭 마음에 안 들어서가 아니라 지금의 회사, 업무 환경 등이 만족스럽지 못한 것이다. 상황이 이러하다면 들어맞는 환경을 갖춘 회사를 찾기 전까지는 끊임없이 스트레스에 시달리면서 여기저기 직장을 옮겨 다녀야 할 것이다. 직장을 그만두기까지 들인 마음고생과 시간, 또 새로운 직장을 찾고 적응하는 시간, 얼마나 큰 낭비인가? 그보다는 지금 있는 그 자리에서 만족할 수 있는 방법을 찾는 게 훨씬 현명하다. 그 한 가지가 바로 당신의 직업을 원하는 직업으로 만드는 일이다. 그게 바로 천직이다. 마틴 셀리그만은 이것을 직업 재창조라고 부른다. 이렇게 하면 분명 어제와 똑같은 업무, 똑같은 하루지만 매너리즘에 빠져 있던 일에 재미를 느낄 수 있다. 게다가 천직은 자기만족 외에도 일을 하면서 타인과 사회에도 기여한다고 믿기 때문에 그만큼 의미와 보람을 찾을 수 있다.

혹시 당신은 능률이 오르지 않아서 고민하면서 그때마다 능력을 탓하고 좌절감을 느낀 적이 있는가? 그게 일에서 의미를 못 찾기 때문이라고 생각해 본 적이 있는가? 국순당 배중호 대표는 1992년 가업을 이어받았지만 술 빚는 사업이 무척 싫었다고 한다. '술장사'라는 생각뿐 다른 의미를 찾지 못했기 때문이다. 대표가 이렇다 보니 직원들도 대부분 회사 일에 자부심을 못 느꼈고, 따라서 회사가 잘 운영될 리 없었다. 고민 끝에 "몸에 좋은 술을 만들고, 전통주를 지켜 낸다."는 기업 철학을 세웠다. 기업 가치를 갖고 개발한 게 바로 약주 시장을 새롭게 개척한 백세주이다. 직원들 의식도 바뀌면서 개량 한복을 입고 일하는 직원들은 "전통주에 관한 한 우리가 대한민국 공무원."이라는 자부심을 갖게 되었다. 이처럼 일에서 보람과 의미를 찾게 되면 만족은 물론 더 열심히 일하게 되어서 성과로까지 이어진다.

당신은 좋아하지도 않고 보람도 없는 일을 하는데 열심히 일할 마음이 들겠는가? 아마 주어진 업무를 끝내는 것도 힘들고 스트레스 받을 때가 많을 것이다. 어쩌다 야근이라도 하게 되면 툴툴거리고 회사에 뼈를 묻으라는 상사의 말을 듣고서는 속으로 코웃음을 쳤을 것이다. 발명왕 에디슨은 하루에 4시간씩 자고 18시간을 일했다고 한다. 그런데도 그는 하루도 일한 적이 없고 그저 재미로 한 것뿐이라고 했다. 즐거움과 보람, 의미를 찾지 못하면 일하는 게 고된 노동일 수밖에 없다. 하지만 직업을 천직이라고 여기면서 즐거움과 보람을 느낀다면 남보다 부지런하고 노력하고, 그래서 남보다 실적이 좋을 수밖에 없다.

직업이 불만족스럽다면 직업을 재창조해 보자. 중요한 건 바라는 직업을 찾는 게 아니라 바라는 직업으로 만들어 가는 것이다. 만약 당신이 지금 하고 싶은 일을 하고 있는데도 만족스럽지 못하고, 몰입하기 어렵고, 보람과 의미를 못 찾고 있다면 적극적으로 직업을 재창조해 보자. 이 작업의 핵심은 직업을 천직으로 승화시키는 것이다.

대표 강점으로 직업 찾기

요즘 취업 준비생 대다수가 희망하는 직업이 없다고 한다. 당신도 혹시 본인이 뭘 잘할 수 있는지 도무지 모르겠는가? 그렇다면 강점에서 접근해 보자. 성격에 딱 들어맞는 일만큼 즐겁고 잘할 수 있는 일은 없다. 많은 사람들이 "일이 나하고 적성이 안 맞아."라고 말하는 것도 성격과 안 맞는 일을 하고 있기 때문이다. 강점에서 접근하면 실패를 미리 차단할 수 있다. 특히 강점을 발휘하면 일을 하면서 몰입을 경험할 가능성은 6배나 높아진다. 그 일이 얼마나 신나고 만족스럽겠는가?

당신의 대표 강점을 다시 확인해 보자. 만약 직업을 찾고 있는 중이라면 대표 강점을 날마다 발휘할 수 있는 직업을 고르는 게 첫 단추다. 대표 강점이 '사회성 지능과 대인 관계 지능'이라면 사람을 상대하는 직업에서 탁월한 능력을 발휘할 가능성이 높다. 사회성 지능과 대인 관계 지능이 뛰어나면 다른 사람들의 동기와 감정을 금방 알아채고 그에 맞게 반응할 줄 안다. 그래서 기분이나 체질, 동기, 의도 등 사람들의 차이점을 쉽게 식별하고 그에 걸맞게 센스 있게 행동한다. 이런 사람은 영업처럼 사람을 상대하는 직업에서 만족을 느끼고 성공할 가능성도 높다. 아니면 '독창성, 실천적 지능, 세상을 보는 안목'이 대표 강점이라면 디자이너, 광고, 카피라이터, 스타일리시, 파티 플래너 등 창의성을 발휘하고 아이디어가 생명인 직업을 찾는 게 좋다.

이렇게 분야를 정한 다음에는 더 구체적으로 들어가 보자. 영업에만도 수만 가지가 있다. 대표 강점이 영업에 잘 맞는다면 어떤 영업을 할 것이며, 디자이너라면 어떤 디자이너가 될 것인가? 자동차 디자이너, 광고 디자이너, 의류 디자이너 등 관련 정보를 찾아 모은 후 모든 가능성을 열어 놓고 대표 강점을 가장 잘 발휘할 수 있는 업종을 찾아보자. 그리고 나서 그 직업을 가지려면 어떤 것들이 필요하고, 회사마다 어떤 특징이 있으며, 그 직업에서 대표적인 인물은 누구인지 자세하게 알아보자. 점차 좁혀 들어가다 보면 무궁무진한 직업의 세계가 펼쳐진다. 당신은 혹시 직업에 의사, 변호사, 교사, 공무원만 있다고 생각하진 않는가? 초콜릿을 만들고 초콜릿으로 예술 작품을 만드는 쇼콜라티에(chocolatier), 기업명이나 상표, 도메인 등의 이름을 짓는 네이미스트, 푸드 스타일리스트, 파티 플래너, 와인 소믈리에 등 수많은 직업이 있다. 대표 강점에 맞는 직업 가운데서 당신이 비전과 의미를 갖고 일할 수 있으면서 미래에 수요가 많아질 직업이라면 더없이 좋을 것이다.

대표 강점에서 접근하면 무엇을 준비하고 노력해야 하는지도 충분히 알 수 있다. 게다가 면접이나 천편일률적인 자기소개서 대신 성격 강점을 어필할 수도 있다. 요즘은 기업에서도 단순히 학벌 좋은 인재를 원하진 않는다. 창의성과 아이디어 등 다른 인재와 차별화되는 본인만의 강점을 지닌 사람을 선호한다. 너나 할 것 없이 스펙을 쌓으려고 비슷비슷한 자격증을 따는 상황에서 자격증 하나 더 따고 덜 따는 게 뭐 그리 큰 차별성이 있겠는가? 특히 강점은 도덕성을 바탕으로 했기 때문에 당신의 됨됨이를 어필할 수 있다. 미래의 경쟁 포인트는 스펙보다는 특별한 자질이다. 회사도 사람이 모인 집단인 이상 결국에는 함께 일하고 싶은 사람을 뽑는 것이다. 성격 강점으로도 얼마든지 남들과 차별화할 수 있다. 가장 중요한 건 천직이라고 여기면서 일할 수 있는 가능성이 훨씬 높아진다는 사실이다.

대표 강점으로 직업 재창조하기

직장을 찾는 사람이라면 대표 강점을 활용해 딱 맞는 직업을 찾으면 되겠지만, 이미 직장 생활을 하고 있다면 고민이 될 것이다. 하지만 얼마든지 대표 강점을 활용해 만족스런 직업으로 만들어 갈 수 있다.

다만, 대표 강점을 매일매일 어떻게 발휘할지 그 방법에 대한 고민이 필요하다. 만약 대표 강점이 일과 직접적으로 연관되어 있다면 일에 활용하고, 그렇지 않은 경우에는 직장 상사와 동료 등 대인 관계 등에 활용할 수 있다. 당신은 이 일이 단순히 만족만 준다고 생각하는가? 한 대형 회계 법인에서는 파트너로 승진하지 못한 직원들에게 자기 강점을 발견하고 활용하는 방법을 알려 줬다. 이 방법을 배운 직원들은 강점을 활용해서 직장 내의 다양한 대인 관계나 업무상 문제를 처리할 수 있게 되었고, 결국 이듬해 다들 파트너로 승진을 했다. 직장은 일만 잘한다고 해서 성공할 수 있는 곳이 아니다. 일도 잘하면서 동료와 상사와 부하 직원 등 사람들과 원만하게 융합할 때 더 높은 단계로 도약할 수 있다. 여기에 대표 강점을 활용하라는 것이다.

나도 강점인 학구열을 활용해서 박사 과정을 수료하고 긍정심리학을 계속 연구하고 있다. 안양대학교와 한국긍정심리연구소, 데일 카네기에서 강의를 병행하고 있는데, 다른 사람을 가르치면서 나도 배울 수 있어서 더 만족스럽다. 만약 대표 강점이 '학구열'이라면 회사 내 토론회나 프레젠테이션을 열어 가르치는 데서 강점을 활용하면 즐거움과 만족감을 느낄 것이다. 만약 변호사라는 직업을 갖고 있고 대표 강점이 '리더십'이라면 근무 환경 개선을 위한 신참 변호사들의 대표를 맡을 수도 있다. 리더십을 발휘해 동료 변호사들이 익명으로 쓴 건의 사항을 모아서 회사 대표에게 제출하고 동료들의 복지 향상을 도울 수도 있을 것이다.

또 대표 강점이 '공정성'이라면 이런 사람에게는 균형이 중요하다. 어떤 결정을 할 때도 편파적으로 하지 않고 모든 사람에게 똑같은 기회를 주어야 한다고 생각할 것이다. 호텔 지배인이라면 지배인들이 주차 혜택을 남용하거나 손님이 기다리고 있을 때 골프를 치거나 하는 행동을 용납하지 못할 것이다. 이런 사람은 공정성을 발휘해 보자. 호텔의 시간제 근무 직원들과 더 많은 시간을 보내는 것도 한 가지 방법이다. 그러면 지위가 낮은 그들 고충을 이해하고 존중하게 될 것이고, 근무 환경을 개선하기 위해 노력할 수도 있을 것이다. 아니면 회사에서 프로젝트를 끝마치고 팀을 평가해야 하는 업무가 있을 때 개개인의 공헌도를 정확하게 평가하는 데 강점을 사용할 수도 있고, 회사에서 새로운 업무를 시작하면서 부서 내 행동 양식이 필요할 때 그 업무를 맡아 조직에 맞는 업무 수행 규칙을 세우는 일에 강점을 발휘할 수도 있을 것이다.

직업에서 업무나 대인 관계, 친목 모임, 또 부서를 넓혀 직장 전체에서 대표 강점을 활용할 수 있는 방법을 찾아보자. 먼저 당신이 업무나 동료들, 직장 내에서 일어나고 있는 다양한 일에 관심을 가져야 할 것이다. 당신은 그동안 직장에서 어떻게 생활해 왔는가? 직장에서 크고 작은 문제가 일어나면 직접적으로 관련이 없는 일에는 무관심하진 않았는가? 관심을 가져야 한다는 마음만 있을 뿐 방법을 몰라 고민했던 적이 있는가?

이제부터 강점을 발휘해 보자. 강점을 발휘하려면 주변에 관심을 가질 수밖에 없다. 일단 방법을 찾아낸 다음에는 매일매일, 가능한 한 자주 활용해 보자. 그러면 분명 어제와 똑같은 업무겠지만 훨씬 큰 만족과 보람을 느낄 수 있을 것이다.

직업 재창조의 두 가지 규칙

당신이 요리사, 간호사, 트레이너, 레크레이션 강사, 미용사, 연구원 등 어떤 직업을 갖고 있든 대표 강점을 발휘해서 직업을 재창조할 수 있다. 단, 마틴 셀리그만은 직업을 재창조할 때 두 가지 규칙을 기억해야 한다고 말한다. 그래야만 당신이 대표 강점을 발휘하면서 천직으로 승화시킬 수 있다.

대표 강점을 발휘하는 일이 만족뿐만 아니라 성과까지 높여 준다고 하니, 당신은 혹시 성공을 위해 대표 강점을 발휘해야겠다고 마음먹지 않았는가? 하지만 대표 강점이 효과를 볼 때는 거의가 윈윈 게임에서다. 다른 사람을 이기고 경쟁하기 위해서가 아니라 모두가 함께 이득을 볼 수 있는 긍정적인 방향일 때 강점이 빛을 발한다는 사실이다. 리더십을 동료들의 복지 향상을 위해 활용하고 학구열을 직원들을 가르치는 데 활용한 것처럼, 당신의 대표 강점을 함께 만족할 수 있는 방향에서 찾아보자. 동료들의 복지 환경을 개선하는 데 리더십을 활용하는 사람을 누가 마다하겠는가? 무엇보다 그래야만 직업을 천직으로 승화시킬 수 있다. 천직이란 자기만족과 더불어 더 많은 사람들의 행복에 기여하는 것이다. 모두의 이익을 위해 당신의 대표 강점을 활용한다면 그것만큼 더 좋은 것이 있겠는가? 윈윈 전략으로 접근할 것, 이것이 첫 번째 규칙이다.

또 강점을 발휘하는 일이 궁극적으로 본인에게 긍정적 정서를 불러일으켜야 한다. 만약 대표 강점을 발휘하면서 스트레스를 받거나 즐겁지 않다면 다른 방법을 찾아야 한다. 이렇게 당신이 대표 강점을 발휘해 긍정적 정서를 높일수록 생산성도 덩달아 높아진다. 272명의 직장인을 대상으로 긍정적 정서를 측정해 합계를 낸 다음 18개월 뒤에 업무 수행 능력을 조사한 연구가 있었다. 그랬더니 더 행복한 사람은 상사의 업무 수행 평점이 훨씬 높아졌고 봉급도 많아졌다고 한다. 오스트레일리아 청소년들을 15년 동안 추적한 대대적 연구에서도 행복이 취업과 고수입의 가능성을 훨씬 높여 주는 것으로 밝혀졌다. 당신은 행복감이 먼저라고 생각하는가, 아니면 업무 수행 능력이 높아져서 행복감이 높아졌다고 생각하는가? 실험 결과를 보면 기분이 좋아진 어른과 어린이들이 훨씬 더 높은 목표를 설정하고 과제 능력도 우수했다고 한다. 심지어는 철자의 위치를 바꿔 새로운 단어를 만들어 내는 게임을 할 때도 훨씬 더 끈기를 발휘했다. 대표 강점을 발휘해 긍정적 정서를 발휘하게 되면 생산성과 업무 수행 능력을 높일 수 있다. 강점을 발휘해 긍정성을 생산하는 것, 이것이 두 번째 규칙이다.

　이 두 가지 규칙을 지킨다면 분명 더 만족스러운 직업인이 될 것이다. 당신이라면 동료와의 관계도 좋고 업무 생산성도 높고 보람도 있는데 다른 회사로 옮기겠는가? 당연히 이직할 가능성도 낮아지고 회사에 대해 애정을 가질 수밖에 없을 것이다. 그래서 행복한 사람들은 직업적 탈진에 빠지지 않고 한 회사에서 오래 머물고 돈도 더 벌 수밖에 없다.

행복 리더십

강점 중심으로 질문하자

동물들의 세계에 전쟁이 일어났다. 사자가 총지휘관이 되었고 동물들이 사방에서 몰려들었다. 동물들은 서로를 쳐다보며 한심하다는 듯 수군거렸다.

"당나귀는 멍텅구리라서 전쟁에 방해만 될 테니 돌아가는 게 낫지."
"토끼 같은 겁쟁이가 어떻게 싸움을 한다고 온 거야! 한심하군."
"개미는 힘이 약해 어디다 쓰겠어?"
"코끼리는 덩치가 커서 적에게 금방 들통 나고 말걸."

이때 총지휘관인 사자가 호통을 쳤다.

"시끄럽다. 모두 조용히 해라! 당나귀는 입이 길어서 나팔수로 쓸 것이다. 그리고 토끼는 걸음이 빠르니 전령으로 쓸 것이며, 개미는 작아서 눈에 안 띄니 적진에 게릴라로 파견할 것이고, 코끼리는 힘이 세니 전쟁 물자를 운반하는 일을 할 것이다."

당신이 리더라면 어떻게 리더십을 발휘했을 것 같은가? 멍텅구리 당나귀를 똑똑하게 만들고, 겁쟁이 토끼를 대담하게 만들고, 힘이 약한 개미를 강하게 만들고, 덩치가 큰 코끼리를 체중을 줄여서 전쟁터로 내보내겠는가? 아니면 사자처럼 각자의 강점을 살려서 전쟁터로 내보내겠는가? 아니면 어떤 쪽이든 상관없다고 생각하는가? 하지만 이 문제는 리더로서 아주 중요하다.

얼마 전 한 회사에서는 성희롱 문제 때문에 발칵 뒤집힌 일이 있었다. 그동안 성희롱 교육에 많은 노력과 돈을 투자했는데 이 일로 그동안의 노력이 한 순간에 물거품이 돼 버린 것이다. 더구나 그동안 끊임없이 제기되어 온 남녀 성별 불평등 문제까지 이 사건을 계기로 다시 수면 위로 올랐다. 그래서 회사에서는 이 문제를 근본적으로 해결하기 위해 각 부서에서 우수한 인력 5명을 선발해 대책 팀을 구성했다. 여기서 성희롱과 남녀 불평등 문제를 어떻게 접근해서 풀어 나갈지 토론하면서 질문을 던지고 고민했다고 한다.

- 우리가 성차별 남성들의 태도에 대항해 무엇을 할 수 있을까?
- 여자들이 언제 성희롱을 경험하게 되는가? 누가 하고 있는가? 어디에서? 언제?
- 그러면 우리가 성희롱에 대해 어떤 대책을 마련해야 하는가?
- 왜 여성은 승진할 수 없는가? 이에는 어떤 장벽이 있으며 어떻게 우리가 그것을 제거할 수 있는가?

당신이 던진 질문도 이와 비슷한가? 아마 많은 사람들이 성희롱이나 남녀 불평등에 대해 생각할 때 할 수 있는 전형적인 질문일 것이다. 그런데 당신은 이런 질문이 과연 문제를 근본적으로 해결해 줄 수 있다고 생각하는가? 대책팀에서는 좀 더 심도 있는 토론이 진행되었고, 결국 이런 질문은 도움이 안 된다는 사실을 깨달았다. 오히려 부정적인 성별 역할, 비난과 장벽에 대한 인식의 확인, 한계점, 도덕적 비난 등으로 문제를 들추는 데 초점을 맞추고 에너지를 사용하게 되리란 걸 깨달았다. 결국 다르게 접근하기로 결정했는데, 새로운 접근법이란 문제를 바라보고 해결하는 관점을 바꿔 다음과 같이 질문하는 것이었다.

- 회사에서 남성과 여성이 함께 성공적으로 일을 수행해 본 경험이 있는가?
- 서로 간에 공감대를 형성하고 자유롭게 토론하며, 협력적이며 가치 있고 생산적으로 일을 한 경험이 있는가? 그것은 어떤 상황이었는가?
- 우리가 어떻게 하면 여성과 남성이 함께 일하며 좋은 경험을 쌓도록 할 수 있을까?

당신은 첫 번째와 두 번째 질문의 차이를 명확하게 느꼈는가? 아니면 질문 하나가 그렇게 중요하냐고 생각하는가?

만약 첫 번째 질문으로 접근했다면 어떻게 됐을지 생각해 보자. 아마 누구의 책임인지 비난 게임으로 이어지거나, 누가 해결할 것인지 같은 문제로 결코 끝나지 않을 소모적인 논쟁을 벌이고 말았을 것이다. 또 성희롱 예방 교육을 위해 예산을 늘렸을 것이고, 교육 참가자들은 식상한 내용에 흥미를 못 느끼고 관심조차 갖지 않았을 것이다. 당신이라면 직장에서 진행되는 이런 식의 교육 프로그램에 흥미를 갖겠는가? 아마 꾸벅꾸벅 졸거나 하품하고 핸드폰만 뚫어져라 보다가 나왔을 것이다. 하지만 두 번째 질문으로 접근했을 때는 어떻게 진행될지 상상이 가는가? 이 회사는 이전보다 남녀 간에 활발한 교류가 이루어지고, 서로 어울려 즐겁게 일하는 문화가 조성되면서 '여성이 일하기 가장 좋은 기업'으로 선정되기까지 했다. 그저 질문을 긍정적으로 바꿨을 뿐인데 프로젝트는 성공적이었던 것이다. 긍정적인 질문이 어디로 가야 할지 방향을 제시해 주었고, 에너지를 좋은 경험을 만들어 내는 데 집중하도록 해 주었다.

당신은 평소 문제가 발생하면 해결하기 위해 어떤 질문을 던지는가? "무슨 문제가 있는 거지? 무엇이 잘못된 거지?"라고 먼저 묻는 편인가? 아마 대개는 그럴 것이다. 이렇게 문제나 결함에서 해결책을 찾는 결함 찾기 식 방법이 전통적인 문제 해결 접근법이다. 하지만 회사의 성희롱 문제에서 처음에 했던 질문처럼 이런 방법은 결과적으로 문제와 부정성만 더 키우고 만다. 이런 결함 찾기 식 방법과 정반대되는 게 강점 중심의 방법인데 강점과 가치를 찾아 나가는 접근법이다. "무엇이 잘 이루어지고 있지, 최선은 무엇이지?"를 질문하고, 최상의 경험, 우수 사례, 우수한 삶의 질을 기반으로 새로운 꿈과 미래를 만들어 가는 것이다.

사람들은 결함 찾기 식 방법에 익숙해져 있다. 당신도 스스로를 돌아보면 저도 모르게 이 방법을 사용하고 있을 것이다. 한번 돌아봐야 할 때가 되지 않았을까? 당신이 리더라면 더욱 그렇다. 당신은 여전히 과거에 해 왔던 대로 문제를 끝없이 들춰내고 원인을 분석하는 데 매달리고 있는가? 실행력도 없어 보이는 개선 방안을 만들고 어떤 때는 억지로 짜 맞추면서 최선의 대안인 양 자위하고 있진 않은가? 사자처럼 각자의 강점을 살려서 전쟁터로 내보내는 일이 사소한 자질 같지만 리더로서는 아주 중요한 자질이다.

물론 때로는 결함 찾기 식 접근법이 필요한 순간이 있다. 하지만 결함에만 집중하지 말고 긍정적인 관점에서 문제를 바라보자. 문제에서 다시 문제를 만들어 내는 데 에너지를 소모하는 것보다는 강점의 측면에서 바람직한 모습들을 꿈꿔 나가는 게 현명하지 않을까? 보다 긍정적인 가치를 창출하고 꿈을 그려 나가는 데 에너지를 집중해 보자.

고객의 행복을 키워 주자

미국의 한 여성이 온라인 쇼핑몰에서 남편 부츠를 주문했다. 그런데 주문한 신발이 도착하기 전에 안타깝게 남편이 교통사고로 세상을 떠났고, 소식을 들은 온라인 쇼핑몰 고객 서비스 담당 직원은 다음 날 이 부인에게 조화를 보냈다. 이 회사에서 이 정도의 일은 상사에게 보고할 필요도 없고 결재도 불필요한 일이라 신속하게 대응할 수 있었다. 조화 값은 당연히 회사가 지불했다. 당신은 이제껏 온라인으로 물건을 사면서 이 같은 서비스를 받아 본 적이 있는가? 아니면 기업이 고객을 행복하게 해 줄 수 있다는 생각은?

대부분 기업에서 행복이란 단어를 듣는 것도 낯설 것이다. 이 이야기는 미국의 인터넷 쇼핑업체인 재포스에서 실제 있었던 일이다. 재포스는 온라인 신발 판매에서 시작해 지금은 의류, 가방, 가정용품 등 다양한 물건을 파는데, 그중에서도 대표 상품은 '와우~ 서비스'라고 불리는 고객 감동 서비스다. 고객 입에서 "WOW!"라는 탄성이 나올 만큼 최고의 서비스를 제공하자는 의미이다. 재포스의 CEO 토니 셰이가 생각하는 기업의 사명은 소비자와 직원에게 행복을 전달하는 것이다. 그래야 평생 가는 고객을 만들 수 있고 회사가 성장할 수 있다는 것이다. 만약 당신이 감동할 만큼 훌륭한 서비스를 받았다면 다른 곳에서 물건을 사겠는가? 고객에게도 엄연한 충성도가 있다. 실제로 이런 노력 덕분에 무일푼에서 시작해 10년 만에 연매출 1조 3,000억 원으로 성장했다. 토니 셰이는 이런 이야기를 담아 『딜리버링 해피니스』라는 책을 냈고, 뉴욕 타임스 베스트셀러 1위를 차지하기도 했다.

재포스는 행복을 전달하는 생활방식 구축을 목표로 삼는 기업이다. 고객이 행복하려면? 당연히 직원이 행복해야 한다. 행복한 직원은 그 에너지를 고객에게도 전파시키는데, 직원들이 행복하려면 좋은 기업 문화가 있어야 가능하다. 당신이 무슨 일을 하든 직장에서 불만족스러운데 고객에게 좋은 서비스를 하겠는가? 그래서 재포스는 전 임직원이 함께 하는 모임을 자주 갖는다. 만약 당신이 오즈의 마법사 같은 동화 속 복장을 입고 퍼레이드에 참가하고, 사장 얼굴을 케이크 범벅으로 만들고, 사장과 함께 삭발하는 행사에 참여한다면 어떻겠는가? 재포스는 이런 노력 덕분에 2000년도에 160만 달러이던 총 판매액이 겨우 8년 만에 10억 달러로 치솟았다. 그동안 직원들이 입는 티셔츠에는 "우리 회사는 하루에 500만 달러나 파는데 내가 얻은 건 이 싸구려 티셔츠뿐."이라고 새겨 줬다고 한다. 직원들이 일하면서도 얼마나 신나고 자부심을 느끼겠는가?

토니 셰이가 이런 기업 문화를 만들기로 다짐한 건 실패에서 얻은 교훈 때문이라고 한다. 재포스 이전에 링크익스체인지라는 인터넷 광고 판매 회사를 창업해 큰돈을 벌었는데, 대학 룸메이트와 시작한 이 회사는 2년 만에 직원 100명 규모로 성장했고 2억 6,500만 달러에 마이크로소프트에 인수됐다. 이만하면 괜찮은 조건이 아닌가. 그런데 겉으로는 좋은 조건에 회사를 판 것처럼 보였지만 그가 회사에서 손을 뗀 이유는 따로 있었다. 짧은 시간에 성장하느라 인원을 급하게 늘렸는데 새로 입사한 직원들은 일에 대한 열정보다는 돈에 관심이 더 많았다. 그러면서 기업 문화가 무너졌고 일이 고역으로 느껴졌다고 한다. 그래서 다시 사업을 하게 되면 본인은 물론, 직원들이 매일 출근하고 싶은 즐거운 직장으로 만들겠다고 다짐했다고 한다.

지금껏 살면서 당신이 가장 행복했던 순간을 한번 떠올려 보자. 그 가운데 돈 덕분에 행복했던 적이 있었는가? 토니 셰이는 인생에서 가장 행복했던 순간들을 정리해 보니 돈 덕분이었던 때는 없었다. 자신이 뭔가를 구축하고 창조적으로 활동하면서 깊이 몰두할 때가 제일 행복했다는 것이다. 많은 사람들이 돈 버는 데 관심이 있고 돈이 성공과 행복을 가져올 것이라고 쉽게 생각하지만 그것도 세상에 길들여진 모습일 뿐이다. 혹시 당신은 아직도 돈이 더 많은 자유를 가져다주고 스트레스를 줄여 줄 것이라고 생각하는가? 아직도 성공과 행복이 함께 할 수 없다고 생각하는가? 그런데 당신이 돈을 많이 벌려는 것도 결국에는 행복하게 살고 싶어서가 아닌가? 행복이 최종 목표라면 행복에 초점을 맞추는 게 타당하다. 더구나 회사 일에 깊이 참여하는 직원들이 더 생산적이라는 연구 결과도 많아서 이 모든 게 기업 문화와 직원 행복으로 연결된다는 것이다.

몇 년 전부터는 우리나라에서도 직원 기 살리기 운동이 유행하고 있다. 쌍용건설은 당사자들 모르게 노총각 단체 미팅을 주선해 주기도 한다. 직장인들이 회식이 잦고 운동이 부족한 걸 고려해 건강과 관련된 이벤트를 하는 기업들도 많다. 희망 체중 감량을 적어 낸 직원에게 다이어트 밥그릇이나 두부 도시락 같은 걸 제공해 주고 목표를 달성하면 휴가비를 주는 것이다. 불황이 이어지면서 해결책이 직원들밖에 없기 때문이다. 직원들이 신나서 일하지 않으면 어떻게 수익을 올리겠는가? 이제 직원의 행복이 사장의 행복이다. 그리고 거기에 좋은 기업 문화가 필요하다.

당신이 생각하는 좋은 기업 문화는 무엇인가? 토니 셰이는 회사 내 중요한 이슈가 있으면 보도자료를 뿌리기 전에 전 직원에게 이메일을 쓴다. 2009년에 아마존닷컴이 재포스를 인수한다는 발표를 할 때도 전 직원에게 그간의 협상 과정, 합병 후 변화, 언론 보도 전망을 설명하는 이메일을 보냈다. 여기에 회사의 핵심 가치 10개 항을 정해 좋은 기업 문화를 만들려고 항상 노력한다. 직원을 뽑을 때도 기업 가치와 맞는 사람만 채용한다. 4주간의 신입사원 교육을 마치고 나서 퇴사를 결심하면 2,000달러를 내줄 정도다. 그만큼 기업 문화에 자부심이 있으므로 동참할 열정이 없으면 떠나라는 뜻이다.

좋은 기업 문화는 경영진이 직원을 존중하고 서로 소통하면서 공통된 목표를 공유할 때 가능하다. 이제 고객이 행복해야 기업이 행복하고, 고객이 행복하려면 직원들이 행복해야 한다. 행복과 성공이 얼마든지 함께 갈 수 있다는 뜻이다.

구성원들의 행복을 키워 주자

당신은 지금 어떤 리더십을 발휘하고 있는가? 당신의 리더십이 구성원들의 행복을 키워 주고 있다고 생각되는가? 아니면 유연하고 자유로운 표현의 시대, 상상과 창조의 시대에 걸맞은 리더십이라고 생각되는가?

리더십에는 크게 변혁적 리더십, 서번트 리더십, 카네기 리더십이 있다. 변혁적 리더십은 리더가 조직원들에게 동기부여를 해서 성과를 이끌어 내는 리더십, 서번트 리더십은 '섬김'이란 뜻의 서번트 단어처럼 리더가 조직원들에게 헌신하면서 능력을 발휘하도록 도와주는 리더십, 카네기 리더십은 조직원들이 자기 계발을 통해 두려움 대신 열정과 용기를 갖도록 이끌어 주는 리더십을 말한다. 당신은 세 가지 가운데 어떤 리더십에 해당하는 것 같은가? 아마 대부분 자신도 모르게 성과를 높이려는 리더십을 발휘하고 있을 것이다.

그런데 나는 석사 논문을 「긍정심리가 리더십에 미치는 영향」[39]에 관해 썼다. 긍정심리의 긍정적 정서, 몰입, 강점과 미덕이 리더십의 종류에 따라 어떤 영향을 미치는지 연구했는데, 긍정심리가 가장 영향을 준 건 서번트 리더십이었다. 그다음이 카네기 리더십, 변혁적 리더십 순이었다. 당신은 이게 무엇을 의미한다고 생각하는가? 이젠 성과 위주의 리더십으로는 한계가 있다는 뜻이다. 구성원을 인간적으로 존중하고 신뢰하고 배려하고 섬기면서 공동체 의식을 강화시켜 조직에 긍정적 정서를 높이는 리더십을 가져야 한다. 당신이 어떤 자리에 있든 크고 작은 리더가 된다. 만약 입사한 지 얼마 안 된 평사원이라면 늘 리더를 따라가는 입장이겠지만 직급이 높아질수록 더 많은 부하 직원들이 생길 것이다. 그때 당신은 그들에게 어떤 리더십을 발휘하겠는가? 당신의 리더십에 따라 팀이나 조직의 생산성이 달라지고 이직하는 직원 숫자가 달라지고 충성도가 달라진다면?

마틴 셀리그만이 발견한 사실은 직장에서 긍정적 정서를 많이 느낄수록 생산성이 높고 이직률이 낮고 회사에 대한 충성도가 높다는 것이다. 소냐 류보머스키와 로라 킹, 에드 디너의 연구에서도 긍정적 정서를 갖게 되면 고객 서비스에 대한 평가가 좋아지고, 관리자의 평가가 좋아지고, 직무 만족도가 높아지고, 결근 일수가 감소하고, 임금을 올려 줄 가치가 있다는 평을 받을 가능성이 높아지고, 실제로 연봉이 오르고, 협력을 통해 갈등을 해결할 가능성이 많아지고, 창의적이 되고, 조직을 위해 자발적으로 나서는 일도 많아진다고 한다. 당신이 리더로서 조직의 강점뿐 아니라 구성원들이 강점을 찾고 활용할 수 있는 환경을 만들어 긍정적 정서를 키워 줘야 한다는 말이다.

이렇게 구성원들의 행복을 키워 준다면 직원들이 직장을 고달픈 생계 수단으로 여기겠는가? 아마 행복감을 느끼고 천직으로 바꿔 나갈 것이다. 재포스의 직원들은 하나같이 이렇게 말한다고 한다. "매일 아침 눈뜨면 회사 갈 생각에 가슴이 설레요. 주말에는 월요일이 너무 멀게 느껴져 참을 수 없을 정도예요." 상상이 가는가? 부하 직원이나 구성원들 입에서 이런 말을 듣는다고 상상하면 흥분되지 않는가?

아직도 부하 직원들에게 당근과 채찍을 주거나, 상사로서 위엄과 권위를 내세워 더 열심히 일하라고 강요하진 않는지 돌아볼 때다. 긍정보다는 부정의 측면을, 강점보다는 약점의 측면을, 가능성보다는 문제의 측면을 보고 있진 않은지 돌아볼 때다. 그런 리더십으로는 더 이상 조직을 이끌어 갈 수도 없고 성과를 낼 수도 없다. 행복의 도구들을 다시 떠올려 보자. 당신이 구성원들의 긍정적 정서를 키워 주고, 대표 강점을 발휘하게 하고, 의미 있는 삶을 살게 도와주고, 성취 의식을 심어 주고, 좋은 인간관계를 맺도록 도와주는 행복 리더십을 발휘할 때 최대한의 성과를 이끌어 낼 수 있다는 걸 기억하자. 존경은 저절로 따라올 것이다.

긍정성을 발휘하자

당신이 아무리 이해심 많은 사람이라도 해도 가끔은 '저 사람하고는 정말 같이 일 못하겠다.'는 말이 목구멍까지 차오르는 때가 한번쯤은 있을 것이다. 그럴 때 당신은 어떻게 하는가? 불평과 불만을 늘어놓거나 다른 동료에게 그 사람 험담을 하는 것으로 기분을 푸는가? 그래서 문제가 해결되었는가?

아마 그렇진 않았을 것이다. 불평과 불만, 험담은 관계를 그르치는 가장 나쁜 버릇이다. 무엇보다 스스로의 긍정성을 깎아내리는 일이다. 험담하고 나면 짜증 나고 억울한 감정은 좀 가라앉았겠지만 마냥 마음이 개운하진 않았을 것이다. 이제부터는 험담 대신 긍정성을 발휘해 보자. 무엇보다 사람들은 긍정적인 사람을 좋아한다. 함께 있으면 그 활기와 열의가 전염되어 세상이 더 밝게 보이기 때문이다. 당신이 이런 사람이 된다면 주변 사람들이 얼마나 좋아할지 상상이 가는가? 아마 당신도 항상 우울하고 침체되어 있거나 불평불만만 늘어놓거나 빈정거리는 사람과 함께 작업하고 싶지 않을 것이다. 당신에게 험담을 늘어놓은 사람은 돌아서면 다른 사람에게 당신 험담을 할 수도 있다. 그래서 긍정 정서를 자주 경험하는 사람들의 인간관계가 훨씬 안정적이고 원만하다. 특히 감정이란 건 전염성이 강해서 침울하거나 슬픈 사람과 함께 있다 보면 그 감정이 주변으로 옮아간다. 긍정적 정서의 창안자인 바버라 프레드릭슨의 연구에 의하면 부정적인 사람과 함께 있을 때 전염될 가능성이 80퍼센트나 된다고 한다. 그래서 부정적인 성향의 사람에게는 다가가기도 힘들고 좋은 동료라고 하기도 어렵다.

만약 상사나 직장 동료 때문에 불평불만이 생기거나 나쁜 점이 눈에 띈다면 그 사람의 단점이나 부정적인 측면보다는 장점이나 긍정적인 면에 주목해 보자. 그래야 서로 간에 신뢰를 쌓을 수 있다. 믿음과 신뢰는 억지로 끌어내는 게 아니다. 상대방의 긍정적인 면에 초점을 맞출 때 자연스럽게 믿음과 신뢰가 생긴다. 예를 들어, 프로젝트를 시작하면서 구성원들에게 업무를 배당할 때 마음속으로 '저 사람은 그 일을 잘 못할 텐데. 항상 보면 실수만 하고, 결과물도 형편없어.'라고 부정적인 생각을 미리 한다면 신뢰할 수 있겠는가? 그러다 보면 그 사람 능력을 의심하게 되고, 설상가상으로 함께 과제를 맡았다면 끝없이 불평하고 불신할 수밖에 없다. 하지만 '지난번엔 실수가 있었지만 이번에는 그 실수를 만회하기 위해 더 잘하려고 할 거야.'라고 긍정적으로 생각한다면 서로에게 격려와 기운을 불어넣어 줄 수 있을 것이다. 긍정적 정서는 원윈 할 수 있는 최고의 방법이다.

더구나 당신이 가진 부정적인 감정은 혼자만의 문제가 아니다. 당신 기분이 팀 전체의 분위기를 가라앉히고 생산성을 떨어뜨린다고 생각해 본 적이 있는가. 부정적인 감정은 팀 전체에 전염되고, 팀 전체의 창의성과 문제 해결 능력을 둔화시킬 수도 있다. 당신이 화가 나거나 슬플 때를 떠올려 보자. 그때 당신은 제대로 생각하고 판단했다고 생각하는가? 부정적인 감정 상태에서는 명료하고 유연하고 효율적으로 사고하지 못한다. 그래서 효율 면에서도 비생산적이다.

그러나 지나친 긍정성은 부정성과 마찬가지로 신뢰성을 잃게 만든다는 사실도 기억하자.

최고의 경험들을 이야기하자

최근 서울의 한 대형 병원이 한 가지 큰 고민에 빠졌다고 한다. 약 5퍼센트 정도였던 간호사 이직률이 20~30퍼센트까지 높아졌기 때문이다. 새로운 간호사가 들어왔다가도 일 년도 못 돼 그만두는 일이 반복되면서 가뜩이나 인력이 부족한 상황이라 고민에 빠질 수밖에 없었다. 그래서 경영진은 문제를 해결하기 위한 방안을 모색했다. 당신이라면 어떤 해결책을 내놓겠는가. 높은 연봉? 복지 혜택?

병원에서는 워크숍을 개최해 토론을 거치면서 문제의 원인을 찾으려고 노력했다. 1차 워크숍 결과는 그동안 해 왔던 것처럼 보고서를 내도록 하는 것이었다. 설문 조사, 인터뷰 등을 통해 데이터를 수집하고 인사 파일을 분석하고 외부에서 컨설턴트까지 고용해 문제의 원인을 심층적으로 분석해 보자는 의도였다. 대부분 어떤 문제가 생기면 이런 식의 접근이 먼저 이루어진다. 당신 생각에는 결과가 어떻게 되었을 것 같은가?

얼마 후 2차 워크숍에서 결과 보고를 하는 자리는 침울했다고 한다. 병원 측에서 다양한 시도와 노력을 했음에도 별다른 소득이 없었기 때문이다. 그런데 이직 문제를 담당했던 한 부장이 고민 끝에 제안을 하나 했다. 왜 병원에서 매년 간호사들의 20~30퍼센트가 떠나는지는 더 이상 묻지 말고, 왜 70~80퍼센트가 여전히 이 병원에서 근무하고 있는지에 초점을 맞춰 보자는 것이다. 당신이라면 문제를 보고도 원인을 팽개쳐 두자는 데 선뜻 동의하겠는가? 부장의 의견은 잘못된 과거나 현상에 매달리지 말고 새로운 시각에서 접근해 보자는 것이었다.

모두가 의아해하면서도 그 의견을 따라 보기로 했다. 그 방법은 약 300명의 간호사들에게 직장에서 겪은 최고의 경험들을 이야기로 만들어 서로 나누게 하는 것이었다. 단, 과거의 나쁜 기억이나 부정적인 경험은 절대 말하지 말아야 한다는 규칙을 정했다. 이번에는 결과가 어떻게 되었을 것 같은가? 뜻밖에도 간호사들은 병원에서 최상의 능력을 발휘하고 신바람 나게 일할 수 있는 최적의 조건이 무엇인지 스스로 찾아내기 시작했다. 그리고 경영진은 최적의 조건을 제공하기 위해 온 에너지를 쏟았다. 다행히 결과는 성공적이어서 첫해에 간호사 이직률이 30퍼센트 이상 감소했고, 소통이 원활해지자 환자의 만족도도 올라갔다고 한다.

이 방법은 '조직 내 이야기하기' 운동의 창시자인 스티브 데닝의 방법을 활용한 것이다. 스티브 데닝은 세계은행에서 지식 관리 부서장으로 일하면서 지식을 담고 전달하는 데 스토리를 사용해 세계은행을 지식 관리 선구자로 만든 사람이다. 사람들은 스토리를 통해 생각하고 말하고 이해하고, 심지어 꿈까지도 스토리 방식으로 꾸기 때문에 조직 내에서 뭔가를 하려고 할 때는 사람들을 움직일 수 있는 스토리를 적극 활용해야 한다는 것이다.

아마 당신도 눈치채지 못했을 뿐이지 직장에서 이 방법을 자주 사용하고 있을 것이다. 평소 당신은 몰랐던 실질적인 업무 지식을 주로 어디에서 배웠는가? 업무 매뉴얼이나 교육 프로그램? 아마 그렇게 배운 업무 지식이 실제로 큰 도움이 된 적은 드물었을 것이다. 그보다 동료가 경험한 것들을 휴게실 커피 자판기 옆에서 잡담 중에 얻어듣진 않았는가? 제록스는 아예 휴게실에 떠돌아다니는 '커피 브레이크 스토리'들을 모으고 정리해서 유레카라는 데이터베이스를 만들어 공유도록 했다고 한다. 그런데 이 유레카 덕분에 구성원들의 학습 능력이 급격하게 올라가고 업무 시간도 훨씬 단축되었다.

이렇게 업무 지식이든 직장 경험이든 사람들과 서로 공유하면 더 발전적인 방향을 찾아갈 수 있다. 바로 그럴 때 나쁜 경험, 부정적인 경험, 실수하고 실패했던 경험이 아니라 좋은 경험, 성공했던 경험, 직장에서 겪은 최고의 경험을 들려주자는 것이다. 누군가 당신에게 일하면서 실패했던 경험을 이야기할 때와 잘되었던 경험을 이야기할 때, 당신에게 도움이 된 건 어느 쪽인가? 또 그때의 기분이 어떻게 달랐는가? "나도 한번 그렇게 해봐야지."라며 의욕이 생기지 않았는가?

평소 당신이 동료들과 나누는 대화를 찬찬히 떠올려 보자. 직장에서 실패한 일, 다른 동료와 언쟁했던 일, 의견 충돌을 빚었던 일, 힘들고 고달팠던 일처럼 주로 나쁜 일들을 이야기해 오진 않았는가? 아니면 당신의 현실이 힘들고 고달파서 그런 얘기밖에 할 수 없다고 생각하는가? 하지만 살면서 힘들지 않은 사람이 몇이나 되겠는가? 어려운 현실에서 일궈 낸 것들이기 때문에 작은 성공이나 좋은 일들이 더 값지고 빛나는 것이다. 그리고 좋은 일들을 서로 나눴을 때 화합도 생기는 것이다. 당신은 혹시 모두가 각자 맡은 업무만 하고 다들 뿔뿔이 흩어져서 살아간다고 생각하는가? 그럴수록 더더욱 당신이 겪은 최고의 경험을 들려주자. 서로 좋은 일을 나누면서 어려운 현실을 이겨 나가는 게 가장 든든한 동료애가 아니겠는가.

행복한 사람은 해고되지 않는다

행복한 직장 생활을 만드는 건 본인 노력에 달렸다. 가만히 앉아서 원하는 직업을 바라기보다 원하는 직업으로 스스로 만들어 가야 한다. 직장 생활이 행복해야 삶이 전반적으로 행복해지기 때문이다. 직장 내 일과가 만족스럽고 행복하다면 아침 풍경이 얼마나 달라지겠는가? 당신이 꿈꿔 오던 아침 풍경을 떠올려 보자. 아침마다 그날 할 일에 대한 기대를 갖고 잠에서 깨어나는 것 아닌가? 상상 속의 풍경은 현실에서도 얼마든지 가능하다.

물론 지금은 처음이라서 언제 이걸 다 해내나 싶겠지만 할 수 있는 작은 것부터 해 나가다 보면 결코 어려운 일이 아니다. 작은 관심만 있으면 분명 지금보다 훨씬 많은 것들을 변화시킬 수 있기 때문이다. 그럼 저절로 성공도 따라온다. 당신이 생각하는 직장 내 성공은 무엇인가? 원하는 직장에서 실력을 마음껏 발휘하면서 동료와 좋은 관계를 맺고, 보람을 느끼면서 돈도 많이 버는 것 아닌가? 행복한 직장으로 만들어 간다면 결코 불가능한 일이 아니다.

더욱이 직장 생활을 행복하게 해 나간다면 직장에서 해고될 가능성은 거의 없다. 행복한 사람은 해고되지 않는다. 당신은 이것이 막연한 긍정론이라고 생각하는가? 행복한 사람은 강점을 발휘하면서 즐거움과 보람을 느끼기 때문에 직업적 탈진에 빠지는 일이 거의 없다. 일에 몰입하면서 몰입하는 만큼 성과를 내고, 동료가 어려움에 처할 때 선뜻 도와주고, 긍정성을 발휘해 원만하고 안정적인 관계를 유지해 조직에서도 잘 어우러진다. 당신이 상사라면 이런 직원을 해고하겠는가? 그래서 행복한 사람은 직장 상사나 동료, 고객들에게 더 좋은 평가를 받고 따라서 이직률도 낮다. 설령 부당하게 해고되더라도 반드시 다른 곳에서 그 능력을 인정받을 수밖에 없다.

평생직장의 개념이 사라지면서 불안해하는 직장인들이 많다. 당신도 그 가운데 한 명일지도 모른다. 하지만 미래를 걱정하고 불안해하기보다 현재의 삶을 어떻게 행복하게 꾸려 갈 것인가를 고민하는 일이 훨씬 현명할 것이다. 당신이 행복을 위해 투자하는 게 행복과 성공 모두를 거머쥘 수 있는 열쇠라는 걸 기억하자.

행복 프로젝트 5
사랑

.... 사랑

● 　내가 아는 초등학교 교장 선생님이 한 분 계시다. 김장권 교장 선생님이라고 지난해 8월 정년 퇴임을 하셨는데 나는 이분을 뵐 때마다 사랑이 얼마나 아름다울 수 있는지 깨닫곤 한다. 당신은 학교에 다니면서 생일날 선생님에게 축하카드와 선물을 받아 본 적이 있는가? 더구나 교장실에서? 아마 성적이 떨어졌을 때, 말썽을 피웠을 때 말고는 교장실에 갈 일조차 없었을 것이다. 교장실에 불려 간다는 건 뭔가 '문제'를 일으켰다는 말이라고 생각했을 것이다. 선생님들도 그 많은 숫자의 학생들을 어떻게 일일이 챙기겠는가?
　그런데 이 교장 선생님은 전교생(유치부 포함 1,000여 명)을 대상으로 매일 아침 출근하자마자 학생 각각의 생일날 교장실로 직접 초대해 생일카드와 선물을 주었다고 한다. "축하합니다, 사랑합니다, 부모님의 소중한 사람임을(you

are so special) 잊지 마세요."라는 격려도 잊지 않았다. 만약 오늘이 당신 생일이고, 교장 선생님이 교장실로 따로 불러 축하한다는 말을 전해 준다면 당신은 어떤 마음이 들겠는가. 그 많은 학생들 가운데 내 존재를 알아주고 생일까지 챙겨 준다면 기쁘지 않겠는가? 이렇게 사랑은 아름답다.

당신은 행복이 사이에 있다는 말을 기억하는가? 행복은 사이, 모든 관계에 있다. 관계 가운데서도 나와 가족, 나와 친구, 나와 애인 등 사람 사이에 느끼는 행복이야말로 가장 큰 행복이다. 더 많은 사랑을 주려고 노력하고 더 많은 사랑을 받을 수 있는 사람이 되려고 애쓰는 건 충분히 가치 있는 일이다. 많은 사람들이 행복한 삶에는 사랑이 필요하고, 행복의 도구들 가운데 긍정적 인간관계를 위해 애써야 한다는 데도 대부분 동의할 것이다. 그런데 당신은 인간관계를 위해 어떤 노력을 기울이고 있는가?

가끔 본인이 정계, 학계, 재계의 높은 이들과 연줄이 있다며 과시하는 사람들이 있다. 그런 사람들치고 가족과 주변 사람들을 챙기는 사람은 드물다. 더 중요한 건 가까운 주변 사람들이다. 당신이 그들과의 좋은 관계를 위해 무엇을, 얼마나 애쓰고 있는지 잠시 돌이켜 보자. 모든 것 중에 가장 아름다운 사랑, 그것을 위해 애쓰는 그 사람이 가장 아름다운 사람이다.

사랑할 능력, 사랑받을 능력을 키우자

당신은 사랑할 능력이 어느 정도라고 생각하는가? 또 사랑받을 능력은 어느 정도라고 생각하는가? 당신은 사랑을 받는 데도 능력이 필요하다고 생각해 본 적이 있는가? 당신이 생각하는 사랑받을 능력이란 무엇인가. 더 멋진 능력을 갖춰서 더 많은 사람들에게 사랑을 받는 것? 사랑받을 만한 가치가 있는 사람?

사랑받을 능력이란 그런 게 아니다. 말 그대로 사랑을 받아들이는 능력이다. 사랑은 다른 사람에게 애정을 느끼고 표현하는 것만이 아니라 상대방의 애정을 받아들이는 능력도 필요하기 때문이다. 장애 때문에 몸이 불편한 사람들 중에는 주변 사람들에게 도와 달라는 말을 선뜻 하고, 또 도움을 받으면 진심으로 감사하는 사람들이 있다. 이런 사람은 도움을 준 상대방으로 하여금 자기 행동에 자부심을 느끼게 해 주고 뭔가 특별한 일을 한 것처럼 여기게 해 준다. 하지만 도움 받는 걸 불편해하는 사람은 도움을 주는 사람조차 불편하고 어색하게 만드는 경우가 많다. 사랑받을 능력이 부족한 것이다. 어떤 의사는 은퇴하면서 환자들에게 받은 감사 편지를 5년이 지나도록 단 한 통도 읽어 보지 않았다고 한다. 평생 동안 사람들에게 사랑을 베풀었지만 본인은 사랑받을 능력이 전혀 없던 것이다. 사랑하는 능력이 없는 사람도 불행하지만 사랑받을 능력이 없는 사람도 불행하긴 마찬가지다. 당신은 다른 사람을 사랑하는 데 주저함이 없고, 받는 사랑에도 진심으로 감사하고 기뻐하는가? 그렇다면 사랑할 능력도, 사랑받을 능력도 있는 사람이다. 아마 살아오면서 사람 때문에 행복하고 기쁜 순간들이 많았을 것이다.

사랑받고 사랑받을 능력은 24가지 강점 가운데 하나다. 만약 당신의 강점 가운데 이 강점이 있다면 당신은 큰 축복을 받은 것이다. 내 후배라는 장금남을 기억하는가? 그녀의 강점 가운데 하나가 이 능력이다. 그녀가 다녔던 대학원 수업은 오후에 시작하는데 오후 2시 정도가 되면 식곤증이 몰려와서 잠이 쏟아질 시간이다. 그래서 강점을 발휘할 방법을 찾은 끝에 사탕을 가져가 수업 시간 전에 원우들에게 나눠 주는 일을 생각해 냈다. 2,500원이면 사탕 한 봉지를 살 수 있고, 사람들이 사탕을 받고 좋아하는 모습을 보면서 무척 신나고 즐거웠다고 했다. 그래서 일주일에 한 번씩은 먹을 걸 사 들고 학교로 향한다. 한 번은 지갑을 두고 가는 바람에 여기저기 주머니를 뒤져서 1,500원을 찾아냈고, 그 돈으로 초콜릿 사탕을 사 간 적도 있다. 매번 사탕을 사 가다 보니 안 하면 안 될 것 같고, 무엇보다 즐겁더란다. 사랑하고 사랑받는 능력이 언제나 자신을 춤추게 한다는 것이다. 당신이라면 이런 사람을 좋아하고 사랑하지 않을 수 있겠는가? 아니면 고작 사탕 한 봉지로 정말 즐겁고 행복해질 수 있다는 게 믿기지 않는가? 경험해 보지 않으면 절대 알 수 없다. 내일 당장 사탕 한 봉지를 사서 학교나 직장에 가져가 나눠 준다면 그 기분이 어떤 건지 알 수 있을 것이다. 학기가 끝나고 종강을 하는 자리에서 동기들이 그 얘기를 하면서 오랜 추억이 될 것이라는 긍정적인 피드백을 주기까지 했다고 한다. 사랑을 통해 자신은 물론, 많은 사람들을 행복하게 해 줄 수 있다는 건 큰 즐거움이다.

더구나 사랑과 행복은 선순환 구조라서 사랑을 느낄수록 행복해지고 행복해질수록 사랑을 더 많이 느낀다. 사랑할 능력과 사랑받을 능력은 얼마든지 키워 나갈 수 있다. 더 많이 사랑을 베풀고 받은 사랑에 대해서는 진심으로 감사하는 것이다. 전화번호 목록에 오랫동안 저장만 돼 있는 사람들에게 먼저 전화를 걸어 안부를 물을 수도 있고, 현재의 긍정적 정서를 키우는 방법에서 그랬듯 커피나 장미꽃 한 송이로도 사랑을 나눌 수 있다. 작은 관심만 있으면 누구나 더 많이 사랑하고 사랑을 받으면서 행복해질 수 있다.

친밀성을 높이자

이 사람이라면 무슨 얘기라도 다 할 수 있겠다는 생각이 들 만큼 가깝게 느껴지는 사람, 그런데 막상 다가가면 뭔가 모르게 벽이 느껴지는 사람, 나는 평소에 친하다고 생각했는데 정작 상대방은 나를 멀게 느끼는 사람, 사람 마음은 참 알다가도 모를 일이다. 또 어떤 이는 사람들과 쉽게 친해지고 사람 대하는 걸 편안하게 느끼는가 하면, 어떤 이는 혼자 있는 걸 싫어하면서도 누군가 너무 가깝게 다가오면 피하고 밀어낸다. 당신은 어떤 편인가?

다음에서 본인 모습과 가장 가까운 것을 골라 보자. 이 검사는 프레일리와 쉐이버가 공동 제작한 친밀성 검사로 성인기에 사랑을 주고받는 일반적인 세 가지 방식이라고 한다.

친밀성 검사[40]

1. 나는 비교적 사람들과 쉽게 친해지며, 서로가 서로에게 의지하는 것에 편안함을 느낀다. 혹시 버림받을지도 모른다는 생각은 해보지도 않았고, 내게 각별히 가까이 다가오는 사람에 대한 거부감도 없다.

2. 나는 사람들과 친해지는 게 조금 불안하다. 그들을 완전히 믿는다거나 그들에게 의지하기가 힘들다. 누군가 내게 특별한 관심을 나타내며 다가오면 불안해진다. 내 애인은 그저 편안한 사이보다는 더 친밀한 사람이 되어 주기를 바란다.

3. 나는 가까워지기를 바라는데 사람들은 내게 다가오기를 꺼린다. 나는 이따금 애인이 나를 진심으로 사랑하지 않는다거나 나와 함께 있기 싫어할지도 모른다는 걱정을 한다. 나는 다른 사람과 완전히 하나가 되고 싶은데, 이런 바람을 부담스러워하며 피하는 사람들도 있다.

당신은 몇 번을 골랐는가? 1번은 안전한 사랑, 2번은 회피적 사랑, 3번은 불안한 사랑이다. 친구, 애인, 배우자, 동료, 부모, 선생님, 당신이 만나는 모든 사람들이 다 다를 것이다. 이렇게 사람마다 관계를 맺고 사랑하는 방식이 다르다. 그래서 사랑하기가 어려운 것이다. 당신은 고민이 생겼을 때 주변 사람들에게 솔직하게 털어놓는 편인가, 아니면 속내를 잘 드러내지 않는 편인가?

만약 안정적인 사람이라면 솔직하게 고민을 털어놓고 건설적으로 해결하려고 노력할 테지만, 회피하는 사람이라면 고민이 생겨도 숨기거나 말을 하면서도 화를 낼 것이다. 또 불안한 사람은 고민이든 분노든 크게 떠들어 대면서도 위기감을 느낄 땐 상대 비위를 맞추려고 애쓰기도 할 것이다.

당신은 이런 사람을 보면서 위선적이라고 생각한 적은 없는가? 친구나 애인이 당신에게 고민을 털어놓지 않으면 속상해하면서 당신을 친구로 여기지 않는다고 화를 내진 않았는가? 이런저런 고민을 털어놓는 친구에게 자기 고민은 알아서 해결하라고 몰아붙이고 다그치진 않았는가? 그건 당신과 다른 그들만의 사랑 방식이다. 당신이 사랑 방식을 갖고 있는 것처럼 그들도 마찬가지다. 그런데도 당신은 상대방의 태도를 바꾸라고 강요하진 않았는가?

더구나 관계를 맺는 방식은 하루아침에 형성된 게 아니라서 갑자기 바꿀 수도 없다. 당신이 세 가지 가운데 몇 번을 골랐든, 당신의 사랑 방식은 유아기에 이미 결정된 것이나 다름없다. 심리학자인 바돌로뮤와 호로위츠에 의하면 성인기의 사랑 방식은 유아기의 애착 경험과 밀접하게 연관되어 있다고 한다. 애착이란 인간이 태어나서 처음으로 관계를 맺게 되는 최초의 양육자인 엄마와의 강력한 정서적 유대감을 뜻한다. 당신이 안전한 사랑을 골랐다면 어린 시절 엄마와 안정적인 애착 관계를 형성했다는 뜻이다. 안정적인 애착을 형성한 아이들은 커서도 안정적인 애착 관계를 유지할 가능성이 높고, 애착 관계를 맺을수록 사람들과 친밀함을 느끼고 결혼 생활도 원만하다고 한다. 물론 살아가면서 접하게 되는 경험에 따라 패턴이 달라지는 경우도 있지만, 다양한 인간관계를 맺는 내적 모델로 받아들여지고 있다. 당신이 회피적인 사랑과 불안한 사랑을 골랐다면, 어린 시절 엄마와 안정적인 관계를 형성하지 못했을 가능성이 높다.

자신과 상대방을 좀 더 너그럽게 바라보자. 서로의 차이를 받아들이면 이해하는 게 한결 쉬워진다. 대신 다른 방법으로 친밀성을 높일 순 있다. 당신은 사람들과 말할 때 상대방과 눈을 맞추면서 얘기하는 편인가? 말하거나 들으면서도 핸드폰을 보거나 창밖을 보고 있진 않은가? 사소한 행동들이 거리를 느끼게 한다. 이제부터는 상대방과 눈을 마주치고 얘기해 보자. 아주 간단하지만 눈을 맞추면 공감을 위한 신경학적 통로가 열려서 친밀성을 형성하는 데 도움을 준다고 한다. 당신이 다친 사람의 눈을 보면 당신 눈도 다친 사람과 비슷해진다. 그러면 다친 사람의 고통을 함께 느끼면서 더욱 가깝게 느끼는 것이다. 무엇보다 당신이 눈을 보고 말하는 것보다 더 확실한 관심의 표현이 있겠는가? 그러면 긍정적인 감정이 커지면서 훨씬 서로를 가깝고 친밀하게 느낄 수 있을 것이다.

서로의 강점을 활용하자

당신은 지금 열렬히 사랑하고 있을 수도 있고, 결혼을 했을 수도 있다. 다양한 사랑의 모습 가운데서도 남녀 간의 사랑만큼 강렬하고 열정적인 사랑도 드물 것이다. 연인이나 배우자와 교감하는 안정적인 사랑은 그 자체로 커다란 행복이고, 인생의 고난과 역경을 헤쳐 나가는 버팀목이 된다. 특히 결혼은 행복 공식에서 살펴본 것처럼 당신이 더 행복해질 수 있는 외적 환경 가운데 하나다. 하지만 중요한 건 결혼의 질이다. 당신은 애인과의 관계나 결혼생활에 만족하고 있는가? 아니면 권태기를 겪고 있거나 상대방의 얼굴조차 보기 싫어질 때가 있는가?

연인들은 사랑에 빠졌을 때 영원한 사랑을 맹세하지만 유감스럽게도 사랑의 열정은 식는다. "어떻게 사랑이 변하니?" 사랑은 끊임없이 변한다. 이유 없이 사랑하고 이유 없이 사랑이 식어 버린다. 그래서 사랑에는 유효 기간이 있다는 말도 한다. 그런데 당신은 정말 사랑에 빠졌을 때 아무 이유가 없었다고 생각하는가? 당신은 사랑하는 사람의 어떤 모습에 호감을 느꼈는가? 외모? 아니면 능력? 타임머신을 타고 사랑에 빠졌을 때로 돌아가 보자. 아마 상대방의 약점이나 단점 같은 건 없다고 생각했고 설사 단점을 발견해도 대수롭지 않았을 것이다. 당신은 애인이나 배우자가 대단한 성공을 이뤄서 좋아하는가? 아니면 바이올린을 잘 켜기 때문에? 아닐 것이다. 소매를 걷어붙이고 열정적으로 일에 몰두하는 모습, 다른 사람을 배려하고 포용하는 자세, 착실함, 한결같은 모습, 포기하지 않는 끈기……

결국에는 강점과 미덕에 끌렸다는 것이다. 반대로 누군가 당신에게 호감을 느낀 것도 당신의 강점과 미덕 때문이다. 이렇게 사랑의 본질은 파트너가 지닌 강점과 잠재력을 알아봐 주는 것이다. 그동안 당신은 본인의 성격 강점을 모르고 살아왔겠지만 당신의 애인과 배우자는 이미 그걸 알아봐 준 사람들이다. 얼마나 고마운가. 만약 당신이 애인이 없다면 강점과 미덕을 더 적극적으로 계발하면 한층 매력적인 사람이 될 수 있다는 뜻이기도 하다. 이렇게 처음에는 긍정적으로 작용하던 상대방의 강점과 미덕이 시간이 가면서 당연하게 여겨지거나 보기 싫어지는 것뿐이다. 발랄한 말솜씨는 수다로 들리고 끈기는 독기로 여겨진다. 상대방이 변한 게 아니라 당신의 관점이 변했을 가능성이 높다.

그래서 더 원만한 연인 관계나 결혼 생활을 유지하고 싶다면 본인 강점을 적극적으로 발휘해야 한다. 대표 강점이 '유쾌함과 유머 감각'이라면 매일 저녁 식사 시간에 텔레비전을 틀어 놓기보다 하루 일과를 유머러스하게 이야기해 볼 수 있을 것이다. 또 대표 강점이 '용서와 자비'라면 배우자가 실수를 했거나 잘못했을 때 너그럽게 자비를 베풀어 다시 기회를 줄 것이다. 둘 사이에 어떤 오해가 생겨도 강점을 발휘해 먼저 오해를 풀려고 노력할 것이다. 대표 강점이 '신명과 열정'이라면 집안일을 할 때 즐거운 놀이를 하듯 열정적으로 해보자. 지금보다 훨씬 즐겁고 유쾌한 일이 많아질 것이다.

하지만 당신이 아무리 강점과 미덕을 발휘하면서 더 좋은 관계를 만들려고 노력해도 상대방이 달라지지 않으면? 얼마 못 가 지쳐서 포기해 버릴 수도 있다. 사랑이 어려운 건 혼자 하는 게 아니기 때문일 것이다. 그럴 때 당신은 어떤 방법으로 상대방을 바꾸려고 노력하는가? 강요나 설교, 심지어는 부탁? 그럴 땐 상대방의 강점을 활용해 보자. 당신은 상대방의 강점에 대해서 생각해 본 적이 있는가? 당신의 애인과 배우자에게도 그들만의 독특한 특성이 있다. 그 강점을 찾아 자꾸 격려해 주자.

그러려면 일단 상대방에 대해 진지하게 생각하는 시간이 필요하다. 지금 열렬히 사랑하고 있거나 신혼이라면 눈만 뜨면 상대방을 생각하고 또 생각하겠지만, 권태기나 결혼한 지 오래된 부부라면 상대방을 생각하는 시간은 별로 없을 것이다. 진지하게 생각하는 시간도 거의 없을 것이다. 그러다 보면 마음도 멀어지고 사랑도 식는다. 시간을 갖고 상대방의 강점을 생각해 보자. 그리고 강점 세 가지 정도를 골라 보자. 이제 상대방이 최근에 그 강점 세 가지를 발휘한 사건을 찾아보자. 당신이 생각하는 배우자의 강점이 용기라면 용기를 발휘한 사건이 있을 것이다. 용서가 강점이라면 당신이 아내가 아끼는 그릇을 깨뜨렸다거나 당신이 저지른 실수를 너그럽게 용서해 주었을 수도 있고, 학구열이 강점이라면 퇴근 후 자기 계발을 위한 시간을 가졌거나 밤늦게까지 책을 읽었을 수도 있다.

그 사건과 강점을 글로 적은 후 상대방에게 보여 주고 함께 얘기를 나눠 보

배우자의 대표 강점[41]

다음에서 당신의 배우자, 혹은 사랑하는 사람이 지닌 대표적인 강점 세 가지를 표시하라.

지혜와 지식	1. 호기심 _____ 2. 학구열 _____ 3. 판단력 _____ 4. 창의성 _____ 5. 사회성 _____ 6. 예견력 _____	절제력	15. 자기 통제력 _____ 16. 신중함 _____ 17. 겸손 _____
용기	7. 용감성 _____ 8. 끈기 _____ 9. 정직 _____	영성과 초월성	18. 감상력 _____ 19. 감사 _____ 20. 희망 _____ 21. 영성 _____ 22. 용서 _____ 23. 유머감각 _____ 24. 열정 _____
사랑과 인간애	10. 친절 _____ 11. 사랑 _____		
정의감	12. 시민 정신 _____ 13. 공정성 _____ 14. 지도력 _____		

자. 그리고 상대방에게도 강점 검사를 받도록 권유해 보자. 일단은 무척 고마워할 것이다. 그리고 당신이 자기 강점을 알고 있고 인정한다는 사실을 알게 되면 어떻겠는가? 스스로의 행동에 자부심을 느끼고 앞으로 더 자주 강점을 발휘하려고 노력할 것이다. 이것이 반사된 최상의 자기를 발견하는 이점이다. 최상의 자기가 미래에 이루고 싶은 모습이라면 반사된 최상의 자기는 당신이 현실에서 이미 이룬 최상의 모습이다. 누군가 당신의 자랑스러운 모

습을 알아준다면 얼마나 기쁘겠는가? 그러면 상대방의 믿음과 기대를 저버리지 않으려고 더욱 노력하게 된다. 이것이 마틴 셀리그만이 말하는 강점을 활용한 원만한 관계의 비결이다.

이렇게 사랑은 끝없이 상대방을 재발견해 나가는 과정이다. 당신은 사랑에 열정이 사라졌다고 상심하고 있는가? 폭풍 뒤에 잔잔한 하늘이 열리는 것처럼 열정적인 사랑 후에는 잔잔한 사랑이 찾아온다. 열정이 아니라도 사랑은 충분히 풍요로울 수 있다.

상대방의 세 가지 강점을 골라 보자. 그리고 이 강점에 대해, 최근 그가 강점을 발휘한 사건을 적어 보라. 당신이 쓴 글을 배우자나 연인에게 보여 주고 그에게 직접 이 검사를 해보도록 권해 보라.

강점	
사건	
강점	
사건	
강점	
사건	

긍정성 비율을 기억하자

나도 성격이 급한 편이라서 예전에는 소리도 잘 지르고 화도 잘 냈다. 언제 폭발할지 모를 정도로 예측할 수 없는 사람이기도 했다. 그런데 어느 날부터 그 모습이 내게서 보이지 않는다. 긍정심리학을 배우면서 내 체질이 긍정적 정서로 바뀐 것이다. 화를 내기 전에 내 감정을 조절할 수 있는 여유가 생긴다. 여기에 나는 긍정성 비율을 항상 지키려고 애쓰는 편이다. 로사다 비율을 기억하는가? 긍정 정서와 부정 정서의 비율이 2.9 대 1일 때 기업이든 개인이든 훨씬 번성한다는 게 로사다 비율이다.

그러면 부부 사이에는 긍정성 비율이 어느 정도나 된다고 생각하는가? 평소 긍정적인 말과 부정적인 말의 비율이 어느 정도일지 잠시 생각해 보자. 대부분의 부부가 1 대 3 정도일 것이다. 그런데 가정에서의 긍정 비율은 기업에서보다 더 높아야 한다. 세계적인 부부 상담가 존 고트먼 박사가 부부들의 주말 대화를 분석한 뒤 2.9 대 1은 이혼에 이를 수 있다는 사실을 발견했다고 한다. 부부 사이에서 습관적인 1 대 3 비율은? 그야말로 재앙이다. 다정하고 안정된 결혼 생활을 예측하기 위해서는 5 대 1이라는 비율이 필요하다고 한다. 배우자에게 비난하는 말을 한마디 할 때마다 긍정적인 말을 다섯 마디 하라는 것이다. 그래서 5 대 1 법칙을 행복한 관계를 위한 마법의 법칙이라고도 부른다. 탓하거나 비판하고 불평하는 부정적인 감정보다는 경청, 감사, 배려, 공감 등 긍정적인 감정이 다섯 배 정도가 많도록 노력해 보자. 나도 집에서 고트먼 박사의 비율을 지키려고 애쓰다 보니 싸울 일이 거의 없다.

한 번 깨진 유리를 붙이려면 많은 시간과 노력이 필요하다. 사람과의 관계를 회복시키는 것도 마찬가지다. 많은 부부들이 관계가 깨지고 금이 간 뒤에서야 관계를 바로잡으려고 애쓰다 실패하고 후회하는 경우가 많다. 그전에 관계를 지키고 유지하려고 노력하는 게 훨씬 현명하다. 긍정성 비율을 지키려고 노력하면서 배우자에게 시간을 투자해 보자. 당신은 자신의 배우자를 위해 얼마나 많은 시간을 투자하고 있는가? 혹시 자녀가 있어서 아이에게 신경을 쓰느라 배우자에게는 소홀할 수밖에 없다고 생각하는가? 하지만 자녀에게 쏟는 시간을 조금만 배우자를 위해 사용해 보자. 그게 오히려 아이들에게도 좋다. 수많은 연구가 알려주는 건 자녀와의 관계가 좋다고 해서 결혼 생활이 더 좋아지진 않지만, 배우자와의 관계가 좋아지면 자녀와의 관계는 분명 더 좋아진다는 것이다. 하다못해 부부 사이가 껄끄럽거나 원만하지 못한데 자녀 양육에 아빠가 참여하는 게 쉽겠는가. 아니면 매일 싸우기만 한다면 아이들이 얼마나 불안하고 나쁜 영향을 받겠는가.

부부 관계를 위해 노력하는 게 가정을 지키는 첫 번째 단계다. 존 고트먼 박사[42]가 행복한 결혼을 유지하기 위해 알려 주는 비결 역시 시간을 투자하는 것이다. 세월이 흐를수록 더 행복해지는 부부들은 공통적으로 배우자를 위해 하루 평균 1시간씩, 일주일에 5시간을 투자한다고 한다. 5시간이면 너무 많다고 생각하는가? 고트먼 박사가 알려 주는 방법을 따라 한다면 무리 없이 가능하다. 아주 사소한 행동만으로도 더 행복한 관계를 만들 수 있다.

- **평일 아침의 2분** 아침에 출근하기 위해 집을 나서기 전에 서로 배우자가 해야 할 하루 일정에 대해 이야기하자. 적어도 일과 중 중요한 한 가지 일 정도는 알고 있자. 서로에게 무관심 대신 애정과 관심을 갖자는 것이다.

- **집에 돌아온 후의 20분** 저녁 일을 시작하기 전 잠시 동안 함께 휴식 시간을 갖도록 하자. 배우자의 이야기를 들어 주고 협조적인 태도를 보여 주자.

아침에 들었던 배우자의 일정을 기억하고 그것에 관해 얘기를 나눌 수도 있다. 우리나라 남성들은 퇴근해서 집에 오면 입을 꾹 다물고 텔레비전 앞에 자동적으로 앉는 사람이 많은데 이제부터는 대화 시간을 늘려 보자. 단, 이 시간에 조언을 하려면 두 번 이상 생각하고 말하자. 이 시간은 '듣기' 위한 시간이다.

- **매일 5분** 작게나마 존경과 존중의 마음을 표현하자. 존경과 존중이 좋은 부부 관계의 시작이다. 집안 살림에 대한 감사를 표하고 매일 고맙게 생각하는 점을 찾아내 말해 주자. 그리고 충분히 칭찬하자.

- **하루에 5분** 작은 사랑의 표시를 하자. 안고, 쓰다듬고, 키스하는 등 자신의 배우자와 하루에 최소한 5분은 스킨십 하는 시간을 갖도록 하자. 그 시간이 5분 이상이 되면 더욱 좋다. 웃음과 마찬가지로 사랑이 담긴 손길은 행복한 기분을 느끼게 하는 생화학적 반응을 일으킨다. 짧은 순간이라도 사랑하는 사람의 손길은 기쁨을 느끼는 뇌의 활동을 활발하게 해준다.

- **일주일에 2시간** 배우자를 더 잘 알 수 있는 시간을 갖도록 하자. 진실 게임을 하거나 뭔가 문제가 있다면 그 시간을 활용해 보자. 만약 데이트할 시간을 마련하기 어렵다면 여러 가지 방법을 동원해 볼 수 있다. 아이들이 잠든 후 거실에서 와인을 한잔하거나, 잠깐 육아 도우미에게 아이를 맡기고 부부가 산책을 다녀오는 것도 좋다. 마음이 있으면 방법은 어떻게든 생기는 법이다.

공감

공감 능력

당신은 아스퍼거 증후군에 대해 들어 본 적이 있는가? 요즘 일본 대학생들을 중심으로 아스퍼거 증후군이 번지고 있는데 오직 자기 자신에게만 집중하는 사람들을 말한다. 자기 나름대로 한 가지 잣대만 가지고 사람의 감정을 판단해 결국 다른 사람의 표정이나 기분을 읽지 못하는 것이다. 이런 사람들은 사회성이 떨어져서 애기를 할 수 있는 자폐증과 비슷하다고 한다. 아인슈타인이나 에디슨 같은 천재들도 아스퍼거 증후군이었다는 말도 있는데, 대부분 기억력이 뛰어나서 학교 성적도 아주 좋고, 일류대 합격률도 높고, 천재라고 불리는 경우까지 있다고 한다.

유독 자기가 좋아하는 것만 일방적으로 말하고, 다른 사람 말은 안 듣는 사람들이 있다. 실례되는 말을 밥 먹듯이 하면서도 상대방 기분은 개의치 않는 경우도 많다. 혹시 당신도 학교 성적이 뛰어나고 업무 능력이 뛰어난데 다른 사람은 전혀 개의치 않는 편인가? 아니면 다른 사람에게 상처 주는 일이라고 생각하면서도 본인 이익을 위해 어쩔 수 없다고 생각해 버리는가?

그런데 아스퍼거 증후군 사람들이 가장 큰 장벽에 부딪히는 첫 번째 관문이 면접이라고 한다. 학교생활에서는 큰 문제가 없고 오히려 성적이 좋아 칭찬받지만, 사회에 나가면 성적이나 능력보다 더 중요한 게 있기 마련이다. 당신이 면접관이라면 아무리 학교 성적이 좋아도 사회성이 떨어지고 자기 자신만 아는 사람을 뽑겠는가? 그래서 실제로도 대부분 불합격한다고 한다. 당신은 자기만 생각하는 태도 때문에 면접에서 떨어지고, 직장에서 승진이 더디고, 성공도 가로막힌다면 그때도 고집스럽게 본인만을 위하겠는가? 아직 학생이거나 사회생활을 갓 시작했다면 피부로 느끼지 못할 수도 있다. 하지만 사회생활 하는 시간이 길어질수록 크고 작은 문제에 부딪힐 수밖에 없다.

검은색 터틀넥과 청바지를 즐겨 입었던 스티브 잡스, 당신은 그를 어떤 사람으로 기억하는가. 가장 창조적인 CEO? 세계를 바꾼 혁명적 인물?

그는 젊은 나이에 자신이 아끼던 폭스바겐 차를 팔아 종잣돈을 마련하고, 빈 차고를 사무실 삼아 애플사를 창립해 큰 성공을 거뒀다. 하지만 얼마 못 가 본인 회사에서 본인이 고용한 사장에게 쫓겨나고 말았는데, 그 이유가 독단적인 성격 때문이었다고 한다. 당신은 그게 자기 회사에서 쫓겨날 만큼 큰 일이냐고 생각하는가? 만약 고객들이 무엇을 원하고 어떤 입맛을 갖고 있는지 모른다면 어떤 제품이 나올 것이라고 생각하는가? 아무리 아이디어가 무궁무진한들 결국에는 본인 입장에서만 생각한 독단적인 아이디어가 될 수밖에 없다. 개발한 제품도 실패를 거듭했다. 그런데 훗날 스티브 잡스가 애플사로 복귀하면서 주변 사람들에게 정식 직함이었던 애플의 CEO 말고 불러 달라고 했던 직함이 하나 있었다. 바로 CLO(Chief Listening Officer), 최고 경청자다. 자신이 끝없이 실패했던 이유가 독단적인 아이디어 때문이었다는 걸 뒤늦게 깨달았던 것이다. 그제야 고객의 입장을 생각하고 고객들이 원하는 아이디어와 제품을 개발하기 시작했다.

상대방의 입장에서 생각하지 않으면 사람과의 관계, 일까지도 실패하고 만다. 상대방의 마음을 느끼고 함께 하는 것, 그게 공감이다. 나 말고 다른 사람의 마음을 헤아리는 역량인 것이다. 공감이란 이해심 가운데서도 차원이 높은 이해심이라고 할 수 있다. 특히 다른 사람의 고통을 이해해 줄 때 그 사람의 슬픔까지도 치유될 수 있다. 당신이 공감을 통해 이해의 폭을 넓혀 가면 긍정적인 유대 관계를 맺으면서 성공에 다가가는 것이다.

　44세에 노벨상을 받은 미국의 화학자이자 시인 로알드 호프만에게 사람들이 성공 이유를 물은 적이 있었다. 당신은 화학자로서 성공하려면 무엇이 필요하다고 생각하는가? 호기심? 창의력? 분석력? 그런데 호프만의 답변은 공감 능력이었다고 한다. 타인을 희생시켜 최대한 많은 이익을 내는 게 아니라 타인과 협력하는 게 최고의 전략이라는 것이다. 협력을 고민할 때는 다른 뇌 부위가 활성화되는데, 타인의 감정을 받아들이고 공감하고 상대의 처지에서 생각할 때 훨씬 더 건설적인 해결책을 찾을 수 있다. 스티브 잡스가 애플사에 복귀하면서 개발한 제품들이 줄줄이 성공한 것도 마찬가지다. 당신은 그게 혼자 힘이었다고 생각하는가? 그렇지 않다. 모든 걸 혼자 하려는 생각을 버리고 최적의 사람들을 불러 모아 함께 노력했기에 가능했던 것이다.

　이렇게 공감 능력은 삶의 거의 모든 곳에서 당신에게 영향을 미친다. 모든 일이 사람을 대상으로 하는 것이고 사람이 만들어 가는 것이기 때문이다. 요즘 젊은 사람들은 기성세대에 비하면 훨씬 창의적이고 능력도 뛰어나다. 하지만 공감하고 소통하는 능력 면에서는 더 많은 노력을 기울여야 한다. 그렇지 않으면 뛰어난 아이디어와 남부러울 만한 능력을 갖고도 언젠가는 한계에 부딪히는 날이 온다. 좋은 인간관계는 더더욱 멀어진다. 그동안 당신은 집에서, 일터에서, 친구들과의 모임에서 트러블이 있을 때마다 어떻게 생각해 왔는가? 사람들이 당신을 이해하지 못하고, 당신도 그들을 이해할 수가 없다고 생각해 버리진 않았는가? 상대가 바뀌기를 바라는 건 어려운 일이다. 그 변화의 실마리가 당신에게 있다.

공감적 경청을 습관화하자

내 아내는 직장 생활을 한다. 업무가 영업직이다 보니 다양한 고객들과 만난다. 나는 집에 들어오면 꼭 아내에게 하는 말이 있다. "여보, 수고했어. 힘들지? 회사에서 별일 없었어? 정현이 정훈이는?" 내가 이렇게 묻기만 해도 회사에서 있었던 크고 작은 일들을 풀어놓기 시작한다. 나는 비교적 들어 주는 편이다. 좋은 일이든 안 좋은 일이든, 아내가 잘한 것이든 잘못한 것이든 일단 그 자리에서는 무조건 공감하고 아내 편에서 맞장구를 쳐 준다. 그러면 아내는 신바람이 나서 이야기보따리를 풀어놓는 것이다.

상대방 이야기를 귀 기울여 듣고 내 얘기를 적게 하면 의사소통의 문제는 아주 쉽게 풀린다. 당신은 공감 능력이 특별한 능력이라고 생각하는가? 많이, 그리고 잘 들어 주는 것이다. 일단은 많이 들어야 잘 들을 수 있고, 그래야 그 사람이 어떤 기분인지, 어떤 생각을 갖고 있는지 판단할 수 있다. 평소 당신이 사람들 얘기를 얼마나 잘 들어 줬는지 잠시 돌이켜 보자. 당신은 남의 말을 잘 들어 주는 편이라고 생각하는가? 그런데 친구, 가족, 동료들도 그렇게 생각하겠는가? 확신이 서지 않는가? 아마 주변 사람들에게 물어보면 본인이 생각한 모습과는 많이 다를 것이다.

그게 꼭 당신 잘못이라고만 할 순 없다. 학교에서도 쓰기와 읽기, 말하기 그리고 듣기 순으로 가르친다. 듣기에 대해서는 거의 가르치지 않는다. 당신이 학교에 입학했을 때를 떠올려 보면 대부분 받아쓰기나 웅변대회처럼 쓰고 읽고 말하는 것만 배웠을 것이다. 그래서인지 사람들은 말을 경청하는 걸 어려워한다. 마치 경청 장애를 가진 사람처럼 행동할 때도 많다. 하지만 사람은 태어나면서 듣기를 가장 먼저 배운다. 두 번째로 말하기를, 다음에 읽기를 배우고 마지막으로 쓰기를 배운다. 학교에서 정반대로 가르치고 있을 뿐이지, 듣기를 먼저 배우는 게 자연스럽다. 소통은 입으로만 하는 게 아니다. 입으로 소통하는 것보다 귀로 소통하는 게 더 중요하다.

그런데 당신은 어떻게 하면 다른 사람 말을 잘 들을 수 있다고 생각하는가? 많은 사람들이 말하기에는 성공과 실패가 있다는 걸 알고 스피치 교육까지 받으면서도, 듣기에는 성공과 실패가 있다고 생각하지 않는다. 하지만 분명 듣기에도 성공과 실패가 있다. 당신은 혹시 컴퓨터나 텔레비전에 눈을 고정하고 산만한 상태로 말을 듣진 않았는가? 일방적으로 당신이 할 말만 하고 전화를 끊어 버리진 않았는가? 당신이 리더라면 구성원들의 의견을 무심히 듣고 흘려버리진 않았는가? 이런 것들이 다 실패한 듣기다.

잘 듣는다는 건 공감하면서 적극적으로 경청하는 걸 말한다. 상대방을 이해하려는 의도를 갖고 경청하는 게 공감적 경청이다. 공감적 경청은 귀로 말을 듣는 것뿐만 아니라 눈과 가슴으로도 듣는 것이다. 만약 당신이 친구와 마주 앉아 있다고 해보자. 당신이 얘기할 때 친구에게 무엇이 가장 궁금하겠는가? 당신이 무슨 말을 했는데 친구가 반응이 없다면? 아마 친구가 당신 얘기를 제대로 이해하지 못했다고 생각할 것이다. 그다음에는 무슨 말을 이어가야 할지 판단도 서지 않고, 화제를 돌리거나 그래서 대화가 끊긴 적도 있었을 것이다.

상대방도 그렇다. 당신이 자기 얘기를 이해했는지 알고 싶어 한다. 그래서 "무슨 말인지 알아." "설마, 그럴 리가!" 등의 반응을 적극적으로 해 주면서 맞장구를 치는 게 잘 듣기의 첫 번째 단계다. 상대방의 정당성을 인정해 주는 것이다. 이때는 상대방의 눈빛과 표정에도 관심을 기울이며 듣자. 입으로는 "그 사람이 싫어."라고 말해도 눈빛은 "그 사람과 잘 지내고 싶어."라고 말할 수도 있다. 물론 상대방의 얘기에 항상 동의할 순 없다. 당신과 의견이나 생각이 다른 말을 할 때 평소 당신은 어떻게 해 왔는가? 말이 끝나자마자 그건 아니라거나, 중간에 말을 끊고 당신 생각을 주장하진 않았는가? 이제부턴 설사 의견이 달라도 일단은 동의해 주자. 만약 당신이 평소에 반대 의견을 자주 내놓는 사람이라면, 상대방이 한 말을 정리해서 되묻는 식으로 짧게 대꾸해 보자. 그게 공감적 경청이다.

별거 아니라는 생각이 드는가? 하지만 막상 실천하기는 어려운 방법이다. 당신이 평소 얼마나 무심하게 듣고 반응하는지 생각해 보면 공감적 경청을 의식적으로 노력해야 한다는 말을 이해할 것이다. 이렇게 공감적 경청을 습관화하는 게 공감 능력을 키우는 가장 좋은 방법이다. 세계적인 기업 P&G의 CEO인 A. G. 래플리 회장은 직원들과 이야기할 때 대화의 3분의 2를 듣는 데 투자한다고 한다. 그러면 반대하는 사람들 목소리를 가라앉히고, 많은 사람을 자기편으로 이끌 수 있다. 또 창조 경영인으로 꼽히는 버진 그룹의 창업자 리처드 브랜슨 회장도 차를 탈 때마다 운전기사와 끝없이 대화를 나누고 메모까지 하면서 듣는다고 한다. 흔히 그런 태도를 사람을 얻는 기술이라고 말하지만, 결국에는 사람에 대한 사랑이 있어야 가능한 일이다. '이청득심(以聽得心)', 귀 기울여 들으면 사람의 마음을 얻을 수 있다는 뜻이다.

화자와 청자 의식을 활용하자

만약 당신이 눈을 마주치고 주의를 집중하면서 그 사람 말에 공감해 주면 의사소통의 문제로 고민하는 일은 거의 없을 것이다. 당신은 이렇게 해서 화자에게 표현 능력을 적극적으로 발휘할 기회를 주는 것이나 다름없다. 더불어 믿음과 신뢰까지 얻을 수 있을 것이다. 누군가를 처음 대면하는 자리에서도 상대편 말을 잘 듣는 것만으로도 그 사람을 파악할 수 있고, 신뢰를 바탕으로 그를 당신 편으로 만들 수 있다. 그리하여 당신도 적보다 친구가 많은 사람이 되는 것이다.

그런데 살다 보면 일상적인 대화만 나누는 건 아니다. 더러는 회의를 하다가도 욱할 때가 있고, 민감한 사안일수록 특히 그렇다. 아니면 아이를 돌볼 사람이 마땅치 않은 상황에서 아내가 회사를 그만둘 것이냐, 시부모에게 부탁할 것이냐 같은 문제는 감정이 격해지기 쉽다. 그러다 보면 큰 싸움으로 번지기 마련이다. 아마 당신에게도 얘기만 나왔다 하면 날카로워지는 어떤 문제가 있을 것이다. 당신은 그 문제를 얘기해야 하는 상황일 때 어떻게 하는가? 싸울 게 뻔해서 대화를 피하고 자리를 떠 버리는가? 그 대화를 가장 어렵게 하는 게 무엇이라고 생각하는가? 문제 자체? 문제에 대한 서로의 의견 차이? 아마 곱씹어 보면 문제 때문도 아니고 의견이 달라서도 아닐 것이다. 감정이 격해지면서 흥분하고 화내다가 얘기가 안 통한다고 서둘러 대화를 끝내 버린 경우가 많았을 것이다.

이때 마틴 셀리그만이 추천하는 방법을 활용해 보자. 화자와 청자를 정해서 발언권을 가진 사람은 말을 하고, 발언권이 없는 사람은 듣는 '화자와 청자 의식'이다. 우선 주변의 물건 중에서 편한 대로 의사봉을 준비하자. 의사봉을 들고 있는 사람에게만 발언권이 있다는 사실을 명확하게 한다. 숟가락이나 리모컨, 무엇이든 의사봉을 정한 다음 누가 먼저 화자가 될 것인지 결정하자. 화자가 정해지면 화자는 의사봉을 들고 얘기를 하고, 청자는 순서가 될 때까지 무조건 들어 주는 게 규칙이다. 의견이 달라도 순서가 될 때까지 기다려야 한다. 공감적 경청과 마찬가지로 쉬운 것 같아도 막상 현실에서는 어렵다. 의견이 다르면 말을 끊고 자기 의견을 피력하는 경우가 대부분이기 때문이다. 하지만 어떤 경우에서도 화자와 청자의 규칙을 명심하자.

만약 당신이 먼저 발언권을 가졌다면 당신 생각과 감정에 대해서만 말해 보자. 평소 당신의 대화를 떠올려 보자. "당신을 이해할 수가 없고, 당신의 태도가 실망스럽고, 당신은 항상 이기적이고……." 본인이 판단한 상대방의 생각이나 감정을 언급하는 일이 훨씬 많았을 것이다. 그러다 보면 본인 생각과 감정을 충분히 전할 수도 없고, 상대방의 생각이나 감정을 지레짐작하게 된다. 이제는 "당신은……."이라고 말하지 말고 "나는……." 이라고 말해 보자. "당신이 미워."가 아니라 "나는 당신이 인상을 쓰고 험악한 말을 할 때 무시하는 것 같아서 끔찍했어."라고 본인 기분이나 감정을 상대방에게 전하는 것이다. 말을 하다 가끔 듣는 사람에게 대꾸할 기회를 주는 것도 좋다. 그러면 듣는 사람은 자기가 들은 내용을 정리해서 상대방 말을 되짚듯 말하되, 반박하거나 해결책을 제시하려고 하지 말자. 거부의 몸짓이나 표정도 피해야 한다. 상대방이 한 말을 이해했다는 표시만 하고, 반박은 발언권이 돌아올 때 하면 된다. 그렇다고 해서 발언권을 넘겨받자마자 성급하게 해결책을 제시하려고 해선 안 된다. 문제를 해결하는 것보다 더 중요한 건 격해져 있는 감정 대립을 해소하는 것이다.

이렇게 의사봉을 주거니 받거니 하면서 대화를 이어가다 보면 좀 더 냉정하고 차분하게 대화할 수 있다. 그러면 서로의 입장을 이해할 수 있고 대화 과정에서 원만한 해결책을 찾거나 타협할 수도 있을 것이다. 대화를 어렵게 하는 건 대화 자체가 아니라 격해져 있는 감정이라는 걸 기억하자.

당신은 듣기 하나가 무척 어렵다고 생각되는가? 하지만 당신이 잘 들으려고 애쓰기만 해도 지금 고민하고 걱정하는 많은 문제들이 해결될 것이다. 그만큼 듣기는 중요하다. 말 하는 건 3년이면 배우지만 듣는 건 60년이 걸려야 배운다고 하지 않던가.

배려

배려를 나누자

 나는 군 생활을 5사단 열쇠부대에서 포병으로 했다. 현재 가수 비가 근무하고 있는 곳이다. 물론 지금은 많이 바뀌었을 텐데 1976년 그 시절에는 5사단이 양평에 있었고, 교육 사단이다 보니 규율이 엄격해 외출과 외박에 대한 통제도 심했다. 그런데 한번은 설 무렵에 부모님이 면회를 오셨다. 반갑게 위병소에서 인사를 나누고 있는데 후임병인 채 일병이 고개를 푹 숙이고 나왔다. 대구에서 애인이 왔다는 것이다. 내가 "채 일병! 애인하고 좋은 시간 가져라!"는 말을 남기고 부모님을 모시고 민가로 가려는데, 어쩐 일인지 채 일병의 표정이 어두웠다. 지난주에 사단 내에서 무단이탈 장병이 있어서 그날은 외출 외박이 안 된다는 것이었다. 그런 사건이 일어나면 부모나 아내는 가능한데 애인이나 친구는 외출 외박이 불가능했다. 코가 쑥 빠져 있는 모습이 짠하고 애처로워 보였다. 그래서 나는 부모님께 상황을 설명 드리고 자정에 몰래 채 일병과 교대해 주기로 했다. 들키면 모두 영창 감이었다. 부모님은 오랜만에 아들을 보러 오셨는데 아쉬운 눈치였고, 나도 마찬가지였다. 그래도 후임병도 딱하고 대구에서 양평까지 온 그 여인도 딱해서 도와주기로 한 것이다.

 그렇게 해서 처음 보는 후임병 애인과 자정이 될 때까지 단둘이 방에 있게 되었다. 부대 근처에는 민가라고는 주막을 겸한 곳 한곳뿐이었는데 방도 달랑 두 개에, 두 사람이 누우면 딱 맞을 만큼 방도 작았다. 하루 종일 진눈깨비까지 내리면서 5시부터 어두워지기 시작했다. 전기도 없이 촛불만 켜 놓고 처음 보는 남녀가 앉아 있으려니 얼마나 어색하고 많은 생각이 오가겠는가. 주인아주머니는 남의 사정도 모르고 애인이 와서 좋겠다고 바람을 잡았다. 그런데 간단히 저녁을 먹고 이런저런 얘기 도중에 이 여자가 갑자기 누우면 안 되겠냐는 것이다. 새벽에 출발해서 피곤했던 모양이나, 짧은 미니스커트를 입고 그것도 좁은 방에서 낯선 남자랑 단둘이 있는데. 내가 매력이 없었는지, 믿어도 좋을 사람으로 보였는지, 어쨌든 그 뒤로 여자는 자리에 누웠다.

나는 자는 데 방해될까 봐 촛불을 꺼 주고 군화도 신고 있었다. 군화를 벗으면 긴장이 풀릴 것 같아서였다. 시계를 보니 자정이 되려면 아직도 5시간이나 남았고 내가 부대에 들어가서 채 일병을 내보낸다는 보장도 없었다. 만약 그러면 어떡하나? 이런저런 생각을 하는데 옆에서는 잠에 빠진 숨소리가 들렸다. 그리고 그녀가 몸을 뒤척일 때마다 슬쩍슬쩍 내 몸에 닿았다. 그럴수록 나는 더 몸을 움직이지 않으려고 긴장해야 했다. 군화까지 신고 버텼더니 다리부터 온몸이 저려 왔다. 촉각은 곤두서고 좁은 방 안에서 여자와 단둘이 있는 상황이 얼마나 괴로웠을지 상상이 가는가?

12시까지 거의 초인적인 자제력을 발휘했다. 여자를 깨워서 채 일병을 내보내겠다고 약속하고 부대로 돌아가 6시 점호 전에는 무슨 일이 있어도 돌아와야 한다는 다짐을 받고 내보냈다. 그런데 이번에는 불안해서 도저히 잠이 오지 않았다. 걸리면 영창 감인데, 시간 안에 와야 하는데, 위험한 일을 벌이고 있는 것이다. 결국 뜬눈으로 밤을 새우고 아침점호가 시작되었다. 사단이 났다. 채 일병이 안 보이는 것이다. 인원 점검을 하는데도 나타나지 않았다. 아, 애인과 탈영이라도 했나? 늦잠을 자 버렸나? 별의별 생각이 다 드는데, 그때 채 일병이 헐레벌떡 달려오는 게 아닌가! 달려온 채 일병이 죄송하다면서 감사하단다. 내가 다 감사했다. 그러면서 불안했던 마음이 싹 가시고 뭔가 큰일을 해낸 것처럼 괜히 뿌듯해졌다. 내 강점 중 하나가 절제력이다. 지금도 가끔 그때 일을 생각하면 기분이 좋다. 그 상황에서 상대를 배려하고 나를 지킨 게 자랑스럽다.

그때 일을 '채 일병 애인 구하기'라고 정해 놓고 절제가 필요한 순간, 배려가 필요한 순간이 오면 떠올리곤 한다. 내가 살면서 했던 배려 가운데 대견하고 기분 좋았던 경험 중 하나다. 당신에게도 남을 배려해서 뿌듯했던 경험이 있는가? 아니면 당신은 평소 얼마나 배려심이 있다고 생각하는가? 항상 남을 도와주고 보살펴 주려고 마음을 쓰면서 살고 있는가? 아마 본인은 잘 듣는다고 생각해도 막상 주변 사람들은 그리 생각지 않는 것처럼, 당신이 스스로 배려심 많다고 생각해도 주변 사람들 생각은 다를 수 있다.

대부분의 사람들이 상대방을 배려하는 데 익숙하지 않다. 치열한 경쟁 속에서 어떻게든 살아남으려고 애쓰다 보니 이기적이 된 측면도 없잖아 있을 것이다. 당신이 혹시 남자라서, 가족들 생계를 위해 밖에서 이렇게 고생하는데, 가족들이 당신을 배려하고 희생을 감수해야 한다고 생각한 적은 없는가? 내가 힘들게 공무원 시험을 준비하면서 고생하는데 가족 모임이나 집안일에 대해서는 신경을 못 쓰는 게 당연하다고 생각한 적은 없는가? 남이 나를 배려해 주길 바라면 끝이 없다. 내가 배려하는 게 결국 나를 위한 일이다.

사경을 헤매던 한 노인이 저승사자에게 잡혀갔다. 처음 간 곳은 지옥문이었는데, 마침 점심시간이었다. 커다란 원탁 가운데 맛있는 음식이 있고, 식탁 주변에서는 사람들이 1미터가 넘는 기다란 젓가락을 들고 식사를 하고 있었다. 당신은 1미터짜리 젓가락으로 음식을 집어먹을 수 있겠는가? 사람 팔이 그렇게 길진 않다. 그곳 사람들도 다들 음식을 먹으려고 안간힘을 썼지만 젓가락이 너무 길어 음식을 먹을 수 있는 사람은 한 명도 없었다. 결국 아무도 먹지 못하고 식사 시간이 끝나 버렸다.

노인이 지옥문을 나와 들어간 곳이 천국 문이었다. 천국 문을 열고 들어갔더니 지옥보다 한결 깨끗하고 사람들 모습도 편안해 보였다. 시간이 지나서 저녁 식사 시간이 되자 지옥과 마찬가지로 커다란 원탁 위에 맛있는 음식이 차려져 있고, 1미터가 넘는 젓가락이 놓여 있었다. 노인은 속으로 이곳 사람들도 굶어야겠구나, 하고 생각했다. 그런데 노인의 생각과는 다르게 사람들이 여유 있게 음식을 먹고 있었다. 당신은 어떻게 가능했다고 생각하는가? 노인이 봤더니 이쪽에 앉은 사람이 테이블 너머에 앉은 사람에게 음식을 먹여 주고 있었다. 서로의 입에 음식을 넣어 주면서 자기 배도 상대방 배도 채웠던 것이다.

많은 사람들이 배려가 무조건적인 희생이고 남을 위하는 것이라고 생각하지만 결국은 본인에게 이로운 사랑이다. 당신이라면 누군가 당신 입에 음식을 넣어 준다면 꿀꺽 받아먹고 말겠는가? 당신도 상대편 입에 음식을 넣어 주고 싶도록 만드는 게 배려의 힘이다. 상대방을 사랑하고 관심을 갖고, 존중하고 인정할 때 서로를 배려할 수 있다. 배려는 크고 거창한 게 아니다. 당신이 어떤 일을 할 때 다른 사람을 한 번 생각한 다음에 하는 것이다. 나보다 상대방을 먼저 보살펴 주는 것, 그게 진정한 배려일 것이다.

사랑과 배려의 힘

얼마 전 서울 도심에서 친구들과 함께 오토바이를 훔쳐 달아난 혐의로 열여섯 살의 한 여학생이 구속된 적이 있었다. 학생은 소년 법정에 서게 되고, 방청석에는 홀어머니가 지켜보고 있었다. 조용한 법정 안에 중년의 여성 부장판사가 들어왔고 학생 당사자와 사람들 모두 무거운 보호처분을 예상했다. 그런데 갑자기 판사가 다정한 목소리로 이렇게 말했다.

"앉은 자리에서 일어나 날 따라 힘차게 외쳐 보렴. 나는 이 세상에서 가장 멋있게 생겼다."

예상치 못한 재판장의 요구에 법정 안은 술렁거렸고, 당황한 학생도 머뭇거리다 들릴 듯 말 듯한 목소리로 "나는 이 세상에서……"라고 입을 열었다. 그러자 이번에는 더 큰 소리로 따라 하라면서,

"나는 무엇이든지 할 수 있다. 나는 이 세상에 두려울 게 없다. 이 세상은 나 혼자가 아니다."라고 했다. 재판장의 말을 큰 목소리로 따라 하던 학생은 "이 세상은 나 혼자가 아니다."라고 외칠 때 참았던 눈물을 터뜨리고 말았다.

이 여학생은 재작년 가을부터 14건의 절도, 폭행 등 범죄를 저질러 이미 한 번 소년 법정에 선 전력이 있었다. 그래서 이번에도 비슷하게 무거운 형벌을 받을 것이라고 생각했는데, 판사가 내린 판결은 일어나서 외치게 하는 것뿐이었던 것이다. 당신은 판사가 왜 이런 판결을 내렸을 것이라고 생각하는가? 이 학생은 재작년 초까지만 해도 어려운 가정환경에서도 반에서 상위권을 유지하면서 간호사를 꿈꾸던 활발한 학생이었다. 그런데 재작년 초 집에 가는 길에 남학생들에게 끌려가 집단 성폭행을 당하면서 삶이 송두리째 달라져 버렸다. 그 어린 학생이 큰일을 겪고 어떻게 견뎠겠는가? 후유증으로 병원 치료를 받았고, 그 충격으로 홀어머니는 신체 일부가 마비되었다. 그때부터 겉돌면서 비행 청소년들과 어울려 다니다 범행을 저지르기 시작했다. 판사는 참관인들에게 이런 사실들을 들려주며 말했다고 한다.

"이 소녀는 가해자로 재판에 왔습니다. 하지만 이렇게 삶이 망가진 걸 알면 누가 가해자라고 말할 수 있겠습니까? 이 아이의 잘못에 책임이 있다면 여기에 앉아 있는 여러분과 우리 자신입니다. 이 소녀가 다시 이 세상에서 긍정적

으로 살아갈 수 있는 유일한 방법은 잃어버린 자존심을 우리가 다시 찾아주는 것입니다."

눈시울이 붉어진 판사는 말을 마치고 눈물범벅이 된 여학생을 법대 앞으로 불렀다. "이 세상에서 누가 제일 중요할까요. 그건 바로 너야. 이 사실만 잊지 않는다면 지금처럼 힘든 일도 이겨 낼 수 있을 거야. 마음 같아서는 꼭 안아 주고 싶지만 너와 나 사이에는 법대가 가로막혀 있어 이 정도밖에 할 수 없어 미안하구나."

그러면서 두 손을 쭉 뻗어 소녀의 손을 잡아 주었다. 이 얘기는 작년 4월에 서울 서초동 소년 법정에서 열여섯 살 여학생에게 서울 가정법원 김귀옥 부장판사가 내린 실제 판결이다. 이례적으로 불처분 결정으로 참여관들과 방청인까지 눈물을 흘리게 했던 사건이다. 나는 이 이야기를 자주 생각한다. 데일 카네기 12주 프로그램 가운데 11주차 '타인을 감동시키는 법'이 있는데, 그 시간에도 가끔 들려준다. 나는 이것이 사랑과 배려의 힘이라고 믿는다. 한 사람의 진정한 사랑과 배려 덕분에 한 아이의 인생이 달라졌다.

지금껏 살면서 당신도 이렇게 깊은 배려를 받았던 적이 있는가? 아니면 상대편의 작은 배려 덕분에 큰 힘을 얻은 적이 있는가? 당신의 배려와 사랑이 한 사람의 인생을 바꿀 만큼 큰 게 아니라고 해도 그 배려를 받는 사람에게 결코 작지만은 않다. 경주의 작은 마을에 살던 한 소년은 만화가가 꿈이었다. 그래서 용돈이 생기면 학교 근처 만화가게로 달려가곤 했는데 어느 날 멋진 만화책을 발견했다. 만화 속 주인공 그림이 너무 마음에 들어 몰래 한 장을 찢어가선 몇 번이나 따라 그렸다. 그리곤 죄책감에 만화가게에는 가지 않았다. 그런데 주인아저씨가 모르는 것 같다는 생각이 들면서 다시 만화가게를 찾아갔고, 점점 대담하게 만화책을 찢는 일이 많아졌다. 그러던 어느 날도 만화책을 북 찢고 있는데 인기척이 느껴져 고갤 들고 보니 주인아저씨가 한참 전부터 소년을 지켜보고 있지 않은가. 어린 소년이 얼마나 놀랐겠는가? 그런데 뜻밖에 주인아저씨는 소년의 머리를 쓰다듬으며 이렇게 말했다. "네가 그 유명한 만화가 지망생이구나." 주인아저씨는 알면서도 눈감아 준 것이다. 한국 최고의 만화가인 이현세 씨의 어린 시절 이야기이다. 아주 사소한 배려지만 받는 입장에서는 값으로 매길 수 없을 만큼 클 때가 많다.

  배려는 측은지심을 가지면 누구나 베풀 수 있는 것이다. 밖에서 일하는 남편, 하루 종일 육아와 집안일에 시달리는 아내, 고된 경비 일을 하는 아버지, 사람들이 뱉어 놓은 침이나 껌을 지우려고 건물 바닥을 닦고 또 닦는 어머니, 한창 젊은 나이에 도서관에 틀어박혀 공부만 하는 아들딸, 모두 가여운 사람들이다. 측은지심은 동정이 아니다. 타인의 고통을 이해하고 도움을 주려는 마음이다. 내가 힘들게 사는 만큼 다른 사람들도 힘들게 산다. 그러니 어떻게 나를 좀 이해해 달라고 짜증 부리고 투정할 수 있겠는가. 서로를 가엽고 귀하게 바라보는 것, 그게 사랑이자 배려의 시작이다.

행복 프로젝트 6
회복력

행복한 사람은 자살하지 않는다

요즘은 뉴스를 보기가 겁날 때가 있다. 하루가 멀다 하고 들려오는 안타까운 자살 소식 때문이다. 저명인사나 유명 연예인, 대기업 CEO, 성적을 비관한 학생, 군인, 또 일가족 동반 자살과 명문대생들의 잇따른 자살 등 직업이나 연령에 상관없이 많은 사람들이 삶의 끈을 놓아 버린다. 좌절과 절망의 순간에 스스로 목숨을 끊는 선택을 하는 것이다. 얼마나 절박했으면 그랬을까 싶다가도, 하루에 41명이 목숨을 끊는 현실을 어떻게 받아들여야 할지 고민스러울 때가 한두 번이 아니다.

자살하는 사람의 60퍼센트가 우울증 때문이라고 한다. 더 큰 문제는 누군가 스스로 목숨을 끊게 되면 남은 가족과 주변 사람들까지도 고통스러운 삶을 살아가게 된다는 것이다. 이들의 자살 시도율은 일반인의 6~7배를 넘는다고 한다. 오죽 고통이 컸으면 자살 생존자라고 부르겠는가? 자살의 악순환은 단지 한 사람에서 그치지 않는다. 2010년에만 1만 5,000명이 넘었고, 자살 생존자 수는 약 10만 명에 달한다. 무엇이 그들을 극단적인 선택으로 내몰았을까? 어떻게 하면 이 고통의 악순환을 멈추게 할 수 있을까?

우리나라는 청소년 자살률 1위라는 불행한 타이틀을 달고 있다. 초등학생 세 명 가운데 한 명이 죽고 싶어 한다는 말을 듣고 깜짝 놀란 적이 있다. 대부분 학교 성적, 진학 문제, 따돌림 때문에 괴로워하다 극단적인 선택을 한다. 또 우울증을 겪는 아이들이 성인이 돼서도 마찬가지다. 20대를 트라우마 세대라고까지 부른다. 공포와 겁에 질려 있다는 것이다. 부모 세대의 IMF를 간접 경험했고, 88만 원 세대라는 말이 주는 공포, 젊은이 고유의 패기나 무모함은 사라져 버렸다. 최근에는 군대 내에서 일어나는 총기 자살 사건을 접할 때마다 가슴이 아프다. 실제로 많은 젊은이들이 작은 역경조차 이겨 내지 못하고 주저앉고 무너져 버린다. 스스로를 지켜 낼 힘이 없는 것이다.

특히 우울증은 우리나라뿐만 아니라 전 세계에서 거의 충격적으로 증가하고 있다. 젊은이들 사이에 우울증은 유행병이라고 불릴 만큼 빠르게 번지고 있는데, 어떤 조사에 따르면 우울증은 50년 전에 비해 10배 정도가 늘었다. 연령층도 낮아져서 50년 전에는 우울증을 처음 겪는 평균 연령이 30세 정도였지만 지금은 15세 이하다. 그만큼 많은 학생들과 젊은이들이 우울증으로 고통스러워하고 있다는 뜻이다. 그런데도 이 많은 우울증 환자들이 제대로 치료를 받는 경우는 드물다. 이대로 방치한다면 어떤 결과가 나올 것이라고 생각하는가? 비단 젊은이들의 우울증만이 아니라 사별, 이혼, 실직, 교통사고 등을 겪으면서 정신적 외상인 트라우마로 불안해하고 고통스러워하는 사람들은 또 얼마나 많은가. 사회적 안정을 찾아야 할 40대, 50대가 스스로 목숨을 끊는 예도 갈수록 늘고 있다. 목숨을 끊는 건 분명 아무나 할 수 있는 선택은 아니다. 그렇다고 용기 있는 행동은 더더욱 아니다. 정말 용기 있는 행동은 어렵고 고통스러운 순간에도 자기 자신을 지켜 내는 것이다. 그리고 거기에는 회복력이 필요하다.

어떤 일로 당신이 극심한 충격을 받았다면 우울하고 불안하고 초조하고 삶의 의욕을 잃어 버렸을 것이다. 당신은 그럴 때마다 실망하고 좌절하는가? 하지만 그게 정상이다. 당신이 특별히 나약해서가 아니다. 당신은 수렁 같은 상태가 영원히 지속될 것이라고 생각하는가? 그것이야말로 잘못 생각하는 것이다. 트라우마나 심각한 역경이 닥쳤을 때 가장 정상적인 반응은 더 나빠지는 게 아니라 회복되는 것이다. 많은 사람들이 이 사실을 잊어버리기 때문에 헤쳐 나갈 시도조차 않는다. 만약 우울하고 불안해지는 현재에만 초점을 맞춘다면 어떻겠는가? 도저히 길이 보이지 않을 것이다. 하지만 머지않아 회복될 것이라고 앞을 내다본다면 어떻게든 해결할 방법을 찾아내려고 애쓰게 된다. 행복지수가 높은 사람들의 회복력이 높은 것도 눈앞에 닥친 상황에 매몰되지 않고 앞을 내다보기 때문이다. 그래서 행복한 사람은 자살하지 않는다.

고통스럽고 힘든 순간에 당신을 지켜 줄 수 있는 것은 자신뿐이다. 회복력을 높여서 내면의 심리적 근육을 단련하면 얼마든지 스스로를 지켜 낼 수 있다. 회복력의 7가지 능력을 다시 떠올려 보자. 감정 조절, 충동 통제, 공감 능력, 낙관성, 원인 분석, 자기 효능감, 그리고 이 6가지 능력을 발휘해 멀리 뻗어 나가면 오히려 모든 역경은 성장의 발판이 될 수 있다. 그 힘을 당신 안에서 찾아야 한다.

사업에 파산한 65세의 한 노인이 단돈 105불을 가지고 도전을 시작했다. 당신이라면 저 나이에, 저 돈을 갖고 시작하는 도전을 어떻게 바라보겠는가? 그는 레스토랑을 운영하면서 개발해 온 특별한 조리법을 팔아 볼 생각에 미국 전역을 돌아다녔다. 잠은 트럭에서 자고 면도는 주유소 화장실에서 하면서 열심히 문을 두드렸지만 2년 동안 1,008번 거절당했다. 1,008번 실패를 한 것이다. 그리고 1,009번째 시도 만에 드디어 요리법을 사겠다는 사람을 만났고 그렇게 해서 KFC 1호점이 탄생했다. 아마 KFC 앞에 세워진 할아버지 동상을 본 적이 있을 것이다. 그가 KFC의 창시자인 커넬 할랜드 샌더스이다. 그는 6살에 아버지를 잃었다. 생계를 책임지는 어머니와 어린 두 동생을 위해서 집안일을 도맡아 했고, 10살이 되면서 농장에서 일했고, 12살에는 어머니가 재혼하면서 고향을 떠나 버렸다. 결혼을 했지만 사업에 실패하고 아내를 잃었고 그 충격으로 정신병원에 입원까지 했다. 그 모든 역경을 이겨 내고 지금은 KFC의 전 매장 앞에서 흰 양복을 깨끗하게 차려입고 웃고 있다.

한창 젊은 당신이 커넬 할랜드 샌더스 앞에서 할 수 있는 말이 무엇이겠는가? "어떤 역경이라도 이겨 낼 수 있어요!"라는 말이 아니겠는가.

회복력 기술

- 나도 트라우마가 있다. 10년 전 3월 초에 창원공단 전시장에서 공장자동화(FA) 전시회가 열렸다. 우리 출판사가 공장자동화 시리즈를 출품하고 있어서 개막식 날 새벽에 출발했다. 그날따라 진눈깨비가 심하게 내려 장거리 운전이 부담됐다. 계속 내리는 진눈깨비와 장시간 긴장해서 운전한 탓인지 두려움마저 느껴졌다. 대구를 지나 마산에 이르는 고속도로에 접어들어

속도를 줄이며 안전 운행을 하고 가던 중 주의를 요하는 긴 커브를 발견했다. 우측에는 작은 공단이 보이고 길 아래는 절벽이었다. 바짝 긴장하고 조심스레 커브를 도는데 뒤에서 관광버스가 갑자기 요란하게 경적을 울려 댔다. 너무 놀라 급브레이크를 밟았다. 정신을 차리고 보니 차는 도로 난간에 걸쳐 있고 아래로는 까마득한 절벽이었다. 순간 다리가 풀리고 온몸에 힘이 쭉 빠졌다. 간신히 마음을 추슬러 출발했는데 오금이 당기고 온몸이 굳어서 제대로 운전할 수가 없었다. 수십 번 쉬다 가다를 반복한 끝에 겨우 도착했다. 3일간의 전시를 마치긴 했는데 올라가는 게 문제였다. 걱정은 됐지만 괜찮을 거란 마음으로 고속도로에 진입했다. 그런데 순간 몸과 마음이 딱딱하게 굳어 버리는 것이다. 도저히 운전을 할 수 없어 결국 도로관리소에 들어가 대리 운전을 해서 왔다. 그때부터 고속도로는 물론 대교나 일반 도로조차 운전하기가 불편했다. 외상 후 스트레스 장애인 것이다. 장애가 있다는 게 즐거울 리가 없었다. 신경정신과에서 상담을 받고 약을 처방받아도 효과가 없었다. 평생 안고 가야 할 것 같아 답답하고, 평소에도 이 생각만 하면 자신감이 떨어지고 불안하기만 했다.

그러다 『절대 회복력』이라는 책을 공동 번역하는 기회를 얻었다. 번역도 번역이지만 책에서 알려 주는 방법대로 내 회복력을 키워 보기로 했다. 먼저 회복력 지수를 측정했다. 7가지 회복력 능력 중 6가지는 점수가 높은데 유독 원인 분석 능력이 낮았다. 정말 신기했다. 나는 좌뇌보다 우뇌가 발달한 편이다. 그래서 평소에 분석력이 부족하다는 느낌을 갖고 있었다. 나는 회복력을 높이는 건 긍정적 사고가 아니라 정확한 사고가 우선이라는 걸 새롭게 깨달았다. 그때까지 무조건 긍정적으로 생각하고 긍정의 힘이면 못할 게 없다고 생각했다. 그래서 더 원인 분석 능력이 부족하다는 결과에 신뢰가 갔다. 그리고 회복력의 7가지 기술[43] 중 ABC 확인하기를 적용해서 그때 상황을 다시 확인하고 분석해 봤다. A(역경), B(믿음), C(감정과 행동에 의한 결론) 중 B(믿음)가 문제였다. 그 최초 믿음의 분석 과정 없이 바로 뒤에서 관광버스가 덮치고 아래 절벽으로 떨어질 수 있다는 불안감 때문에 C(감정과 행동의 결론)를 내린 것이다. 그러다 보니 운전이 되겠는가? 일어날 확률이 1퍼센트도 되지 않는 최악의 시나리오에 초점을 맞추고 있었던 것이다. 믿음에 반박하기, 진상 파악하기 등 회복력 기술을 적용한 이후 많이 좋아졌다. 아직 장거리 운전은 안 해봤지만 단거리 고속도로 운전이나 대교를 건너는 데는 아무런 부담이 없다.

　회복력을 방해하는 가장 큰 장애물은 당신의 생각하는 스타일, 인지 양식이다. 그래서 이 생각을 바로잡아야 한다. 정확한 사고를 강조한 회복력 기술은 충분히 검증받은 방법이다. 한 대기업의 고객 서비스부와 영업부 직원들에게 회복력 기술을 훈련시켰더니 3개월 후, 그들은 소속 부서의 가장 중요한 4가지 업무 평가 부문에서 통제 집단 직원들보다 더 높은 점수를 얻었다고 한다. 동료보다 회복력 수준이 낮은 영업 직원과 일반 사무직원들에게 회복력 기술을 가르친 연구도 있었는데, 회복력 기술을 배운 지 한 달 후 회복력 수준은 동료 직원들보다 50퍼센트 높았고 다른 척도로 측정했을 때는 100퍼센트나 높았다. 이렇게 회복력은 중요하고 얼마든지 배울 수 있다. 여기에선 몇 가지 기술만 살펴볼 것이다.

　회복력은 역경에 대처할 수 있는 능력이면서 동시에 자기를 발견하는 효과적인 수단이다. 당신은 다이어트를 하면서 끊임없이 배고픔과 욕구불만에 시달려 본 적이 있는가? 하지만 회복력을 높이는 일은 다이어트와는 정반대다. 당신이 부정적인 생각의 스타일과 싸워 이긴다면 얼마나 기분 좋은 일이겠는가? 회복력을 높일수록 자신감을 가질 수 있다면, 스스로를 더 만족스럽게 바라보고 더 사랑할 수 있고 행복할 것이다.

1. ABC 확인하기

당신은 지금껏 트라우마나 역경이 닥쳐 우울하고 불안해질 때마다 어떻게 대처해 왔는가? 누구나 극심한 스트레스를 받거나 시련이 닥치면 비현실적으로 생각하게 된다. 어디서부터 문제를 풀어 가야 할지도 막막해진다. 이제부터 당신이 가장 먼저 할 일은 일단 본인이 느끼는 절망감과 불안감 등이 자연스러운 반응이라는 걸 받아들이는 것이다. 트라우마 반응 자체를 이해하고 인정해야만 문제를 해결할 수 있다. 그런 후 왜 그 감정이 들었는지 내면의 목소리에 귀를 기울여 보자. 회피가 아니라 더 깊숙이 들어가는 것이다.

먼저 ABC 모델로 시작하자. 즉, 역경(A) 자체가 아니라 역경에 대한 당신의 믿음(B)이 결과(C)로써 감정을 일으킨다. 당신이 비관적인 감정에 휩싸였을 때를 돌이켜 보자. 아마 그 감정을 부추긴 특정한 생각이 있을 것이다. "아무도 나를 상관하지 않는다."라고 생각하면 어떤 기분이 들겠는가? 당연히 외로움이나 거절당한 기분을 느끼게 된다. "그는 나를 이용했어."라고 생각하면 분노나 복수심에 불타는 감정을 느끼면서 방어적이 될 수밖에 없다. "나 자신을 돌볼 수 없어." "이제 나는 끝장이야"라는 생각이 들면 불안하고 무기력하고 의존적인 느낌을 갖게 된다. 우울증 역시 마찬가지다. 당신의 생각이 우울증을 만든다. 미래는 절망적이고, 현재는 견디기 힘들고, 과거는 패배의 기억으로 가득하고, 정작 본인은 문제를 해결할 능력이 없다는 생각이 기분을 가라앉히고, 의욕을 잃게 하는 것이다. 보통 침범당한다는 생각이 분노를 부추기고, 상실에 대한 생각이 슬픔을, 침범했다는 생각이 죄책감을, 위험하다는 생각이 불안을, 타인과의 비교에서 당혹감을 느낀다.

이렇게 자신에게 떠오른 감정들을 구별하고, 이 감정들이 어떤 생각에서 비롯되는지를 확인하자. 역경(A)을 겪었을 때 자신에게 부정적인 감정을 불러일으킨 왜곡된 믿음(B)을 찾아내고, 그 믿음이 일으킨 감정이나 행동(C)과 구별하는 것이다. 이것이 ABC 확인하기 기법이다. 일과 가정의 균형이 깨졌을 때, 여러 가지 일을 동시에 처리해야 하는 상황에서 스트레스를 받을 때, 이별의 상처에서 헤어 나오지 못할 때, 실직이나 심각한 질병 등이 찾아올 때 당신이 보이는 "반응과 믿음(B)"에 초점을 맞추자. 역경에 처할 때마다 실시간 믿음에 귀를 기울이고, "지금 나는 무슨 생각을 하고 있지?"라고 자문하자. 거기가 출발점이다.

2. 사고의 함정 피하기

당신은 평소 직감을 믿는 편인가? 살다 보면 논리적으로 설명할 순 없지만 이거다 싶은 어떤 느낌이 있다. 부부들은 평소와 다름없는 일상에서도 직감적으로 배우자가 평소와는 다르다는 걸 눈치 채는 사람이 있고, 직감적으로 몸에 이상이 생겼다는 걸 깨닫는 사람도 있다. 이렇게 살면서 많은 사람들이 본인의 직감을 믿고 행동한다. 그리고 실제로 직감이 중요해지는 순간도 있다. 2009년 허드슨 강에 비상착륙했던 비행기 부조종사 제프리 스카일스는 엔진을 살릴 수도 없고 다른 공항이나 활주로로 활공할 시에 추락할 수밖에 없는 긴박한 순간에 직감을 믿고 허드슨 강에 착륙한다고 판단했다. 강이나 바다에 착륙하는 건 몹시 어려운 일이라고 알려져 있고, 완벽하게 하지 못하면 대형 참사로 이어질 수도 있는 위기의 순간이었다. 그러나 그는 직감을 믿고, 많은 승객의 목숨이 그의 판단에 달려 있다는 책임감으로 끝까지 이성을 잃지 않고 조정해 수많은 목숨을 살린 예가 있다.

당신이 평소 직감에 따라 행동했던 순간을 떠올려 보자. 당신이 직감에 따라 행동했던 일은 생명이 달린 문제라서 곧바로 해결하거나 행동에 옮겨야만 하는 일이었는가? 많은 사람들이 직감에 따라 일단 행동하고 나중에 생각한다. 직감을 기정사실화해 버리는 것이다. 하지만 생명이 달린 문제가 아니고선 직감에 따라 행동하는 일들 대부분이 시간을 다투는 촉박한 일들은 아니다. 오히려 자료를 모으는 과정에서 B가 더 좋은 방법이라는 사실을 깨닫는 경우도 많다. 직감은 직감일 뿐 사실은 아니라는 것이다. 그런데도 직감에 따라 행동한다면 어떤 결과를 낳겠는가? 역경이 닥쳤을 때 충동적으로 대응할 가능성이 높다.

이렇게 정확한 관련 정보 없이 성급한 결론을 내리는 것이 사람들이 가장 흔히 빠지는 사고의 함정 가운데 하나다. 우리가 사고의 함정에 빠지는 이유는 사람마다 자기 해석에 따라 세상을 보기 때문이다. 사건을 있는 그대로 보는 것이 아니라는 뜻이다. 나도 얼마 전 성급한 결론으로 사고의 함정에 빠진 적이 있다. 평소 잘 알고 지내던 과천시립문원어린이집 김용순 원장이 중요한 사람과 미팅을 했으면 좋겠다고 시간과 장소를 문자로 보내왔다. 가끔 백운 저수지 부근 한정식 식당에서 식사를 함께 하는 터라 주소도 비슷하고 당연히 그 주변이라 짐작하고 시간에 맞추어 갔다. 그런데 아무리 찾아도 없었다. 그래서 메모되어 있는 전화번호로 전화를 걸어 확인해 보니 반대편 청계사 쪽 굴다리 지나서란다. 내가 "분당 넘어가는 쪽 맞죠?" 물었더니 그렇단다. 그쪽에 식당이 몇 개 있는 것을 알았기 때문이다. 그래서 "그곳일 것이다." 결론을 내리고 갔는데 또 그곳이 아니었다. 성급하게 결론을 내려 중요한 약속임에도 20분 지각을 하는 큰 실수를 저질렀던 것이다.

아니면 당신이 혹은 당신 부대에 소속된 한 군인이 신체 단련 시간에 뒤처지지 않으려고 기를 쓰더니 다음날 내내 기진맥진한다. 군복은 후줄근해지고 포격 훈련 중에는 두어 번 실수까지 저지른다. 그러면 대부분 "덜 떨어진 녀석! 나(그)는 아무래도 군인으로서 자질이 없나 봐."라는 식으로 생각해 버린다. 이렇게 행동이 아닌 성격 결함으로 생각해 버리는 과잉 일반화의 함정에 빠질 수도 있다. 하지만 동일한 상황에서 "어제 너무 무리를 해서 오늘 실수를 저질렀어."라고 생각한다면 어떻게 대처하겠는가? 체력 안배를 보다 잘하려고 노력할 것이다. 행동에 초점을 맞추면 변하려는 동기를 부여할 수 있지만, 성격을 변화시키는 것은 훨씬 어렵기 때문에 역경에 대해서도 손을 놓아버리는 것이다.

그밖에도 다양한 정보를 편향적으로 선별해 긍정적인 정보는 무시한 채 부정적인 정보에만 집착하는 터널 시야의 함정, 부정적인 사건은 중시하고 긍정적인 사건은 경시하는 확대와 축소의 함정에 빠져 있을 수도 있다. 모두 부정적인 측면을 확대해 부정적인 감정을 부추긴다. 아니면 습관적으로 모든 일을 '내 탓'이라고 생각하는 개인화의 함정, 반대로 모든 일을 '남 탓'이라고 생각하는 외현화의 함정도 위험하다. 만약 당신이 실직했을 때 "모두 내 잘못이야."라고 생각하거나, 반대로 "나는 아무 잘못이 없는데 회사가 나를 내쫓은 거야."라고 생각한다면 어떤 기분이 들겠는가? 심각한 자기 비하로 이어지거나, 회사에 대한 온갖 나쁜 감정에 휩싸여 분노하게 될 것이다.

이렇게 당신이 습관적으로 빠지는 사고의 함정을 찾아내면 그동안 부정적이고 비관적인 생각에 휩싸인 이유, 좌절하고 절망하고 무기력해질 수밖에 없었던 이유를 아는 데 도움이 될 것이다. 사고의 함정에서 빠져 나와야 한다. 그래야 정확한 사고를 통해 길을 찾을 수 있다.

3. 빙산 찾기

당신은 지금껏 죄책감 정도가 아니라 끔찍한 죄책감에 시달린 적이 있는가? 아니면 어떤 사건을 겪었을 때 사건에 비해 너무 강렬한 감정이 들거나 스스로를 이해 못할 때가 있었는가? 그런 적이 있다면 ABC를 확인하고 사고의 함정까지 파악해 실시간 믿음을 찾아낸다고 해도 별다른 소득이 없을 것이다. 그런 경우 실시간 믿음 때문이 아니라 그보다 뿌리 깊은 믿음 때문일 가능성이 높기 때문이다.

누구나 세상이 어떻게 작동해야 하는지, 인간관계는 어때야 하는지, 또 자신이 어떤 사람이 되어야 하는지 등에 대해서 나름대로 규칙을 가지고 있다. 당신도 마찬가지이다. 이것을 '빙산 믿음'이라고 부른다. 그만큼 뿌리 깊은 믿음이라서 거대한 빙산처럼 내면 깊숙이 자리 잡고 있기 때문이다. 빙산 믿음은 대개 자라 오는 과정에서 배운다. 빙산 믿음은 당신이 중요하게 생각하는 핵심 가치와 일치하게 행동하도록 이끌어 준다. "정직해야 한다."는 빙산 믿음을 가진 사람은 매사에 정직하게 살기 위해 노력할 것이다.

하지만 빙산은 종종 B—C 관계를 끊어 놓는다. 그래서 전혀 엉뚱한 결과로 이어질 때가 많다. 게다가 자꾸 특정한 감정에 휩싸이게 만든다는 특징이 있다. 만약 당신이 죄책감을 느낄 만한 상황이 아닌데도 끔찍한 죄책감에 시달린다면 빙산 믿음 때문이다. 평소 별일 아닌 일에도 질투심에 사로잡히는 사람, 사소한 일에도 크게 분노하는 사람, 평소에 툭하면 슬퍼지는 등 빙산 믿음이 확고할수록 특정한 감정을 많이 느낀다. 만약 당신이 분노, 우울, 슬픔, 죄책감 등의 감정을 골고루 느끼는 사람이 아니라 거의 우울하거나 거의 슬프거나 거의 화나 있다면 빙산 믿음을 찾아야 한다. 이런 빙산 믿음은 주로 고정관념일 때가 많다. 남자들은 "나는 집안의 대소사를 책임지고 결정해야 한다." "나는 남에게 감정을 보이고 싶지 않다." 등 성 역할에 대한 고정관념을 갖고 있는 경우가 많다. 이런 사람은 스트레스를 더 받고 우울증에 걸릴 가능성도 높다. 이제 그 빙산을 찾아보자.

1단계 : ABC 확인하기로 B—C의 연결 관계를 확인하고 다음을 질문해 보자.
세 가지 가운데 하나라도 해당한다면 빙산 믿음이 작동하고 있다. 그렇지 않다면 곧바로 반박하기로 넘어가면 된다.
① 결과(C)의 강도가 실시간 믿음(B)과 걸맞은가?
② 결과(C)의 종류가 실시간 믿음(B)의 범주와 어긋나진 않는가? 예를 들어 실시간 믿음은 분노를 일으켜야 하는데 슬픔을 느낀다거나, 실시간 믿음은 죄책감을 느껴야 하는데 당혹감을 느끼진 않는가?
③ 겉보기에는 사소한 것을 도저히 결정할 수 없는가?

2단계 : 빙산을 찾았다면 스스로에게 다음을 질문해 보자.
① 빙산이 나에게 지속적인 의미가 있는가?
② 그 빙산이 주어진 상황에 정확히 들어맞는가?
③ 그 빙산이 지나치게 엄격하지는 않은가?

④ 그 빙산이 유용한가?

빙산은 왜곡된 믿음처럼 옳은가, 그른가의 문제는 아니다. 다만 자신에게 유용한가의 문제다. 많은 남자나 군인들이 "도움을 요청하는 것은 나약함을 의미한다."는 빙산을 지니고 있다. 이런 믿음을 갖고 있는 한 어려움에 처했을 때 다른 사람에게 도움을 청하기가 쉽지 않다. 그래서 집단 따돌림을 당해도 혼자서만 속병을 앓다 결국 총기 자살 사고 등 끔찍한 결과로 이어지는 것이다. 아니면 "남자는 힘이 세야 한다." "세상은 위험하다." "사람을 믿어서는 안 된다." "모든 일은 완벽해야 한다."와 같은 다양한 빙산이 있을 수 있다. 만약 당신의 빙산이 매우 지나치거나 어려움을 극복해 나가는 데 방해가 된다면 주저하지 말자. 이 믿음을 바꾸면 된다. 빙산 믿음을 다른 관점에서 이해해 보자.

"도움을 요청하는 것은 나약함을 의미한다."는 빙산을 갖고 있다면 도움을 요청하는 게 나약함을 의미하는가? 강한 사람도 도움을 요청한다. 또 도움을 요청할 수 있다는 건 그만큼 성숙하다는 의미이다. 자신이 도움이 필요하다는 사실을 깨닫지 못하는 사람도 있고, 도움이 필요하지만 용기가 부족해서 말하지 못하는 사람도 있다. 그들에 비해 얼마나 강인한 사람인가.

빙산 믿음은 부모님이나 가족에게 영향을 받거나 사회생활을 하면서 내재된 경우가 대부분이기 때문에 빙산 믿음이 생기게 된 경로를 추적해 보자. "모든 일은 완벽해야 한다."는 빙산 믿음을 지닌 사람은 어린 시절 작은 실수를 할 때마다 부모님께 혼이 나면서 이 믿음을 내면에 저장했을 수도 있다. 이런 사람은 어떤 일에 실수하거나 실패했을 때 보통 사람들보다 더 자책하고 더 좌절한다. 그만큼 역경에 취약해지는 것이다. 이제 당신의 빙산을 다른 관점에서 이해해 보자. 더불어 빙산의 경로를 추적하다 보면 자신을 좀 더 이해하는 계기가 될 것이다.

4. 믿음에 반박하기

　믿음에 반박하기는 이제껏 살펴본 ABC 확인하기, 사고의 함정 피하기, 빙산 찾기보다 더욱 중요한 단계다. 앞의 세 가지 기술들이 자기를 인식하는 단계였다면 반박하기는 당신이 변화할 수 있는 단계다. 아무리 왜곡된 믿음을 확인했다고 해도 거기에 머문다면 무슨 변화가 있겠는가? 어떻게 문제를 해결하겠는가? 이 단계를 제대로 해낸다면 당신의 인생도 얼마든지 바꿀 수 있다. 본인의 왜곡된 믿음에 반박할 때는 증거를 찾아야 한다. 정확한 증거를 제시해 스스로를 설득할 수 있어야 그 반박이 효과가 있지 않겠는가? 충분한 시간을 갖고 유리한 증거를 확보하자. 그래야 사건의 진상을 파악할 수 있다.

　중견 무역회사에 근무하는 김진성 과장은 일과 가정의 균형이라는 딜레마에 빠져 있다. 아시아 전 지역 담당이라서 출장을 자주 가는 상황이기 때문이다. 다음 주에는 아내에게 집에서 보낼 것이라는 약속을 했지만, 갑작스럽게 호주의 한 고객이 사업 제안을 하면서 가지 않으면 다른 회사에 기회를 뺏길 수 있는 상황에 처했다. 김 과장은 난감한 상황을 넘어 극심한 스트레스를 느끼며 전화기에 대고 간신히 고함치고 싶은 걸 참았다. 사장은 꼭 가 달라고 부탁하고, 아내는 아내대로 잔뜩 벼르고 있는 상황이라면 당신은 어떤 결정을 내리겠는가? 김 과장을 따라가면서 당신이 최근 극심한 스트레스에 시달리거나 역경에 처한 경험을 떠올려 보자.

1단계 : ABC 확인하기

역경 : 사장이 전화해서 출장을 가 달라고 부탁했다. 아내와의 기념일이 그 시간 안에 있다.

믿음 : 지금은 참을 수 없어. 아내는 정말 화낼 거야. 사장은 사생활을 존중하지 않아. 아내는 나에게 너무 많은 걸 기대해…….

결과
- **감정** : 나는 무척 화가 났다. 분노게이지 100, 200…….
- **행동** : 나는 씩씩거리며 호텔방을 서성거리고 텔레비전 리모컨을 여기저기 돌리고…….

2단계 : 원인 믿음 찾기

이제 당신이 믿음이라고 적은 내용 가운데 역경의 원인일 수 있는 원인 믿음을 찾아보자. 김 과장의 믿음이라고 적은 4가지 가운데 "지금은 참을 수 없어."는 원인이 아니라 현재 기분을 나타낸 것이고, "아내는 정말 화낼 거야."는 앞으로 일어날 아내의 반응을 예측한 결과 믿음에 해당한다. 이런 것들은 제쳐 두자. 이 가운데 원인 믿음은 "사장은 사생활을 존중하지 않아.""아내는 나한테서 너무 많은 걸 기대해."라는 두 가지다. 이렇게 원인 믿음을 찾아낸 다음 각각의 원인이 차지하는 비중을 판단해 보자.

1. 사장은 사생활을 존중하지 않아. 75%
2. 아내는 나에게 너무 많은 걸 기대해. 25%

1. _____ %
2. _____ %

당신이 역경의 원인이라고 생각한 것들이 진짜 역경의 원인일까? 만약 그렇다면 이 원인을 바꾸면 해결책도 찾을 수 있을 것이다. 하지만 검증이 필요하다. 게다가 모든 원인을 바꾸긴 어려울 것이다.

김 과장 역시 직감적으로 사장의 독단적인 성격을 바꾸기 위해 할 수 있는 게 거의 없다고 생각했고, 본인이 아내의 기대치를 바꿀 가능성이 더 크다고 판단했다. 이렇게 다양한 원인 가운데서 변할 수 있고, 바뀔 가능성이 가장 큰 원인에 집중하자. 비관적으로 생각하는 사람들은 여러 원인 가운데 가장 파괴적인 원인에 집착하는 경향이 있다. 그러면 어떻게 문제를 해결하겠는가? 덜 파괴적인 원인에 주목하자. 바꿀 수 없는 원인보다는 바꿀 수 있는 원인, 보편적인 원인보다는 특수한 원인에 주목하자.

3단계 : 설명 양식 확인하기

비관주의자와 낙관주의자는 설명 양식이 다르다는 걸 기억하는가? 이제 당신의 설명 양식을 확인해 보자. 설명 양식은 세 가지 차원이 있다. 원인의 주체(내 탓-남 탓), 원인의 지속성(항상-가끔), 원인의 만연성(전부-일부)이다. 당신이 어떤 설명 양식을 택하느냐에 따라 문제 해결 능력이 달라진다. 만약 비관주의자처럼 "내 탓, 항상, 전부"라고 설명한다면 그만큼 문제를 해결할 수 있는 가능성이 제한된다는 걸 기억하자.

이번 일이 전적으로 본인 탓인지 타인이나 상황 탓도 있는지, 항상 그럴 것인지 이번 한 번으로 끝날 것인지, 인생의 모든 것에 영향을 미칠지 오직 이 상황에만 영향일지에 따라 당신의 원인 믿음들을 각각 판단해 보자. 1점부터 7점까지 점수를 매겨 아래에 적어 보자.

원인 믿음	내 탓/남 탓	항상/가끔	전부/일부
1.			
2.			

4단계 : 유연한 사고(다양한 원인)

당신은 케케묵은 문제를 매번 똑같은 방법으로 해결하려다 좌절한 적이 있는가? 누구나 그런 적이 있을 것이다. 3단계에서 확인한 당신의 설명 양식도 실은 케케묵은 방법이다. 당신은 지금껏 그 설명 양식에 따라 언제나 비슷한 감정을 느끼고 비슷한 행동을 했을 것이다. 그게 당신의 굳어진 사고 양식이면서 문제 해결 양식이었던 것이다. 앞으로는 어떤 일을 겪을 때마다 설명 양식을 떠올리려고 노력해 보자. 김 과장은 "남 탓, 항상, 전부"라는 설명 양식을 갖고 있었다. 이제 이 세 가지 차원을 역으로 활용해 문제의 원인일 수 있는 다른 요인들로 생각을 넓혀 보자. 가능한 한 원인을 다양하게 찾아내야 전체를 확실하게 볼 수 있다. 설명 양식을 활용하면 유연하게 사고하기가 한결 수월할 것이다.

김 과장은 외현화에 빠져 있는 사람이었다. 당신이 평소 타인의 실망스러운 행동만 보이고 자주 화가 나고 분노를 느낀다면 문제의 원인을 주로 다른 사람이나 외부 환경에서 찾는 사람일 가능성이 높다. 이런 사람들은 자기에게는 전혀 잘못이 없다고 생각하기 때문에 다음번에 똑같은 실수를 되풀이할 수밖에 없다. 김 과장이 처음에 믿음이었다고 생각한 4가지를 확인해 본다면 내 탓은 한 가지도 없다는 걸 알 수 있을 것이다. 만약 당신도 그렇다면 자신의 설명 양식인 '남 탓'과 반대되는 '내 탓'일 수 있는 원인을 많이 찾아

보자. 여기에 '가끔' '일부'인 원인까지 찾아본다면 그만큼 당신의 사고는 유연해지고 다양한 원인들을 두루두루 살펴볼 수 있을 것이다. 반대로 모든 게 '내 탓'이라는 개인화의 함정에 빠진 사람들은 '남 탓'이나 외부 상황일 수 있는 원인을 많이 찾아보면 된다.

김 과장은 일과 가정의 균형이라는 문제에 대해서 '내 탓'에 해당하는 대안 믿음 몇 가지를 찾아냈다. 본인이 책임질 수 있는 부분을 찾아낸 것이다. 그 하나가 "나는 사장의 지시를 거부하지 못해."라는 것이다. 당신도 이렇게 찾아낸 대안 믿음을 "남 탓, 항상, 전부"에 해당하는지 판단해 보자. 해당하지 않으면 좋은 믿음에 가깝다. 김 과장의 수동적인 태도는 인생 전반에 광범위한 영향력을 갖고 있다. 자문해 보자. "나는 왜 사장의 지시를 거부하지 못할까? 나약해서?" 나약하다는 건 성격 결함으로 역시 사고의 함정이다. 게다가 나약해서라면 '항상' 나약하고 거부하지 못하게 된다. 하지만 "사장의 지시를 거부하고 내가 원하는 결과를 얻는 최선의 방법을 몰라서."라고 생각한다면? 이 믿음은 '가끔' 믿음이다. 그러면 동료들은 어떻게 사장의 지시를 거부하고 있는지 물어볼 수 있지 않겠는가? 이렇게 당신이 찾아낸 몇 가지 믿음을 설명 양식에 따라 하나하나 검증해 보자.

5단계 : 정확한 사고(대안 믿음 검증하기)

이제부터 당신은 명탐정 셜록 홈스다. 사람은 늘 자신이 믿고 싶은 대로 믿는 경향이 있다. 당신은 평소 얼마나 객관적이고 정확하게 사고한다고 자신하는가? 많은 사람들이 자신의 설명 양식에 일치하는 증거는 수용하고 모순되는 증거는 배제한다. 그래서 당신이 역경의 원인이라고 생각한 각 믿음을 지지하는 증거와 반박하는 증거 모두를 찾아야 한다.

원인 믿음	지지 증거	반대 증거
1.		
2.		

"나는 사장의 지시를 거부하지 못해."라는 대안 믿음에서 김 과장은 사장의 지시를 거부했던 경험들을 떠올렸다. 그런데 김 과장이 무조건 고분고분했던 건 아니라는 사실을 확인했다. 업무에 관해서는 얼마든지 사장 의견에 반대했지만, 근무 시간에 관해서만 그렇지 못했던 것이다. 그렇다면 과거의 직장에서도 이런 문제로 고민한 적이 있나? 아마 이렇게 지지와 반대 증거를 찾다 보면 모르는 사이에 각각의 원인이 어느 정도나 중요한지 직감적으로 알 수 있는 능력이 생길 것이다.

6단계 : 새로운 대안 믿음

처음 김 과장의 두 가지 믿음을 기억하는가? 그 하나는 아내의 기대치가 25퍼센트였다. 그런데 김 과장은 분석을 통해 이 믿음을 지지하는 증거가 하나도 없다는 사실을 발견했다. 또 사장이 사생활을 존중하지 않는다는 생각은 사장이 개인적으로 와인도 보내주고 신경 써 준 일들을 떠올리면서 처음보다 비중이 낮아졌다. 그래서 이런 사실들을 고려했고 "사장의 지시를 거부하지 못해."처럼 새로운 원인들을 추가했다.

당신은 어떤가? 처음에 원인이라고 생각했던 믿음과 지금 믿음이 크게 차이가 없는가? 그렇다면 당신은 처음부터 비교적 정확한 사고를 한 것이다. 하지만 95퍼센트 정도의 사람들이 그렇지 않다. 잘못된 사고로 판단하고 행동하기 때문에 잘못된 결과로 이어지는 것이다. 다시 원인들을 나열하고 비중을 적어 보자. 당신이 찾아낸 다양한 원인들이 바로 새로운 해결책들이다. 원인을 많이 찾아낼수록 선택할 수 있는 해결책이 많아진다는 뜻이다.

1. 사장은 내 사생활을 존중하지 않아. 35%
2. 나는 사장의 지시를 거부하지 못해. 15%
3. 나는 무리하게 일을 떠맡아. 20%
4. 나는 시간 관리를 제대로 못해. 30%

7단계 : 새로운 해결책

이제 마지막 단계다. 당신이 찾아낸 해결책들이 얼마나 변할 수 있는 것들인지 판단해 보자. 김 과장이 1번에 대해 내린 생각은 본인이 아직도 사장의 독단적 성격을 바꿀 수 있을지 확신할 순 없지만, 적어도 본인이 다른 동료들보다 가정에 소홀한 건 사실이라 사장과 대화를 해볼 수 있다는 것이다. 4번의 시간 관리 문제는 분명 김 과장이 아주 많이 바뀔 수 있는 부분이다. 김 과장은 자기가 남보다 일을 많이 한다는 걸 인정해야 하고, 어떤 상황일 때 무리하게 일을 떠맡는지도 찾아야 할 것이다. 그리고 다음번에 같은 상황에 처할 때 그 믿음에 반박하면 회복력을 극대화시킬 수 있을 것이다.

당신도 이렇게 하나씩 점검해 가면서 가장 많이 바뀔 수 있는 원인을 찾아보자. 항상 잊지 말아야 할 건 문제를 해결하고 역경을 극복해 나가려는 당신의 목적이다. 그래서 바꿀 수 있는 원인에 주목해야 한다. 처음에는 시간이 걸리겠지만 서두르지 말자. 오랫동안 굳어져 있던 사고 양식을 바꾸기가 쉽겠는가? 하지만 당신이 이렇게 해서 문제를 정확히 파악하다 보면 가장 주요한 원인이자 해결 가능한 원인을 찾아낼 수 있을 것이다.

낙관성을 활용하자

당신은 얼마나 자주 최악의 시나리오를 쓰는 편인가? 평소 자주 불안한 미래를 생각한다면 최악의 시나리오를 쓸 때가 많을 것이고, 그러면 불안하고 초조하고 두려워질 것이다. 실직을 했다면 영원히 직장을 구하지 못하고 실업자로 살게 되면 어떻게 하나? 부도가 났다면 집도 없는 노숙자 신세로 살게 되면 어떻게 하나? 이혼이나 사별 후 두 번 다시 다른 사람을 만나지 못하고 외롭게 늙으면 어떻게 하나? 당신은 이런 상상을 할 때가 있는가? 이런 것들이 모두 최악의 시나리오다. 자신에게 닥칠 수 있는 가장 나쁜 재앙을 마치 사실인 것처럼 받아들이고 불안해하는 것이다. 그럴 때 당신의 회복력은 크게 손상된다. 불안하고 초조하고 두려운 상태에서 어떻게 역경을 헤쳐 나갈 방법을 찾겠는가? 역경을 극복하려면 불안을 다룰 수 있는 수준으로 낮춰야 한다. 특히 이런 사람은 원인 믿음은 하나도 없고 온통 결과 믿음일 가능성이 높다. 믿음에 반박하기 가운데 2단계에 주의를 기울여야 한다. 원인 믿음이 없을 때는 가장 처음 떠오른 믿음을 적은 뒤 반박하면 된다.

하지만 역경의 구체적인 원인을 찾고 증거를 수집해 믿음에 반박하는 일련의 과정이 어렵게 느껴지는 사람도 있을 것이다. 또 비단 정확한 사고만 회복력에 필요한 것은 아니다.

혹시 당신은 가정에서 싸움이 잦고 배우자에게 불평불만이 많은 편인가? 평소 당신이 배우자를 대하는 태도를 떠올려 보자. 배우자나 연인과의 사이에 나쁜 일이 생겼을 때 어떻게 반응해 왔는가? 퇴근해서 돌아왔더니 집 안은 엉망으로 어질러져 있고 장난감 때문에 발 디딜 틈조차 없는 상황이라면? 한숨을 쉬면서 이렇게 말하진 않았는가? "당신은 대체 집에서 하는 일이 뭐야? 왜 이렇게 게을러?" 아니면 기껏 맛있는 저녁을 준비해 놨더니 남편이 연락도 없이 식사시간을 훌쩍 넘겨서야 퇴근했을 때 당신은 남편 얼굴을 보자마자 이렇게 말하진 않았는가? "나보다 일이 더 중요하다는 거지?"

이렇게 되면 말은 꼬리에 꼬리를 물고 이어지면서 끝없이 지속되는 것이다. 당신이 느끼지 못했을 뿐이지, 일상 곳곳에 비관주의자의 속성이 숨어 있다. 낙관주의와 비관주의자의 차이를 기억하는가? 낙관적인 사람은 자신에게 닥친 나쁜 일에 대해 일시적이고 특수한 경우로, 좋은 일에 대서는 영속적이고 파급성이 큰 것으로 받아들인다. 집 안이 엉망이라면 아내가 '게을러서'가 아니라 집안일이 많았거나, 급하게 외출해야 할 일이 있었거나, 오늘따라 피곤했기 때문이라고 생각해 보자. 또 남편이 늦게 들어왔다면 '일이 더 중요해서'가 아니라 퇴근 무렵 갑자기 상사가 급하게 처리해야 할 업무를 맡겼고, 오히려 빨리 집에 오려고 서둘러 업무를 끝내느라 전화하는 걸 깜빡했을 수도 있다고 생각해 보자. 자연스럽게 스트레스와 싸움을 일으키는 상황 자체를 줄여 준다.

이것은 아주 작은 역경 대처에 불과하지만 범위를 넓혔을 때 어떻겠는가? 그래서 낙관성을 활용하는 것도 반박하기의 한 가지 방법이다. 낙관성을 통해서도 비관적인 생각의 스타일을 바꿔 강인한 정신을 가질 수 있고, 이것은 외상 후 스트레스 장애를 예방하는 힘이 된다. 이탈리아 연구자 가브리엘 프라티와 루카 피에트란토니가 외상 후 성장에 관한 100여 개의 연구를 검토한 결과, 역경을 극복하고 외상 후 성장하기 위해서는 반드시 낙관성이 필요하다고 했다.

  2부에서 다룬 낙관성 키우기뿐만 아니라, 감사 일기나 세 가지 축복 일기를 쓰는 것도 낙관성을 향상시켜 준다. 좋은 일을 찾다 보면 자신도 모르는 사이 긍정 정서가 커지기 때문이다. 가정에서는 부부나 자녀들이, 학교에서는 친구 간이나 교사와 제자가, 또 군대에서는 동기나 선후임 병들이 전날 찾아낸 좋은 일과 긍정적 사건이 본인에게 어떤 의미가 있는지 서로 공유할 수도 있을 것이다. 감사 일기를 쓰고, 그것을 공유한 군인들은 대부분 "우리가 지금까지 나눈 최고의 대화"라고 이야기한다. 군대에서 나눌 수 있는 대화의 종류가 무엇이겠는가? 대개는 그날 힘들었던 행군이나 상급자에 대한 불만 토로, 부모님과 애인에 대한 그리움 정도다. 학교와 가정, 직장 모두 마찬가지다. 학교에서 친구들과 나누는 대화가 취업 걱정과 미래에 대한 불안뿐이라면 얼마나 의기소침해지고 활력이 없겠는가? 좋은 생각을 해야 좋은 대화를 나눌 수 있고, 좋은 대화 속에서 긍정적이고 낙관적인 생각이 싹튼다. 낙관성을 통해 자연스럽게 비관적인 생각에 반박할 수 있는 것이다.

  누군가 군대에서 목표 없이 허송세월을 보내고 있거나 힘들어하고 있을 때, 최경주 골퍼는 보초를 설 때마다 소총으로 솔방울 치는 연습을 했다고 한다. 낙관주의 속에 희망이 있다. 그 희망이 있기에 어떤 환경에 있든, 어떤 시련이 닥치든 넘어설 수 있는 것이다.

강점 활용하기

- 나는 1975년 12월에 입대를 했는데, 많은 사람들이 그렇듯 쉽지만은 않은 군 생활이었다. 크고 작은 사건이 있지만 오랫동안 잊히지 않는 사건이 하나 있다. 당시에는 겨울이면 사단 김치공장 보초를 일주일씩 부대별로 돌아가면서 섰다. 그런데 임무를 마치고 돌아오던 날 나는 말년 선임병으로부터 이유도 모른 채 구타를 당했다. 그는 기상해서부터 저녁 취침 전인 10시까지 야전 삽자루로 나를 때렸다. 헤죽헤죽 웃으면서 간부들 눈을 피해 가며 끊임없이 때렸다. 당신이 이런 상황이라면 어떻게 했겠는가? 육체적인 고통은 물론, 인격적인 모욕에 고통을 참기가 어려웠다. '내가 대체 왜 맞아야 하지?' '힘으로 한다면 내가 태권도 2단이니까 한 주먹 감도 안 돼. 그냥 확 맞서 버릴까?' '아니야. 사내자식이 이 정도도 못 참아서 어디에 쓰겠어? 내가 선택한 군대니까 이 정도는 견뎌 내자. 죽지는 않는다.'

나는 눈물을 삼키고 이를 악문 채 견뎌 냈다. 구타는 장장 16시간이나 이어졌다. 지금은 상상하기 어려운 일이지만 군대 문화가 지금보다 훨씬 열악했다. 만약 그때 내가 나를 설득하지 못했더라면, 스스로에게 긍정적 동기부여를 하는 데 실패했더라면 어떤 일이 일어났을지 알 수 없다. 그날 이후 나는 그 선임병으로부터 눈물로 미안하고 고맙다는 인사를 받았다. 또 그날의 미안함과 죄책감 때문인지, 아니면 보복이 두려웠기 때문인지 제대하는 날까지 나에게 호의적으로 대해 주었다. 나는 본디 부정적인 감정을 오래 담아 두는 스타일이 아니다. 가능한 한 빨리 지워 버리고 그 자리를 긍정적인 감정으로 대체한다. 그래서인지 지금도 그 일이 추억으로 남아 있을 뿐 아무런 감정이 없다. 그렇지 않았더라면 지금도 그 일 때문에 분노하고 괴로워하느라 인생을 허비하고 있었을 것이다.

훗날 생각해 보니 이 경험이 내 대표 강점 가운데 하나인 '끈기'를 갖게 된 계기가 되었던 것 같다. 덕분에 세상을 살아가면서 겪게 되는 역경에 보다 잘 대처할 수 있게 되고, 포기하고 싶을 때마다 끈기와 인내로 밀고 나갈 수 있었다. 당신이 인지 양식(생각 스타일)을 바꾸는 데까지 왔다면, 비관적인 생각을 스스로 물리칠 만큼 정신은 강해졌을 것이다. 이제 성격 강점을 활용해 보자. 만약 강점이 끈기라면 긴 구보 행렬에서 포기하고 싶을 때, 번번이 실패하는 취업 문턱에서 포기하고 싶을 때, 점수가 오르지 않는 토익을 포기하고 싶을 때마다 "내 강점은 끈기잖아. 한번 버텨 보자!"라고 스스로를 격려할 수 있다. "힘내자!"라는 말 백번보다 용기를 북돋아 줄 것이다.

얼마 전 '노긍정 선생'으로 통하는 방송인 노홍철 씨의 군부대 생활이 화제가 된 적이 있다. 군대를 소풍이나 캠핑이라고 생각했다는 그는 보초를 서다가 여성이 부대 앞을 지나가면, "손들어! 움직이면 쏜다! 전화번호!"라고 외쳐 연락처를 받아 내기도 했다고 한다. 그의 군 생활은 대개 유쾌하고 명랑하다. 그는 내무반의 불이 꺼질 때까지는 한시도 입을 다문 적이 없을 만큼 수다스러웠다고 한다. 게다가 어디로 튈지 몰라 상사들은 꽤나 골칫거리였겠지만, 본인은 물론 함께 군 생활을 했던 사람들은 참으로 유쾌했을 것이다. 그는 강점인 명랑함과 유머 감각을 발휘해 군 생활을 즐겁고 행복한 경험으로 갖게 되었을 뿐만 아니라, 내무반에 웃음이 끊이지 않도록 하는 데 일조했던 것이다.

당신에게 닥친 역경을 극복해 나가는 데 대표 강점은 분명 힘이 될 것이다. 그동안 몰랐던 강점을 새롭게 아는 계기가 되거나 강점을 구축하는 시간이 될 수도 있다. 당신의 대표 강점이 무엇인지, 대표 강점을 활용해서 당신이 겪는 역경을 어떻게 넘어설 수 있을지 찬찬히 생각해 보자.

관계 구축하기

반응 방식을 바꾸자(적극적이고 건설적인 반응)

당신은 어려움이 생길 때 혼자 해결하려고 하는 편인가, 아니면 주변에 털어놓고 함께 문제를 해결하려고 하는 편인가? 회복력이 높은 사람들은 즐거운 시간이든 괴로운 시간이든 주변 사람들과 함께 보내는 경우가 많다. 어떤 역경이 당신을 찾아올 때 모든 것을 혼자서 해결하려고 하지 말라는 것이다. 또 평소 사람들과의 관계가 활발한 사람들은 서로 감정을 공유하고, 서로가 절망을 극복하는 법을 은연중에 배우고 깨닫게 된다. 인간관계가 견고할수록 역경을 극복할 수 있는 가능성이 커진다는 뜻이다.

부부, 부모와 자식, 직장 동료, 상사와 부하, 군대 동기 등 인간관계를 견고하게 구축하는 것이 회복력을 높이기 위해 해야 할 다음 순서다. 자살을 선택할 수밖에 없었던 이들에게 마음을 터놓을 수 있는 대화 상대가 한 사람이라도 있었다면, 그래도 그들은 같은 선택을 했을까? 당신을 오늘 힘들게 했던 가족이나 동료와의 대화가 용기를 북돋워 주는 좋은 대화였다면, 당신의 하루는 어떻게 달라졌을까? 충격적일 만큼 열악한 환경 속에서도 잘 성장했던 카우아이 섬의 아이들에게 믿고 의지할 수 있는 단 한 사람이 존재했던 것처럼, 역경을 극복해 나가는 데 있어 인간관계는 큰 힘을 발휘한다. 특히 요즘은 인간관계 자체가 커다란 시련과 역경인 사람들도 많은 걸 보면, 평소 단단하고 견고한 관계를 맺는 것이 곧 회복력을 높이는 길이기도 하다.

평소 당신은 어떻게 말하고 어떻게 반응하는가? 먼저 2부에서 다룬 반응 기술을 다시 떠올려 보자. 당신이 타인의 긍정적인 경험을 듣고 난 후 반응하는 방식이 인간관계를 무너뜨릴 수도 있고 견고하게 만들 수도 있다. 적극적이며 건설적인 반응, 소극적이며 건설적인 반응, 소극적이며 파괴적인 반응, 적극적이며 파괴적인 반응 가운데 '적극적이고 건설적인 반응'을 활용해 관계를 구축해 나가자. 누군가 좋은 경험을 들려줄 때마다 세심하게 경청하고 적극적이며 건설적으로 반응해 보자. 적극적으로 맞장구를 치면서 따뜻한 눈빛으로 상대방 눈을 바라보자. 그것이 공감의 통로다.

이에 더해 당신의 대표 강점을 활용할 수 있는 방법도 찾아보자. 예를 들어 강점이 '호기심'이라면 호기심을 발휘해 질문하고, 강점이 '열정'이라면 열정을 발휘해 적극적으로 반응하고, 강점이 '지혜'라면 그 사건으로 배울 수 있는 소중한 교훈을 이야기하는 등 얼마든지 적극적이고 건설적인 반응으로 바꿔 나갈 수 있다. 아니면 칭찬을 활용해 보자. 배우자가 직장에서 진급했거나 자녀가 노력해서 우수한 성적을 거두는 등 칭찬이 마땅한 순간이 있다. 그럴 때 당신은 어떻게 칭찬하는 편인가? "잘했네."라는 식으로 두루뭉술하게 말하진 않았는가? 이는 소극적이고 건설적인 반응이다. 이제부턴 당신이 상대방의 노력을 알고 있으며, 관심을 갖고 지켜보고 있었다는 것을 진심을 담아 전해 보자. 구체적이고 진실한 칭찬 역시 적극적이고 건설적으로 반응하는 데 도움이 될 것이다. 그러면 상대방도 당신의 이야기에 관심을 기울이고 당신을 더욱 좋아하게 되면서 결국에는 당신의 긍정성을 높여 줄 것이다.

말하는 방식을 바꾸자(확신에 찬 의사소통 방식)

적극적이고 건설적인 반응 기술이 반응 방식에 관한 것이었다면, 이번에는 당신이 말하는 방식을 생각해 보자. 의사소통 방식에는 크게 수동적인 방식과 공격적인 방식, 확신에 찬 방식이 있다. 이 세 가지 가운데 당신은 가족이나 부모, 친구 관계에서 어떤 식으로 말하는 편인가? 아마 대부분 가족에게는 공격적이고 자녀에게는 강압적일 것이다.

그런데 우리가 한 가지 소통 방식을 지향할 때, 빙산 믿음이 나머지 두 방식을 억제한다. 예를 들어, "사람들은 약점이 조금만 보여도 이용할 것이다."는 빙산을 지닌 사람은 공격적인 소통 방식을 지향한다. "불평하는 것은 나쁘다."고 믿는 사람은 수동적이고 소극적인 소통 방식을, "세상에는 신뢰할 만한 사람이 많다."는 빙산 믿음은 확신에 찬 소통 방식을 끌어내는 것이다.

이 가운데 친밀한 관계를 이끌어 내는 방식은 당연히 확신에 찬 소통 방식이다. 만약 동료나 상관, 부하 등 특별히 어려운 관계가 있다면 당신이 어떤 방식으로 말하고 있는지 잠시 생각해 보자. 만약 소극적이거나 공격적인 소통 방식을 갖고 있다면 빙산 믿음을 찾아야 한다. 예를 들어, "사람들은 약점이 조금만 보여도 이용할 것이다."는 빙산 믿음을 가지고 있다면 매사에 빈틈을 보이지 않으려고 안간힘을 쓸 것이다. 그러다 보면 감정에 솔직해질 수도 없고 주변에 힘든 일을 털어놓지도 못할 것이다. 당신이라면 이런 사람과 얼마나 친밀해질 수 있겠는가? 가까운 듯하지만, 막상 자기 이야기를 해야 하는 상황에서 화제를 돌려 버리는 사람에게는 우리는 어떤 벽을 느낀다. 당연히 우정을 나누는 데 한계가 있고, 스스로도 힘들 수밖에 없다. 이런 사람이 감당하기 버거운 시련에 닥쳤을 때 선뜻 도움의 손길을 내밀 수 있겠는가? 그 모습조차 약점이라고 생각해 혼자 해결하려고 끙끙댈 것이다.

만약 당신이 "사람들은 약점이 조금만 보여도 이용할 것이다."라는 빙산 믿음을 갖고 있다면, 이 빙산을 다른 관점에서 이해해야만 관계를 바로잡을 수 있다. 사람들은 약점이 조금만 보여도 이용하는가? 보통 사람들은 완벽한 사람보다는 약점이나 빈틈을 보일 때, 혹은 자신에게 어려움을 토로할 때 진솔하고 인간적으로 느낀다. 누가 남에게 약한 모습을 보이고 싶겠는가? 그만큼 상대를 믿고 의지한다고 생각하기 때문에 오히려 관계가 친밀해질 수 있다. 이렇게 빙산을 다른 관점에서 이해하고 나면 패턴으로 굳어져 버렸던 인간관계의 방식을 확신에 찬 소통 방식으로 바꿀 수 있으며, 당신을 방해하고 움츠러들게 하는 행동 역시 바꿀 수 있을 것이다.

견고한 사회적 관계는 역경을 극복해 나가는 데 든든한 지원군이라는 것을 기억하자. 우울증을 겪거나 자살 충동을 이겨 내지 못하는 사람들 대다수가 혼자 해결하려고 하기 때문이다. 독일의 종교 개혁자였던 마르틴 루터는 우울증에서 벗어나려면 "혼자 있지 말라, 다른 사람에게 도움을 구하라."고 했다. 그는 불행한 어린 시절을 경험했고 매우 엄격한 종교적인 환경 속에서 자라면서 낮은 자존감과 우울증으로 인해 끊임없이 싸워야 했다. 우울증이나 시련이 찾아올 때 당신의 감지력은 변한다. 조그만 언덕이 큰 산처럼 보이는 것이다. 자신이 처한 상황이 가장 힘들고 가장 비현실적으로 느껴지는 법이다. 하지만 그럴 때 곁에 누군가 있다면 그 커다랗게 보이는 산을 실제 높이에서 바라볼 수 있게 된다. 무엇보다 당신을 위로해 주고 소중하게 생각하는 사람이 있다면 그보다 더 큰 힘이 있겠는가?

어려움에 처한 때일수록 주저하지 말고 손을 내밀자. 반대로 주변에 힘들어하는 사람이 있다면 당신이 관심을 보여 주자. 한마디 사소한 말도 약해져 있는 누군가에게는 뜨거운 밥 한 그릇과 같다.

트라우마 스토리텔링

트라우마를 서술하자

이쯤이면 아마 당신의 불안도 상당 부분 사라졌을 것이다. 이제부터는 트라우마를 글로 적어 보자. 그동안 당신은 트라우마에 어떻게 대처해 왔는가? 아마 꽁꽁 감추고 아무에게도 털어놓지 못하고 혼자 속병을 앓아 왔을 것이다. 하지만 트라우마를 감추는 건 심리적, 신체적 증상을 악화시킬 수 있다. 경험을 털어놓는 것만으로도 도움이 되고 글로 적으면 더욱 좋다. 다만 트라우마를 서술하는 목적은 가슴속 울분을 토해 내고 카타르시스를 느끼려는 게 아니다. 트라우마 사건을 서술하면서 그것을 통해 잃은 게 있으면 얻은 것도 있다는 역설의 진리를 깨닫기 위해서다.

당신은 트라우마나 역경 같은 시련이 당신에게 나쁜 영향만 준다고 생각하는가? 이집트가 고대 문명을 꽃피울 수 있었던 건 나일강이 비만 오면 범람해서 그 고난과 역경을 이겨 내는 과정에서 수학과 기하학을 발전시켰기 때문이다. 로마가 전무후무한 패전국으로서 세계국가를 만들어 낼 수 있었던 것도 온 땅이 붉은 마사토라서 농사를 짓기에는 척박했기 때문이었다. 지형적으로도 불리해서 북쪽 에투아니아와 남쪽 카르타고와 동쪽 그리스의 틈바구니 속에서 살아남기 위해 로마는 투쟁할 수밖에 없었다. 그런 응전과 투쟁 속에 로마가 탄생한 것이다. 당신에게 닥친 시련이 가져온 긍정적인 영향도 분명 있을 것이다.

당신은 혹시 시련에 맞서는 과정에서 숨겨진 능력을 발견하진 않았는가? "나에게 이런 모습이 있었나?"라고 생각하진 않았는가? 시련은 당신에게 주어진 일종의 도전이다. 그 도전에 맞서는 과정에서 그동안 몰랐던 능력을 발휘하면서 자아상이 바뀌는 계기를 맞았을 수도 있다. 아니면 당신이 부도가 났을 때 어떤 사람은 떠나지만 누군가는 걱정하고 염려하면서 어떻게든 도움을 주려고 노력하진 않았는가? 어려울 때 친구가 진짜 친구라는 말도 있듯이 시련이 정말 소중한 사람들을 확인하고 관계를 더 돈독하게 만드는 기회가 되었을 수도 있을 것이다. 그러면서 삶의 우선순위가 바뀌었을 가능성이 높다. 가까운 사람들의 죽음을 목도하거나 실패를 경험했을 때 사람들은 대개 이제껏 자신이 잘못 살아왔다거나 가치 없이 살아왔다는 걸 깨닫는다. 정말 중요한 게 무엇인지 돌아보게 된다는 것이다.

그러므로 트라우마가 당신에게 부정적으로 작용한 것만은 아니다. 트라우마 역경을 계기로 새롭게 알게 된 것들을 차분히 글로 적어 보자. 만약 트라우마를 서술해 나가는 게 어렵다면 스스로 관찰자가 되어 보자. 본인 이야기가 아니라 다른 누군가의 이야기라고 생각하거나, '가상의 나'를 만들어 그가 적도록 하는 것이다. 그러면 좀 더 객관적이고 냉정한 시선에서 트라우마를 통해 얻은 것과 잃은 것을 반추해 볼 수 있을 것이다. 인간은 스스로 이야기를 만들어 내는 존재다. 고통을 겪은 후에도 마찬가지다. 사람들은 전쟁이나 해고, 사별 등 트라우마를 가져다주는 사건들에 대해서 본인만의 이야기를 만들어 낸다. 그리고 그 이야기는 새로운 삶의 원칙을 정해 준다. 회복력이 큰 사람들은 이를 이용해 더 발전적인 원칙을 만들어 내는 것이다.

당신이 관찰자라고 생각해 보자. 절망에 빠져 있는 친구를 위로할 때 당신은 어떤 말을 건넸고 어떻게 행동했는가? 아마 문제에 빠져 판단력이 흐려진 친구보다 더 넓은 시각에서 문제를 바라보고, 실의와 절망에 빠져 있는 친구에게 필요한 조언이나 위로의 말을 건넸을 것이다. 어쩌면 자신도 놀랄 만큼 긍정적인 말을 했을지도 모른다. 본인에게 그런 말을 들려주라는 것이다. 당신은 생각보다 훨씬 더 따뜻하고 더 긍정적인 사람인지도 모른다. 본인 상황을 관찰자의 시선으로, 객관적으로 바라보자.

그리고 그 과정에서 자신의 어떤 강점을 활용했는지, 인간관계가 얼마나 개선되었는지, 영적인 삶이 얼마나 강화되었는지, 삶 자체에 얼마나 감사한지, 어떤 새로운 문이 열렸는지를 자세하게 서술해 보자. 트라우마나 역경을 극복할 수 있을 뿐만 아니라 더욱 성장하게 될 것이다. 당신이 역경을 극복하는 사이 외상 후 성장한 것이다.

새로운 삶의 원칙을 정하자

트라우마를 다 적었는가? 여기까지 무사히 왔다면, 마틴 셀리그만의 말대로 당신은 '트라우마 생존자'다. 트라우마에 지배당하지 않고 그것을 도전으로 받아들이며 더 성장했기 때문이다. 이제 자신이 작성한 것을 토대로 새로운 삶의 원칙을 정할 차례다. 당신이 얻은 것, 고마웠던 사람들, 삶의 우선순위, 활용한 강점 등을 생각하면서 앞으로 어떤 모습으로 살아갈지 생각해 보자. 당신에게는 분명 트라우마를 겪으면서 산산조각이 나 버렸던 삶의 목표 대신 또 다른 삶의 의미와 목표가 생겼을 것이다. 역경을 통해 당신은 삶을 재건할 수 있는 기회를 얻은 것이나 다름없다.

사람은 보통 한 번 정한 삶의 원칙과 목표를 끝까지 고수한다. 그 원칙이 잘된 경우라도 특별한 계기가 없는 한 지속된다. 성공만을 목표로 좇는 사람들은 커다란 시련을 겪기 전까지는 계속 그 목표만 좇는 경우가 많다. 그들에 비하면 새로운 삶의 원칙과 우선순위를 정할 수 있다는 건 얼마나 큰 행운인가? 런던과 시카고는 대화재를 겪으면서 폐허가 되었던 도시다. 시카고는

27시간 동안 거대한 불길이 번지면서 대부분 목조 건물이던 도시를 순식간에 태워 버렸다. 하지만 이를 계기로 잿더미 속에서 기적을 일으키며 재건되었다. 그리고 화재 전까지는 무역의 요지 정도로 알려져 있었지만, 지금 시카고는 '바람의 도시'라는 애칭을 얻으며 예술 도시로 재탄생했다. 당신이 겪는 시련과 역경도 인생이라는 큰 틀에서 보자면 이런 계기가 될 수 있다.

영국의 작가 제임스 배리는 6살 때 둘째 형이 사고로 죽었고 어머니는 슬픔에 싸여 다른 자식들에게 무관심해졌다. 배리는 형의 죽음에 대한 충격과 어머니의 사랑에 대한 박탈감을 동시에 느꼈다. 어른이 되어서까지 죽은 형을 떠나보내지 못해 우울증에 시달리며 괴로워하다가 이 감정을 극복하는 과정에서 '피터팬'이라는 인물을 창조해 냈다. 영원히 자라지 않고 무능한 어른을 물리치는 피터팬 역시 트라우마를 극복하는 과정에서 탄생했던 것이다. 또 진화론을 주창한 찰스 다윈도 심각한 불안 장애를 겪었다. 공공장소에 혼자 나가면 발작을 일으키는 광장공포증까지 있었고 눈물까지 자주 흘렸다고 한다. 다 큰 어른이 공공장소에서 눈물을 줄줄 흘리는 걸 보면서 사람들이 얼마나 한심하다고 생각했겠는가? 스스로는 또 얼마나 그런 자신이 싫고 고통스러웠겠는가? 그래도 다윈은 자신을 이겨 내며 진화론을 완성했다. "만일 내가 무척 심한 환자가 아니었다면 내가 이룩한 정도로 많은 일을 해낼 수는 없었을 것이다."라고 말했다. 서울대 이상묵 교수나 강영우 박사를 생각해 보자. 역경을 이겨 낸 사람들의 삶이 이전과 같을 수 있겠는가?

종교로써 역경을 극복해 냈든, 새로운 삶의 의미를 찾으면서 역경을 극복해 냈든, 소중한 사람들 덕분에 역경을 극복해 냈든, 당신은 역경을 통해 더 강해지고, 더 행복하고, 더 의미 있고, 더 잘 살 수 있는 기회를 부여받은 것이나 다름없다. 이제 당신은 어떤 역경이 와도 움츠러들고 두려워하지 않을 것이다. 얼마든지 도전을 받아들일 각오가 되었다. 당신은 이미 한 단계 도약했기 때문이다. 회복력의 7가지 능력 가운데 마지막 뻗어 나가기를 기억하는가? 당신은 스스로 더 넓은 세계로 뚜벅뚜벅 걸어 나온 것이다.

최고의 바이올린을 만드는 재료는 3,000피트 이상 높이의 로키 산맥에서 자란 '무릎 꿇은 나무'라고 한다. 해발 3,000피트는 나무들이 더 이상 자랄 수 없는 수목 한계선이다. 그곳에서 어떤 나무는 산맥을 넘어오는 거센 눈보라와 추위를 견디느라 사람이 무릎을 꿇은 듯한 모양으로 자란다. 이 나무로 만든 바이올린은 공명이 잘되어 소리와 울림이 깊다고 한다. 또 다른 역경이 찾아와 두려워질 때 당신도 무릎 꿇은 나무라는 걸 기억하자.

긍정 교육과 회복력 훈련

● 지난해 말 일어난 14살 대구 소년의 자살을 기억하는가? 온 나라가 가해 소년들의 끔찍한 범행에 전율했다. 자살한 소년의 유서가 공개된 뒤 수사를 통해 밝혀진 사실은 소년이 숨지기 전까지 수개월 동안 가해 소년들의 게임 캐릭터를 키우도록 강요받고 물고문을 당하거나 전깃줄을 목에 걸고 과자 부스러기를 주워 먹도록 압박당하는 등 끔찍한 폭행을 당했다는 것이다. 따돌림 수준이 아니었다. 요즘 언론에 보도되는 학교의 모습들도 하나같이 참혹하기 이를 데 없다. 예전엔 문제아가 다른 학생을 괴롭힌다고 여겼지만 요즘엔 공부도 잘하고 성실하다는 아이들 사이에서도 이런 문제가 벌어진다.

그래서 홈스쿨링을 알아보거나 대안학교를 찾는 등 밤잠을 설치는 부모들이 많다. 며칠 전에도 강남의 고등학생이 잇따라 성적을 비관해 자살했다. 이런 이야기를 들을 때마다 아이를 키우는 부모라면 가슴이 덜컥 내려앉을 것이다. 이 상황은 아이 혼자 해결할 수 있는 수준이 아니다.

당신은 이런 소식을 접할 때마다 무슨 생각이 드는가? 도대체 문제가 무엇이라고 생각하는가? 남의 일로만 생각해 버리는가? 바로 당신의 아이다. 당신이 자녀에게 가장 바라는 게 무엇인지 잠시 생각해 보자. 모르긴 해도 대부분 행복, 자신감, 풍족, 달성, 균형, 좋은 짝, 친절, 건강, 만족, 사랑, 교양, 의미 등등이라고 답할 것이다. 그리고 이 모든 답변을 충족하는 건 자녀의 최고 행복인 웰빙(행복하게 사는 법)이다. 그러면 학교에서는 무엇을 가르치는가? 사고하는 기술, 성공, 성취, 순응, 읽고 쓰기, 수학, 일, 시험 보기, 규율 등등. 이렇게 학교가 가르치는 건 직장과 사회에서 성공하는 방법인 지식과 기술뿐이다. 100년 넘게 우리 학교 교육은 아이들에게 성인의 노동을 준비시키는 것이었다. 그래서 어떤 결과가 나왔는가?

그 결과가 지금 청소년 자살률 1위라는 수치다. 우울증을 겪고 친구들에게 가혹 행위를 당하는 아이가 당신 아이라는 생각만으로도 끔찍하지 않은가? 이게 무엇을 의미한다고 생각하는가? 부모들이 자녀에게 가장 원하는 웰빙을 이제 학교에서 가르쳐야 한다는 뜻이다. 더 이상 성취 기술만 가르쳐선 답이 없다. 당신이 여기까지 책을 읽어 왔다면 행복이 어떻게 삶에 변화를 가져오는지 공감할 것이다. 긍정 교육을 아이들이 받는다면 어떻겠는가?

미국과 유럽 국가들에서는 이미 고등학교와 대학교, 군대까지 긍정 교육을 실시하고 있다. 성취만을 위한 지식과 기술로는 아이들의 행복한 오늘과 미래를 보장할 수 없다는 게 분명하기 때문이다. 마틴 셀리그만을 중심으로 펜실베이니아 대학교의 응용긍정심리학센터 연구팀이 미국 스트래스헤이븐 고등학교와 호주 질롱 그래머스쿨 등에서 긍정 교육과 회복력 교육을 실시해 놀라운 성과를 달성했다. 모든 교사들이 먼저 훈련을 받고 교과목마다 끼워 넣어 수업을 한다. 그들의 결론은 학교에서 웰빙을 가르쳐야 한다는 것이다. 긍정 교육이야말로 우울증의 해독제이면서 삶의 만족도를 높여 주고 학습까지 향상시켜 준다는 것이다. 아이들이 이런 교육을 받을 수 있다면 우울증 예방을 떠나 얼마나 행복한 일이겠는가? 또 친구들을 괴롭히고 폭력적인 아이들은 얼마나 줄어들겠는가? 자살을 하거나 자살을 생각하기 전에 자신을 이겨 내는 내면의 힘을 발휘하지 않겠는가?

질롱 그래머스쿨의 긍정 교육[44]

9일 훈련 과정에서 먼저 교사들에게 그들 삶에서 긍정심리학 기술을 사용하는 법을 가르쳤다. 그다음, 다양한 사례를 제시하고 그 기술을 학생들에게 가르치는 법에 관한 교육 과정을 자세하게 설명했다. 긍정심리학 원칙과 기술은 교사진이 전원 출석한 시간에 교육되었고 2인 집단, 소집단, 30명 집단을 대상으로 연습과 응용을 통해 강화되었다. 교사들이 부여한 드높은 강의 평가 점수(5.0 만점에 4.8점)와 그들이 2주 여름휴가를 보수 없이 반납했다는 사실은 둘째로 치고, 신임 교장인 스티븐 미크의 변모가 상징적이었다.

긍정 교육 가르치기

현재 일부 학년에는 독립 과정과 단원 과정을 통해 긍정심리학의 요소들, 즉 회복력, 감사, 강점, 의미, 몰입, 긍정적 관계, 긍정적 정서를 가르친다. 코리오 캠퍼스의 10학년 학생 200명은 각자 기숙사 10곳의 해당 책임 교사가 가르치는 긍정 교육 수업에 1주일에 2회 참석했다. 학생들은 객원 학자의 강의를 몇 번 들었지만, 이 과정의 근간은 자신의 대표 강점을 확인하고 활용하는 것이었다.

첫 번째 수업 시간에 VIA 대표 강점 검사를 받기에 앞서 학생들은 자신이 지극히 최상일 때가 언제인지에 대해 작문을 했다. 검사 결과를 받은 후 그들은 직접 쓴

작문을 다시 읽고 자신의 대표 강점을 찾아보았다. 거의 모든 학생이 두세 가지 강점을 찾아냈다.

그 밖의 대표 강점 수업에는 가족과 면담해서 강점 가계도 그리기, 강점을 활용해서 역경을 극복하는 법 배우기, 자신의 상위 강점 다섯 가지에 속하지 않는 강점 개발하기가 포함되었다. 마지막 강점 수업 시간에 학생들은 그들이 각 강점의 귀감이라고 여기는 캠퍼스 리더를 지명했다. 삶을 논할 때 교사와 학생들은 이제 강점이라는 새로운 공용어를 가지고 있다.

대표 강점 수업 이후, 10학년 학생을 위한 다음 수업은 긍정적 정서를 더 많이 구축하는 법에 초점을 맞추었다. 학생들은 부모님께 감사 편지를 썼고 좋은 기억을 음미하는 법, 부정적 편견을 극복하는 법, 친절을 받은 사람보다 베푼 사람이 더 큰 기쁨을 누린다는 것을 배웠다. 그들은 매일 밤 그날 '잘되었던 일'을 떠올리는 축복 일기를 썼다. 전 학년은 이제 이 연습을 고정적으로 실천한다.

빅토리아 주, 맨스필드 근처의 산 위에 세워진 팀버탑 캠퍼스에서는 9학년 220명 전원이 꼬박 1년 동안 야외에서 고달프게 지낸다. 그 생활은 모든 학생이 마라톤 하듯 그 산을 구석구석 달리는 것으로 끝이 난다. 팀버탑에서 시행하는 긍정 교육 독립 과정은 회복력을 강조한다. 우선, 학생들은 ABC 모델을 배운다. 즉, 역경(A)에 대한 믿음(B)이 그 결과로서(C) 감정을 일으킨다. 이 시점에서 학생들은 중요한 통찰을 얻는다. 바로 감정은 반드시 외부 사건에 뒤에 생기는 것이 아니라 그 사건에 대한 본인 생각을 뒤따르며, 우리는 생각을 실제로 바꿀 수 있다는 것이다. 그다음에 학생들은 보다 유연하고 정확한 사고를 통해 이 ABC의 진행 속도를 늦추는 법을 배운다. 끝으로 그들은 9학년생이 팀버탑에서 너무 자주 직면하는 '순간적으로 열 받는' 역경을 다루기 위해 '실시간 회복력'을 배운다.

회복력을 가르친 후에는 친구와의 적극적이며 건설적인 반응(ACR)과 3 대 1 로사다 비율(긍정성 대 부정성 비율)의 중요성을 설명한다. 첫 번째와 두 번째 단원 모두 건강 교육 담당자와 체육 교사가 가르친다. 팀버탑의 혹독한 목표를 생각하면 당연한 조치다.

이 독립 과정은 긍정심리학의 내용과 기술을 가르치지만 긍정 교육에는 독립 과정보다 훨씬 더 많은 교육 과정이 있다.

긍정 교육 끼워 넣기

질롱 그래머스쿨 교사들은 긍정 교육을 학과목 수업, 스포츠 활동, 목회 상담, 음악, 예배에 끼워 넣는다. 우선 몇 가지 수업을 예로 들면, 영어 교사는 대표 강점과 회복 탄력성을 이용해서 소설을 토론한다. 셰익스피어의 「리어왕」은 꽤 우울한 내용이지만, 학생들은 주인공의 강점과 그 강점들이 어떻게 좋은 면과 어두운 면을 모두 갖고 있는지 확인한다. 영어 교사는 회복력을 이용해서 아서 밀러의 「세일즈맨의 죽음」과 프란츠 카프카의 「변신」에 나오는 등장인물의 파국적 사고방식을 설명한다.

수사학 교사는 말하기 숙제를 "망신당한 순간에 대해 연설하라."에서 "타인에게 소중한 사람이었던 순간에 대해 연설하라."로 바꾸었다. 학생들은 이 숙제를 하는 데 시간이 덜 들고 더욱 열심히 연설했고, 학생들은 그 연설을 경청했다.

종교 교사는 학생들에게 윤리학과 쾌락의 관계에 대해 묻는다. 그들은 아리스토텔레스, 제러미 벤덤, 존 스튜어트 밀의 철학을 쾌락과 이타심에 관한 최신 뇌 연구에 비추어 숙고한다. 그 연구에 따르면, 이타심과 동정심은 자연선택이 총애한 뇌 회로에 기반을 둔다. 학생들은 무엇이 삶에 목적을 부여하는지에 대한 관점을 조사한다. 학생과 학부모는 '의미 있는 대화'에 참여해서 삶에 의미를 부여하는 것에 대한 메일을 주고받는다. 의미에 관한 유명한 문장 60개가 이 일을 돕는다.

실습 교사는 '잘되었던 일'을 묻는 것으로 하루를 시작하고, 학생들은 '이번 주의 강점'을 잘 보여 준 학생을 지명한다. 음악 교사는 회복력 기술을 이용하여 망쳐 버린 연주에서 낙관성을 이끌어 낸다. 모든 학년의 미술 교사는 아름다움을 감상하는 것을 가르친다.

체육 교사는 경기를 망친 팀원에 대한 '원망을 내려놓는' 기술을 가르친다. 어떤 코치는 초점 수정 기술을 이용해서 학생들이 경기 중에 팀 동료가 잘 해낸 것을 당사자에게 떠올려 주게 한다. 이 코치의 보고에 의하면 부정적인 편견을 이겨 낸 학생들이 플레이를 더 잘한다.

어떤 코치는 성격 강점 연습을 하나 개발해서 경기를 마친 후 언제나 학생들의 보고를 듣는다. 보고 시간에 학생들은 성격 강점의 관점에서 그 경기의 성공적인 면과 도전적인 면을 재검토한다. 경기 중에 특정 성격 강점이 활용된 순간을 직접, 그리고 팀 동료와 코치를 통해 확인한다. 더불어 특정 강점을 활용할 수 있었던 '놓친 기회'를 확인한다. 이 연습은 그 놓친 기회를 확인함으로써 앞으로 있을 기회에서 강점 활용에 대한 자각이 증가할 것이라는 생각에 기초한 것이다.

긍정 교육 적용하기

질롱 그래머스쿨의 모든 여섯 살배기처럼 케빈은 교복을 갖춰 입은 1학년 급우들과 함께 반원으로 앉아 하루를 시작한다. 선생님을 쳐다보며 질문이 들릴 때마다 케빈은 손을 번쩍 든다. "여러분, 어제 저녁에 잘되었던 일이 뭐였어요?" 서로 대답하려 조바심치며 몇몇 1학년생들이 짧은 일화를 털어놓는다. "어제 제가 제일 좋아하는 거 먹었어요, 스파게티요." "형하고 체스를 했는데 이겼어요." 케빈이 말한다. "저녁

> 먹고 나서 누나랑 같이 현관을 청소했어요. 다 하니까 엄마가 저희를 껴안아 주셨어요."
> 　선생님은 케빈의 말을 잇는다. "잘되었던 일을 이야기하는 게 왜 중요하지요?" 그는 머뭇거리지 않는다. "기분이 좋아지니까요." "케빈, 더 할 이야기가 있어요?" "네, 있어요. 엄마는 매일 제가 집에 가면 잘되었던 일을 물어보세요. 얘기하면 엄마가 행복해해요. 엄마가 행복하면 모두 다 행복해요."

　이렇게 독립 과정과 긍정 교육을 학교생활에 끼워 넣고 교사와 학생들은 자신이 예상치 못한 방식으로 긍정 교육에 따라 산다. 이 교육을 총괄하는 마틴 셀리그만의 말이다.

　"질롱 그래머스쿨의 긍정 교육은 진행 중인 연구이지 통제된 실험이 아니다. 질롱 그래머스쿨은 통제 집단을 원하지 않았다. 그래서 내가 소개할 수 있는 것은 긍정 교육 시행 이전과 이후의 이야기가 전부다. 그러나 변화는 뚜렷하며, 통계 자료를 초월한다. 그 학교는 더 이상 얼굴을 찌푸리지 않는다. 나는 2009년에 그곳으로 돌아가서 한 달을 머물렀다. 그렇게 의욕이 충천한 학교는 처음이었다. 그곳을 떠나 인상을 찌푸린 대학으로 돌아오기가 정말 싫었다. 교사 200명 중에서 학년 말에 질롱 그래머스쿨을 떠난 사람은 한 명도 없었다. 입학생, 입학 지원자, 기부금이 크게 늘었다."

　아이들이 이런 교육을 받을 수 있다면 우울증 예방을 떠나 얼마나 행복한 일이겠는가? 또 친구들을 괴롭히고 폭력적인 아이들은 얼마나 줄어들겠는가? 자살을 하거나 자살을 생각하기 전에 자신을 이겨 내는 내면의 힘을 발휘하지 않겠는가? 우리도 하루 빨리 긍정 교육을 적극적으로 실시해야 하지 않을까? 먼저 선생님들이 긍정심리학 기술을 배워서 행복해지자!

군대도 마찬가지다. 군대 내에서 일어나는 총기 사건 자살 사건, 집단 따돌림 같은 문제를 어떻게 해결할 수 있다고 생각하는가? 학교와 마찬가지로 바로 당신의 자녀다. 당신이 군대를 다녀온 사람이라면 군대에서 이루어지는 교육이 어땠는지 떠올려 보자. 지금껏 군대에서는 육체와 정신 훈련에 초점을 맞춰왔다. 이제 시대가 바뀌었다. 일방적인 명령과 통제의 수단으론 더 이상 강한 군대를 만들 수 없다. 나는 이 문제를 해결하는 것만큼 더 시급한 것이 없다고 생각한다. 이제 육체 훈련과 함께 심리 훈련이 이루어져야 한다. 그 심리 훈련의 핵심이 회복력 훈련이다.

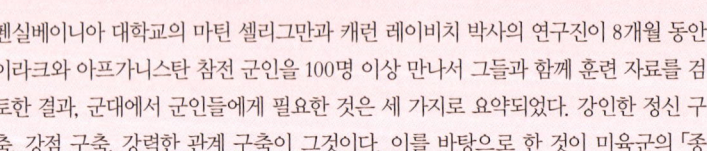

군대에서의 회복력 훈련[45]

펜실베이니아 대학교의 마틴 셀리그만과 캐런 레이비치 박사의 연구진이 8개월 동안 이라크와 아프가니스탄 참전 군인을 100명 이상 만나서 그들과 함께 훈련 자료를 검토한 결과, 군대에서 군인들에게 필요한 것은 세 가지로 요약되었다. 강인한 정신 구축, 강점 구축, 강력한 관계 구축이 그것이다. 이를 바탕으로 한 것이 미육군의 「종합 군인 피트니스」다.

회복력 가르치기

미 육군은 2009년 12월부터 케이시 참모총장의 지시로 모든 군대에 회복력 훈련을 실시하고 있다. 훈련의 책임자는 이라크 군에게 포로로 잡혀 심한 고문과 성폭행까지 당했던 론다 코넘 준장, 총괄은 마틴 셀리그만, 회복력은 회복력의 세계적 권위자인 캐런 레이비치 박사가 맡고 있다. 회복력 훈련 계획은 매달 부사관 150명이 펜실베이니아 대학에 와서 8일 과정의 훈련을 받고 회복력 트레이너가 되고, 나머지 부사관들은 주둔지에 파견된 트레이너에게 교육을 받는 식으로 이루어진다.

「종합 군인 피트니스」는 ABC 확인하기, 빙산 찾기, 반박하기 등 강인한 정신을 구축하는 데 필요한 기술을 배운 후 성격 강점을 확인한다. 보통 지도자에게 필요한 핵심적인 성격 강점은 충성심, 의무감, 존경심, 이타적 봉사, 명예, 진실성, 개인적 용기다. 마틴 셀리그만은 이런 강점을 검토한 후, 부사관들에게 성격 강점 검사를 받게 한 다음 그들의 24가지 강점을 점수가 높은 순으로 인쇄해 나눠 준다. 교실에는 커다란 플립 차트가 24개 있는데, 각 플립 차트에는 강점 이름표가 하나씩 붙어 있다. '대표 강점'을 정의해 주고 부사관들은 플립 차트에 자기 이름을 적은 포스트잇을 붙인다. 특정 플립 차트에 포스트잇이 잔뜩 붙어 있다는 것은 해당 강점을 갖춘 부사관의 수가 많다는 뜻이다. 이를 통해 해당 부사관들의 대표 강점은 물론, 그 부대의 집단 강점이 무엇인지도 함께 알 수 있다.

마지막으로 「종합 군인 피트니스」는 다른 군인들과의 관계, 가족과의 관계를 강화하는 방법에 초점을 맞춘다. 어떻게 하면 관계를 견고하게 구축할 수 있는지, 긍정적인 대화를 가로막는 비합리적인 믿음에 반박할 수 있는지 방법을 제공한다. 여기에서는 사병들의 역할극을 활용해 네 가지 반응 방식에 대해 이해한다. 반응 역할극을 마친 후 부사관들은 본인의 전형적인 반응 양식을 적은 워크시트를 완성하고, 본인이 적극적이며 건설적으로 반응하기 어려운 이유를 확인한다. 또 적극적이며 건설적으로 반응하기 위해 대표 강점을 활용하는 방법도 알아낸 다음 확신에 찬 의사소통 방식을 이끌어 낸다.

회복력 적용하기

회복력 훈련을 받은 부사관은 2010년 2,000명 가까이 되고, 그중에서 선발된 100명이 교육을 통해 회복력 마스터 트레이너가 되었다. 2011년에도 동일한 과정으로 회복력 훈련이 진행되었다. 이 부사관들이 군인들을 교육하게 된다.

「종합 군인 피트니스」 팀에는 갈등을 표출하고 분란을 조장하는 군기 빠진 대원이 있었는데, 그가 너무 적대적이라서 다른 군인들은 모두 그를 회피했지만 강점인 사랑, 지혜, 감사를 발휘해 감싸 안은 부사관이 있었다. 그 대원은 자기 아내에게 극도의 분노를 느끼고 있었고, 그 분노를 동료 부대원들에게 풀어냈던 것이다. 부사관은 지혜를 활용해 그가 아내 입장을 이해하고 편지를 쓰게 도와주었다. 본인이 먼 곳에서 복무하는 동안 아내 혼자 너무 많은 것을 감당하게 해서 미안하고 고맙다는 내용의 감사 편지였다.

머지않아 모든 신병들이 이런 회복 훈련을 받을 수 있게 된다. 군인의 회복력 수준은 그들 가족의 회복력 수준을 그대로 반영하기 때문에 군인 가족 전체가 회복력 훈련을 받게 하는 계획까지 세우고 있다. 또 론다와 셀리그만은 모바일 강의도 개발하고 있는데, 책임 트레이너 한 명과 몇몇 마스터 트레이너가 독일과 한국처럼 먼 지역에 주둔한 군인과 배우자, 자녀들에게 회복력을 가르치는 것이다.

우리나라도 학교에서는 긍정 교육이, 군대에서는 회복력 훈련이 하루 빨리 이루어져야 한다. 앞으로 경쟁은 더 치열해지고 젊은이들은 더 많은 역경들을 겪게 되면서 심리적으로 혼자 감당하기 힘겨운 사회가 될 것이다. 당신의 아이가, 제자가, 후배가, 부하가 이 모든 걸 혼자 감당해야 할 때 부모로서 선생님으로서 선배로서 상관으로서 무엇을 해 주겠는가? 이 크고 작은 역경들을 스스로 극복할 수 있는 내면의 힘을 강화시켜 주지 않으면 개인도 사회도 불행해질 수밖에 없다.

내가 이 책을 쓰기로 결심한 것도 특별히 긍정심리학에 조예가 깊어서가 아니다. 좌절하고 아파하는 우리 젊은이들에게 희망을 주고 긍정 교육과 회복력 훈련이 우리 사회에 하나의 대안이 될 수 있겠다는 생각 때문이었다. 그래서 더 많은 사람들이 행복한 삶을 만들어 나갈 수 있기를 바란다. 물론 아직 부족할 수도 있다. 하지만 준비가 완벽하지 않아도 일단 시작해 보자. 생각만 하지 말고 말만 하지 말고 행동으로 옮겨 보자. 손놓고 걱정하는 것보다는 조금씩 행동으로 옮기다 보면 정말 그런 날이 오지 않겠는가?

행복 프로젝트 7
나

.... 나는 인간인가

진정한 '나'

나는 현재 긍정심리학을 공부하면서 리더십을 연구하고 안양대학교와 데일 카네기에서 강의를 하고 있다. 리더십에 관한 한 누구보다 자신만만했고 스스로 리더십을 갖춘 리더라고 당당하게 여겨 왔다. 박사 3학기 무렵에 주임 교수님께 '아리 리더십(아름다운 리더십) 세미나'라는 12주 코스를 추천받았다. 총장님께서 직접 강의를 하는 강좌였다. 그런 게 어떤 부름일까. 평소 리더십 강의에는 별다른 관심이 없었는데 그날따라 마음이 끌렸다. 이 코스는 '나'를 인간으로, 살아 있는 '나'로 멋진 '나'로 새롭게 태어나는 계기를 만들어 주었다. 내가 긍정심리학의 행복에 이 이야기를 하는 이유는 내가 누구인지, 나의 정체성을 모르고, 나를 올바로 세우지 못한다면 진정한 행복에 이르기가 어렵다고 생각하기 때문이다.

평범하게 자기소개를 하는 것으로 첫날 강의가 시작되었다. 그런데 본론으로 들어가자 분위기가 범상치 않았다. 첫 질문부터 무척 생소하기만 했다.

"나는 동물인가, 인간인가?"
"나는 살아 있는가, 죽어 있는가?"
"세상에서 가장 무서운 사람은?"

내 대답은 간단했다. "상황에 따라 동물일 수도 있고, 사람일 수도 있다. 또 상황에 따라 죽어 있을 수도 있고, 살아 있을 수도 있다. 마지막으로 세상에서 가장 무서운 사람은 하나님이다." 당신도 비슷한가? 나뿐만 아니라 참가자 20여 명의 대답이 거의 비슷했다. 그런데 군대 용어로 하면 모두 초전박살이 나고 말았다. 그 가운데서도 내가 메인 타깃이 되어 인격적, 도덕적, 상식적으로 감당하기 벅찬 모욕을 당했다. 그때 심정을 상상이나 하겠는가? 그동안 수많은 강의를 듣고 프로그램에 참여하면서 항상 최상위 1퍼센트에 드는 모범생이었다. 그런 내가 무참히 깨진 것이다. 게다가 정체성으로 고민하는 사춘기도 아니고 나의 틀이라는 게 잡혀 있는 나이가 아닌가?

심한 모욕감과 수치심 속에서 인내로 며칠을 버텨 냈다. 그런데 시간이 지나고 4주 정도 지나면서부터 변화가 생기기 시작했다. 수업을 긍정적인 시각으로 보게 된 것이다. 왜 이렇게 상처가 될 게 뻔한 인격적인 모욕을 주는지, 그러면서도 열강을 하고 있는지 이해하려고 노력했다. "나는 누구인가?"라는 질문에서부터 '나'를 깊이 고민하기 시작한 것이다. 며칠씩 잠 못 자고 괴로워하면서 나를 찾았다. 당신도 내가 누구인가에 대해서 나만큼 깊이 고민해 본

적이 있는가? 그래서 자신을 찾았는가? 드디어 나를 찾았을 때는 밤새 울고 말았다. 지금껏 나 자신을 제대로 모른 채 살아온 내가 너무 가여워서였다. 지금까지 내 리더십은 내가 아닌 남을 위한 리더십이었고, 내가 리더로서 당당할 수 있는 것도 다른 사람과 나로 이르는 과정이었다. '나'와 '나로부터'에는 소홀했던 것이다.

이 과정을 통해 내 정체성과 진정성을 비로소 찾을 수 있었다. 내 이중성과 가면을 벗어 버릴 수 있었고 지금은 매일 살아 있는 나를 느끼면서 더 큰 행복을 느끼고 있다. 당신이 행복하게 살기 위해 과학적인 방법을 찾든 경험적인 방법을 찾든 그건 선택의 자유다. 하지만 분명한 건 진정한 자기를 모르고선 행복할 수가 없다.

누구에게나 솔직하지 못한 면이 있다. 특별한 사람이 아니라 현대인 대다수가 그렇다. 어렸을 때는 감정을 숨겨야 할 이유도 없고 자신을 숨겨야 할 이유는 더더욱 없었다. 그러나 학교에 들어가고 사회에 나가면서 다양한 사람들을 만나고 자기를 감추는 법을 알게 되면서 가면을 쓴다. 얼굴과 감정을 숨긴 채 남들에게 보이는 삶을 살아간다. 더러는 가면이 필요한 순간도 있을 것이다. 가면을 쓴다는 게 반드시 이중인격자라거나 나쁘다는 의미는 아니다. 보통 사람들은 어떤 상황에서 상처받지 않으려고, 약해 보이지 않으려고 가면을 쓰는 경우가 많다. 그런데 문제는 그 생활에 익숙해지면 본인조차 어떤게 진짜 모습인지 잊어버린다는 것이다. 진정한 자기 모습으로 세상을 살아가는 사람이 몇이나 된다고 생각하는가? 당신은 그렇게 살고 있는가?

당신이 진정한 자기를 찾고 싶다면 스스로 씌워 놓은 그 가면부터 벗어 버리자. 그래야 답을 찾을 수 있다.

나는 인간인가, 동물인가

아마 당신은 본능적으로 인간과 동물의 차이가 뭔지 생각하고 있을 것이다. 그게 인간이다. 생각을 한다. 인간에게는 다른 동물과 구별되는 언어가 있고, 도구를 사용하고, 사회를 이루어 문화를 형성하는 등등 몇 가지 특성이 있다. 당신도 이런 것들을 인간과 동물의 차이라고 생각하는가? 아마 더 깊이 생각한 사람이라면 동물은 스스로 동물이라는 걸 인식 못 하지만, 인간은 스스로 인간이란 사실을 알고 있다고 답한 사람도 있을 것이다. 당신의 생각은 어떤가? 이것만으로 대답이 된다고 생각하는가?

그런데 동물 가운데서도 사고하는 동물이 있지 않은가? 그렇지 않으면 돌고래나 코끼리를 어떻게 조련시키겠는가? 돌고래를 춤추게 만들고 침팬지를 교육할 수 있는 건 동물도 진화된 지능과 특별한 사고방식을 지니고 있다는 뜻이다. 또 도구는 어떤가? 침팬지를 연구한 제인 구달 박사에 의해서 이 구분도 무의미해졌다. 침팬지는 개미굴 구멍 속으로 풀줄기를 넣었다 뺀 다음 거기에 붙어 있는 흰개미를 훑어 먹는다고 한다. 오랑우탄은 수건을 물에 적셔 얼굴을 닦아 내고, 침팬지는 나뭇가지로 창을 만들어 사냥도 하면서 이 방법을 후손들에게 물려주기까지 한다. 이쯤 되면 동물과 인간의 차이가 무엇이겠는가?

당신이 "내가 인간이다."라고 당당히 말할 수 있으려면 깊이 고민하는 사람이어야 한다. 그게 인간과 동물의 차이다. 인간이 동물과 다른 건 사고하는 능력 자체가 아니라 깊이의 차이이다. 아마 당신도 부모님에게 대체 언제 사람 될 거냐는 말을 한번쯤 들어본 적이 있을 것이다. 모든 부모가 똑같다. 자식에게 사람이 안 된다고 하고, 군대에 갔다 와야 사람이 된다는 말도 한다. 하지만 그게 당신 잘못이라고만 할 순 없다. 군대에 갔다 온다고 해서 누구나 사람이 되는 것도 아니다. 학업 성적이 좋은 학생들 중에서도 매일 의미 없이 과제를 하고, 수동적으로 선생님과 부모님 말씀에 순종하는 아이들이 있는데 그것도 훈련에 잘 따르는 똑똑한 동물형 인간이다. 부모들 역시 경쟁 사회에서 살아남기 위해 사냥하듯 일하고 쉬기 위해 잠을 잔다. 자신을 찾거나 깊이 고민할 시간도 없이 하루가 그냥 흘러간다. 이러한 일상생활 속에서는 인간과 동물 사이에 아무런 차이가 없다.

인간다운 인간으로 진화하려면 깊게, 인간다운 고민을 해야 한다. 당신이 행복을 찾든 성공을 찾든, 음악가가 되든 스포츠 선수가 되든 먼저 인간이 되어야 한다는 것이다. 그냥 주어진 하루하루를 살아간다면 인간으로 태어나 현재까지 살고 있는 "오래 사는 하루살이"와 무엇이 다르겠는가? 인간다울 수 있는 깊은 고민을 통해서야 진정한 자기를 찾을 수 있다는 뜻이다. 행복은 그다음이다.

나는 살아 있는가

질문하라

"나는 살아 있는가?"

이 질문을 놓고 일주일만 고민해 보자. 당신은 이 질문에 답하기 위해 과연 일주일이라는 긴 시간이 필요하다고 생각하는가? 아니면 대체 뭘 고민하라는 건지 의아한가? 아마 대부분 그럴 것이다.

우리나라 사람들은 어떤 문제가 주어지면 해답은 잘 찾아내는 편이다. 하지만 정작 문제가 무엇인지는 모르는 경우가 많다. 암기식 교육의 폐해라고 할 수 있겠지만 지금부터라도 올바른 답을 얻으려면 올바른 질문이 필요하다는 뜻이다. 소크라테스, 석가모니, 에디슨 등 역사 속의 수많은 인물들도 질문을 던지고 답을 찾아가는 과정에서 진리에 도달했다. 문제 속에 답이 있다. "나는 살아 있는가?"라는 질문에 대해 일주일 동안 답을 찾지 말고 문제가 무엇인가를 먼저 찾아보자.

오늘은 뭘 먹고, 어디를 가고, 어떤 영화를 보고……. 혹시 당신은 지금껏 매일 이런 질문만 해 오진 않았는가? 이런 질문들이 당신을 인간으로 만들어 준다고 생각하는가? 인간다울 수 있는 질문은 그런 것들이 아니다. 나는 살아 있는가? 나는 인간으로 살아 있는가? 만약 당신이 이렇게 묻기 시작했다면 그 자체로 이미 살아 있는 것이다. 인간이기에 스스로 질문할 수 있다. 그리고 그게 인간다울 수 있는 질문이다. 당신이 살아 있다면 왜 살아 있는지, 살아 있지 않다면 왜 살아 있지 않은지 스스로에게 물어보라는 것이다.

오늘 마주친 사람들을 떠올려 보자. 당신이 보기에 그들이 모두 살아 있었는가? 아마 아닐 것이다. 숨을 쉬면서도 살아 있지 않은 사람들이 얼마나 많은가? 피가 흐르고 심장이 뛰지만 스스로 존재감을 못 느끼는 사람투성이다. 당신은 그들이 유령이 아니고 무엇이라고 생각하는가? 스스로만 유령인 게 아니라 다른 사람까지도 유령처럼 대한다. 서로 안 보이는 것처럼 통과해 가 버릴 때가 얼마나 많은가? 복도에서 마주쳐도 인사도 없이 가 버리고 누가 아파서 결근해도 왜 결근했는지도 모르면서 산다. 그게 나, 그리고 당신의 모습이다. 당신은 유령이 아니라고 자신 있게 말할 수 있는가? 두 발로 걸으면서 매 순간 살아 있는 자신을 느껴 보자. 팔을 들어 올릴 때는 "내가 팔을 올리는구나.", 발걸음을 내딛을 때는 "내가 걷고 있구나.", 숨을 쉬면서는 "내가 숨을 쉬고 있구나." 하고 느껴 보자. 그렇게 살아 있다는 걸 깊이 느끼면서 사는 게 진정으로 살아 있는 것이다.

이렇게 "나는 살아 있는가?" 계속 질문하고 문제를 찾아보자. 그러면 자연스럽게 답을 찾을 수 있을 것이다. 살아 있다는 걸 멀리서 찾지 말고 가까이에서 찾는 것이다. 어떤 사람들은 우주와 종교까지 넘나들면서 살아 있다는 의미를 찾으려고 하는데, 본인이 출발점이다. 본인을 중심으로 살아 있다는 걸 다양한 각도에서 생각하고 고민해 보자. 예를 들어, 당신은 직장에서 살아 있는가? 아니면 가정이나 학교에서 살아 있는가?

만약 당신이 집에 갔더니 부모님은 드라마를 보느라 자식이 들어오는지도 모르고 동생은 게임에만 몰두하고 있진 않은가? 외박을 하고 아침에 들어가도 당신이 외박했다는 사실조차 모르진 않는가? 당신의 존재가 있으나 마나 하다면 살아 있다고 말할 수 있겠는가? 아니면 버스를 타면서 "안녕하세요." "조심히 가세요."라는 운전기사의 인사에 당신은 어떻게 반응해 왔는가? 쑥스러워서, 아니면 대꾸도 없이 자리로 가 버리진 않았는가? 다음에 버스를 탈 때 사람들을 관찰해 보면 대부분 무표정하게 자리로 가 버리는 걸 볼 수 있을 것이다. 만약 당신도 그 가운데 한 명이었다면 용기를 내서 먼저 "안녕하세요."라고 인사를 해보자. 큰일을 한 건 아니지만 기분이 좋아질 것이다. 아무도 변화를 눈치채지 못하겠지만 자기 자신만은 살아 움직일 것이다. "나는 살아 있는가? 나, 살아 있다."라고 대답할 수 있는 것이다.

이렇게 질문을 이어 가면서 끊임없이 스스로에게 물어보자. 더도 말고 일주일만 물어보자. 그러면 지금껏 당신이 어떻게 살아왔는지, 문제가 무엇인지 스스로 깨닫게 될 것이다. 그게 변화의 시작이다. 당신은 살아 있는가?

숨 관찰하기

위의 행동들을 하면서 살아 있다는 걸 깊이 느꼈다면 자신에게 육체가 있다는 사실을 새삼 깨달았을 것이다. 당신에게 팔이 있어 누군가를 포옹할 수 있고, 다리가 있어 가고 싶은 곳을 갈 수 있다. 당신의 육체가 있다는 게 얼마나 감사한 일인가? 당신이 숨 쉴 수 있다는 게 얼마나 감사한 일인가? 숨 쉬지 못하면 죽는다. "나는 살아 있는가?"라는 질문을 던질 때 숨만큼 중요한 건 없다.

행복 연습에서 실천한 숨 관찰하기를 다시 해보자. 1분 동안 숨을 깊게 들이마신 뒤 서서히 내쉬면서 멈춰 보자. 그리고 5분 동안 들이쉬면서 숨이 들어가고 나오는 걸 관찰해 보자. 먼저 최대한 들이마신 다음 내뿜으면서 가장 편한 곳에서 숨을 멈춰 보자. 무슨 생각이 드는가? 아무 생각이 안 들 것이다. 이번에는 자연스럽게 호흡해 보자. 무슨 생각이 드는가? 여러 가지 생각이 떠오를 것이다. 다시 최대한 숨을 참으면서 집중하고 관찰해 보자. 아무 생각도 없이 편안해지지 않는가?

숨을 의식하지 않고 쉴 때와, 숨을 관찰하면서 쉴 때 어떤 차이가 있는지 살펴보자. 아마 당신이 의식하는 순간, 더 깊게 들이쉬었을 것이다. 그래서 당신이 흡입한 산소량은 의식하지 않을 때보다 30~40퍼센트는 더 많다. 몸속으로 그만큼 많은 산소가 들어왔다는 것이다. 당연히 더 편안해지고 머리가 맑아지고 눈이 밝아질 수밖에 없다. 그래서 숨을 관찰하면 잡념이 사라지면서 몰입이 잘되고 밤에는 잠도 푹 잘 수 있다.

당신은 몸은 여기 있지만 다른 생각을 하느라 집중하지 못한 적이 있었는가? 강의실에 앉아 취업 걱정을 하고 업무를 보면서 애인이나 아내를 생각한 적은 없었는가? 그랬다면 당신의 정신은 그때 거기 없었을 것이다. 몸은 강의실에 있어도 정신은 취업 걱정하느라 다른 데 가 있고, 몸은 회사에서 업무를 보면서도 정신은 회사 밖에 나가 있었을 것이다. 그게 정신이 나가 있는 상태가 아니고 무엇이겠는가? 그런데 고작 하루 5분의 숨쉬기로 정신이 제자리로 돌아온다. 잡념이 사라지고 몰입하고 잠을 잘 잘 수 있다는 건 당신의 정신이 제자리로 돌아왔다는 뜻이다. 이렇게 숨에 변화를 주었을 뿐인데도 당신의 삶에는 변화가 생긴다. "나는 살아 있는가? 숨 쉬니까 살아 있다."라고 말할 수 있다. 그렇다면 당신은 무엇을 위해 숨을 쉬고 있는가? 무엇을 위해 계속해서 숨을 쉴 것인가?

죽음 체험

매일매일 떠밀리듯 누군가에 의해 살아지는 시간이 아니라 스스로 살아가는 시간이 있는가? 그렇다면 당신은 살아 있다. 그런데 대다수는 24시간을 나 아닌 다른 사람을 위해 사용한다. 직장에서는 일과 회사를 위해서, 집에서는 아이들을 돌보거나 텔레비전 앞에서 보낸다. 아침부터 숨 가쁘게 돌아가던 일상이 멈추면 그대로 쓰러져 잠드는 게 대부분이다. 어쩌다 타의로 혼자 있게 되면 텔레비전을 켜고 컴퓨터 앞에 앉는다. 일부러 나를 위해 시간은 못 낼망정 어쩌다 주어지는 시간도 나를 위해 사용하지 못하는 것이다. 그래도 당신은 스스로를 사랑한다고 말할 수 있는가?

당신은 죽음 앞에서 가장 소중한 게 무엇일 것이라고 생각하는가? 잘 모르겠다면 지금 당장 2분간 숨을 멈춰 보자. 참을 수 있는 데까지 고통스러울 때까지 참아 보자. 이게 죽음 체험이다. 많은 사람들이 관 뚜껑을 열고 들어가 죽음을 체험하지만 실은 숨을 참는 것만큼 진정한 죽음 체험은 없다. 무슨 생각이 드는가? 가족이 먼저 생각나는가? 친구가 먼저 생각나는가?

솔직해져 보자. "살고 싶다."는 생각이 아닌가? 가장 먼저 생각나는 건 '나'가 아닌가? 숨을 못 쉬어 죽을 것 같은데, 숨을 쉬고 싶다는 생각보다 다급한 게 있는가? 내가 죽을 것 같은데, 나보다 더 중요한 게 있는가? 죽음의 순간에 당신 말고 다른 무엇이 필요한가? 정말 중요한 건 바로 자신이다. 그런데도 당신은 어떻게 살아왔는가? 정말 중요한 나를 제쳐 두고 헛것만 좇으면서 살진 않았는가? 자기 자신도 모르면서 행복하다고 말하진 않았는가? 엉뚱한 곳에서 행복을 찾았으니 행복하지 못했던 것이다. 그러니 내 자신은 얼마나 불쌍한 존재인가? 지금껏 스스로를 위해 맛있는 음식 한번 내놓은 적 없고, 스스로를 위해 온전히 사용한 시간이 없었다면, 그래도 자신을 사랑한다고 말할 수 있겠는가? 당신에게 사랑받지 못한 당신 자신이 가장 불쌍한 존재다. 그렇게 사는 삶이 어떻게 행복하겠는가?

죽음 앞에 소중한 게 정말 소중한 것이다. 그리고 그게 바로 자신이다. 죽음의 순간을 맞을 때까지 당신에게 중요한 건 숨 쉬고 살아 있는 것이다. 당신이 호흡하고 햇볕을 쬐는 이 사소한 것들이 실은 가장 중요한 것이다. 2분간 숨을 멈췄다 다시 몸속으로 숨이 들어올 때 그때 기분을 말로 어떻게 표현하겠는가? 그 환희와 기쁨을 무엇으로 대체하겠는가? 몸속으로 숨이 다시 들어오는 그 순간이 진짜 관 뚜껑을 열고 나오는 순간이다. 이렇게 죽음을 맛본 사람만이 삶을 제대로 알 수 있다. 혹시 당신은 살아 있다는 게 하찮게 느껴질 때가 있었는가? 하찮은 먼지보다 더 하찮은 삶이라고 생각한 적은 없었는가? 그런데 죽음 체험 앞에서도 그렇게 생각할 수 있겠는가?

죽음 체험을 통해서 그동안 내가 얼마나 내 삶을 하찮고 우습게 여겼는지 깨달을 수 있었다. 따사로운 햇볕을 쬐면서도 감사하지 못했고 자연 속에 있으면서도 감사하지 못했다. 그토록 무심하게 살아왔던 나를 반성할 수밖에 없었다. 당신은 충분히 느끼면서 살고 있는가? 밖으로 나가 보자. 산과 들, 강 어디든 상관없이 가서 진심으로 호흡하고 감사해 보자. 살아 있다는 걸 느낄 수 있을 것이다. 당신을 정말 기쁘게 만드는 게 무엇인지 멀리에서 찾지 말라는 것이다. 당신은 살아서 이 햇살과 이 바람을 느낄 수 있다. 그것이 진정한 기쁨이고 진정한 행복이다.

만약 당신이 3시간 후에 죽는다면 무엇을 하겠는가? 버킷 리스트(bucket list)를 작성해 보자. 버킷 리스트란 죽기 전에 꼭 해보고 싶은 일과 보고 싶은 것들을 적은 목록을 가리킨다. 영화와 드라마에서 많이 다루었지만 당신만의 버킷 리스트를 적어 보자. 3시간 후면 당신은 이 세상에 없다. 무엇을 하겠는가? 그때 하고 싶은 걸 미루지 말고 지금 하라는 것이다. 죽음 앞에서 숨 쉬는 게 가장 중요한 것처럼, 죽음 앞에서 하고 싶은 그것이 당신이 진심으로 원하는 것이다. 지금 게임을 하는 게 그토록 중요한가? 지금 돈을 버는 게 그토록 중요한가? 3시간 후에 죽는데 지금 당신이 하려는 그것을 하겠느냐는 것이다.

멀리서 자신을 찾지 말고 가까운 곳에서 찾자. 그때 당신은 살아 있는 자신을 만날 수 있다. 살아 있는 자신을 발견할 때 진정한 행복 또한 발견할 수 있다.

세상에서 가장 무서운 사람

당신은 이 세상에서 누가 제일 무서운가? 아내, 남편, 부모, 선생님, 상사, 하나님? 많은 사람들이 하나님이라고 한다. 나도 지금껏 그렇게 생각해 왔다. 혼자 있을 때도 하나님은 다 보시기 때문이다. 하지만 그 하나님까지도 제쳐 놓는 사람이 꼭 한 명 있다. 당신은 그게 누구라고 생각하는가?

그러면 당신이 지금 살아 있는 가장 큰 이유는 무엇이라고 생각하는가? 지금 당신이 살아서 숨 쉬고 육체를 움직일 수 있는 가장 큰 이유, 당신이 나쁜 마음을 먹지 않아서가 아닌가? 숨 쉴 수 있다는 사실이 아무리 중요해도 당신이 나쁜 마음을 먹었으면 그 숨을 끊어 놓을 수도 있었을 것이다. 핵무기가 아무리 무섭다고 한들 "죽어 버릴 거야."라고 생각하는 당신 마음보다 더 무섭다고 생각하는가? 따돌림을 당하고 누군가에게 흠씬 두들겨 맞는 게 아무리 고통스러워도 내가 나를 버리는 것보다 더 무섭다고 생각하는가? 그런데 당신은 지금 살아 있다. 당신의 마음이 얼마나 고맙고 무서운가?

세상에서 가장 무서운 사람은 바로 '나'다. 내가 마음만 먹으면 세상에 못할 일이 있는가? 죽는 것도 할 수 있는 게 바로 나다. 그런데 이렇게 무서운 나를 당신은 얼마나 대접하면서 살고 있는가? 마음에 얼마나 귀 기울이고 있는가?

내가 마음 한번 잘못 먹으면 학교 공부고 취업이고 승진이고 성공이고 뭐건 간에 다 틀어지고, 내가 인정해 주지 않으면 남들이 아무리 대단하게 여기는 성공도 하나도 기쁘지 않다. 당연히 나에게 잘 보여야 한다. 그런데 당신은 그런 자신은 제쳐 두고 누구에게 인정받고 싶어 했는가? 학교 선생님? 부모님? 직장 상사? 다른 사람에게 인정받는 건 기쁜 일이다. 누군가 자신을 알아주는 것만큼 뿌듯한 것도 없다. 그래서 밤을 새워 일하고 공부도 한다. 사람들이 왜 최고가 되고 1등이 되고 경쟁에서 살아남으려고 안간힘을 쓰겠는가? 최고만 인정받기 때문이다. 하지만 그래서 1등만 기억하는 나쁜 세상이라는 자조 섞인 유행어도 생기는 것이다.

남들에게 인정받기 전에 당신 자신에게 먼저 인정받아 보자. 남은 속일 수도 있고, 모를 수도 있다. 하지만 당신이 어떤 순간에 떳떳하지 못하거나, 난

처한 상황에서 거짓말을 하는 사람이라면 자신을 신뢰할 수 있겠는가? 인정해 줄 수 있겠는가? 아닐 것이다. 언제, 어떤 상황에서도 자신을 인정하고 긍정할 수 있을 때 그게 진정한 자신이다. 이 세상에서 가장 무서운 무기는 바로 본인이라는 걸 기억하자. 그 무시무시한 무기를 슈퍼맨처럼 세상을 구하는 데 쓸 수도 있고, 악당처럼 세상 위에 군림하기 위해 자신을 무너뜨릴 수도 있다. 무기를 사용해 가장 힘 있고 행복한 사람이 될 수도 있고, 가장 무력하고 불행한 사람이 될 수도 있다는 것이다. 지금 당신이 살아 있는 이유, 당신을 숨 쉬게 하는 이유, 매 순간 당신 자신을 무서워하면서 살라는 뜻이다. 아무리 다른 사람은 모른다고 해도 항상 자기 자신은 지켜보고 있다. 이 사실만 기억한다면 언제 어떤 상황에서도 함부로 살 순 없을 것이다.

멋진 나

● 사람들은 모두들 입을 모아 이야기한다. 세상에 존경하고 신뢰할 만한 인물이 없어 선거에서 뽑을 사람이 없고, 경제인들은 모두 자기 이익만 살피며, 우리 공교육 현장에도 진정한 스승은 없다고.

그러면 자신을 한번 돌아보자. 당신이 선생님이라면 멋진 선생님인가? 당신이 부모라면 멋진 부모인가? 당신이 직장인이라면 멋진 직장인인가? 아마 선뜻 대답하긴 어려울 것이다. 당신이 무슨 일을 하고, 어떤 자리에 있든 인간으로 태어나서 멋지게, 멋진 나로 살아봐야 하지 않겠는가? 그런데 당신은 무엇이 멋진 나로 만들어 준다고 생각하는가? 돈? 멋진 차? 남들이 함부로 못할 만큼 막강한 권력? 백번 양보해서 당신이 막강한 권력을 가진 사람이라서 남들이 당신을 멋지다고 말한다면 스스로도 멋지다고 생각하겠는가?

디오게네스는 아주 가난했는데 알렉산더 대왕이 소원을 묻자 이렇게 대답했다고 한다. "햇볕을 쬘 수 있게 비켜 주겠소?" 당신이라면 무소불위의 권력을 휘두르던 알렉산더 대왕에게 이렇게 당당하게 말할 수 있겠는가? 막상 현실에 닥치면 말처럼 쉽진 않을 것이다. 멋지게 산다는 건 그런 거다. 돈이 사람을 멋지게 만들어 주는 것도 아니고, 권력이나 명예가 만들어 주는 것도 아니다. 자기 내면의 당당함이다. 이런 사람에게 가난이나 힘과 권력이 없다고 무시하는 타인의 시선이 중요하겠는가? 이런 사람을 존경하고 신뢰할 수밖에 없는 것이다.

멋진 나는 우연히 만들어지는 것도 아니고 누가 만들어 주는 건 더더욱 아니다. 당신에게 가장 무서운 사람, 당신 스스로가 인정해 주는 그 사람이 가장 '멋진 나'다. 다른 사람이 붙여 준 '멋진 나'는 순간일 뿐이다. 스스로가 인정하는 '멋진 나'라야 영원한 것이다. 그래야 행복도 있다. 그런데 우리나라 사람들은 타인의 시선에 너무 민감하다. 그래서 행복지수가 낮고 자살률이 높은 것이다. 남들이 보기에 좋은 차, 남들이 보기에 좋은 집, 남들이 보기에 예쁜 얼굴이 당신을 행복하게 만들어 주진 않는다. 그런데도 유치원 때부터 타인과 비교하면서 경쟁에서 이기는 것만 목표로 살아왔으니 행복할 수도 없고, 자신을 찾을 수도 없었던 것이다. 자기 내면의 당당함이 있어야 비로소 멋진 내가 된다. 당신이 멋진 선생님이 되고 멋진 부모가 되려면 자기 내면을 챙겨야 한다는 뜻이다.

나부터 변화시키는 사람

지금 당신 앞에 종이 한 장을 가져와 보자. 그 위에 멋진 본인 모습을 적어 보자. 당신은 무엇을 적겠는가? 가장 치열한 경쟁의 무대라고 생각하고, 자신을 가장 비싼 값으로 팔 수 있도록 멋지게 홍보하는 글을 적어 보자. 어떤 내용을 적었는가? 아마 대부분 이제껏 이뤄 온 업적, 남들이 대단하다고 생각하는 내용들을 하나라도 더 적으려고 했을 것이다.

실은 나도 그랬다. 리더십 세미나에서 "나 자신을 PR하라"는 과제를 받았을 때 그동안 내가 쌓아 온 업적, 좋은 성품 등등 내가 할 수 있는 자랑거리는 전부 적었다. 그런데 내용을 읽어 가면 갈수록 낯이 점점 뜨거워지면서 말을 할 수가 없었다. 고통스럽기까지 해서 정말 쥐구멍이라도 있으면 숨고 싶은 심정이었다. 당신은 내가 왜 그랬을 것이라고 생각하는가? 어떻게 마무리를 했는지도 모르게 자리에 앉아서 다음 사람의 발표를 들었다. 삼성전자 부사장 출신의 박사 과정 동기였는데, 그 사람 얘기를 듣자 내가 왜 낯이 뜨거워졌는지 이유를 알 수 있었다. 그는 "나는 아름다운 삶을 살고 싶다. 아름다운 삶을 살고 싶은 사람은 나를 사라."고 자신을 홍보했다. 얼마나 간단명료하면서도 힘이 있는가? 진정성이 보이는가? 멋지지 않은가? 그가 그 위치까지 올라서기까지 얼마나 많은 성과를 달성했겠으며, 장점과 내적인 재산이 얼마나 많겠는가?

당신도 적은 내용을 깊이 생각하면서 읽어 보기 바란다. 그 내용에 비친 모습이 어떤가? 지금까지 생각해 왔던 것처럼 자랑스럽고 멋지고 행복하게 생각되는가? 그 모습이 지금껏 당신이 살아온 모습이다. 내가 나를 홍보했던 바로 그 모습이 지금껏 내가 살아온 모습이었던 것이다. 나는 이제껏 어려운 환경 속에서 여기까지 와 준 나 자신을 누구보다 자랑스럽게 생각했다. 그런데 나를 홍보하는 그 순간 내가 자랑스럽기는커녕 가엾게 느껴졌다. 그 안에는 나의 이중성, 가식적인 가면이 수없이 씌워져 있었기 때문이다. 다른 사람에게 지나치게 인정받기를 원했고, 나를 과시하고 싶어 했고, 잘 보이고 싶어 했다. 또 내면의 생각과 외적인 행동이 일치하지 않는 경우도 많았다. 그런데도 이제껏 간과하고 살았다니, 내가 누구인지 모르고 살았다니 얼마나 가엾은가? 그날 밤 밤새도록 울면서 잠을 잘 수가 없었다. 다 큰 어른이, 자식들도 장성한 어른이 서럽게 우는 모습이 상상이 가는가?

혹시 당신도 나처럼 자신을 홍보했다면 진지하게 생각해 보기 바란다. 그 모습으로는 진정한 자기를 만날 수 없고 멋진 내가 될 수도 없다. 당신은 지금껏 살아온 그대로 앞으로도 살아가고 싶은가? 아니라면 무엇을 바꿔야 한다고 생각하는가? 아마 그동안 자신을 변화시키려고 한번쯤 노력했던 적이 있었을 것이다. 그때 당신은 무엇을 바꾸고 변화시키려고 노력했는가? 새롭게 각오를 다지고, 옛 물건들을 정리하고, 헤어스타일이나 옷 스타일을 바꾸고, 표정을 바꾸고, 또 무엇을 바꿨는가? 멋진 나는 주변을 변화시켜서 되는 게 아니다. 내 자신부터 변해야 한다. 조금 변해서 되는 것도 아니다. 내가 동물이었다가 사람으로 변하고, 내가 죽어 있었다가 살아 있는 것으로 변해야 한다. 내가 '어둠'이었다가 '빛'으로 변하는 180도 혁명이 일어나야만 멋진 나로 살아갈 수 있다. 어려운 일인가? 이미 당신도 변하기 시작한 거나 다름없다. 동물 같은 삶을 살던 사람이 고뇌하기 시작하고, 살아 있으면서도 죽은 것처럼 살던 사람이 이제 산 사람처럼 살아보려고 노력한다면, 변화는 이미 시작된 것이다. 당신은 충분히 멋진 나가 될 수 있다.

나는 늦은 나이에 정체성을 찾았지만 당신은 젊다. 당신이 그 나이에 정체성을 찾는다면 얼마나 행복하겠는가? 얼마나 다른 삶이 기다리겠는가? 나는 지금이라도 정체성을 찾게 된 걸 무척이나 감사하고 기쁘게 생각한다. 그것을 지속시키기 위해 매일 일기에 하루 일과 중에서 가장 멋진 나를 쓴다. 당신도 지금 진정한 자신을 찾아보자. 그것이 행복을 키우는 방법이다.

자기 자리를 빛내는 사람

사마천의 『사기』에는 국보란 보석이나 물질적으로 풍요한 게 아니라, 한 나라의 네 구석을 밝혀 주는 네 사람의 신하라는 대목이 나온다. 주어진 직분이나 역할을 충실히 수행해서 한구석을 밝히는 사람이 국보라는 것이다. 여기서 착안한 게 안양대학교의 「한구석 밝히기」 운동이다. 저마다 제 위치에서 주어진 일에 최선을 다해 최고의 목표를 성취하자는 정신 운동이다. 그런 사람이 진정한 리더가 아닐까? 그런 사람이 정말 아름다운 사람이 아닐까? 그런 사람이 정말 살아 있는 사람이 아닐까?

지금 당신의 인생을 이끌어 가는 리더는 누구인지 잠깐 생각해 보자. 본인이라고 자신 있게 대답할 수 있는가? 그렇다면 지금껏 당신은 담배를 피우고 술 먹고 싶을 때, 아니면 본능적으로 유혹에 빠지려고 할 때 어떻게 해 왔는가? 아마 대부분 편리한 대로 자신을 이끌었을 것이다. 하지만 본능에 이끌려 가는 모습을 진정한 나라고 말할 수 있을까? 리더는 이끄는 사람이고 팔로우는 따르는 사람이다. 내가 내 삶의 리더로 살기 위해서는 어떻게 해야 한다고 생각하는가?

많은 사람들이 "소인은 자기를 생각하고, 대인은 남을 생각한다."고 한다. 그게 훌륭한 리더라고 생각한다. 나도 대인은 남을 생각한다는 마음으로 살아왔다. 그래서 항상 나보다는 남을 먼저 생각하면서 살았다. 나는 20년 가까이 안양의 한 보육원에서 일 년에 한두 번씩 아이들을 만나고 있는데, 십여 년 전 경제적으로 아주 어려워 추석 무렵에 통장 잔고가 10만 원밖에 없었던 적이 있다. 보육원에도 가야 하고, 집에 떡값이라도 줘야 하는데 갈등이 될 수밖에 없었다. 당신이라면 어떤 선택을 했겠는가? 나는 고민 끝에 보육원에 기부를 하고 빈손으로 집으로 돌아갔다. 어머니가 오셔서 아내와 송편을 빚고 계시기에, "엄마, 보육원에 들러서 기부하고 왔어요."라고 자랑스럽게 말했다. 아내는 말이 없었고 어머니는 웃으시면서 "잘했다."고 말씀하셨다. 그런데 그 모습에 왠지 '에이, 철없는 것.' 하는 내면의 소리가 울리는 것 같았다. 타고난 천성인지 얼마 전까지만 해도 그렇게 살아왔다. 그게 자기만 생각하는 것보다 멋진 삶이라고 생각했던 것이다.

그런데 '가상의 나'를 한 명 더 만들고 확인해 보자. 중요한 의사 결정이나 감당하기 힘든 유혹이 있을 때, 진정으로 내 걱정을 해 주는 가상의 나에게 물어보자. "정말 맞아? 정말 그렇게 해도 괜찮아?" 현실의 나는 보육원에 들러 기부를 하고 돌아왔지만 실은 마음이 괜찮지가 않았다. 정말 괜찮다면 티끌 한 점 없이 개운하고 기분이 좋아야 하지 않았겠는가? 하지만 마음 한구석에서 아내에게 미안한 생각을 지울 수가 없었다. 나에게 솔직하지 못했던 것이다.

지금껏 나는 내가 어떤 마음을 갖고 있는지도 모르면서 남을 위한다고 살아왔다. 나를 위하지 못하면서 남을 위한다고 살아왔던 것이다. 그게 나였다. 자신이 누구인지 알고서 남을 생각한다면 그 사람은 대인이겠지만 남을 생각하면서 자신이 누구인지는 관심이 없다면 그 사람은 소인에 지나지 않는다. 나는 누구인가? 당신은 이 질문에 자신 있게 답할 수 있는가? 아무리 자신에 대해 많이 생각하는 사람이라도 쉽진 않을 것이다. 대부분은 내가 누구인지 모른 채 살아간다. 남이 보는 나에 대해서는 귀 기울이고 알고 있어도

'내가 보는 나'에 대해서는 모르는 게 대부분이다. 겉치레만 하면서 가면을 쓰고 유령 같은 나만 보는 것이다.

진정한 대인은 자기를 먼저 생각한다. 리더가 되려면, 큰사람이 되려면, 나부터 걱정하고 내가 누구인지 고민해야 한다. 나를 모른 채 어떻게 다른 사람을 사랑하고 다른 사람을 위하겠는가? 매 순간 "너 누구니?" 묻고 고민하자. 그렇지 않으면 죽는 순간까지도 지금의 모습 그대로 갈 수밖에 없다. 남을 걱정하는 게 아니라 나를 걱정하는 눈을 가졌을 때 멋있게 살 수 있다. 그게 자신에게 솔직한 것이다.

그래서 가상의 나는 현실의 나를 이끌어 주는 나의 리더다. 내가 나를 이끄는 삶이 나를 책임지는 것이고, 내가 세상에 존재하는 이유인 것이다.

진정한 리더는 육하원칙에 따라 살아간다. 나는(Who) 누구인가? 나는 과거와 미래, 현재 가운데 어떤 시간을(When) 살아가는가? 나는 어디에(Where) 서 있는가? 나는 왜(Why) 존재하는가? 나는 무엇을(What) 해야 하는가? 나는 어떻게(How) 살아야 하는가?

지금 당신의 리더에게 펜을 넘겨줘 보자. 그는 이 질문에 뭐라고 대답을 하겠는가? 내가 있는 여기에 내 생각과 마음이 있는가? 지금 해야 할 일은 당장 해치우고 있는가? 지금 있는 그대로를 받아들여 그 상태에서 멋진 나를 만들어 가고 있는가? 어떤 자리에 있든, 바로 그 자리에 내가 왜 왔는지를 알고 따라가고 있는가? 많은 사람들은 언제나 여기가 아닌 저기를 동경한다. 군대에 있으면서 애인을 생각하고 집에서 회사 일을 생각하니까 현재에 충실하지 못한 것이다. 핑계를 대면서 할 일을 다음으로 미루거나, 허름한 고시원에 살면서도 허세를 부리느라 있는 그대로를 받아들이지 못하는 것이다. 강의실에 앉아 있으면서도 배우기 위해 온 목적을 따라가지 않기 때문에 온갖 걱정과 고민이 생기는 것이다.

언제 어떤 상황에서든 '지금 여기'에 '나'로 있자. 그것이 충실하게 사는 것이다. 당신은 온전히 자신이 하는 일에 집중해 본 적이 있는가? 아내나 남편, 부모, 자식을 진정으로 사랑해 본 적이 있는가? 한 사람을 위해 진정으로 눈물 흘려 본 적이 있는가? 절박하게 사랑하고, 절박하게 일하고, 절박하게 눈물 흘리고, 절박하게 사는 것, 그게 빛처럼 사는 것이다. 밥을 먹을 때는 밥 먹는 것만 생각하고 잠잘 때는 잠자는 것만 생각하면서 어떤 사람을 만나든 어떤 상황에서든 지금 여기에 진정성을 갖고 사는 게 빛처럼 사는 것이다.

당신이 이 육하원칙의 질문을 놓지 않는다면 분명 자기 안의 찬란함을 드러내는 사람이 될 수 있다. 당신이 있는 그 자리에 환한 불꽃을 피울 수 있다. 그리고 그때 당신이 존재하는 이유도 찾을 수 있을 것이다.

100퍼센트 최선을 다하는 사람

만약 당신이 일류 대학을 못 가고 대기업 면접에서 떨어지고 승진에서 떨어지는 등 어떤 일에 실패한 적이 있다면 그때를 돌이켜 보자. 그때 당신은 현실을 받아들였는가? 아니면 속상하고 화가 났는가?

만약 실망하고 화가 났다면 그 이유가 무엇일 것이라고 생각하는가? 기대하던 결과를 얻지 못해서? 하지만 당신이 죽을힘을 다해 할 수 있는 모든 노력을 바쳤다면 일류 대학은 못 갔어도 현실을 받아들였을 것이다. 그게 본인 능력이라고 인정했을 것이다. 그렇다, 최선을 다하는 게 중요하다. 최선을 다한다는 건 죽을힘을 다해 자신이 할 수 있는 100퍼센트를 해내는 것이다. 그래서 설사 경쟁에서 지더라도 패배를 받아들일 수 있다. 이런 사람이 실패했거나 원하는 결과를 이루지 못했다고 해서 초라하겠는가? 절대 아니다. 자기가 떳떳하게 최선을 다 했으면 당당할 수밖에 없고 목표를 이루지 못했어도 빛이 난다. 그런 사람이 한구석을 환하게 밝히는 것이다.

사람들은 아주 쉽게 최선을 다하겠다고 하고, 또 최선을 다했다고 말한다. 그런데 누구는 60퍼센트의 노력밖에 안 했으면서도 최선을 다했으니까 괜찮다고 생각하고, 누구는 80퍼센트의 노력밖에 안 했으면서도 최선을 다했다고 생각한다. 하지만 그걸 최선을 다했다고 말할 순 없다. 미국 역사상 흑인 최초로 합참의장(합동 참모 회의 의장)을 지낸 콜린 파월은 첫 직업이 음료수 공장의 바닥을 걸레질 하는 일이었다. 그는 어디에서도 찾아볼 수 없는 '최고의 물걸레질 선수'가 되기로 마음먹었다. 군대에서도 같은 태도로 임했고 결국 미국 국무장관직도 훌륭히 수행해 내며 존경을 받았다. 아무리 하찮은 일이라도 최선을 다하면 빛이 나고, 그때 능력 이상을 발휘할 수도 있는 것이다. 혹시 내가 최선을 다했는지, 안 했는지 사람들이 모를 것이라고 생각하는가? 천만의 말씀이다. 교수는 학생들 능력을 알고 있고, 경영자도 직원들 능력을 알고 있다. 당신도 알고 있다.

대충 살지 말고 하루를 살아도 진정성 있게 살아 보자. 다른 사람에게 인정받으려고 얼굴을 내밀고 다른 사람과 비교해서 나를 보는 초라한 내가 되지 말자. 스스로 찬란하게 빛나게 할 수 있는데 왜 다른 사람에게 인정받기를 바라는가? 왜 스스로의 빛을 꺼 버리는가? 경영자든 직장인이든 부모든 자식이든 어떤 역할을 맡든, 그 역할에 최선을 다해 자리를 빛내는 멋진 사람이 되자.

당신에게는 매일 아침 8만 6,400원을 입금해 주는 은행이 있다. 그런데 계좌 잔액은 그날이 지나면 사라진다. 매일 저녁 당신이 사용하지 못하고 남은 잔액이 사라져 버린다면 당신은 어떻게 하겠는가? 당연히 그날 다 인출해야 하지 않겠는가? 시간도 마찬가지다. 당신은 매일 아침 8만 6,400초를 부여받는다. 당신이 제대로 사용하지 못하는 시간들은 그대로 버려진다. 시간은 어제로 돌아갈 수도 없고 내일로 연장시킬 수도 없다. 오직 오늘의 잔고를 갖고 살아갈 뿐이다. 그게 당신이 최선을 다해 살아야 하는 이유다. 당신의 시간을 헛되지 않게 사용해야 한다.

세상에서 자신이 가장 무섭다는 걸 아는 사람. 자신의 있는 그대로를 받아들여서 아무리 지금 있는 곳의 환경이 열악하다고 해도, 핑계 댈 일이 있어도 미루지 않고 지금 해내는 사람. 자신의 모든 에너지를 쏟아붓는 사람. 자신에게 주어진 시간을 아낌없이 사용하는 사람, 그런 사람이 최선을 다하는 사람이다.

정직한 사람

일본의 에모토 마사루 박사는 8년 동안 물 결정체를 연구한 결과 "물은 사랑을 원한다."라는 대답을 내놓았다고 한다. 물방울을 영하 25℃에 두면 둥그런 알갱이가 되는데, 이 알갱이를 영하 5℃의 방에 두면 자라서 육각형 모양의 결정체가 만들어진다. 그런데 이때 "사랑해.","너는 멋져.","고마워." 등 긍정적인 말로 감정을 전하면 물은 육각수의 아름다운 결정체로 나타나고, "미워.","너는 정말 지긋지긋해." 등의 부정적인 감정들을 전했을 때는 파괴된 형태로 나타났다고 한다. 물이 아닌 당신이 대상이라면 어떻겠는가? 실제 인간의 몸은 70퍼센트가 물로 이루어져 있기 때문에 긍정적인 말이 행복 수치를 높인다고 한다.

나도 긍정적인 말의 힘을 부정하지 않는다. 그렇다고 100퍼센트 동의하지도 않는다. 인간은 정서와 의식이 있는 복잡한 구조로 되어 있다. 아무리 긍정적인 말을 하면서 자신을 외적으로 합리화시키고 포장한다고 해도 내면의 의식과 정서까지 포장할 순 없다. 행복의 바탕이 되는 건 도덕성과 정직성이다. 내가 얼마나 이루고 쌓았느냐보다는 얼마나 정직하고 성실하게 살아 왔느냐가 중요하다. 긍정심리학의 행복은 정직하게 살아온 개인의 삶이 포함되기 때문이다.

내가 행복을 이야기할 수 있는 것도 남보다 특별한 뭔가를 이루어서가 아니다. 그보다는 내 삶을 정직과 도덕 위에 올려놓으려고 노력했기 때문이다. 어쩌면 나도 현실과 적당히 타협하고 쉬운 길을 택했으면 지금쯤 물질적, 경제적, 사회적 위치가 달라졌을지도 모른다. 마흔다섯이라는 나이에 내가 고입 검정고시를 준비하게 된 건 어디를 가나 따라다니는 학력 때문이었다. 그런데 더 이상 미룰 수 없는 상황에서 결단을 내려야 했을 때 내가 선택할 수 있는 방법은 4가지가 있었다. 브로커를 통해 외국에서 졸업장을 만들어 오든지, 검정고시를 대리로 보게 하든지, 학력을 허위로 기재하든지, 독학으로 도전할 수 있었다. 나는 그 가운데 가장 힘든 독학을 택했다. 나머지 세 가지는 돈만 있으면 얼마든지 가능했지만, 그중 하나를 택했더라면 지금의 행복도 없었을 것이다.

빌 클린턴 대통령을 초청했을 때도 그랬다. 당시 그의 인기는 현직 대통령을 방불케 했고, 국내 언론은 물론 앞으로 정치력을 발휘하고자 하는 사람들 너나 할 것 없이 몇 천만 원, 심지어 억대의 돈을 지불하고라도 빌 클린턴과 만나고 싶어 했다. 하다못해 함께 사진이라도 찍고 싶어 했다. 하지만 나는 공식적인 일정 외에 직간접적으로 들어오는 모든 제의를 거절했다. 스텝들은 불만이 이만저만이 아니었다. 사진 한 번 찍게 하는 게 뭐가 나쁘냐는 것이었다. 틀린 말은 아니었다. 그런데 나는 빌 클린턴을 초청할 때 "나를 믿고 한국에 오세요."라고 말했다. 그런 내가 어떻게 그를 돈벌이로 이용하겠는가? 그래서 나는 돈벌이 대신 신의와 정직을 택했다. 인생은 단거리가 아니다. 그때 만약 내 양심을 저버리고 돈을 택했다면, 10년이 지난 지금 거울 속 내 모습을 보면서 내가 아무리 "나는 멋져." "나는 행복해."라고 긍정적인 말을 외친들 그렇게 되겠는가?

정서는 긍정적인 말을 원한다. 하지만 그보다 더 진실을 원한다. 내가 나 자신을 봤을 때, 당시 나를 봤을 때 멋있어야 한다. 그래야 거울 속의 내가 멋있어 보이지 않겠는가? 매사가 순조롭고 편안할 때는 누구나 원칙을 지키면서 정직하게 살 수 있다. 하지만 어려운 상황이나 손해를 볼 게 뻔한 상황에서도 지켜낸다는 게 어려운 것이다. 또 어떤 결정을 내릴 때 다시 한 번 생각해도 옳다면 끝까지 지켜 나가야 한다. 유혹도 많을 것이고, 틀렸다고 말하는 사람도 있을 것이고, 지켜 가기에 어려운 일들은 너무도 많을 것이다. 그때마다 나를 생각하고, 다른 사람을 생각하고, 우리를 생각해도 자신이 옳다는 판단이 바뀌지 않는다면 그것을 지키는 것이다. 그런 사람이 정말 멋있고 강한 사람이다.

10년 전의 모습이 오늘의 내 모습이고, 오늘의 내 모습이 10년 후의 내 모습이란 걸 기억하자. 10년 후, 이 순간을 거울 앞에서 떠올릴 때 긍정적 정서가 높아야 행복하다. 그게 진정 행복이다.

플로리시하는 사람

1960년대 중반 마틴 셀리그만은 "무기력과 패배 의식은 타고난 게 아니라 학습된다."는 사실을 발견하면서 '학습된 무기력'을 발견했다. 동물이든 사람이든 자신이 통제할 수 없는 상황에서 대부분 무기력을 학습했던 것이다. 그런데 그 가운데는 절대 무기력해지지 않는 30퍼센트 사람들이 있었다. 그들이 낙관주의자들이다. 그래서 '낙관성 학습'이라는 분야가 탄생했고, 그 연구가 진보해 오늘날 인간과 사회의 플로리시(번성)를 연구하는 긍정심리학이 탄생했다.

2002년 처음 긍정심리학이 목표로 삼았던 건 행복과 만족한 삶이었다. 여기에 긍정적 정서, 몰입, 삶의 의미를 핵심 요소로 보고 연구를 진행해 왔다. 10년이 지난 지금 긍정심리학의 목표는 행복보다 더 넓은 개념인 플로리시다. 플로리시는 지속적으로 행복을 증진시켜 최고의 행복 수준인 '행복의 만개'에 이르게 하는 것이다. 플로리시는 긍정적 정서(Positive emotion), 몰입(Engagement), 관계(Relationship), 의미(Meaning), 성취(accomplishment)라는 웰빙의 5가지 요소로 이루어졌다. 마틴 셀리그만은 각 요소의 머리글자를 따서 PERMA(페르마)[46]라고 부른다.

페르마는 각 요소가 실물이고 중복되지 않으며 과학적 측정이 가능하다. 지난 10년간 페르마를 측정하는 척도는 큰 발전을 이루었다. 페르마를 측정해 개인, 기업, 도시, 국가의 행복과 웰빙지수를 얻을 수 있다. 영국과 대부분 유럽 국가들은 국내총생산 외에도 웰빙 수준을 함께 측정해 공공 정책의 성공 여부를 판단하고 있다. 당신은 우울, 침략, 무지와 같은 불가능하고 통제하기 어려운 조건들이 페르마와 어떤 관계가 있다고 생각하는가? 마틴 셀리그만에 따르면, 삶의 불가능 조건들은 분명 페르마를 방해해서 고통과 시련을 안겨 주지만, 그렇다고 해서 제거하진 못한다고 한다. 당신은 행복과 우울이 천지 차이라고 생각하는가? 긍정심리학이 밝혀낸 사실은 행복과 우울의 상관관계가 −1.00도 아닌 고작 −0.35 정도라는 사실이다. 종이 한 장 차이라는 것이다. 어떻게 대처하느냐에 따라 얼마든지 전 세계로 퍼져 있는 우울을 행복으로 바꿔 나갈 수 있다. 그때의 차이야말로 천지 차이다. 그리고 그 변화에 페르마가 필요한 것이다.

그동안 과학과 공공 정책이 어떻게 해왔는지 생각해 보자. 여기서 문제가 터지면 달려가서 해결하고, 또 저기서 문제가 터지면 달려가서 해결하는 식이었다. 둑에 구멍이 뚫리면 구멍을 막는 데 급급했다. 당신은 이렇게 해서 문제가 해결된다고 생각하는가? 개인도 마찬가지다. 우울과 불안을 없애고 부유해진다고 해서 플로리시한 삶을 살 순 없다. 긍정심리학이 부정적 정서를 없애는 데 힘을 쏟는 대신 긍정적 정서를 키우는 문제로 심리학의 초점을 바꾼 것처럼, 어떤 문제를 해결하려고 노력할 게 아니라 더 나은 상태로 초점을 바꿔야 한다는 것이다. 당신은 패러다임 자체를 바꾸는 것보다 더 근본적인 해결책이 있다고 생각하는가? 그래서 페르마를 측정하고 구축해야 한다는 것이다. 이것이 긍정심리학이 목표로 하는 플로리시다.

많은 과학자나 석학들이 미래를 어둡게 본다. 교육 전문가는 교육 정책의 문제를 들면서 어둡다고 하고, 경제학자는 사상 유래 없는 경제 위기와 기근을 들면서 어둡다고 한다. 핵전쟁, 인구 과잉, 자원 부족 등 어쩌면 실질적으로 어두운지도 모른다. 지구 종말론이 힘을 얻고 있는 상황에서 누군가 "인류의 미래는 밝다."고 이야기한다면 한심한 사람 취급을 받기 딱 좋을 것이다. 당신도 그렇게 생각하는가? 하지만 마틴 셀리그만의 생각은 좀 다르다. 반드시 낙관적이라고 할 순 없겠지만 체계적인 대비책만 강구한다면 희망은 있다. 당신은 그 대비책이 무엇이라고 생각하는가? 자신이 통제할 수 없는 어떤 상황에서도 절대 무기력해지지 않는 사람, 어떤 역경이 닥쳐도 그걸 딛고 일어서는 사람이 아니겠는가? 개인에서 나아가 가정, 회사, 사회까지 플로리시할 수 있다면? 더 낙관적이고 긍정적인 환경으로 변해가는 게 불가능한 일만은 아니다.

기본적으로 개인이 플로리시한다면 더 많은 건강성과 생산성을 이끌어 낼 수 있다. 이것을 사회 전체적으로, 장기적인 관점에서 바라본다면 어떻게 달라지겠는가? 긍정심리학은 2051년, 세계 인구의 51퍼센트가 플로리시를 이룬다는 구체적인 수치까지 내세운다. 만약 이 목표를 달성한다면 그게 얼마나 이득일지 상상이 가는가? 학교에서는 긍정 교육을 가르치고, 군대에서는 회복력 훈련을 포함시키고, 기업에서는 긍정 경영으로 행복을 창출한다면 어떻겠는가? 학생들의 우울증은 감소하고 학교 폭력이나 따돌림 등의 문제가 줄어들 것이다. 이 학생들이 성인이 되어 군대에 가면 그만큼 외상 후 스트레스 장애에 시달리는 군인들이 줄어들고 회복력 훈련을 통해 총기 사고나 자살이 줄어들 테고 제대하면 더 훌륭한 시민이 될 것이다. 또 기업은 어떤가? 직원들이 더 행복하고 결과적으로 더 많은 성과와 이윤을 창출해 낼 것이다. 정부는 정부대로 GDP가 아니라 국민의 웰빙 지수를 높일 수 있는 공공 정책을 세운다면 플로리시는 인류의 미래를 좀 더 낙관적으로 만드는 대비책이 될 수 있다는 말이다.

실제로 이를 위해 전 세계 긍정심리학자들과 코치, 교사 강사 등 전문가들이 노력해 나가고 있다. 행복은 우울증보다 훨씬 전염성이 강하다. 당신이 플로리시하는 사람이 된다면 개인의 행복을 넘어 인류 전체에도 긍정적인 변화를 가져올 수 있다. 지금껏 당신은 인류의 미래에 동참할 수 있다는 생각을 해본 적이 있는가? 아마 너무 먼 이야기였을 것이다. 하지만 사회를 바꾸고 세계를 바꾸는 일은 어렵거나 특별한 사람들의 이야기가 아니라 당신에게서 시작된다. 그리고 그 변화에 페르마가 필요하다.

당신은 언제까지 주어진 짐을 묵묵히 참고 인내하며 이 외로운 사막을 건

너갈 생각인가? 당신이 짊어지고 가는 그 짐은 정말 당신의 삶인가? 그 삶에 본인만의 가치와 세계가 있는가? 당신은 다시 태어난 어린아이가 되어 새롭게 시작할 수 있다. 프리드리히 니체는 인간의 변형을 세 단계로 보았다. 첫 번째 단계는 '낙타'다. 낙타는 자신에게 주어진 짐을 숙명이라도 되는 듯 묵묵히 참고 인내하며 사막을 간다. 대다수 사람들은 태어나자마자 가정이나 사회제도에 따라 길들여진다. 하지만 이 외롭기 짝이 없는 사막에서 두 번째 변화가 일어난다. 두 번째 단계는 '사자'다. 사자가 된 낙타는 비로소 자기에게 짊어졌던 무거운 짐이 자기 삶이 아니라 타인의 삶이었다는 것을 깨닫게 된다. 이제 자기 삶을 긍정하고 당당히 "노!"라고 외칠 수 있다. 비록 사자는 아직 새로운 가치를 창조해 내지는 못하지만, 새로운 가치를 창조할 수 있는 자유를 얻었기에 또 한 번 변화를 맞이한다. 세 번째 단계가 바로 '어린아이다'. 다시 태어난 어린아이는 과거를 잊고 새롭게 시작할 수 있다. 니체는 어린아이를 "스스로의 힘으로 돌아가는 바퀴이며 최초의 운동이며 거룩한 긍정."이라고 말했다. 어린아이가 되어야 비로소 자기 의지대로 자기 세계를 획득할 수 있다는 말이다. 그때 당신이 할 수 있는 거룩한 긍정이란 무엇이라고 생각하는가? 본인 삶과 인류의 변화에 동참할 수 있는 거룩한 긍정? 그것이 바로 플로리시를 위한 페르마, 즉 긍정적 정서, 몰입, 긍정적 인간관계, 삶의 의미, 성취라는 5가지 요소이다.

에필로그
행복 여행 티켓이 잘 전해졌기를

지금껏 당신과 나는 행복이 무엇이고 행복을 만들려면 어떻게 해야 하는지 이야기했다. 그런데 지금쯤이면 이 모든 과정이 결국은 자신을 돌아보고 인생을 설계하는 일이었다는 걸 알게 되었을 것이다. 그리고 한 가지는 분명해진 것 같다. 행복이 선택이듯 인생도 선택이라는 것이다.

긍정심리학은 인간이 주어진 운명을 따라 수동적으로 사는 존재가 아니라 본인 선택으로 삶을 바꿔 나갈 수 있는 존재라고 보는 인간 해방의 학문이다. 마틴 셀리그만, 칙센트미하이, 크리스토퍼 피터슨, 에드 디너, 바버라 프레드릭슨 등을 비롯한 수많은 긍정심리학자들 덕분에 심리학은 현재의 모습이 되었다. 그 사실을 증명하려고 인간을 환경의 산물이라고 봤던 지그문트 프로이트를 비롯한 수많은 심리학자들의 이론에 맞서며 숱한 검증과 과학적 실험이라는 고단한 여정을 거쳐야 했다. "행복은 선택이며 인생은 선택이다."라는 이 단순한 문장 속에는 당신이 상상할 수 없을 만큼의 무게감과 진리가 담겨져 있다는 뜻이다. 당신은 인생을 선택할 수 있다는 말을 얼마나 깊이 생각하면서 살아왔는가?

행복한 삶을 살아가려는 건 행복 자체가 궁극적인 목표라서가 아니다. 행복한 삶을 통해 이루고 싶은, 행복을 넘어서는 더 큰 인생의 그림을 그리기 위해서다. 거기에 도달하기까지 행복은 좋은 도구가 되어 주는 것뿐이다. 끊임없이 물어야 하는 건 "왜 사는가?" "어떻게 하면 잘 살 수 있는가?" 같은 인간다울 수 있는 질문이다. 그 질문을 통해 정체성을 찾고 진정한 자기를 발견해 다른 누구도 아닌 당신 자신으로 살아가는 일이 무엇보다 중요하다. 그렇지 않으면 행복이 무슨 의미가 있겠는가? 당신은 행복의 힘으로 삶의 균형을 맞추면서 최종 목표를 향해 걸어가면 되는 것이다.

세상의 행복은 대부분 조건을 찾는다. 그 조건들은 거의 물질과 외적인 결과들, 욕심이다. 당신은 아직도 고집스럽게 조건이 좋아져야 행복하다고 생각하는가? 다시 말하지만, 행복은 조건이 아니다. 특정한 사람들만 행복한 게 아니다. 돈이 없어도 백이 없어도, 건강하지 못해도 나름대로 행복이 있다. 좀 더 돈을 많이 벌면, 좀 더 건강하면, 조건을 갖추어야 행복한 게 아니다. 그때까지 기다리지 말라는 것이다. 기다린다고 행복이 오진 않는다. 조건을 따진다면 나는 도저히 행복하지 못할 수도 있고 당신보다 불행할 수도 있다. 하지만 행복 공식에서 확인한 것처럼 조건이나 환경이 차지하는 비율은 10퍼센트밖에 되지 않는다. 부족한 조건과 환경 때문에 너무 아파하지 말라는 것이다.

달팽이 한 마리가 있었다. 이 달팽이는 "나는 큰 집을 갖고 싶다."는 욕심에 큰 집을 멋지게 지었고, 그 집을 등에다 업고 다녔다. 그러다 뜯어 먹고 살던 양배추가 동이 나면서 다른 동네로 이사를 가야 했는데, 집이 너무 커서 먼 길을 떠날 수 없었다. 결국 달팽이는 굶어죽고 말았다. 그래서 이걸 본 다른 달팽이들은 작은 집을 가져야 자유를 누릴 수 있다는 걸 깨달았다고 한다. 당신이 지금껏 어떤 달팽이로 살아왔는지는 중요하지 않다. 앞으로 당신은 어떤 달팽이로 살아가고 싶은가?

　나는 아픈 청춘들을 위해, 물질의 고통과 피할 수 없는 역경을 겪고 있는 사람들을 위해, 행복한 환경에 있으면서도 행복을 모르고 살아가는 사람들을 위해 이 책을 썼다. 전하고 싶은 말이 많았다. 그래서 생각보다 책이 두꺼워지고 말았다. 욕심이 많아서일까? 돈 욕심은 적은데 일 욕심은 많아서 어디를 가나 일이다. 잘 팔리는 책을 쓰고 싶었지만 꼭 필요한 책을 쓰려고 노력했다. 내가 살아온 삶, 내가 터득한 긍정심리학을 함께 나누고 싶었다. 살아오면서 어떤 시기에는 나를 알고 세상을 알고 지식을 아는 게 중요했고, 또 어떤 시기에는 행동으로 실천하는 게 중요한 때가 있었다. 이제는 아는 것도 실천하는 것도 중요하지만 함께 나누는 게 더 중요한 시기를 맞은 것 같다.

　마무리하면서 아쉬움이 있다면 아직 우리나라에 긍정심리학에 대한 연구 결과나 척도, 사례들이 부족해서 대부분 외국 서적과 문헌을 인용했다는 것이다. 번역된 딱딱한 부분들도 가능하면 쉽게 풀어서 쓰려고 했다. 읽는 도중 어느 책에선가 읽었던 내용도 있었을 것이다. 독자들의 넓은 이해를 구한다.

　지난 3년 동안 책을 준비하기 위해 긍정심리학에 푹 빠지다 보니 현실적으로 어려움을 많이 겪는다. 그리고 내 개인사를 세상에 밝힌다는 것도 쉽지 않았다. 몇 군데 내용을 두고 마지막까지 지웠다 쓰기를 수없이 반복하며 갈등을 했고 그에 따른 아픔도 겪어야 했다. 그래도 행복하다. 내가 긍정심리학에 미치지 않았다면 이 책은 영원히 나오지 못했을 것이고, 당신에게 행복을 전할 용기를 평생 낼 수 없었을 것이다.

　예전에 내가 경험했던 책 한 권이 선물한 인생의 변화, 행복으로 떠나는 여행 티켓을 내게서 당신에게 전해지길 바란다. 당신의 삶이 멋지게 변화되고 행복을 깨달아, 오래도록 플로리시한 삶을 가꾸어 가길 간절히 바란다.

| 주 |

1. 마틴 셀리그만, 『긍정심리학』, 물푸레, 2009.
2. 마틴 셀리그만, 『긍정심리학』, 물푸레, 2009.
3. 조너선 헤이트, 『행복의 가설』, 물푸레, 2010.
4. 마틴 셀리그만, 『긍정심리학』, 물푸레, 2009.
5. 마틴 셀리그만, 『긍정심리학』, 물푸레, 2009.
6. 로버트 B. 디너, 『긍정심리학 코칭기술』, 물푸레, 2011.
7. 마틴 셀리그만, 『긍정심리학』, 물푸레, 2009.
8. 마틴 셀리그만, 『긍정심리학』, 물푸레, 2009.
9. 척 피니, 『아름다운 기부왕 척 피니』, 물푸레, 2009.
10. 로버트 B. 디너, 『긍정심리학 코칭기술』, 물푸레, 2011.
11. 마틴 셀리그만, 『플로리시』, 물푸레, 2011.
12. 로버트 B. 디너, 『긍정심리학 코칭기술』, 물푸레, 2011.
13. 캐런 레이비치, 앤드류 사테, 『절대회복력』, 물푸레, 2011.
14. 캐런 레이비치, 앤드류 사테, 『절대회복력』, 물푸레, 2011.
15. 주리스 울로프, 『감정의 자유』, 물푸레, 2012.
16. 마틴 셀리그만, 『긍정심리학』, 물푸레, 2009.
17. 마틴 셀리그만, 『플로리시』, 물푸레, 2011.
18. 마틴 셀리그만, 『긍정심리학』, 물푸레, 2009.
19. 마틴 셀리그만, 『긍정심리학』, 물푸레, 2009.
20. 마틴 셀리그만, 『긍정심리학』, 물푸레, 2009.
21. 마틴 셀리그만, 『긍정심리학』, 물푸레, 2009.
22. 크리스토퍼 피터슨, 『긍정심리학 프라이머』, 물푸레, 2011.
23. 로버트 B. 디너, 『긍정심리학 코칭기술』, 물푸레, 2011.
24. 로버트 B. 디너, 『긍정심리학 코칭기술』, 물푸레, 2011.
25. 마틴 셀리그만, 『낙관성 학습』, 물푸레 2012.
26. 캐런 레이비치, 앤드류 사테, 『절대회복력』, 물푸레, 2011.

27. 마틴 셀리그만, 『학습된 낙관주의』, 21세기북스, 2008.
28. 마틴 셀리그만, 『긍정심리학』, 물푸레, 2009.
29. 마틴 셀리그만, 『플로리시』, 물푸레, 2011.
30. 캐롤라인 애덤스 밀러, 밀러 B. 프리슈, 『Creating Your Best Life』, 물푸레, 2011.
31. 캐롤라인 애덤스 밀러, 밀러 B. 프리슈, 『Creating Your Best Life』, 물푸레, 2012.
32. 로버트 B. 디너, 『긍정심리학 코칭기술』, 물푸레, 2011.
33. 캐롤라인 애덤스 밀러, 밀러 B. 프리슈, 『Creating Your Best Life』, 물푸레, 2012.
34. 마틴 셀리그만, 『긍정심리학』, 물푸레, 2009.
35. 데일 카네기, 『행복론』, 씨앗을 뿌리는 사람들, 2004.
36. 로버트 B. 디너, 『긍정심리학 코칭기술』, 물푸레, 2011.
37. 아이라 바이오크, 『아름다운 죽음의 조건』, 물푸레, 2010.
38. 이나모리 가즈오, 『성공을 향한 열정』, 물푸레, 2002.
39. 우문식, 「긍정심리가 리더십 유형에 미치는 영향에 관한 연구」, 안양대학교 경영대학원 경영학 석사논문, 2010.
40. 마틴 셀리그만, 『긍정심리학』, 물푸레, 2009.
41. 마틴 셀리그만, 『긍정심리학』, 물푸레, 2009.
42. 마틴 셀리그만, 『긍정심리학』, 물푸레, 2009.
43. 캐런 레이비치, 앤드류 사테, 『절대회복력』, 물푸레, 2011.
44. 마틴 셀리그만, 『플로리시』, 물푸레, 2011.
45. 마틴 셀리그만, 『플로리시』, 물푸레, 2011.
46. 마틴 셀리그만, 『플로리시』, 물푸레, 2011.

| 참고문헌 |

Barbara L. Fredricson, *The Role of Positive Emotions in Positive Psychology*, NIH, Public Access, June 2011.
Jonathan Haidt, *Elevation and The Positive Psychology of Morality*, Flourishing, 2003
Kennon M. Sheldon, *Why Positive Psychology is Necessary*, American Psychology. March 2001.
Liney Joseph, *Positive Psychology in practics*, Wil, 2004.
Martin E.P.Seligman, Mihaly Csikszentmihaly, *Positive Psychology An Introduction*, American Psychologist. January 2000.
Martin E.P.Seligman, *Positive Psychology in Clinical Practice*, Positive Psychology Center, 2005.
Martin E.P.Seligman, *Positive Psychology Progress, American Psychologist.* July-August 2005
Martin E.P.Seligman, *Positive Psychology*, Positive Prevention, Positive Therapy Hand Book of Positive Psychology, 2002.
P. Alex Linley, *Positive Psychology: Past, Preset and Future*, American Psychologist. January 2006.
Robert B. Diener, *The strengths book*, CAPP, 2011.
Sarah Lewis, *Positive Psychology at Work*, Wily, 2011.
데일 카네기, 『인간관계론』, 씨앗을 뿌리는 사람들, 2004.
데일 카네기, 『행복론』, 씨앗을 뿌리는 사람들, 2004.
로버트 B. 디너, 『긍정심리학 코칭기술』, 물푸레, 2011.
마커스 버킹엄, 도널드 클리프턴, 『위대한 나의 발견 강점혁명』, 청림출판, 2002.
마틴 셀리그만, 『긍정심리학』, 물푸레, 2009.
마틴 셀리그만, 『낙관성 학습』, 물푸레, 2012.
마틴 셀리그만, 『플로리시』, 물푸레, 2011.
마틴 셀리그만, 크리스토퍼 피터슨, 『긍정심리학 입장에서 본 성격감점과 덕목의 분류』, 한국심리상담연구소, 2009.
미레유 길리아노, 『프랑스 여자는 살찌지 않는다』, 2007.

바버라 프레드릭슨, 『긍정의 발견』, 21세기북스, 2009.
어니 젤린스키, 『느리게 사는 즐거움』, 물푸레 2004
에드 디너, 로버트 B. 디너, 『모나리자 미소의 법칙』, 21세기북스, 2009.
이금룡, 『고수는 확신으로 승부한다』, 물푸레, 2009.
조너선 헤이트, 『행복의 가설』, 물푸레, 2010.
존 카바 진, 『당신이 어디를 가든 거기엔 당신이 있다』, 물푸레 2002.
캐런 레이비치, 앤드류 사테, 『절대회복력』, 물푸레, 2011.
캐롤라인 애덤스 밀러, 밀러 B. 프리슈, 『Creating Your Best Life』, 물푸레, 2011.
크리스토퍼 피터슨, 『긍정심리학 프라이머』, 물푸레, 2010.
크리스틴 카터, 『아이의 행복 키우기』, 물푸레, 2010.
테이얍 라시드, 마틴 셀리그만, 『긍정심리치료』, 2012, 물푸레.
톰 래스, 짐 하터, 『웰빙파인더』, 위너스북, 2011.

긍정심리학의 행복

1판 1쇄 인쇄 | 2012년 4월 16일
1판 1쇄 발행 | 2012년 4월 19일

지은이 : 우문식
펴낸이 : 우문식
펴낸곳 : 도서출판 물푸레

등록번호 | 제 1072 등록일자 | 1994년 11월 11일

주소 | 경기도 안양시 동안구 호계동 950-51 정현빌딩 201호
전화 | (031) 453-3211
전송 | (031) 458-0097
www.mulpure.com

ISBN 978-89-8110-308-8 13180
값 17,800원

책에 관한 문의는 mpr@mulpure.com으로 해주시기 바랍니다.

한국긍정심리연구소(KPPI) 프로그램 안내

한국긍정심리연구소(KPPI)

한국긍정심리연구소(Korea Positive Psychology Institute, KPPI)는 마틴 셀리그만의 '긍정심리학'을 통해서 스스로 행복을 찾고 지속적으로 증진시켜 개인적, 직업적, 사회적으로 인간의 최고 수준의 행복인 '플로리시(행복의 만개)'에 이르게 돕고 있으며, 긍정심리학의 연구와 프로그램 개발, 교육과 훈련, 강의를 통해 긍정심리학이 꿈꾸는 미래를 함께 만들어 가고 있습니다.

한국긍정심리연구소(KPPI) 프로그램 안내

프로그램	교육기간
♠ 긍정심리학의 행복·웰빙 (이론중심)	8주 (주 1회 3시간)
♠ 긍정심리학의 행복 만들기 (적용중심)	8주 (주 1회 3시간)
♠ 긍정심리학 핵심 과정	3일 (1일 7시간)
♠ 교사를 위한 긍정 교육	3일 (1일 7시간)
♠ 청소년을 위한 긍정 교육	5주 (주 1회 3시간)
♠ 어린이를 위한 긍정 교육	5주 (주 1회 3시간)
♠ 긍정심리학 코칭	3일 (1일 8시간)
♠ 긍정심리학 강사과정	6주 (주 1회 8시간)
♠ 긍정조직혁명	2일 (1일 7시간)
♠ 절대 회복력	2일 (1일 7시간)
♠ 낙관성 학습	2일 (1일 7시간)
♠ 감정의 자유	2일 (1일 7시간)
♠ 기업, 학교, 단체 특강	긍정적 리더십, 행복, 웰빙, 긍정적 인간관계

* 마틴 셀리그만의 모든 국내 저작권은 물푸레와 한국긍정심리연구소에 있습니다.
  무단 인용은 저작권 법에 저촉되오니 사전 승인을 받으시길 바랍니다.

강의 및 교육 문의 : 한국긍정심리연구소
TEL 031-457-7434 FAX: 031-458-0097
E-mail ceo@kppsi.com
Homepage http://www.kppsi.com

한국긍정심리연구소(KPPI) 프로그램 안내

마틴 셀리그만의 '긍정심리학' 중심의
긍정심리학의 행복과 웰빙 코스(8주)

코스의 학습 목적
이 코스는 긍정심리학의 행복과 웰빙 이해 하기, 긍정적 정서 키우기, 대표강점 찾기, 기쁨과 만족감 키우기, 긍정적 인간관계 키우기, 성취도 높이기, 삶의 의미 찾기, 낙관성 키우기, 회복력 키우기, 행복 만들기 등 마틴 셀리그만의 긍정심리학을 통해서 스스로 행복을 찾고 증진시켜 개인적, 직업적, 사회적으로 인간의 최고 수준의 행복인 '플로리시(행복의 만개)'에 이르게 하는 것을 목적으로 한다.

코스의 특징
- 당신의 부정적 정서를 긍정적 정서로 바꾸어 행복에 이르게 해 준다.
- 당신의 내면의 심리근육을 단련시키고 역경을 극복해서 행복과 성공에 이르게 해 준다.
- 당신의 전문 분야(강사, 코칭, 상담, 교육, 치료)에 긍정심리학을 적용시켜 성과를 높여 준다.
- 당신의 구성원들이 조직 몰입과 직무 만족을 높여서 조직성과를 높이게 해 준다.
- 당신의 삶을 즐거운 삶, 만족한 삶, 의미 있는 삶, 성취하는 삶을 살 수 있게 해 준다.
- 당신의 행복지수를 지속적으로 증진시켜 플로리시(행복의 만개)에 이르게 한다.

코스의 대상
강사, 코치, 상담사, 교사, 부모, CEO, 의사, 직장인의 행복한 삶을 원하는 모든 사람

코스의 주별 주제(3시간) – 이론중심

	주제 (A)	주제 (B)
1주	행복과 웰빙의 이해	긍정심리학의 이해
2주	행복의 과학	긍정적정서 (과거의 긍정적 정서)
3주	긍정적 정서 (미래, 현재)	몰입
4주	강점과 미덕 1	강점과 미덕 2
5주	삶의 의미	긍정적 인간관계
6주	성취	낙관성
7주	회복력	긍정적 건강 (긍정심리치료)
8주	플로리시	행복한 '나'

한국긍정심리연구소(KPPI) 프로그램 안내

긍정심리학의 행복 만들기 코스(8주)

코스의 학습 목적
이 코스는 긍정심리학의 행복과 웰빙 이해 하기, 긍정적 정서 키우기, 대표강점 찾기, 기쁨과 만족감 키우기, 긍정적 인간관계 키우기, 성취도 높이기, 삶의 의미 찾기, 낙관성 키우기, 회복력 키우기, 행복 만들기 등 마틴 셀리그만의 긍정심리학을 통해서 스스로 행복을 찾고 증진시켜 개인적, 직업적, 사회적으로 인간의 최고 수준의 행복인 '플로리시(행복의 만개)'에 이르게 하는 것을 목적으로 한다.

코스의 특징
- 당신의 부정적 정서를 긍정적 정서로 바꾸어 행복에 이르게 해 준다
- 당신의 내면의 심리근육을 단련시키고 역경을 극복해서 행복과 성공에 이르게 해 준다.
- 당신의 전문 분야(강사, 코칭, 상담, 교육, 치료)에 긍정심리학을 적용시켜 성과를 높여 준다.
- 당신의 구성원들이 조직 몰입과 직무 만족을 높여서 조직성과를 높이게 해 준다.
- 당신의 삶을 즐거운 삶, 만족한 삶, 의미 있는 삶, 성취하는 삶을 살 수 있게 해 준다.
- 당신의 행복지수를 지속적으로 증진시켜 플로리시(행복의 만개)에 이르게 한다.

코스의 대상
강사, 코치, 상담사, 교사, 부모, CEO, 의사, 직장인의 행복한 삶을 원하는 모든 사람

코스의 주별 주제(3시간) - 적용중심

	주제 (A)	주제 (B)
1주	행복과 웰빙의 이해	긍정심리학의 이해
2주	행복의 과학	긍정적정서 (과거의 긍정적 정서)
3주	긍정적 정서 (미래, 현재)	몰입
4주	강점과 미덕 1	강점과 미덕 2
5주	삶의 의미	긍정적 인간관계
6주	성취	낙관성
7주	회복력	긍정적 건강 (긍정심리치료)
8주	플로리시	행복한 '나'